先唐诗人考论

王辉斌　著

WUHAN UNIVERSITY PRESS
武汉大学出版社

图书在版编目(CIP)数据

先唐诗人考论/王辉斌著. —武汉：武汉大学出版社,2018.8
ISBN 978-7-307-20223-8

Ⅰ.先…　Ⅱ.王…　Ⅲ.诗人—人物研究—中国—古代
Ⅳ.K825.6

中国版本图书馆 CIP 数据核字(2018)第 106565 号

责任编辑:郭　静　　责任校对:汪欣怡　　整体设计:汪冰滢

出版发行：**武汉大学出版社**　(430072　武昌　珞珈山)
(电子邮件：cbs22@whu.edu.cn　网址：www.wdp.com.cn)
印刷:武汉中科兴业印务有限公司
开本:720×1000　1/16　印张:22.75　字数:314 千字　插页:1
版次:2018 年 8 月第 1 版　2018 年 8 月第 1 次印刷
ISBN 978-7-307-20223-8　定价:69.00 元

修订本前言

当我在2001年、2006年分别出版了《四大奇书研究》、《唐宋词史论稿》两种"文学史研究打通关"的下限著作之后，即着眼于其上限的"打通关"研撰，并于2007年出版了《先唐诗人考论》一书。而是年，又恰好是我从事中国古代文学研究三十年的纪念年（1977—2007），于是，我便撰写了《道是无情却有情——我与古代文学研究三十年》一文以为附录，附于该书之后。该文主要是着眼于回顾的角度，对我整三十年间从事中国古代文学的种种研究，以及对我于1993年所自定"文学史研究打通关"以来之所获等，进行了鸟瞰式之总结。总结的目的，在于能更好地前行，所以，我之后又推出了一系列"打通关"之作，以使我的"文学史研究打通关"得以圆满谢幕。而自2007年于今，已十有一年了，光阴之快，实在令人唏嘘。

关于本书的具体研究对象，"先唐诗人考论"六字与初版本于卷首所附《自序》，已是说得相当清楚的，这里就不再重复了。正因为本书是对"先唐诗人"其人（含诗人群体）其作的或考或论，所以，本书在研究方法方面，所呈现出的则是一种多样化格局，如义理、考据、辞章等，乃均有所涉，而历史学、文献学、阐释学等，则亦无不与之关联。因之，本书藉此所获得之种种结论，也就自然是更加接近历史的真实，更加具有填补某些空白的学术特点。对此，《王辉斌学记》之《著作评论选》所收吴中胜等《评王辉斌先生〈先唐诗人考论〉——兼及作者三十年的治学之路》，杨栩生《探幽发微，补苴罅漏——评王辉斌先生〈先唐诗人考论〉》，孟修祥《王辉斌先生〈先唐诗人考论〉评议》诸文，即略可窥之。虽然如此，但其中也存在着一些这样或那样的问题，而此，即成为了本次修订之重点所在。

此次的修订，要而言之，主要表现在两个方面，一是对某些结论与过程的修改，一是对有关校对方面的订正。以前者论，此次关于这方面的修改，主要是重在对文献的增补，以使所获结论更加经得住材料检验，如第二章第一节、第三节，第三章第一节、第二节，第四章第一节、第二节，第八章第二节，第九章第四节等。这类修订，又重在对材料的发现与挖掘，并使“有一份材料说一份话”得到更进一步之落实。就后者言，本书关于这一方面之修改，主要包括原未校出的字词、标点符号，以及所引书名、作者姓名、版本卷次、引文等方面的错误，而这些错误的存在，又无不与出版社的责编相关，原因是其只让我校对了一次清样(第二校)，之后就是在若干天后寄来了样书。当我打开样书，看到一些本不该出现的错误时，却已是毫无办法可予补救了。而尤为重要的是，出版社在收到我的唯一的一次校稿清样后，于改正与最后定版之际，又使之出现了许多本不应该有的错误。不独如此，责编与校对还在自行修改《后记》原文的同时，擅自添加了“吉林文史出版社×××女士、×××先生，作为本书的责编，对全书细心编审”云云一段文字，直令我看后哭笑不得。当然，其若确属是对全书进行了“细心编审”与校对，于《后记》中予以感谢也是应该的，但实际的情况却并非如此，这是需要指出的。

撰写《先唐诗人考论》一书对我最大的收获，就是左思《三都赋》完稿后请皇甫谧写序而“时人未之重”、其后经过苦心修改后始能“洛阳纸贵”之启发：一部著述是否能为时人与后人所重，主要在于其学术质量，若质量平平，即使写序者再多，序写得再好，也只是一种徒然！而此，即是我从事学术研究四十余年来，从不请人写序的原因之所在。而这一次的修订本《先唐诗人考论》，亦属如此。

竟陵居士王辉斌

于古隆中求是斋

二〇一八年三月十五日

初版本自序

今年是我研究中国古代文学三十年的纪念年。我研究中国古代文学三十年如一日者，主要是着眼于两个方面，其一是“点”，其二为“面”。所谓“点”，是指以唐代文学为重点的诗人系列研究；所谓“面”，则是指对中国古代文学研究的“打通关”。对于前者，我已先后出版了《孟浩然研究》、《李白史迹考索》、《李白求是录》、《杜甫研究丛稿》、《唐人生卒年录》、《唐代诗人婚姻研究》等书；而后者则始于 1993 年我对陶渊明研究论文之发表，十多年来，连同本书的出版，其成果依序为：《先唐诗人考论》、《唐代诗人探颐》、《唐宋词史论稿》、《四大奇书研究》。这四种著作所涉及的研究对象，其分别为诗人诗作(唐及其前)，词人词史(唐宋)，小说与小说批评(明清)。其中，《唐代诗人探赜》一书，不仅关联着“点”，并且连结着“面”，因而乃具有“点面结合、承前启后”之意义。而就“面”以言，《先唐诗人考论》则既是我打“打通关”的开头篇(内容)，又是我“打通关”的结束篇(出版)，其意义亦自非一般。因此，从总体上讲，这两本书的出版，其无论是于我的学术之旅抑或人生之旅来说，都是具有较为重要之意义的。

《诗经》与《楚辞》，历来被人们称之为中国古代文学的两大源头，即一为现实主义，一曰浪漫主义。而在这两个“主义”的源头中，诗作者虽然数以百计，但真正能被称之为“诗人”者，则屈原乃为其始。正因此，屈原之为后人所研究，乃是代有继人，并大有使之成为一门“显学”之态势。而此，也是本书第一章选取屈原为研究对象的原因之所在。但自二十世纪初始以来，国内外一批“证伪”与“疑古”的研究者，于“屈原否定论”的研究，却已使其成果构成了一道独特的风景线。即是说，在中国文学史上，究竟有没有屈原其人，便成为了本书所要涉及的一个重要命题。有鉴于此，本章乃重在对“屈原否定论”者所持之核心论点与“屈原肯定论”者所持之屈原生卒年考证的成果两个方面，进行了较为具体之述评。其结果表明，前者所提出的有关否定屈原的证据，后者却未能从材料上进行根本性辩驳，而是在绕着圈子作回答；而后者虽然从多个方面对屈原的生卒年进行了考察，但却又均无法接受材料的检验，即其结论皆无以成立。这种研究实况的存在，使得“中国没有历史人物屈原”的阴影，仍然笼罩于当代学术界甚至是其后。总之，本章的结论表明，对于屈原究竟是历史人物或者是传说人物，仍然是大有研究之必要的。

由屈原而东汉诗人，其中最重要者，应首推蔡邕、蔡琰父女二人，因之其便理所当然地成为了本书第二章的研究对象。蔡邕是东汉著名的文章家、书法家、音乐家，且向有“士林领袖”之称。作为诗人，蔡邕现存的诗歌虽不多，但其却是东汉“诗序体”的开创者。“诗序体”作为一种新兴诗体，其主要的特点是诗序合一，即使“韵”与“散”两种文体在同一作品中互为辉映，从而拓展了诗歌的表现领域。“诗序体”的诞生，不仅是中国诗歌史上的一件大事，而且也是诗人创造力的一种最佳体现。正因此，由东汉而魏晋六朝，诗人们大多倾情于对“诗序体”的创作，其中，领其风骚者乃为开田园诗之先河的陶渊明。而李唐一代，几乎所有的著名诗人都加入了这一新兴诗体的创作行列，仅此，即可见出“诗序体”的影响之一斑。这一文学史事实所反映的是，蔡邕对于文学的贡献之大，乃是不言而喻的。蔡邕之女蔡琰，不仅是文学史上的第一位著名女诗人，而且还是诗歌史上第一首长篇叙事诗的创制者(《离骚》篇幅虽长，但公认为乃抒情诗)，故其于后世的影响亦甚为深远。然而研究者们对于蔡琰现存之诗作，却一直是持怀疑态度以待的，本章第三节即着眼于文献学的角度，对蔡琰现存诗之真伪进行了重新考察，结果证明其作者均为蔡琰而非他人。此外，本章第一节还立足于“研究作家以年谱为先，研究作品以编年为先”的治学之道，首次以年表的形式，对蔡邕父女的生平行事与创作活动进行了具体考察，有利于研究者对其之具体把握与认识。

第三章主要是对建安诗人群体的观照。观照是从两方面进行的，其一乃着眼于微观的角度，对建安七子的生平进行了考辨，并对其有关作品进行了辨伪，从而订正了存在于建安七子之具体诗人诗作中的有关错误。其二是立足于宏观的角度，对曹操父子的乐府情结进行了具体讨论与考察，认为曹操、曹丕、曹植的乐府情结虽然各有所别，但父子三人都因政治原因而创作乐府诗之特质，则是其情结的共同点。

对左思左棻兄妹的研究，为本书第四章的主要内容。首先，本章第一节以年表的形式，对存在于兄妹二人生平中的有关问题进行了具体考察与辨正，特别是对左思《三都赋》的创作年代问题，凭藉有关材料提出了有别于时贤的新认识。其次，是对存在于左思研究中的几个问题进行了重新讨论与考察，从而纠正了有关这方面的错误认识，为还原左思的历史真面目提供了新依据。最后则是对左棻的文学成就首次进行了综合考察。左棻是继蔡琰之后的又一位著名女文学家，若从其现存作品的数量、体裁的多样性，以及在诗歌、辞赋、散文方面的创获而言，则其所取得的成就乃在蔡琰之上。但令人遗憾的是，已行世的各种文学史著作，却少有对左棻的文学成就进行观照者，本节的研究或可补其阙。

陶渊明的诗歌，被学界公认为是先唐时期的一座艺术高峰，因此之故，历代对其研究的学者之众与成果之多，都是堪称空前的，仅二十世纪五十年代初以来的研究成果，就林林总总，蔚为壮观。因此，本书第五章的《陶渊明窥管录》，即主要是着眼于微观的角度，对存在于陶渊明生平中的有关问题，进行了较细密之考辨，如关于陶渊明的生年与享年，关于陶渊明供职荆州的真伪等，均在以材料为基础的前提下，提出了一些新的见解与看法。同时，本章还着眼于诗序体的角度，首次就

《桃花源记》这一名作的题目进行了正名，并就其对唐代诗歌与传奇所产生的影响，亦进行了具体之审视与论析。

谢灵运与谢朓，不仅是先唐时期而且也是中国文学史上著名的山水诗人，本书的第六、第八两章，即分别对这两位山水诗人进行了不同程度之审视。对谢灵运的审视，重在其思想行为方面的探讨。在先唐诗人中，谢灵运的思想之复杂几乎无人可比，因为其儒、道、佛、玄诸种皆备，其既相互糅合，又各具特点。本书第六章则立足于佛教与玄学两个方面，对由其生平而思想而诗歌进行了重点讨论。如谢灵运和陶渊明与慧远均关系密切而二人却不曾交往的原因，谢运灵与佛教的殷密关系、种种崇佛活动及与诸多佛教人物的交往，谢灵运崇尚玄学的诸种表现，以及玄学对谢灵运山水诗的影响等，即都为本章所研究的内容。同时，本章还对有关文献之错误认识或记载进行了辨订，并纠正了文学史家们的某些错误说法。对于谢朓的审视，则重在其作品编年、文学活动、诗歌创作三个方面。所以，本书第八章首先于第一节中，以上海古籍出版社版《谢宣城集校注》为据，对谢朓的部分作品进行了重新系年或考补，使谢朓诗的系年更加准确与完善。其次在第二节中以西邸文学集团为切点，对谢朓参与这一文学集团的时间、文学活动、文学创获，以及其对“永明体”的贡献等问题，进行了逐一考察与论析，提出了迥异于时贤的说法。再次是在第三节中着眼于诗歌美学的角度，重点论析了谢朓山水诗的意象美，诸如都邑城阙意象之豪壮美，黄昏落日意象之凄婉美，四时景物意象之秀逸美等，并就其产生的原因、美学意义及对后人的影响等，亦分别进行了不同程度之讨论。

鲍照与鲍令晖，是先唐继左思兄妹后的又一对兄妹诗人。介入二谢之间的本书第七章，即针对这一对兄妹诗人进行了综合讨论。对鲍照的讨论，主要侧重于从作品数量、作品类别、作品成就等方面，以凸显鲍照作为山水诗人的地位及其成就，所以本章认为，鲍照是南朝唯一可比肩于二谢的又一位著名山水诗人。鲍照的山水诗，大致可分为四大类，其中的庐山诗、都邑诗、长江诗，不仅在先唐文学史上而且在中国山水文学史上，也占有较重要之地位，并对其后的山水诗人产生着明显之影响。已行世的各种文学史均不注重鲍照山水诗的现象，不仅值得反思，而且应予改正。鲍照诗歌成就的第二大特点，即是对汉魏乐府的新变，本章第二节对此进行了具体观照。对鲍令晖的考论，主要表现在对其生平事迹的考察，以及其诗歌特点的论析与左棻文学成就之比较三个方面，以重在揭示鲍令晖诗歌的艺术特质及其应有的文学史地位。

第九章为本书的最后一章，作为“附篇”，其中的四节内容即四篇文章，均属于“先唐文史札记”的范畴，其依序为：《莫愁本事说略》、《昭君故里新考》、《楹联起源初探》、《王粲所登楼辨》。这几篇文章，不仅均撰写于二十世纪初期，并先后在《贵州文史丛刊》等刊物上发表过，而且有的还可与本书前八章中所考论之有关内容互为补充，如《王粲所登楼辨》一文，即可与第三章第一节《建安七子之生平考辨》并读，因为二者在考察王粲《登楼赋》究竟写于何地这一问题上，恰可相互佐证。但需加说明的是，其中有些文章在编入“附篇”时，此次曾略作整理与修改，如《莫愁本事说略》即为其例。

总体而言，《先唐诗人考论》共九章的内容，作为我对唐以前诗人所进行专题研究的一份成果，主要是对屈原、蔡邕、蔡琰、左思、左棻、陶渊明、谢灵运、鲍照、鲍令晖、谢朓，以及“三曹”与“七子”共二十位诗人所进行的个案研究。其中，既有“破”的一面，也有“立”的一面，二者的结合，便构成了本书之鲜明特色。作为一种考论类的著作，其中却涉及了许多属于文学史方面的内容，有的甚至还可补文学史之阙，这便成为了本书的又一特色。有此两类特色，就作为作者的我自己来说，诚可谓是已觉足矣！

最后还需说明一点的是，本书中有关章节之内容，曾以论文的形式发表于有关刊物，但有少许刊物却因版面或其他方面的原因，而将其中的有关文字擅自减删与压缩，以致使之出现了不少本不应该有的错误。为此，特借此机会以进行申明：凡有读者发现某某刊物之文章与本书内容相同且存在着某些方面之错误者（如弄错人物的朝代或姓名，出现属于文学史范畴的错误等），请以本书的文字为准。

竟陵居士王辉斌

二〇〇七年首春之末于襄阳古隆中求是斋

目　录

第一章　屈原研究发微

第一节　中国究竟有没有屈原

长期以来，在中外学者对屈原与《楚辞》的研究中，由于资料的缺乏，一直存在着两个颇具争议而又难以彻底解决的问题，这就是对屈原生平的准确把握与对其作品真伪的甄别。正是由于这两个问题的长期存在，因而也就导致了“屈原否定论”的问世。这是一种与“存真”相对立的“辨伪式屈学”研究，加入这一行列的研究者由中国而日本，其时间迄今则有近百年的历史，与此同时，反“否定论”也即持“屈原肯定论”的研究也如火如荼，蔚为壮观。因此，这里旨在就百年以来“否定”与“肯定”论争的基本概况，以综述的形式略作梳理与回顾，以便参考。

一、二十世纪五十年代前“屈原否定论”概说

二十世纪五十年代前在时间上主要指1906—1949年间的四十四年历史。这一时期，既为“屈原否定论”的诞生期，亦为“屈原否定论”的高潮期。其表现在“否定论”研究上的特点为：(1)文史渗透，以史为主；(2)涉及面甚广，歧说迭出；(3)著述丰富，否定尖锐。

在屈原研究史上，首创“屈原否定论”者，是被后人称为“一生学问

多变”的清末四川学者廖平。廖平(1852—1932年)，字季平，今四川井研人，以研究经学著称，著有《古今学考》、《谷梁春秋经传古义疏》等。廖季平否定屈原及《楚辞》的研究，主要表现在1906年前后出版的《楚辞新解》(其序文末署名写作时间为“光绪丙午”，即公元1906年)，1921年出版的《六译馆丛书·五变记》、《楚辞讲义》等著述中。其中，《楚辞新解》现已难觅。据谢无量《楚辞新论》、郭沫若《屈原研究》、闻一多《神话与诗·廖季平论〈离骚〉》等，对其否定屈原观点之转述，可知其主要认为：

(1)在中国历史上并没有屈原其人，《史记·屈原贾生列传》中记载屈原的事迹，前后矛盾，既不能拿来证明屈原出处，也不能用以证明屈原作《离骚》的时代。

(2)《离骚》首句“帝高阳之苗裔”，是秦始皇自序。

(3)其他的屈原文章，多半是秦博士所作，理由是《史记》中有“始皇不乐，使秦博士为仙真人诗，及行所游天下，传令乐人歌弦之”的记载。

《楚辞讲义》系札记性文字，除开首所附序文外，共由“十课”组成。其序文与“十课”认为：

(1)《秦本纪》始皇三十六年，使博士为仙真人诗，即《楚辞》。

(2)旧说以《楚辞》为屈原作，予则以为秦博士作，文见《秦皇本纪》三十六年。

(3)秦博士借屈子之名以明《易》“咸或”之义，文非屈子作。

(4)汉初人恶《楚辞》出于秦，乃以有屈子之名，遂归之屈①。

《五变纪》认为：“《楚辞》辞意重复，非一人之著述，乃七十博士为始皇之所仙真人诗，采风雅之微言，以应时君命。”“史公本《渔父》、《怀沙》二篇为《屈原列传》，后人因以《楚辞》归之屈子，误矣!”②

---

① 廖平:《楚辞讲义》,《六译馆丛书》本，四川存古书局1992年印行。
② 廖平:《五变记》,《六译馆丛书》本，四川存古书局1997年印行。

综合以上之诸要点，可知廖平“否定论”的核心主要表现在三个方面：第一，历史上并没有屈原其人，屈原之名为汉初人所虚构。第二，《楚辞》是仙真人诗，其作者为秦始皇时期的“七十博士”，即《楚辞》的创作年代乃在秦始皇统一六国以后。第三，《史记·屈原贾生列传》中的“屈原传”不能作为研究“屈原出处”的依据。

几乎就在廖平《六译馆丛书》刊行于四川存古书局的同时，也即1922年6月，胡适在北京的一个读书会上作了一场关于《楚辞》的演讲。第二年八月，胡适便把其演讲稿整理成《读〈楚辞〉》一文，发表于《努力周刊》增刊《读书杂志》第一期(1922年9月出版，后收入《胡适文存》第二集，又收入《胡适古典文学研究论集》上册)。胡适在这篇文章的第一节中首先写道：“屈原是谁？这个问题是没有发问过的。我现在不但要问屈原是什么人，并且要问这个人有没有。为什么我要疑心呢？”因为：

(1)“《史记》本来很不可靠，而《屈原贾生列传》尤其不可靠”。

(2)“传说中的屈原，若真有其人，必不会生在秦汉以前”。并认为，“屈原明明是一个理想的忠君，但这种忠在汉以前是不会发生的，因为战国时代不会有这种奇怪的君臣观念”。

(3)“传说的屈原是根据一种‘儒教化’的《楚辞》解释的。但我们知道‘儒教’化古书解是汉人的拿手戏，只有那笨陋的汉朝学究能干出这种笨事！”“依我看来，屈原是一种复合物，是一种‘箭垛式’的人物，与黄帝、周公同类，与希腊的荷马同类”。

(4)“《屈贾列传》当是宣帝时人补的，那时距秦亡之时已一百五十年了，这个理想的忠臣故事久已成立了”，因而也就有了所谓的“屈原”。

(5)“《天问》文理不通，见解卑陋，全无文学价值，我们可断定此篇为后人杂凑起来的”。

由此不难看出，胡适的“屈原否定论”，除了认为《史记·屈原传》对屈原事迹记载不可靠与廖平的意见一致外，余则全不相同。综而言之，胡适对于屈原的“疑心”，主要表现在三个方面：第一，屈原之名的出现是在汉初而不是先秦与秦始皇时期。第二，屈原是汉儒“干”出来的“一种复合物”与“箭垛式人物”，类同于远古时期的黄帝和周公，以及希腊的荷马。第三，屈原是一个传说人物而不是历史人物。

当历史进入二十世纪三十年代时，大约受廖平、胡适二人的影响，持“屈原否定论”的学者愈来愈多，如丁迪豪、何天行、卫聚贤等人，也先后加入了这一行列，且他们的否定，已由廖平、胡适时期的札记、演讲稿类文章，一变而为长篇大论乃至专著。而且，这些学者所否定的内容也较廖、胡二人更为具体与充分。丁迪豪对否定屈原的研究，主要表现在 1931 年写成之《〈离骚〉的时代及其他》一文（后发表于 1938 年 6 月 15 日出版的吴越史地研究会《楚辞研究》）。丁文主要针对《离骚》非屈原作而发难。文章认为：“《离骚》是司马迁反射自己的身世并捏造事实，把楚曲《离骚》拍合到屈原身上的：人们现在所见到的《离骚》，其创作年代约在汉武帝太初元年（前 104 年）或稍后，其作者系汉代楚地人。”并说：“这是信而有征的论断，不是捕风捉影的臆度。”

何天行以洋洋洒洒十余万言的《楚辞新考》（初刊“吴越史地研究会”1938 年 6 月 15 日版《楚辞研究》，1948 年修改后由中华书局出版单行本发行，并取名为《楚辞作于汉代考》）专著，对屈原与《楚辞》进行了全面否定。《楚辞新考》认为：屈原这个人物实际上是不存在的，因为屈原事迹及其名先秦典籍不载。屈原的名字只是《楚辞》编者刘向或刘歆所虚构的。西汉时代涉及屈原的文献如贾谊《吊屈原赋》，淮南小山《招隐士》，东方朔《七谏》等，均系西汉末之伪托或实际与屈原毫不相关。《史记·屈原传》的作者不是司马迁，而是刘向或刘歆。《离骚》的作者为淮南王刘安，这是因为一则刘向父子憎恶刘安，二则刘向要发泄自己对现实的不满，因而才虚构了一个理想的忠臣“屈原”为《离骚》的作者。《新考》在推出了这一连串的“否定论”见解后，还认为，淮南王刘安作《离骚》的结论是既有外证支持又有内证证实的。外证为班固《汉书·淮南王安传》、高诱《淮南子叙》、荀悦《汉纪·孝武帝纪》等，这些载籍先后记述了刘安在汉武帝或汉文帝时期奉诏作《离骚》的事实。

被何天行认为的内证，主要是存在于《离骚》中的下列诗例：

(1)《离骚》首段“摄提贞于孟樧兮，惟庚寅吾以降”，所用为夏历，而春秋时代楚人使用的则是殷正，这与传说的屈原时代不合，却与淮南王刘安的生辰相符。

(2)《离骚》中有“修名”、“前修”、“灵修”、“修能”等许多“修”字，是刘安讳其父名刘长的缘故。

(3)《离骚》中所以多咏“香草”，是因为刘安好神仙黄白之术。

(4)《离骚》中所咏写的“桂”和“菌桂”系舶来品，其传入中国是在汉武帝开拓疆域、张骞出使西域后。

(5)《离骚》中的“彭咸”，并不是旧注所说的殷商时期的大夫，而是彭、咸两个巫师名。

(6)《离骚》所反映的神仙思想与汉代壁画和石刻中的同类“人物”思想具有相同风格，它大体上是从印度、中亚细亚一带的宗教神话与宗教艺术输入的反映。而在先秦时期，当时的中国人对印度与中亚细亚的情况毫无所知。

(7)《离骚》中有“虽体解吾犹未变兮”一句，其中的“体解”作为中国古代的一种刑法，是在秦统一六国后才出现的。

(8)《离骚》中的神话传说大部分见于汉以后的文献中，特别是《山海经》和《淮南子》中最多，而《山海经》中的《海外内经》四篇是西汉时期的作品，《大荒经》四篇和《海内经》一篇则是西汉以后的作品。

(9)《离骚》中与《淮南子》的表述相似之处有十余条之多，而《淮南子》的总编辑正是淮南王刘安。

卫聚贤《〈离骚〉底作者——屈原与刘安》(载“吴越史地研究会”1938 年 6 月 15 日版《楚辞研究》)一文，是作者在读了何天行《楚辞新考》后，表示完全赞同其观点而为其之代序所写。该文共由十四节构成，其中十二节、十三节、十四节的目录，依序为：《刘安作〈离骚〉的时间》、《贾谊伪造屈原之名》、《司马迁将〈离骚〉故意认为屈原作》。

尽管卫聚贤完全赞同何天行“屈原否定论”的观点，但他于文中也提出了诸多不同于何著的见解，如其认为汉人伪造屈原之名不是刘向而是贾谊即为其一。文章就此认为：《怀沙赋》虽然在《史记》中被列为屈原的作品，而其实际上则是贾谊所作。此诗中有“伤怀永哀兮旧徂南土兮”一句，其“南土”系北方人指南方国土而言，贾谊为洛阳人，其被贬长沙正与此扣合。此外，贾谊在《新书·道术篇》中说：“其为原无屈，其应变无极。”卫聚贤因此而认为，贾谊将“屈原”改为“原屈”是不对的，理由是楚有屈姓而无原姓，故应颠倒过来，将“原屈”改为“屈原”。由于卫聚贤是从完全赞同何天行《楚辞新考》观点这一角度而写是文的，故其于何天行在《楚辞新考》中所提出的《离骚》为刘安作的说法，还进行了一些补充，这主要表现在他对《离骚》诗句的笺释中。如他笺释“帝高阳之苗裔，朕皇考曰伯庸”，“命余曰正则兮，字余曰灵均”四句即认为：“高阳”即尧，汉是尧的后裔，故称“苗裔”；“伯庸”为刘安父刘长的表字，“庸”通“常”，“常”有恒义而与“长”同义。“正则”系刘安的乳名，“安”与“常”对应，“常”与“正”通。“灵均”为刘安的小字，“安”与“均”对应，“灵”即“巫”字，表示刘安好神仙之术。

丁迪豪、何天行、卫聚贤三人的“屈原否定论”之内核大致如上。但值得注意的是，这三人对屈原的否定，显然较廖平、胡适二家之说更为细密，并具体到着眼于《离骚》的文本及将其与有关资料结合起来进行立体考察，这在方法上已是步入了多角度审视的范畴的。

除了以上诸人外，这一时期持“屈原否定论”说者，还有一位少为当今学者所注意的许笃仁。许笃仁的“否屈”，主要是指他在 1935 年于《浙江图书馆馆刊》第四卷第四期上发表的《楚辞说疑》一文。在这篇文章中，作者首次提出了《离骚》的作者为淮南王刘安的说法，何天行与卫聚贤所主张的“《离骚》作者为刘安”说，显然是受其影响的结果。此外，许文还认为，《怀沙》的作者是贾谊，《九歌》为司马相如等人所作，《天问》亦为西汉初人所作。

二、二十世纪五十年代初后“屈原否定论”概说

二十世纪五十年代初后的“屈原否定论”研究，表现出了两个明显的特点，一是国内学者在“否屈”的研究中态度较为暧昧；一为日本学者的加盟，扩大了“屈原否定论”研究的地域范围。

这一时期“否屈”的学者主要为朱东润。据统计，朱东润从 1951 年 3 月 17 日至 5 月 12 日，在不到两个月的时间里，先后于《光明日报》的“学术”栏中，发表了四篇关于“否定论”的文章，其依序为：(1)《楚歌及楚辞》(3 月 17 日)；(2)《离骚底作者》(3 月 31 日)；(3)《淮南王安及其作品》(4 月 28 日)；(4)《离骚以外的“屈赋”》(5 月 12 日)。这四篇文章，均在 1957 年被作家出版社收入《楚辞研究论文集》一书。四文“否屈”的观点综合起来，主要表现为：

(1)《离骚》的作者为淮南王刘安，其写作年代在汉武帝建元二年(134 年)十月，《史记》未记载刘安创作《离骚》，既有可能为司马迁的疏忽，也有可能是司马迁有所顾忌。其依据则主要着眼于《离骚》的内容，认为：第一，被写进《离骚》中的一些传说人物与历史人物，没有一个为楚国的先王先公，而全是中原地区即黄河流域的人物。第二，《离骚》中所涉及的地名与植物等都是南方的，从这一点看，《离骚》的作者大概是一位了解中原文化而不甚了解楚文化，但对南方的情况相当熟悉的作家，而淮南王刘安恰好具备了这一条件。

(2)传说中的屈原有可能存在，并且亦创作了一篇《离骚》，但这一《离骚》不是被历代文学家所称颂的那篇，即其并非为我们今天所见到的《楚辞》中的《离骚》。

(3)《天问》很可能是战国时代楚人的作品，但其创作年代和屈原的存在与否未必是一个要相符合的问题。

综观朱东润四文的“否屈”说，与在这一时期前各家所持之同类说有一个明显的不同，这就是作者首次提出了在中国文学史上存在着两种

文本的《离骚》，即一为刘安创作的《离骚》，一为屈原创作的《离骚》，由是首创了“屈原否定论”中的“双两说”。

朱文发表十余年后的二十世纪六十年代，与中国隔海相望的一批日本学者，由于受中国学界“屈原否定论”的影响，也开始了对“否屈”研究的参与。如广岛大学教授玲木修次于1968年在其任主编的《中国文学史》导言中即如是写道：“我认为，《楚辞》是从宋玉以后才开始有个人之作的。屈原名下的那些作品，则是围绕着屈原的传说，经过了一个时期，由不确定的多数人集约而成的文艺。”在这里，作者的这种认识，所反映的是其表现在“否屈”上的三种观点：

(1)楚国有个体作家进行诗歌创作的年代乃在宋玉以后；

(2)中国文学史上的屈原是位传说人物；

(3)现存《楚辞》的作者均非屈原，而是由“多数人集约而成”的结果。

这三种观点所构成的一个总结论乃为：历史人物屈原在中国古代是根本不存在的。

二十世纪七十年代末期，早稻田大学副教授稻畑耕一郎在早稻田大学中国文学会1977年12月编印的《中国文学研究》第三期上，发表了约二万字的《屈原否定论系谱》一文，旨在让“连‘否定论’的出现也要忘掉了”的人们作参考，而作者本人则是将其作为一份“‘私人’备忘录”以待的。

二十世纪八十年代初期，《重庆师范学院学报》1983年第4期发表了分别为日本关西大学、神户外国语大学、八代学院大学、神户商科大学讲师的三泽玲尔《屈原问题考辨》(韩国基译)一文。而此前，作者于1968年在神户亲观察发行会发行的《亲观察》复刊第一号上曾发表过《古代楚国的悲剧》一文。该文认为，存在于中国文学史上的屈原，只不过是一个传说中的人物，他与《楚辞》本身的文学价值毫无关系。《考辨》一文由“问题的存在”、“《离骚》的民族歌谣性质”、“屈原神话的传说性质”三部分构成，而其“否屈”的核心则是在第二部分即“《离骚》的民族歌谣性质”一节中。综观《考辨》全文，作者首先认为被载入《中国文学史》上的文学家屈原是一位人们“想象中的作家”，而历史上即《史记》中的屈原乃是“并不存在”的，因为在秦统一六国以前即先秦典籍中找不到任何言及屈原的记载。继而，《考辨》从五个方面入手，“判断”了《离骚》绝非为《史记》中的屈原的作品。其具体为：

(1)《离骚》构思过于符合屈原的传说。“据此推测，《离骚》的主人公是一个浪荡于幽明之际的精灵，如果认为《离骚》是屈原之作，则意味着屈原确实预知自己不幸的死亡”。

(2)《离骚》所运用的是一种“超越世俗的执拗的表达方式，若认为是反映现时中特定的个人心情”，则其不仅与“儒家礼仪不相符合”，而且也与“道家的处世态度相违背”，“这对于自战国时代至汉代初期的文人来说，无论如何是不能接受的”。

(3)以游国恩《〈楚辞〉女性中心说》一文为立足点，指出《离骚》中多“以女性为中心作喻同时又高唱自己作为男性的高洁”，这种使用无视男女性别的比喻，于“历来的屈原形象不相称”，乃是不言而喻的。

(4)认为《离骚》有四分之一的押韵无规律，其押韵不规则所占比例过大的事实表明，《离骚》应为多数作者所作的作品。

(5)举出《离骚》中的有关植物名如“薋菉葹”都是恶草名，认为最好把它们看作诙谐语，并由此推出《离骚》不可能是“传说中的屈原”的“发愤而作”。

根据这五个方面的“判断”后，作者以总结性的形式最后认为：《离骚》是经过古代中国多数诗人之手，“一点一点地加工而流传下来的一种民族歌谣”，是一种“来自古代迎春仪式的民族歌谣”，其作者是“具有丰富的宗教和历史知识的《离骚》的作者们，大概是受繁荣于公元前四世纪后半期战国时代的齐国都域的‘稷下学派’影响的人，并且是公元前三世纪以后的人”。

日本学界持“屈原否定论”者，还有高木正一、前野直彬、岗村繁、白川静等。如岗村繁《楚辞与屈原》认为，屈原并非为楚辞的伟大作家，而"仅止于是一位忠臣"①。而白川静《屈原的立场》则认为：楚辞的作者是"楚巫集团"②。

三、"屈原否定论"批判面面观

由于"屈原否定论"的问世，因而也就导致了一种新兴的"屈学"研究的诞生，这就是对"屈原否定论"的全面之商榷，甚至是全面之批判。但这一"批判史"告诉我们，批判者最早批判的"否屈"对象，并不是廖平其作其说，而是胡适的《读〈楚辞〉》一文，因为最早发表的两篇反"否屈"文章，即刊载于《读书杂志》1921 年第四期的徐旭生、陆侃如二文，均是因胡适该文而发。徐文为《〈天问〉释疑》，陆文即《读〈读楚辞〉》。翌年，商务印书馆出版的谢无量《楚辞新论》一书，始对廖平其作其说进行了辩说。其后迄今，分别对持"屈原否定论"之以上诸家说进行批驳者，主要有：闻一多《廖季平论离骚》、《屈原问题》，郭沫若《屈原》、《评〈离骚底作者〉》、《评〈离骚以外的"屈赋"〉》，沈知方《对于〈离骚〉作者的商榷》、《读〈楚歌及楚辞〉》，宋云彬《谈屈原》，孟志孙《胡适〈读楚辞〉批判》，屈守元《〈屈原问题考辨〉商榷》，黄中模《谈〈屈原问题考辨〉中涉及有关〈史记·屈原列传〉的一些争议问题》、《谁是"刘安作〈离骚〉论"的始作俑者》、《评"屈原传说"论》，黄鹄《廖季平从〈楚辞新解〉到楚辞讲义的变化》，姚汉荣等《评〈楚辞新考〉》，姚奠中《关于屈原的存在与否和评价》，陆永品《评"屈原否定论"者的研究方法》，张国光《对〈屈原问题考辨〉的考辨》、《评所谓的"最周密、最系统"的"屈原否定论"——何天行〈楚辞新考〉条辨》，温洪隆《重评"屈原——箭垛式人物论"》，汤炳正《再评何天行〈楚辞作于汉代考〉》，毛

---

① 岗村繁：《〈楚辞〉与屈原》，载日本《日本中国学会报》第 18 集，1966 年 10 月。

② 白川静：《屈原的立场》，载日本国《立命馆文学》第 109 期，1954 年 6 月。

庆《论屈原否定论的方法错误》，郭维森《从屈原创作个性化论屈原之不容否定》，屈守元《不有屈原，岂见〈离骚〉》，邓光礼《〈离骚〉确为屈原所作论——对何天行“内证”的考辨》，周东晨《屈原作〈离骚〉的否定之否定》，常振国等《评三泽玲尔先生否定屈原作〈离骚〉》的五点理由》，徐志啸《论〈天问〉〈桔颂〉之题旨与来源——与三泽玲尔先生商榷》，吴明贤等《成都屈原问题学术讨论会评议“屈原否定论”》，王开富《〈史记·屈原列传〉非伪作辨》等文。

上述众多之研究者与众多之著述，与反“否屈”研究遥相呼应，构成了近百年来“新楚辞学”领域中的一道颇具特色的风景线。就其研究方法而言，或从文史的角度进行材料上的检验与考辨，或着眼于出土文物予以驳斥，或立足于方法论指出“否定论”所存在的逻辑错误，或结合音韵学、文艺学、民俗学等以对“否定论”的结论进行析疑，等等，均充分体现了批判者们深邃的学术目光与求真的学术精神。而其藉此所作出的种种结论，则获得了学术界较为普遍的认可。其主要者有以下几个方面：

(1)《史记·屈原传》尽管存在着这样或那样的矛盾与后人曾予增补的史况，但其“原文”出自司马迁手笔而非刘向或刘歆则是毫无可疑的，因为司马迁在《楚世家》、《张仪列传》、《太史公自序》、《报任安书》等文中，都提到了屈原。所以，屈原不是传说中的人物而是一位历史人物。

(2)汉代各种载籍记述淮南王刘安奉诏所作的是《离骚传》或《离骚赋》，而不是《楚辞》中的长篇抒情诗《离骚》。二十世纪五十年代后出土的“阜阳竹简”表明，在汝阴侯夏侯灶墓中发现了《离骚》残简，夏侯灶死于公元前 165 年，比持“屈原否定论”者认为刘安入见汉武帝写《离骚赋》早二十六年，这是刘安不为《离骚》作者的最好证实。

(3)中国古代士大夫的“忠臣”思想，并不是如“否定论”者所说乃产生于秦汉时期，而是在先秦时期即已存在，如《论语》中就有许多宣扬君臣观念的文字。

(4)在中国文学史上，根本就不存在着两种文本的《离骚》，汉人著述中的所谓“《离骚》”，皆为对楚辞《离骚》所作的赞、传之类的序文。“否定论”所倡之两个作者两种《离骚》的“双两说”，纯为子虚乌有。

(5)现存《楚辞》中的屈原作品即《离骚》以外的“屈赋”，固然有少许作品存在着作者与写作年代上的问题，但其大部分为先秦作品且为屈原所作则无可置疑。

尽管持“屈原肯定论”研究者们对“屈原否定论”所进行的种种质疑或批判成就令人欣慰，且亦有力地推动了“新楚辞学”的“繁荣与发展”，但值得指出的是，其于“屈原否定论”的批评，还或多或少地存在着一些应该重视而实际上尚未能引起注意的问题。这又具体表现为：

第一，由于批判者们对“否定论”的批判大多是单兵作战，且对材料的理解又是见仁见智，因而使得对某一问题进行驳辩后所作出的结论难获统一，如对《离骚》中所用为何种历法的认识，即为其中具有典型性的一例。早在二十世纪四十年代，有论者对“否定论”者认为楚人所用为“殷正”而《离骚》所用为“夏历”的说法，以楚人所用实为“夏历”进行了辩驳，而于二十世纪八十年代的批评中则又先后出现了“建亥之月”与“周正”二说，这三者孰是孰非，令人难以适从。而同在二十世纪八十年代，却又有论者认为楚人所用历法，既非“夏历”与“周历”，亦非“建亥之月”，而是“问题的最终解决还需一段时间”。如此，就易给人造成一种“殷正”说乃是“无可驳辩”的事实之感觉。此为其一。

其二，“否定论”者认为，《离骚》中的“桂”与“菌桂”，均系汉武帝时期由西域引入中土的产物，用以表明《离骚》的作年非为先秦而是西汉，而“肯定论”者虽引用了《史记·西南夷列传》中楚庄王将军庄跻率兵曾至“略巴、黔中以西”的事实予以反驳，然《西南夷列传》中并无庄跻等楚兵楚将曾引“桂”与“菌桂”入楚的记载。

其三，对于“否定论”者所提出的某些具体问题，“肯定论”者们并未能进行实质性的回答与辩驳，如“否定论”者数次指出“屈原事迹先秦典籍无载”者，即为其一。另如“否定论”者提出的先秦典籍对楚国屈姓记载者甚多为什么独无屈原之名，以及贾谊“制造”屈原说等，亦少有批判者从材料上涉及。凡此种种，都将会给“屈原确实存在”说蒙上一层令人忧郁的阴影。

其四，从总体上看，“肯定论”者对于“否定论”者的种种批评与辩驳，大多是以理性为上而文献学为下的。即是说，“肯定论”者所用材料乃是极其有限的，而缺少材料的辩驳，其理性色彩即使再强，也是难以令人信服的。

四、“屈原否定论”述评结语

屈原是伟大的，《楚辞》是不朽的，中华民族因此而感到骄傲，《中国文学史》因其而增添了一页光辉的开头篇。但自廖平首创“屈原否定论”以来，“否定论”与“肯定论”一直并行迄今的事实表明，古代文学研究者所肩负的责任是相当重大的，因为他们既要对历史的真实负责，亦要对文学的真实负责。以上之述评，虽然未能将“否定”论者与“肯定”论者双方的一些观点进行详细勾勒，但其主体部分则基本得以展现。从中不难看出，双方都是以对历史与文学双重负责的态度在进行去伪存真的“屈原与《楚辞》”之研究，且持“否定论”说者也许会为楚辞史家们在其史著中写上很不光彩的一笔，但他们所倡说的“否定论”或者说所作出的一些“负面”研究，诚如日本学者稻畑耕一郎在《屈原否定论系谱》中之所言，乃“因否定了被先验地相信其存在的屈原，而出现了要从根本上对《楚辞》及其本质重新提出疑问的趋势”，这对于“新楚辞学”的开拓与发展，无疑是起到了一定的推动作用的。而从“双百”方针的角度以论，其体现的则是一种学术上的“百家争鸣”。而这种争鸣对后世研究者所要提醒的是：对于《楚辞》特别是屈原的研究，仅仅着眼于宏观分析与理性探讨乃是远远不够的，因为人们至今还没有弄清楚诸如司马迁究竟是凭藉什么材料而为屈原作传，早于司马迁的贾谊又是根据何种记载认为屈原死于汨罗而以赋相悼等问题。也许，弄清楚这些问题，还得有待于地下文物的出土和对一些文献资料的新发现，而决非是一些理性探讨所能解决的。而此，则诚如范文澜所说，如果没有坐十年“冷板凳”的硬功夫，是很难奏效的。所以，中国历史上是否确有屈原其人，迄今为止仍然是一个有待勘破之谜。即是说，若无实证可证实先秦时期确有屈原其人，则中国历史上无屈原就将成为事实，届时，不仅中国文学史将要重新撰写，而且中国学术史、楚国文化史等，也都将要重新撰写。

这，就是屈原不能确证所带来的一系列连锁反应！

第二节 屈原生卒年研究述评

在楚辞研究史上，研究者们一方面采用极其谨严的“证伪”研究方法，对屈原其人的存在进行了几乎是全盘式的否定，一方面则着眼于“二重论证法”的角度，对屈原的生卒年进行着种种方面的具体考察。这两种研究现象的存在，使得本属于诗歌文学研究范畴的屈原研究，不仅风景独具，而且蔚为壮观。对于前者的研究之况，我们在本章第一节中已进行了较为详细之述评，读者自可参看。而后者的研究，则为本节所述评的重点。下面，将以“屈学界”对有关“语词”的笺解为切入点，于屈原生卒年问题的研究作一简要回顾和述评，或有助于研究者对这一问题的更进一步之认识与研究。

一、在“摄提”纷解中求生年

关于屈原的生卒年，最早为屈原立传的司马迁《史记》，根本没有涉及。从人物研究的角度言，无论是历史人物抑或近现代人物，生卒年在其整个的生平研究中，都是占据着极其重要的位置的，并且有着不可忽视的历史价值与认识价值。作为史学家的司马迁，由于没有能将屈原生卒年的基本概况在《史记》卷八十四《屈原贾生列传》中进行具体交代，因而便理所当然地引起了否定屈原论者们的怀疑，更有甚者，则是将该《传》(主要指《屈原传》)也进行了全盘否定。这一实况说明，对包括生卒年在内的屈原的生平研究，在整个屈原研究中乃是占有极重要的地位的。正因此，后人自东汉王逸始，对于屈原生年的考察，即开始依据着《离骚》中之“摄提贞于孟陬，唯庚寅吾以降”十二字，以进行力求符合史实的立论。但由于这十二字特别是其中的“摄提”一词，涉及了上古时期天文学、历法学等学科中极为复杂之问题，致使历代的屈原研究者对其之笺释与注解，乃仁者见仁，智者见智，而藉之得出的诸多关于屈原生年的结论，也就自然是众说纷纭，令人莫衷一是。综而言之，其中具有代表性的笺说，主要有以下诸端：

(一)“摄提”是岁星之名，为“摄提格”的简称。此说为王逸在《楚辞章句》中最先提出。其云：

> 太岁在寅曰摄提格。孟，始也。贞，正也。……正月为陬。庚寅，日也……言己以太岁在寅，正月始春，庚寅之日，下母之体而生，得阴阳之正中也①。

后人主王逸此说者，主要有清代王夫之、陈本立、蒋骥、朱骏声、戴震等。而郭沫若《屈原研究》则继其后。郭著在以王逸说为依据的情况下，还参以《吕氏春秋·序意》中“唯秦八年，岁在涒滩”之载，并采用“星岁纪年法”进行了年份推算，因而认为，秦始皇八年(前 239 年)是“太岁在申”，至楚宣王二十九年(前 341 年)为“太岁在寅”。但这一年的正月没有寅日，与屈原所说“摄提贞于孟陬”不合。于是，郭著又以“岁星超辰”说为依据进行推算，最后提出了屈原生于楚宣王三十年，即公元前

---

① 王逸：《楚辞章句》，《四库全书》本，上海古籍出版社 1987 年影印版。

340 年正月初七的新见①。浦清江《屈原生年月日的推算问题》一文，虽然完全是以郭说为基础的，但对郭说却进行了若干方面的辨证。浦文认为，郭说针对“摄提贞于孟陬”这一诗句，而以“星岁纪年法”进行推算屈原的生年的举措，乃是值得称道的，但其认为“太岁在寅”为楚宣王二十九年则是不对的。因此，浦文对其进行了重新考察，认为“太岁在寅”应为汉武帝太初元年，即公元前 104 年。继而，浦文以此为依据，又进行了重新的推算，最后认为屈原真正的生年，乃为楚威王元年，即公元前 339 年的正月十四日②。针对浦文之说，胡念贻《屈原生年新考》一文则又对其进行了专门性辩驳。值得注意的是，胡文的辩驳，仍以“太岁在寅”为汉武帝太初元年说为基点，但其认为在此期间，岁星(即今之木星)在周天绕了二十一个圈，而不是浦文所认为的二十个圈，因而得出结论，认为屈原的生年应为楚宣王十七年，即公元前 353 年的正月二十三日③。游国恩《论屈原之放死及楚辞地理》一文，也是立足于“摄提”的角度对屈原的生年进行了考察，其考察结果主要见于该文所附《屈原年表》之中。游文于该《年表》中所作结论说：“按《离骚》云：‘摄提贞于孟陬，唯庚寅吾以降’，则屈子盖以是年正月庚寅日生。”④其所言之“是年”，为楚宣王二十七年，亦即公元前 343 年。

(二)“摄提”为“大角摄提”或“六星摄提”。是说为朱熹所首倡。尽管王逸对“摄提”的解释，已获得了如上所举古今诸多研究者的赞同与认可，但也有研究者力表反对，如以《楚辞集注》著称于屈学界的朱熹，即为其一。朱熹于《楚辞集注》所附之《楚辞辩证》上卷中，针对“摄提”之认识，乃为：

---

① 郭沫若：《屈原研究》，新文艺出版社 1950 年版。

② 浦清江：《屈原生年月日的推算问题》，《楚辞研究论文集》，作家出版社 1957 年版。

③ 胡念贻：《屈原生年》，《先秦文学论集》，中国社会科学出版社 1981 年版。

④ 游国恩：《论屈原之放死及楚辞地理》，《游国恩学术论文集》，中华书局 1992 年版。

> 王逸以太岁在寅曰摄提格，遂以屈子生于寅年、寅月、寅日，得阴阳之正中。《补注》因之为说，援据甚广。以今考之，月、日虽寅，而岁则未必寅也。盖摄提自是星名，即刘向所言“摄提失方，孟陬无纪”，而注谓摄提之星，随斗柄以指十二辰者也。其曰“摄提贞于孟陬”，乃谓斗柄正指寅位之月耳，非太岁在寅之名也。必为岁名，则其下少一“格”字，而“贞于”二字，亦为衍文矣。故今正之①。

朱熹的这一认识，实际上是与《史记》卷二十七《天官书第五》的记载互为一致的。《天官书第五》有云：“大角者，天王帝廷。其两旁各有三星，鼎足句之，曰摄提。摄提者，直斗杓所指，以建时节，故曰‘摄提格’。”②据此，知朱熹之说，实质上是谓“摄提”所指，乃“大角”旁的“各有三星”即六星，也即星名。而此，也就是所谓的“大角摄提”说或“六星摄提”说。赞同朱熹之说者，有明清时期的一批专治“屈学”的学者，如陈第、屈复、林云铭、董国英、沈云翔等。当代学者从朱熹之说者，林庚《屈原生卒年考》一文乃其代表。林文据以进行考证后认为，屈原的生年应为楚威王五年正月初七，亦即公元前335年③。

(三)“摄提”指“木星正当孟春正月晨出东方的‘摄提格’之年”。是说为汤炳正《屈赋新探》之《历史文物的新出土与屈原生年月日的再探讨》一文所提出④。汤文认为，在古代天文学中，“摄提”与“摄提格”是两个概念，王逸之说把“摄提”纳入纪年的范畴是正确的，但其认为“摄

① 朱熹：《楚辞集注》之《楚辞辩证》上卷，上海古籍出版社1979年版。

② 司马迁：《史记》卷二十七《天官书第五》，岳麓书社1988年版。

③ 林庚：《屈原生卒年考》，《诗人屈原及其作品研究》，上海古籍出版社1980年版。

④ 汤炳正：《历史文物的新出土与屈原生年月日的再探讨》，《屈赋新探》，齐鲁书社1984年版。

提”是“摄提格”的简称即将二者等同起来的认识，则是错误的。原因是据《史记》卷二十七《天官书第》与《淮南子》卷三《天文训》的记载可知，“摄提”是岁星的星名，“摄提格”则是岁星纪年的年名，二者之间的区别是很清楚的。而朱熹之说，把“摄提”纳入星名的范畴乃为正确，但其将“摄提”解释为“大角摄提”则是不对的，原因是屈赋中的“摄提”所指为“岁星摄提”，而不是“大角摄提”。根据这一认识，汤文又结合有关出土文物如“利簋”等的考察，不仅提出了“摄提”是指“木星正当孟春正月晨出东方的‘摄提格’之年”的新说，而且还据以推算出新的屈原生年，即其认为：“屈原应当生于公元前 342 年夏历正月二十六日。即楚宣王二十八年乙卯，夏历正月二十六日庚寅。”

综观以上对“摄提”的三种解释，以及由此所引出的种种关于屈原生年的结论，可知持说者大多是依之有据的。换言之，这三种解释的提出，虽然与持说者的史料观、认识观等有别，但其却都具有藉材料以立论之特点，这是值得肯定的。其中，王逸说最早，影响也最大，其所持“简称说”的核心即“太岁在寅曰摄提格”云云，虽然没有进行材料方面的交代，实则其乃是据《尔雅·释天》而为之，这是因为，《尔雅·释天第八》之第四则的开首，所载即为“太岁在寅曰摄提格”①。朱熹之说，固然是建立在反对王逸说的基础之上的，但其因援引了刘向及“注谓”之言以作为其立论的支撑点，所以乃得到了明清众多研究者的支持与肯定。然而是说也存在着不足之处，其即诚如汤炳正《屈赋新探》之所言，只是注意到了对“大角摄提”的提出，而忽视了“岁星摄提”的存在，这不能不说是智者之一失。汤著着眼于“二重论证法”的角度，首次提出了“摄提”是指“木星正当孟春正月晨出东方的‘摄提格’之年”的新说，并认为屈原“恰恰是生于岁星在正月晨出东方之年”，因而据此作出了屈原生于公元前 342 年的结论。汤著之说，虽然能给人以“后来者居上”的感觉冲击，但其之认识也不无问题，如文中过多的推测即为其

---

① 《尔雅·释天第八》，《十三经注疏》本，上海古籍出版社 1997 年影印版。

一。总的说来，三种解释，七种结论（这主要指本文所引具有代表性者），虽然各有所据，又各能言之成理，但其究竟孰是孰非，不仅读者对此难以作出较为准确之判断，即如专门从事“屈学”研究的学者，也是难以断其甲乙的。而此，只是问题的一个方面。

问题的另一个方面是，无论是对“摄提”的解释者，抑或藉此而对屈原生年的考察者，其都有一个相同点，这就是都立足于华夏本土文化的角度，在进行着各自说法的表述与论析。即是说，自汉以降的屈原生年研究成果表明，研究者们均无以从“外来文化”的角度对其进行思考。而据岑仲勉《两周文史丛考》之《我国上古的天文历数知识多导源于伊兰》一文的研究成果可知，上古时期华夏先民们的天文学知识，并非“国产”于华夏本土，而是“多导源于伊兰”。这就是说，“摄提”作为上古时期华夏天文学中的一个重要概念，或者说是一个专业性很强的术语，其乃“舶来品”之属。正因此，故岑文认为：《离骚》中所谓的“摄提”，系“印度文流入我国方言”，亦即梵文所称之“北斗”。文章并说，“北斗”之所以有“摄提”或“摄提格”之名者，主要是由于梵文音写的缘故。并认为，《史记》卷二十七《天官书第五》中“摄提者直斗杓所指，以建时节，故曰摄提格”一段，亦“应作此解法”①。岑文的结论，使我们明确获知了这样的两点认识：

（1）历代的屈原生年研究者，均只在“流”上下功夫，而于“源”则弃而不顾；

（2）上述汤文认为“摄提”与“摄提格”为两个概念的说法，完全是一种错误的观念。由此看来，岑文的这一研究成果，对于破解屈原生年之谜，乃是极具助益的。岑著之此文，发表于 1948 年，而二十世纪五十年代以来的许许多多的屈原生年研究者，却均无对其结论予以重视或涉笔者，这不能不说是当代屈原研究史上的一件憾事！

---

① 岑仲勉：《我国上古的天文历数知识多导源于伊兰》，《两周文史论丛》，商务印书馆 1958 年版。

二、于“老冉冉”等中考卒年

如果说，千百年来的屈原生年研究，主要是在围着“摄提贞于孟陬”之“摄提”在绕圈子的话，那么，学界对于屈原卒年的探讨，则重在从“老冉冉其将至兮”之“老”、“三九”等语词或历史事件中寻求破解。这一研究现象表明，相对于生年的研究而言，人们对于屈原卒年的考察，其路途乃是要较之宽广许多的。为便于了解与把握，下面以对“老冉冉”之“老”、“三九”，以及“哀郢”之笺释为对象，并各选择一例的类似之文以进行述评。

(一)关于“老冉冉”之“老”。“老冉冉其将至兮”一句，与上所言之“摄提贞于孟陬”，都是《离骚》中的经典诗句，但其功能却各有所别，即前者被作为考察屈原生年的重要依据，后者为探索屈原卒年的研究者们多所重视。以后者言，其原因则在于，“老冉冉其将至兮”之“老”，不仅于《楚辞》的其他作品中可互为印证(如《涉江》之“年既老而不衰”)，而且其之存在，乃是屈原在其人生之旅中已步入“黄昏”之境的最好反映。同时，“老”又与屈原享年密切相关，因为其之所指，至少可表明屈原的年寿当在五十岁左右。正因此，用“老”去探索屈原的卒年之所在的具体年份，自然就成为了现当代屈原研究者们的首选。如上引游国恩《论屈原之放死及楚辞地理》一文，虽然为作者撰写于二十世纪三十年代初期，但其在论及屈原卒年时，所着眼者即为“老冉冉其将至兮”之“老”。文章说：

《离骚》所谓“摄提贞于孟陬兮，唯庚寅吾以降”是也。准是以推，至怀王二十四五年，不过四十岁耳，而《离骚》之言曰：“老冉冉其将至兮，恐修名之不立。”《涉江》之言曰：“余幼好此奇服兮，年既老而不衰。”《曲礼》七十曰老。《公羊》宣十二年传注同。鲁哀公之五年，孔子自蔡至于叶。《论语》记叶公问孔子于子路，子路不对。子曰：“女奚不曰‘其为人也，乐以忘忧，不知老之将至云耳’?”是岁孔子六十有二，故曰老将至也。怀王在位三十年，尽怀王之朝，屈子才四十五岁，安得曰老将至？更安得曰既老乎？且姑以后世之说为断，六十以上谓之老(见《论语·季氏篇》皇疏)，五十以上亦可谓之老(见《管子·海王篇》注)，以屈子之年准之，亦非怀王之朝所宜称也。是故老以七十为断，非至顷襄王二十年前后，固绝不得称，老以五六十为断，亦必至顷襄之世而始得称也。盖屈子自沈之时，年已七十左右，以《哀郢》之文老考之，尚及见白起破郢，时年六十有六。距其自沉，当不在远①。

游文这一对“老”所作的具体考察，乃是十分详细的，材料也是相当充分的。正因此，作者即据以在其所附《屈原年表》中，认定屈原卒于楚顷襄王二十二年(前277年)，享年六十七岁。

(二)关于“三九”的推算。所谓“三九”，是对“三年”与“九年”合并后的简称，其之所指，分别为《卜居》之“既放三年”与《哀郢》之“九年不复”。以此考察屈原卒年者，亦主要为明清时期的一些楚辞研究者，如王白田《草堂存稿》、黄文焕《楚辞听直》、林云铭《楚辞灯》、王夫之《楚辞通释》等。这一考察屈原卒年法门的关键，全在于屈原被放逐的年代的准确性，即如果此一年代不确，则据以推算出的屈原卒年也就自然会不确。而对于屈原被放逐的具体年份，说者亦夥，因而藉以推算出的屈原卒年，亦形成了一种众说纷纭的局面。如王白田《草堂存稿》所持楚怀王入秦前后说，黄文焕《楚辞听直》所持楚顷襄王十六年说，王夫之《楚辞通释》所持楚顷襄王二十一年以后说，等等，即皆为其例。二十世纪五十年代后，以此法考察屈原卒年的研究者亦甚多，如姜亮夫《楚辞学论文集》之《史记屈原列传疏证》一文，对屈原卒年的考察即属

---

① 游国恩：《论屈原之放死及楚辞地理》，《游国恩学术论文集》，中华书局1992年版。

如此。姜文说：

> 按屈子之被放，《史记》明言为子兰使上官大夫短屈原于顷襄王，王怒而迁之，则三年九年，自以顷襄王时计算无疑。然屈子被绌，究当在顷襄王几年，亦无确征。唯屈子谏怀王不可入秦，而子兰以为不可绝秦欢，则子兰与屈子修怨，在此时当已存在。……潜言之出，当必即在此时，则原见放逐，容在顷襄王二三年间，另《哀郢》九年不返之数，当为顷王十二年。然屈子作《哀郢》后，又涉江入辰溆……故略指其死期，当为顷襄王十六七年①。

与上述游文一样，作者据此之考察，亦乃在其《屈原事迹续考》一文所附之《屈子年表》中，并认定屈原卒于楚顷襄王十六年(前283年)，享年六十一岁。

(三)关于《哀郢》之“哀郢”。“哀郢”在《楚辞》中，是一具体篇名，朱熹《楚辞集注》将其排列为《九章》的第三篇。朱熹的这一编排是否符合历史的真实，这里不予讨论。以篇名《哀郢》作为研究屈原之卒年者，主要在于《哀郢》所涉之历史事件。这一历史事件，就是秦将白起对楚国郢都的攻破，其时为楚顷襄王二十一年。郢都既破，楚国危在旦夕，时在流放途中的屈原闻之，乃写是诗，以对楚国即将覆灭表示哀叹。但对于《哀郢》一诗所“哀”之“郢”，研究者们还有另一种解释，即认为其所“哀”者，并非是“破郢”的历史事实，而是作者在诗中“哀故都之国运”。因此，持此说者乃认为，所谓“哀郢”，是“与白起破郢绝无关系”的。持此说者，有张汝舟《谈屈原之生卒年》、林庚《史记屈原列传论辩·说“破郢”》、李嘉言《中国古典文学纲要》、姜亮夫《屈原赋校注》、刘永济《屈赋通笺》、聂石樵《屈原论稿》、胡念贻《楚辞选注及考证》

---

① 姜亮夫：《史记屈原列传疏证》，《楚辞学论文集》，上海古籍出版社1984年版。

等。但尽管如此，持《哀郢》为“哀郢都”或“破郢”说者，仍以之为据而对屈原的卒年进行考察，如金开诚《屈原辞研究》第二章之《疏远、放逐与沉江》一节，即如是。金著说：

> 而《哀郢》开篇即说“民离散而相失兮，方仲春而东迁”，我们认为这是指《哀郢》的创作背景(即白起破郢)而言的，那么破郢的时间即在顷襄王二十一年的仲春二月。又《涉江》中说“乘鄂渚而反顾兮，款秋冬之绪风”，可见屈原经过鄂渚时已是秋末冬初……所以，他在(第二年)四月写了《怀沙》而至五月初在汨罗江投水，是完全有可能的①。

于是，金著即定屈原的卒年乃在楚顷襄王二十二年，并以屈原生于楚宣王十七年(前353年)相推，认为屈原“去世时的实足年龄为七十六岁或七十七岁”。

以上所述，为三种屈原卒年研究的主要法门，即大凡对屈原卒年(含享年)进行探索者，几乎都是或取其一，或取其二，或取其三，或综合以为，只有少许是在这三者以外而别辟他途的。从中不难看出，研究者们针对屈原之卒年与享年的探讨，无论是采用哪一种形式，其结论都是具有不确定性因素的。这是因为，这三途各有其弊端存在。如“老冉冉”之“老”，尽管在屈原之前或之时已有“七十曰老”云云，但其同时前后也有“六十以上”或“五十以上”为“老”之载，如此，则“老”之具体所指，实际上就成为了一个表年岁的未知数。以一个“未知数”作为证据去考察屈原的卒年，其结果必然是不可靠的，因而也是经不住材料检验的。再如以“三九”进行推算之一途，亦属如此。《卜居》之“既放三年”与《哀郢》之“九年不复”，其中的“三年”与“九年”，固然均表示了具体的时间，但其却并不能用以直接考察屈原的卒年，原因是这一已知

① 金开诚：《屈原辞研究》第二章，江苏古籍出版社1992年版。

的具体时间，乃是受屈原流放之具体时间的制约的。即是说，如果对“放逐”屈原的这一历史事件之时间未能弄清楚，则“三年”与“九年”云云，也就失去了赖以支撑的基点。正因此，同是以此法门考察屈原卒年的王白田《草堂存稿》、黄文焕《楚辞听直》、林云铭《楚辞灯》等，其所得结论各不相同。而以《哀郢》一诗之所“哀”作参照系者，其参照系本身就不可靠，这是因为，此诗之所“哀”，如上所言，既有持“破郢”说者，更有持“国运”说者，二者孰是孰非尚存在着争议，焉可据之以对屈原的卒年进行考察呢？正是由于有以上诸原因的存在，所以迄今为止，学界对于屈原卒年的认识，还未能取得较为一致的意见。

三、对屈原生卒年无解的思考

总体而言，千百年来的屈原生卒年研究，人们大多是围绕着《楚辞》中的“摄提”、“老冉冉”、“哀郢”等语词在转圈子，其中虽然获得了不少发现，取得了不少成就，但概括地讲，各种各样说法的存在，虽然殆若诉讼，但其离屈原生卒年的历史真实，却都是相去甚远的。其中原因，固然与文献资料的缺失关系密切，但也不能不说与研究者们重“流”轻“源”，研究方法上的欠科学等学术倾向不无关联。此则表明，对于屈原生卒年乃至其生平的研究，不仅需要研究者更深入更科学地进行下去，而且还应花大气力去发现材料与挖掘材料，否则，那些存在于学界的众说纷纭的屈原生卒年说法，就极有可能成为持“屈原否定论”说者的一种“疑伪”证据，而导致新一波的“屈原否定论”的滋生与到来。

而事实上，自二十世纪二十年代始，学术界对于屈原的否定就一直存在着。虽然，一些具有“国家情怀”的研究者，如闻一多、郭沫若等，都曾于“屈原否定论”进行过质疑与批判，但其所用材料却根本无法动摇“屈原为传说人物”的观点。而屈原生卒年研究之众说纷纭，以及长期无解之实况，似乎又从另一角度佐证了屈原的“并不存在”。这是因为，在先秦历史与先秦文学史上，较屈原为早或者同时之“先秦诸子”，如孔子、孟子、荀子等人，不仅其生卒年之说已多为定论（有的还确切到具体月份），而且还有多种年谱之类的著作问世。以屈原的生卒年研究与之相比，自是相差许多的。上举诸家之于屈原生卒年的研究，无论是从文献学抑或阐释学的角度而言，应该说都已达到了相当之高度，但却无一为学界所接受而成为定论的实况，显然是更加增添了人们对屈原“实际存在”的怀疑的。

所以，对于屈原生卒年乃至其生平事迹的研究，还需花大力气持续下去，且一点也不能松懈与麻痹，因为历史的真实存在，是并不以研究者的意志为转移的。

第三节　端午竞渡纪念屈原考

屈原逝世后，后人为了纪念他，曾举行过各种各样的仪式以表示哀悼，久而久之，这些仪式便以丰富的内容，自行构成了一部“民俗学大百科全书”。于是，种种传说也因此而来，且传说中对屈原的纪念，以及各种各样的纪念形式，皆与这一“大百科全书”中之“民俗学”密切相关，原因是民俗学本身就夹杂着诸多传说。如游国恩《楚辞论文集》之下卷里，有一段文字便是选摘了这部“民俗学大百科全书”中的一个小小片断：

> 农历五月初五日，称为端午节，相传是我们祖国伟大的爱国诗人屈原的忌日。人民为了纪念他，在每年的这一天，大家不约而同地举行各种仪式，表示对他的哀悼和崇敬。在这许多的纪念仪式中，以吃粽子的风俗最为普遍，其次是南方各地的赛龙船，号为“竞渡”①。

---

① 游国恩：《楚辞论文集》，上海文艺出版社1955年版。

其中的“相传”二字，就清楚地表明了这一“片断”之所写，乃主要来自于传说。“吃粽子”作为一种“纪念仪式”以表示对屈原的“衷悼和崇敬”，其风俗乃始于汉光帝刘秀的建武年间。对此，南朝梁人吴均所撰《续齐谐记》曾对这一传说之始末进行了记载，其为：

屈原五月五日投汨罗而死，楚人哀之，每至此日，竹筒贮米，投水祭之。汉建武中，长沙欧回，白日忽见一人，自称三闾大夫，谓曰：“君当见祭，甚善。但常所遗，苦蛟龙所窃。今若有惠，可以楝树叶塞其上。以五采丝缚之，此二物蛟龙所惮也。”回依其言。世人作粽。并带五色丝楝叶，皆汨罗之遗风也①。

这起材料中的传说，告知了我们两条消息：(1)汉光武帝刘秀建武年前，楚人祭祀屈原是以“竹筒贮米”，而投之水中；(2)建武年后改以粽子投入水中相祭，但此俗乃始自汨罗一带。然而这两条消息的关键在于，其中所载“长沙欧回，白日忽见一人，自称三闾大夫”云云，而此，则使得这一传说，几乎与神话无异。

至于“片断”中所说“南方各地的赛龙船”一俗，首载者当推晋人宗懔《荆楚岁时记》一书，其“五月五日”条有云：

五月五日竞渡，俗为屈原投汨罗日，伤其死，故并命舟楫以拯之。舸舟取其轻利谓之飞凫，一自为水军，一自以为水马②。

这大约便是后来历代人民以龙舟竞渡这一形式来纪念屈原的最早依据。但是，据《荆楚岁时记》同书之所载可知，此俗东吴早已有之，并且“起于越王勾践”。宗懔《荆楚岁时记》的这一记载，主要是依据三国时魏人

① 吴均：《续齐谐记》，《四库全书》本，上海古籍出版社 1987 年影印版。
② 宗懔：《荆楚岁时记》，《四库全书》本，上海古籍出版社 1987 年影印版。

邯郸淳为孝女曹娥所撰写之碑文而为。其云：“邯郸淳《曹娥碑》云：‘五月五日，时迎伍君逆涛而上，为水所淹。’斯又东吴之俗，事在于胥，不关屈平也。《越地传》云起于越王勾践。”《越地传》一书今已失，无从考察。邯郸淳的《曹娥碑》，无名氏《古文苑》卷十、陈思《宝刻丛编》卷十三、王昶《金石萃编》卷十四等，均予录载。碑文中碑主曹娥及其父事迹，范晔《后汉书》卷八十四有记载，但刘义庆《世说新语》引晋预《会稽典录》记述亦颇详：

> 女子曹娥者，会稽上虞人。父能弦歌为巫，汉安二年五月五日，于县江溯涛迎波神溺死，不得尸。娥年十四，沿江号哭，昼夜不绝声，七日，遂投江而死①。

“汉安”是汉顺帝刘保的年号，“汉安二年”为公元 143 年，距伍子胥卒年(前 484 年)凡六百二十七年；距越王勾践卒年(前 465 年)，亦有六百零八年。此则表明，伍子胥死后二十余年，“东吴”地区的人民就以“舟楫竞渡”之仪式对其表示哀悼和缅怀，这种风俗一直沿袭于后世，且不曾断绝。

伍子胥死后为“波神”事，不仅是一种传说，更是一种神话，对此，李昉等《太平广记》卷二九一引《钱塘志》乃有记载：

> 伍子胥屡谏吴王，赐属镂剑而死，临终，戒其子曰：“悬吾首于南门，以观越后果。以鱼皮裹吾，投入江中，吾当朝暮乘潮，以观吴之败。”自是自海门山，潮头汹高数百尺，越钱塘鱼浦，方渐低小。朝暮再来，其声震怒，雷奔电走百余里。时有见子胥乘素车白马立潮头上，因立庙以祠焉②。

① 刘义庆：《世说新语》，文学古籍刊行社 1956 年版。
② 李昉等：《太平广记》卷二九一，中华书局 1961 年版。

这完全是一则神话故事，但这则神话故事却将伍子胥含冤屈死之状况，描述得淋漓尽致，令人读而戚戚焉。虽然如此，但若将此一记载，合勘晋预《会稽典录》、宗懔《荆楚岁时记》，以及其所引《越地传》诸材料合而勘之，并剔除其中的神话成分，则可得知：伍子胥遭谗死后，人们立庙以祠；二十余年后在越王勾践的首倡下，人们又于五月五日以舟楫竞渡的形式对其予以悼念。这种“舟楫竞渡”的形式一直沿袭至东汉，顺帝时期的曹娥之父曹能，就是因为参加这种“舟楫竞渡”而为水所淹死。

于是，围绕着“舟楫竞渡”便出现了两种传说：一为楚地对屈原的纪念；一为越地对伍子胥的纪念。若将这两种传说合勘之，则可得知：吴地以舟楫竞渡纪念伍子胥在先，荆楚以舟楫竞渡纪念屈原在后。若以勾践卒年与屈原卒年(前278年)①相计算，则吴地以“舟楫竞渡”纪念伍子胥要比荆楚以同样形式纪念屈原早一百八十年。由此我们又可以推知，楚人以“舟楫竞渡”纪念屈原者，当是受吴人以“舟楫竞渡”纪念伍子胥之影响所致。

既然前人以“舟楫竞渡”的形式纪念伍子胥在先，那么为什么后来人们一直只是以此种形式纪念屈原呢？要弄清楚这一问题，我们则可从欧阳询《艺文类聚》、徐坚等《初学记》中找到答案。先看欧阳询《艺文类聚》。该书卷四于“五月五日”条内引《荆楚岁时记》有云：

> 《荆楚记》曰：“屈原以是日死于汨罗，人伤其死，所以并将舟楫以拯之，今天竞渡，是其遗迹②。

《艺文类聚》所引《荆楚岁时记》，不仅改变了其文字原貌(详上)，而且还将东吴以“舟楫竞渡”伤伍子胥一段文字剔删。再看徐坚等《初学记》。

---

① 关于屈原的卒年，说法种种，此仅为其中之一说，且并不代表其为屈原卒年之定论，特此说明。又，关于屈原卒年之种种说法，可具体参见本章第二节，此不具述。

② 欧阳询等：《艺文类聚》，上海古籍出版社1965年影印版。

该书卷四在“五月五日”条内“竞渡”下亦引《荆楚岁时记》云：

> 俗谓是屈原死汨罗日，伤其死所，并命舟楫以拯之，至今为俗。又《越地传》云：起于越王勾践①。

两相比较，则可得知：徐坚等《初学记》之所引，是将宗懔《荆楚岁时记》中之两起材料合二为一，并从中抽出了“邯郸淳《曹娥婢》云：‘五月五日，时迎伍君逆涛而上，为水所淹。’斯又东吴之俗，事在子胥，不关屈平也”一段文字，另加进了“至今为俗”四字。《初学记》如此之窜改，比欧阳询等《艺文类聚》更坏，因为其既使原来的《荆楚岁时记》之“五月五日”条面目全非，又将“舟楫竞渡”变为纪念屈原的“专利品”了。而《艺文类聚》与《初学记》这两部类书撰写的目的，在当时是专供皇帝及其太子翻检前朝天下各事而用的，二书将《荆楚岁时记》中的原文如此一改，至少使唐代凡读过这两部书的皇帝，产生出一种“前人舟楫竞渡是为纪念屈原”的“正确的错觉”。而这“正确的错觉”，一经用圣旨的名义传喻天下，则庶民虽有所知者亦不敢声言。正因此，在一部《全唐诗》中，咏写龙舟竞渡以纪念和缅怀屈原者，比比皆是，而无一首与伍子胥相涉。

于是，自此以后，以“舟楫竞渡”作为纪念屈原的一种半官方半民间的形式，便以其“合法化”的身份到处流传。如宋人陈元靓《岁时广记》就列有“竞龙舟”这一专目；而元代官修的《大元圣政国朝典章》一书，则更是对此进行了如下记述：“蕤宾节拌掉龙船，江淮闽广江西皆有此戏。”此则表明，由“舟楫竞渡”而“拌掉龙船”，这种颇具纪念意义的民间形式，于大元时期，已于南方的“江淮闽广江西”等地，演变成了一种极具娱乐特点的“戏”了。

综上所述，我国民间每年五月五日举行的赛龙船，乃缘起于两千多

---

① 徐坚：《初学记》卷四，中华书局1962年影印版。

年前东吴地区人民用来哀悼伍子胥的一种纪念仪式，后楚人受其影响，将其移来用以纪念屈原，并沿袭至今。然而后人对于前人(吴人)曾以此纪念伍子胥之事，则早已全都遗忘殆尽，这应当说也是一桩历史的遗憾。虽然，上引各种载籍对此之记载，都充满着较为浓厚的传说成分，甚至是神话的成分，但从民俗学的角度言，基本上都是可以信实的，而其所反映的，则为民间对屈原“投水而死”的一种纪念。换言之，民间每年五月五日以“舟楫竞渡”纪念屈原者，就现所存见之材料言，其主要是来源于一些具有传说性质的记载，因而其属于传说之列，也就不言而喻。更何况，中国究竟有没有屈原，直至目前为止尚是一个未知数①。

① 关于中国是否确有屈原其人，可具体参见本章第一节。

第二章　蔡邕父女论略

第一节　蔡邕蔡琰的生平年表

生于东汉末年的蔡邕、蔡琰父女，是汉魏时期著名的文学家。对于父女二人的生平事迹与创作活动，以笔者之孤陋寡闻，似只有陆侃如《中古文学系年》①略有所涉，余则未及。有鉴于此，本节拟在《中古文学系年》的基础上，综合有关资料，并以“年表”的形式，对蔡氏父女的生平与创作情况进行一次较为具体的考察，或有助于对其之全面认识与研究。

蔡邕，字伯喈，陈留圉(今河南杞县)人。始祖蔡寅，历任车骑将军等职。六世祖蔡勋，好黄老之术，平帝时曾为郿县令，因不愿事王莽新政而逃入深山。祖父蔡携，字叔业，汉顺帝时以司空高第迁新蔡长，年七十九卒。父蔡棱，字伯直，曾任徐州刺史，年五十三卒，谥曰贞定公。邕母为郎中令袁涣之姑女(以上所言，主要综合范晔《后汉书》卷六十下《蔡邕传》、《后汉书》章怀太子李贤注、惠栋《后汉书补注》等而为)。蔡琰，字文姬，蔡邕长女。邕二女某，为羊祜后母(王先谦《后汉书集解校补》)。邕子某，早卒，孙名袭(房玄龄等《晋书》卷三十四《羊

① 陆侃如：《中古文学系年》，人民文学出版社 1985 年版。

祜传》)。

汉顺帝刘保阳嘉二年(133年) 蔡邕一岁

蔡邕生于本年。

范晔《后汉书》卷六十下《蔡邕传》云:“及卓被诛,邕在司徒王允坐,殊不意言之而叹,有动于色。允勃然叱之曰……即收付廷尉治罪。邕陈辞谢,乞黥首刖足,继成汉史。士大夫多矜救之,不得能。……邕遂死狱中。允悔,欲止而不及。时年六十一。”①又《后汉书》卷九《孝献帝纪第九》于初平三年内云:“夏四月辛巳,诛董卓,夷三族。”据之以推,知蔡邕生年应为阳嘉元年(132年)。商务印书馆1983年版《辞源》“蔡邕”条,黑龙江人民出版社1981年版《中国历史人物生卒年表·蔡邕》,即皆据以定蔡邕生年为阳嘉元年,也即公元132年,乃误。

按《后汉书》卷六十下《蔡邕传》又有云:“初邕与司徒刘郃素不相平,叔父卫尉质又与将作大匠杨球有隙,球即中常侍程璜女夫也。璜遂使人飞章言:‘邕、质数以私事请托于郃,郃不听,邕含隐切,志欲相中。’于是诏下尚书,召邕诘状,邕上书自陈……于是下邕、质于洛阳狱,劾以仇怨奉公,议害大臣,大不敬,弃市。事奏,中常侍吕强愍邕无罪,请之,帝亦更思其章,有诏减死一等,与家属髡钳徒朔方,不得以赦令除。”蔡邕“徒朔方”,惠栋《后汉书补注》、钱大昭《后汉书辨疑》、侯康《后汉书补注续》等,皆系于汉灵帝刘宏光和元年(178年)。考《四库全书》本《蔡中郎集》(以下所引蔡文,全出此集,不另注)有《被收时上书自陈》一文,即《后汉书》卷六十下《蔡邕传》中之“邕上书自陈”的具体内容。其中有云:“臣年四十有六,孤特一身,得托名忠臣,死有余荣,恐陛下于此不复闻至言矣。”②二者合勘,可知蔡邕生年正确者乃为阳嘉二年(133年),享年则为“时年六十”,《后汉书》卷六

① 范晔:《后汉书》卷六十下《蔡邕传》,中华书局1963年版。
② 蔡邕:《蔡中郎集》,《四库全书》本,上海古籍出版社1987年影印版。

十下《蔡邕传》作“时年六十一” 者，乃误。《辞源》等据而不察，实乃以误传误。

汉桓帝刘志元嘉二年(152 年)　蔡邕二十岁

蔡邕与李则游学京师，始读《左传》。

惠栋《后汉书补注》卷十四引《蔡邕别传》云：“邕与李则游学，时在弱冠，始共读《左氏传》，性通敏惊人，举一反三。”又《后汉书》卷六十下《蔡邕传》云：“少博学，师事太傅胡广。好辞章、术数、天文，妙操音律。”胡广其人，东汉时期著名的学者与文学家，其著作除《胡广集》二卷外，另著有《周官解诂》、《汉官解诂》、《汉书音义》、《旧汉》等 。蔡邕师事胡广，究在何年，史无明载，陆侃如《中古文学系年》以为即在是年，姑从之。

永兴元年(153 年)　蔡邕二十一岁

蔡邕为州官所辟，辞让于同郡好友申屠蟠。是年蔡朗卒，为之撰写碑文。

事见《后汉书》卷五十三《申屠蟠传》，不具引。其时或即是年，暂系之。

又，《蔡中郎集》中有《琅邪王傅蔡朗碑》一文，其中载蔡朗“永兴六年夏卒”，按汉桓帝以“永兴”纪元凡两年(永兴元年、永兴二年)，其“六”字显系“元”字草写之讹误，即是文的作年当以永兴元年为是。或系是文于永兴二年者，不确。

永寿元年(155 年)　蔡邕二十三岁

是年，曹操生。

陈寿《三国志》卷一《魏书一·武帝操》载曹操建安二十五年卒时“年六十六”，以此推之，其生年即为是年。据《后汉书》卷八十四《董祀妻传(蔡琰传)》(以下迳称《后汉书》卷八十四《蔡琰传》)、曹丕《蔡伯喈女赋序》等之所载，曹操"素与邕善"，并曾以重金赎蔡琰归(具体说详后)，表明其与蔡氏父女均关系密切。

永寿二年(156年)　蔡邕二十四岁

是年五月，玄文先生李休卒，蔡邕为之撰写碑文。

《蔡中郎集》中有《玄文先生李休碑》一文，云："永寿二年夏五月乙未卒……乃刊斯石。"即为是年所作。

延熹二年(159年)　蔡邕二十七岁

是年秋，朝廷闻蔡邕善鼓琴，召其至京师，邕不得已行至偃师，因病得归，并作《述行赋》纪其行。

《后汉书》卷六十下《蔡邕传》云："桓帝时中常侍徐璜、左悺等五侯擅恣，闻邕善鼓琴，遂白天子敕陈留太守督促发遣。邕不得已行至偃师，称疾而归。"又蔡邕《述行赋》有云："延熹二年秋，霖雨逾月。是时梁冀新诛，而徐璜、左悺等五侯擅贵于其处，又起显阳苑于城西。人徒冻饿，不得其命者甚众。……璜以余能鼓琴，白朝廷敕陈留太守发遣。余到偃师，病不前，得归。心愤此事，遂托所过述而成赋。"

《蔡中郎集》中的《汝南周勰碑》一文，作于是年。

延熹四年(161年)　蔡邕二十九岁

作《济北相崔君夫人诔》。

是《诔》云："维延熹四年故济北相夫人卒。"

延熹五年(162年)　蔡邕三十岁　蔡琰一岁

蔡邕赞王延寿《鲁灵光殿赋》。蔡琰生于是年。

是年，王逸之子王延寿作《鲁灵光殿赋》(系年据钱大昭《补续汉书艺文志》)。《后汉书》卷八十上《王逸传》附《王延寿传》云："少游鲁国，作《灵光殿赋》。后蔡邕亦造此赋未成，及见延寿所为，甚奇之，遂辍翰而已。"蔡邕何时见王延寿《鲁灵光殿赋》"甚奇之，遂辍翰而已"，因资料所限无可考，兹暂系于是年，以俟明智。

蔡琰生年，史无明载，陆侃如《中古文学系年》据丁廙《蔡伯喈女赋》之"在华年之二八"，推测其当生于蔡邕三十八岁时之建宁三年(170年)，不确。按东汉时期，男子结婚之龄一般在二十岁以内，如诸葛亮之子诸葛瞻是"年十七，尚公主"①，曹操"欲以女妻之"的周不疑时年亦为十七岁②等，即皆可为证。以此计之，蔡邕结婚之龄是断不会迟至二十五岁以后的，而蔡琰之生年也是断不会在蔡邕三十岁以后的，依此，本"年表"暂系蔡琰生年为是年。但蔡琰究竟生于何年，则尚待作进一步之考察。

延熹六年(163年)　蔡邕三十一岁　蔡琰二岁

蔡邕上书荐皇甫规，并撰《释诲》等文。

《后汉书》卷六十五《皇甫规传》云："皇甫规字威明，安定朝那人也。……诸公及太学生张凤等三百余人诣阙讼之。会赦，归家。"蔡邕上书荐皇甫规，当为是年。侯康《后汉书补注续》卷四云："[规]会赦归家，蔡中郎荐规表……未详年月，以时事考之，当在此年。"所言甚是。

是年，朱穆(字公叔)卒，蔡邕与其门人等"共述其体行，谥为文忠先生"，并"尝至其家"为之抄写"所著论、策、奏、教、书、诗、记、嘲凡二十篇"。(以上诸事，俱见《后汉书》卷三十四《朱穆传》及章怀太子李贤注)。未久，蔡邕又为之撰《朱公叔碑》。今其集中之《朱公叔谥议》、《朱公叔碑》、《朱穆坟前方石碑》等文，乃皆写于是年。

延熹八年(165年)　蔡邕三十三岁　蔡琰四岁

是年，杨秉、王子乔先后卒，蔡邕分别为之撰写碑文。

---

① 陈寿：《三国志》卷三十五《蜀书五·诸葛瞻传》，中华书局1959年版。

② 陈寿：《三国志》卷六《魏书六·刘表传》注引《零陵先贤传》，中华书局1959年版。

《蔡中郎集》中有《太尉杨秉碑》、《王子乔碑》二文，分别署明时间为“延熹八年五月”与“延熹八年秋八月”，其皆作于是年。

延熹九年(166 年) 蔡邕三十四岁 蔡琰五岁

荆州刺史度尚卒，蔡邕为之撰写碑文。

据《蔡中郎集》中之《荆州刺史度尚碑》，度尚卒于是年，则碑文之作亦当在是年。

永康元年(167 年) 蔡邕三十五岁 蔡琰六岁

蔡琰六岁，能辨弦音。

分别参见李昉等《太平御览》卷五七七引《蔡琰别传》与刘昭《幼童传》。

汉灵帝刘宏建宁二年(169 年) 蔡邕三十七岁 蔡琰八岁

是年，著名学者郭太(字林宗)卒，蔡邕为其撰写碑文，文为卢植所称道(参见《后汉书》卷六十八《郭太传》)。又是年，胡广继母黄氏及其子胡硕、孙胡根卒，蔡邕分别为之撰《交阯都尉胡府君夫人黄氏神诰》、《陈留太守胡硕碑》、《童幼胡根碑》三文。处士圈典亦卒于是年，蔡邕为之撰《处士圈典碑》(上述黄氏、胡硕、胡根、圈典四人卒于是年者，分别见各自碑文之所载)。

建宁三年(170 年) 蔡邕三十八岁 蔡琰九岁

友人胡广夫人卒，蔡邕为之撰写灵表。

《蔡中郎集》中有《太傅安乐侯胡公夫人灵表》一文，云：“年七十七，建宁三年卒。”

建宁四年(171 年) 蔡邕三十九岁 蔡琰十岁

蔡邕辟司徒桥玄府。未几，出补平阿长。

《后汉书》卷六十下《蔡邕传》云："建宁三年辟司徒桥玄府，玄甚敬待之。"又《后汉书》卷五十一《桥玄传》云："字公祖，梁国睢阳人也。……建宁三年，迁司空，转司徒。……光和六年卒(按此处有误，正确者应为光和七年，具体详后)，时年七十五。"据此，知蔡邕被辟桥玄幕府，当在桥玄"转司徒"之际。然《后汉书》卷八《孝灵帝纪第八》则载桥玄由司空转司徒的时间，乃在建宁四年三月，与《后汉书》卷五十一《桥玄传》所载异。考《资治通鉴・汉纪》卷四十九有云："建宁三年……八月，以鸿胪梁国桥玄为司空。……(四年三月)司徒许训免，以司空桥玄为司徒。"①则《后汉书》卷六十下《蔡邕传》、卷五十一《桥玄传》所载者当误。《资治通鉴》既明载桥玄为司徒在建宁四年三月，则蔡邕被辟其府亦在是时前后可知。

蔡邕出补平阿长之事，《后汉书》卷六十下《蔡邕传》载于"辟司徒桥玄府"后与"召拜郎中"前，度其时，亦当为是年，且当系桥玄推荐的结果，盖因桥玄对蔡邕乃"甚敬待"故。又，平阿，《后汉书》卷六十下《蔡邕传》原作"河平"，王先谦《后汉书集解》引"沈钦韩曰"，认为"河平盖平阿之误"，可从。平阿，县名，东汉以平阿侯国置，治所在今安徽怀远县西南②。

《蔡中郎集》中的《上始加元服与群臣上寿章》、《中鼎铭》、《东鼎铭》、《郭泰碑》(《后汉书》作郭太)诸文，均作于是年。

熹平元年(172 年)　蔡邕四十岁　蔡琰十一岁

蔡邕还洛阳，拜郎中，校书东观。是年，胡广卒，为之撰写碑文与碑铭。

蔡邕何年拜任郎中之职，史无记载，以其所撰《太傅胡广碑》度之，似当在是年，盖因据《后汉书》卷四十四《胡广传》可知，胡广乃于是年

---

① 司马光：《资治通鉴・汉纪》卷四十九，上海古籍出版社 1987 年影印版。

② 复旦大学地理研究所编：《中国历史地名辞典》，江西人民出版社 1986 年版。

病卒洛阳家中。蔡邕斯时既为胡广撰写碑文，表明其届时已回洛阳任郎中之职。

胡广卒于是年，《后汉书》卷八《孝灵帝纪第八》、《后汉书》卷四十四《胡广传》均有记载，不具引。蔡邕为胡广所撰之碑文，分别见其集中之《太傅胡广碑》、《太傅祠堂碑铭》二文。又，《车驾上原陵记》一文有云："建宁五年正月车驾上原陵，蔡邕为司徒掾……见太傅胡广曰……邕退而记焉。"按建宁五年即熹平元年，盖因是年五月改元故也。藉此，知此文的作年亦为是年。

熹平二年(173年)　蔡邕四十一岁　蔡琰十二岁

蔡邕仍在洛阳任郎中。为日食上书。

司马彪《续汉书五行志》卷六云："熹平二年十二月癸酉晦，日有蚀之。"刘昭注："蔡邕上书曰：'四年正月朔日体微伤。'"

熹平三年(174年)　蔡邕四十二岁　蔡琰十三岁

蔡邕仍任郎中之职，校书东观，并与卢植等撰补《后汉记》。

《后汉书》卷六十下《蔡邕传》云："邕前在东观，与卢植、韩说等撰补《后汉记》。"按此处《后汉记》当为《汉记》之误，具体后详。

熹平四年(175年)　蔡邕四十三岁　蔡琰十四岁

蔡邕迁议郎。与诸儒定《五经》文字。

蔡邕迁议郎的时间，《后汉书》卷六十下《蔡邕传》载于熹平四年蔡邕与堂溪典等"奏求正定《六经文字》之前后，似即在是年。考《后汉书》卷六十四《卢植传》有云："岁余，复征拜议郎，与谏议大夫马日磾、议郎蔡邕、杨彪、韩说等并在东观，校中书《五经》记传，补续《汉纪》。"又《后汉书》卷七十八《吕强传》云："(李)巡以为诸博士试甲乙科，争弟高下，更相告言，至有行赂定兰台漆书经字，以合其私文者，乃白帝，与诸儒共刻《五经》于石，于是召蔡邕等正其文字。"(同此者，另有

《后汉书》卷七十九上、下《儒林列传》等)，卷六十四《卢植传》等作《五经》者，显然与蔡邕本传之《六经》有别。按汉人称《五经》者，乃是将《春秋》、《公羊》合而为一，称《六经》者，则是将《春秋》、《公羊》分而为二，对此，顾怀三《补后汉书艺文志》卷四乃有详载，可参看，兹不具引。

《蔡中郎集》中的《李咸碑》、《历数议》、《答丞相可斋议》、《谏用三互法疏》、《圣皇篇》诸文，皆作于是年。其中，《历数议》一文为《后汉书》卷九十《志第二・律历中》全文著录。

熹平五年(176年)　蔡邕四十四岁　蔡琰十五岁

蔡邕任议郎，仍校书东观，时参与校书者有卢植、杨彪、韩说等人。

《后汉书》卷六十四《卢植传》云："熹平四年，九江反，四府选植才兼文武，拜九江太守蛮寇宾服。……会南夷反叛，以植尝在九江有恩信，拜为庐江太守。……岁余，复征拜议郎，与谏议大夫马日磾、议郎蔡邕、杨彪、韩说等并在东观，校中书《五经》记传，补续《汉记》。"按此云"《五经》记传"者，与《后汉书》卷六十一下《蔡邕传》等略有所别，似误。

《蔡中郎集》中的《伯夷叔齐碑》一文，作于是年。

熹平六年(177年)　蔡邕四十五岁　蔡琰十六岁

蔡邕奉诏为胡广、黄琼作颂。阮瑀在洛阳受学于蔡邕。向朝廷上封事陈政要七事。奉诏质疑夏育请伐鲜卑议。蔡琰嫁河东卫仲道。

《后汉书》卷四十四《胡广传》云："熹平六年，灵帝思感旧德，乃图画广及太尉黄琼于省内，诏议郎蔡邕为其颂云。"据《后汉书》卷八《孝灵帝纪第八》，胡广熹平元年卒，享年八十二岁。蔡邕所作《胡广黄琼颂》一文，今存其集中。

《三国志》卷二十一《魏书二十一・王粲传》附《阮瑀传》云："陈留

阮瑀字元瑜……瑀少受学于蔡邕。”按在“建安七子”中，除孔融为曹操杀害于建安十三年外，余六子唯阮瑀卒年最早（建安十七年，见《三国志》本传），似阮瑀年岁较另五子均为大，以其年长王粲十余岁计，则其受学蔡邕或在是年否？姑暂系之以俟淹贯者。

蔡邕于是年向朝廷上封事陈政要七事，《后汉书》卷六十下《蔡邕传》明载为熹平六年七月，且著录其全文，兹不具引。

《后汉书》卷九十《鲜卑传》云：“（熹平）六年夏，鲜卑寇三边。秋，夏育上言……帝乃拜晏为破鲜卑中郎将。大臣多有不同，乃召百官议朝堂。议郎蔡邕议曰……帝不从，遂请夏育出高柳，田晏出云中……育等大败。”又《后汉书》卷八十四《蔡琰传》云：“陈留董祀妻者，同郡蔡邕之女也，名琰，字文姬。博学有才辩，又妙于音律。适河东卫仲道。”其所适时间，据丁廙《蔡伯喈女赋》之“在华年之二八”，知为十六岁之际，亦即是年。

光和元年（178 年） 蔡邕四十六岁 蔡琰十七岁

蔡邕在洛阳，与郎中刘洪补续《律历志》。献篆鸿都门。诏以问“雌鸡欲化雄”、蝗虫事。因罪徙朔方。卢植与邕素善，上书以救，未果。蔡琰在河东。

《后汉书》卷九十《志第三 · 律历下》云：“光和元年中，议郎蔡邕、郎中刘洪补续《律历志》。”

蔡邕是年献篆鸿都门事，《后汉书》卷八《孝灵帝纪第八》、侯康《后汉书补注续》等，均有记载，兹不具引。

《后汉书》卷九十《志第十三 · 五行一》云：“灵帝光和元年，南宫侍中寺雌鸡欲化雄，一身毛皆似雄，但头冠尚未变。诏以问议郎蔡邕。邕对曰……上不改政，遂至天下大乱。”又《后汉书》卷九十《志第十五 · 五行三》云：“光和元年诏策问曰：‘连年蝗虫至冬踊，其咎焉在？’蔡邕对曰……是时，百官迁徙，皆私上礼西园以为府。”

又《后汉书》卷六十下《蔡邕传》云："光和元年，有虹霓昼降于嘉德殿前，帝恶之，引赐及议郎蔡邕等入金商门崇德署，使中常侍曹节、王甫问以祥异祸所在。赐仰天而叹，谓节等曰……(蔡邕)乃书对曰……书奏，甚忤曹节等。蔡邕坐直对抵罪，徒朔方。"又《后汉书》卷六十四《卢植传》云："植素善蔡邕，邕前徒朔方，植独上书请之。"按据《后汉书》卷九十《志第十七·五行五》可知。是年六月蔡邕尚在京师对"天投霓者"之议，则其徒朔方当在六月或其后。

《蔡中郎集》中的《桓彬碑》、《对诏问灾异八事》、《被收时上书自陈》三文，皆作于是年。

光和二年(179年)　蔡邕四十七岁　蔡琰十八岁

蔡邕赦还归本郡，之后因事避居吴会，依太山羊氏，期间曾制焦尾琴，并撰《琴操》二卷。蔡琰在河东。

《后汉书》卷八《孝灵帝纪第八》光和二年内云："夏四月……丁酉，大赦天下，诸党人禁锢小功以下皆除之。"又《后汉书》卷六十下《蔡邕传》云："帝嘉其才高，会明年(即光和二年—引者注)大赦，乃宥邕还本郡。邕自徒及归，凡九月焉。将就还路，五原太守王智饯之，酒酣，智起舞，属邕，邕不为报。智者，中常侍王甫弟也，素贵骄，惭于宾客，诟邕曰：'徒敢轻我！'邕拂衣而去，智衔之，密告邕怨于囚放，谤讪朝廷，内宠恶之。邕虑卒不免，乃亡命江海，远迹吴会，往来依太山羊氏，积十二年("十二年"当误，说详下)。"按太山羊氏与蔡姓家族乃姻亲关系(参见惠栋《后汉书补注》卷十四)，故邕往投之。蔡邕在吴制焦尾琴事，《后汉书》卷六十下《蔡邕传》载之亦甚详，兹不具引。蔡邕撰《琴操》，顾怀三《补后汉书艺文志》卷二、姚振宗《隋书经籍志考证》卷五等，均有记载，可参看。

《蔡中郎集》中的《太尉陈球碑》、《太尉陈公赞》、《西鼎铭》三文，皆作于是年。

光和三年(180 年) 蔡邕四十八岁 蔡琰十九岁

是年，蔡邕在吴会。蔡琰在河东。

光和四年(181 年) 蔡邕四十九岁 蔡琰二十岁

蔡邕可能于是年前后已北还洛阳(详下)。蔡琰在河东。

光和五年(182 年) 蔡邕五十岁 蔡琰二十一岁

京兆尹樊陵在“阳陵县东”开渠惠民，蔡邕闻之，以诗赞之，并于“并序”中将其名之为“樊惠渠”。蔡琰在河东。

关于“樊惠渠”之修建与对民之恩惠，蔡邕撰《京兆樊惠渠颂》(又名《樊惠渠歌并序》)一诗述载之，且其中明载是文的写作时间为“光和五年”。蔡邕又撰《京兆尹樊陵颂碑》一文，对“樊惠渠”的修建者樊陵进行了赞颂。

按阳陵乃西汉景帝时所置县，治所在今陕西咸阳市东北。樊陵系樊英之孙，因“灵帝时以谄事宦人为司徒”(《后汉书》卷七十二上《樊英传》)，故《后汉书》无其传。樊陵任京兆尹时，在阳陵开渠惠民，为朝廷与地方称道，所以蔡邕乃写了《京兆樊惠渠颂》以歌之。这一史况表明，斯时蔡邕已不在吴中，如此，则《后汉书》本传载其在吴会“往来依太山羊氏，积十二年”云云，就难以令人相信了。此为其一。其二，《后汉书》卷六十下《蔡邕传》既明载蔡邕避居吴会的时间为光和二年(179 年)，而是年蔡邕已四十七岁，历十二年则为汉献帝初平二年(191 年)，蔡邕时龄为五十九岁(其翌年即卒)，这显然与蔡邕的生平实况不相符合。其原因在于，蔡邕仅在中平六年就因董卓之辟而“三日之间，周历三台”，且未久即“迁巴郡太守，复留为侍中”(《后汉书》卷六十下《蔡邕传》)。综此二者，可知《后汉书》卷六十下《蔡邕传》载蔡邕在吴会“积十二年”之久的说法为误，乃殆无疑义。以蔡邕对“樊惠渠”的称道揣度之，其北还京师的时间最迟当在是年以前乃可肯定，但具体为何年则不可考。

除上述一诗一文外，蔡邕本年还撰有《何休碑》一文。

光和六年(183 年)　蔡邕五十一岁　蔡琰二十二岁

是年，蔡邕在洛阳。卫仲道病故，蔡琰自河东归宁于家。

《后汉书》卷八十四《蔡琰传》云："适河东卫仲道。夫亡无子，归宁于家。"卫仲道何年病故，史无记载，以其"无子"而言，似当在与蔡琰结婚五年前后，但确时难断，兹暂系蔡琰"归宁于家"为是年。

中平元年(184 年)　蔡邕五十二岁　蔡琰二十三岁

蔡邕在洛阳，上书大将军何进，推荐边让"宜处高任"。太尉桥玄卒，为之撰写碑文。蔡琰归宁于家。

《后汉书》卷八十下《边让传》云："边让字文礼，陈留浚仪人也。少辩博，能属文。……议郎蔡邕深敬之，以为让宜处高任，乃荐于何进曰……"时何进位居大将军之职，"闻让才名，欲辟命之"。按何进为大将军，据《后汉书》卷八《孝汉灵帝纪第八》，知事在中平元年三月至中平六年八月(是月何进即为张让、段珪等所杀)，而蔡邕的荐书中又有"伏唯幕府初开，博选清英"云云，则其以书荐边让当在是年夏秋期间。

桥玄卒于是年，蔡邕《太尉桥玄碑》、《太尉桥玄碑阴》二文，均有载(《后汉书》卷五十一《桥玄传》作光和六年，误)。又《蔡中郎集》中的《与何进书荐边让》、《黄钺铭》、《太尉桥玄碑》、《太尉桥玄碑阴》、《司徒袁公夫人马氏碑》五文，皆作于是年。

中平二年(185 年)　蔡邕五十三岁　蔡琰二十四岁

蔡邕在洛阳，太尉刘宽等卒，为之撰写碑文。蔡琰归宁于家。

《蔡中郎集》中有《太尉刘宽碑》、《太尉杨赐碑》、《范丹碑》三文，所载碑主卒年均为是年，则三文的作年亦在是年乃甚明。又《赤泉侯像赞》一文亦作于是年。

中平三年(186年) 蔡邕五十四岁 蔡琰二十五岁

是年八月，友人陈寔卒，蔡邕为之撰写碑文。蔡琰归宁于家。

陈寔，《后汉书》卷六十二有传，云："字仲弓，颍川许人也。……中平四年，年八十四，卒于家。"但蔡邕所撰《陈寔碑》则云："中平三年八月丙午，遭疾而终。"则陈寔卒年应以蔡碑为是。

中平四年(187年) 蔡邕五十五岁 蔡琰二十六岁

是年蔡邕仍在洛阳任议郎。蔡琰归宁于家。

《蔡中郎集》中《议郎胡公夫人哀赞》一文作于是年。

中平五年(188年) 蔡邕五十六岁 蔡琰二十七岁

蔡邕为陈寔撰写第三碑。蔡琰归宁于家。

《蔡中郎集》有《陈寔第三碑》一文，云："维中平五年春三月癸未，豫州刺史典以褒功述德，政之大经……乃树碑镌石。"据此可知，是碑文乃为蔡邕撰写于陈寔卒后的第三年。

中平六年(189年) 蔡邕五十七岁 蔡琰二十八岁

是年，汉灵帝卒。蔡邕应董卓之召，初为祭酒，继补侍御史，又转持书御史，迁尚书。迁巴郡太守，复留为侍中。蔡琰归宁于家。

《后汉书》卷八十四《蔡琰传》云："中平六年，灵帝崩，董卓为司空，闻邕名高，辟之。称疾不就。卓大怒……又切敕州郡举邕诣府，邕不得已，到，署祭酒，甚见敬重。举高第，补侍御史，又转持书御史，迁尚书。三日之间，周历三台。迁巴郡太守，复留为侍中。"

其集中《荐太尉董卓可相国并自乞闲冗章》、《巴郡太守谢表》、《中台要解》三文乃作于是年。

汉献帝刘协初平元年(190年) 蔡邕五十八岁 蔡琰二十九岁

蔡邕初在洛阳，拜左中郎将，继从汉献帝迁都长安，封高阳乡侯。

王粲至长安，为蔡邕所称道，并送粲书数车。蔡琰归宁于家。随蔡邕至长安，未久为南匈奴所获，并与左贤王再婚。

《后汉书》卷八十四《蔡琰传》云："初平元年，拜左中郎将，从献帝迁都长安，封高阳乡侯。"

《三国志》卷二十一《魏书二十一·王粲传》云："王粲字仲宣，山阳高平人也。……献帝西迁，粲徒长安，左中郎将蔡邕见而奇之。时邕才学显著，贵重朝廷，常车骑填巷，宾客盈坐。闻粲在门，倒屣迎之。粲至，年既幼弱，容貌短小，一座尽惊。邕曰：'此王公孙也，有奇才，吾不如也。吾家书籍文章，尽当与之。'"①按"献帝西迁"，据《后汉书》卷九《孝献帝纪第九》，知乃在初平元年，则"粲徒长安"与蔡邕之称道均在是年，乃可论断。又俞绍初《王粲年谱》于初平元年亦云："徒长安。蔡邕见而奇之，称粲有异才，载数车书与粲。"②

《后汉书》卷八十四《蔡琰传》云："兴平中，天下丧乱，文姬为胡骑所获，没于南匈奴左贤王。"按此处"兴平"乃"初平"之误，王先谦《后汉书集解》已辨之甚详，可参看，兹不具引。

《蔡中郎集》中之《告迁都祝嘏辞》、《让高阳乡侯章》、《表贺录换误上章谢罪》三文，乃写于是年。

初平二年(191年)　蔡邕五十九岁　蔡琰三十岁

蔡邕在长安，奏议宗庙迭毁，并对董卓总参以地震。追正郭皇后谥。蔡琰在南匈奴。

袁宏《后汉纪》卷二十六云："(初平二年)灵帝崩而天下乱，故未议祖宗之事，于是有司奏议宗庙迭毁。左中郎将蔡邕议曰……"又《后汉书》卷八十四《蔡琰传》云："初平二年六月地震，卓以邕，邕对曰：'地动者，阴盛侵阳，……远近以为非宜。'卓于是改乘皂盖车。卓重邕才

---

① 陈寿：《三国志》卷二十一《魏书二十一·王粲传》，中华书局1959年版。
② 俞绍初：《王粲年谱》，《王粲集》附，中华书局1980年版。

学，厚相遇待，每集宴，辄令邕鼓琴赞事。”又《后汉书》卷十下《皇后纪第十下》云：“汉世皇后无谥……中兴明帝始建光烈之称……初平中蔡邕始追正和熹之谥。”章怀太子李贤注云：“《蔡邕集·谥议》曰……”其所云即在是年。

初平三年(192年)　蔡邕六十岁　蔡琰三十一岁

蔡邕死于狱中。无子。蔡琰在南匈奴。

《后汉书》卷六十下《蔡邕传》云：“及卓被诛，邕在司徒王允坐，殊不意言之而叹，有动于色。允勃然叱之曰：‘董卓国之大贼，几倾汉室。君为王臣，所宜同忿，而怀私遇，以忘大节。今天诛有罪，而反相伤痛，岂不共为逆哉？’即收会廷尉治罪。邕陈辞谢，乞黥首刖足，继成汉史。士大夫多矜救之，不得能。太尉马日磾驰往谓允曰：‘伯喈旷世逸才，多识汉事，当续成汉史，为一代大典。且忠孝素著，而所坐无名，诛之无乃失人望乎？’允曰：‘昔汉武帝不杀司马迁，使作谤书，流于后世。方今国祚中衰，神器不固，不可令佞臣执笔在幼主左右……’邕遂死狱中。允悔，欲止而不及。时年六十一。”其中之“时年六十一”，乃为“时年六十”之误，具体详见《年表》阳嘉二年蔡邕生年之辩证。又《后汉书》卷八十四《蔡琰传》云：“曹操素与邕善，痛其无嗣。”

建安七年(202年)　蔡琰三十九岁

曹操获知蔡琰在南匈奴后，遣使者以重金赎归，重嫁董祀。蔡琰作《悲愤诗》。

曹丕《蔡伯喈女赋序》云：“家公与蔡伯喈有管鲍之好，乃命使者周近持玄璧于匈奴，赎其女还，以妻屯田都尉使者。”①丁廙《蔡伯喈女

① 曹丕：《蔡伯喈女赋序》，严可均《全上古三代秦汉三国六朝文·全三国文》卷四，中华书局1958年影印版。

赋》云："我羁虏其如昨，经春秋之十二。"①又《后汉书》卷八十四《蔡琰传》云："兴平中，天下丧乱，文姬为胡骑所获，没于南匈奴左贤王，在胡中十二年，生二子。曹操素与邕善，痛其无嗣，乃遣使者以金璧赎之，而重嫁于(董)祀。祀为屯田都尉。"

按《后汉书》卷八十四《蔡琰传》著录《悲愤诗》凡两首，一为五言，一为骚体，论者对其真伪颇具争议，因其涉及面甚至广，兹不具述。二诗作年，究在何时，亦不可考，兹暂系于是年。

建安十二年(207年)　蔡琰四十二岁

董祀犯法当死，蔡琰诣请曹操赦之，并奉命缮书，寻卒。

《后汉书》卷八十四《蔡琰传》："祀为屯田都尉，犯法当死，文姬诣曹操请之。时公卿名士及远方使驿坐者满堂，操谓宾客曰：'蔡伯喈女在外，今为诸君见之。'及文姬进，蓬首徒行，叩头请罪，音辞清辩，旨甚酸哀，众皆为改容。操曰：'诚实相矜，然文状已去，奈何？'文姬曰：'明公马万匹，虎士成林，何惜疾足一骑，而不济垂死之命乎？'操感其言，乃追原祀罪。时且寒，赐以头巾履袜。曹因问曰：'闻夫人家先多坟籍，犹能忆识之不？'文姬曰：'昔亡父赐书四千许卷，流离涂炭，罔有存者。今所诵忆，裁四百余篇耳。'操曰：'今当使十吏就夫人写之。'文姬曰：'妾闻男女之别，礼不亲授。乞给纸笔，真草唯命。'于是缮书送之，文无遗误。"董祀何年犯法当死，蔡琰又何年"缮书送之"，以及其卒年又在何年等，因文献无觅，而皆不可考，兹一并暂系于是年，以俟贤哲。

蔡琰卒后，曹丕、丁廙感其事，分别作《蔡伯喈女赋》以怀之。陆侃如《中古文学系年》系二赋于建安七年，不确。按若以《系年》为准，建安七年曹丕仅十六岁，是断难撰此赋的。而丁廙(一作丁翼，为丁仪

---

① 丁廙：《蔡伯喈女赋》，严可均《全上古三代秦汉三国六朝文·全后汉文》卷九十四，中华书局1958年影印版。

之弟，见黄节《曹子建诗注》），与曹植交往甚为殷密，植《赠丁翼》诗有云："吾与二三子，曲宴此城隅。"说明丁翼与曹植年龄相仿。按曹植生于初平三年(192 年)，至建安七年(202 年)仅十岁，丁翼既与曹植年龄相仿，则其斯时亦乃为一孩童，焉可作赋以怀蔡琰？又丁赋有云："惭柏舟于千祀，负冤魂于黄泉。……哀我生之何辜，为神灵之所弃。仰菀华其已落……"曰"黄泉"、曰"已落"，时蔡琰已死甚明。此则表明，《系年》对曹、丁二赋的系年，乃是不可相信的，而袁行霈主编《中国文学史·文学史年表》则从而不疑，实乃以误传误之属也。

第二节　蔡邕与东汉的诗序体

中国古代诗歌的发展，在经历了《诗经》与《楚辞》时代之后，便以其摧枯拉朽之势，叩响了两汉王朝的大门。当其在由西汉而东汉的行进过程中，便历史性地出现了两种变化，其一是与音乐的关系更加密切也更加专业，其二是众多的文人作家加入了诗歌创作的行列。由于前者的关系，整个汉代的诗歌几乎成为了乐府诗的天下，而后者则使得东汉的诗坛诞生了一种新型的诗体，这就是本节所要讨论的东汉"诗序体"。

从文学史的角度言，"诗序体"之于东汉的问世，较之"柏梁体"之于西汉的出现，其意义更为重要，影响也更为深远。这是因为，"诗序体"自诞生之日始，不仅广为当时及其后的诗人们所接受所喜爱，而且还为诗人们以之创作出了一大批脍炙人口的佳构。而更为重要的是，"诗序体"作为古体诗(相对于近体诗而言)家族中的一分子，其绽放的文学光彩，产生的文学成就，作出的文学贡献，是可与成熟于初、盛唐之际的歌行体互为媲美的。但令人遗憾的是，古今研究者对于歌行体的研究、专著论文，林林总总，可谓是应有尽有，而于"诗序体"的探论，则鲜有涉笔者，以致使这一诗坛奇葩至今仍"养在深闺无人识"。这种现象的存在，显然是不利于对中国诗歌史与中国诗体学之研究的。有鉴于此，故本节特就“诗序体”的产生、形成以及其影响等问题，略作考察，并以期引起学界对其之注意。

一、蔡邕“诗序体”考索

所谓“诗序体”，是指因“诗序合一”创作现象的产生，而导致的一种新型的诗歌体式。而诗序合一，则是谓诗人们在进行诗歌创作时，有意识地在诗歌本文前附上一篇序文(即附在诗题末的“并序”，或作“并疏”、“并引”、“并论”、“并记”等)，或使之起交代写作背景的作用，或用以对诗歌内容进行补充等，本书之本章本节则称其为“诗序体”。对于“诗序体”的定义、概念、功能等，拙作《诗序合一：唐诗创作的新潮流——唐代诗序体鸟瞰》①一文，在对“唐代诗序体”进行考察时，已曾作过较详细之论述，故此不具述。总体而言，“诗序体”的诞生，不仅拓展了诗歌的形式领域，丰富了诗歌的表现功能，而且融散文与韵语为一体，使两种文体美在同一作品中互为辉映，开创了诗歌审美的新格局。同时，这一形式美的历史存在，也是诗人们创造力表现在文学方面的一种最佳体现。

“诗序体”诞生于何时？这是至今仍无人问津的一道文学史题目。从现有的资料进行考察，可知“诗序合一”作为一种文学现象，乃是悄然出现于东汉时期的文人诗歌中的。然而需加说明的是，清人吴兆宜《玉台新咏笺注》所载西汉诗歌之“并序”，其皆系后人作伪，且已得到学界公认，故本文对其不予讨论。东汉文人诗歌中的“诗序体”，如张衡《四愁诗并序》、蔡邕《樊惠渠歌并序》等，即皆为其例。张衡《四愁诗并序》，是现存最早的一篇“诗序体”之作。这篇“并序”凡一六七字(含标点符号)，主要是向读者交代了张衡“出为河间相”后的一系列吏治政

---

① 王辉斌：《诗序合一：唐诗创作的新潮流——唐代诗序体鸟瞰》，载《西南师范大学学报》1995年2期。又载《中国古代、近代文学研究》1996年第8期。

绩，以及其创作《四愁诗》时的心态与“贻于时君”等方面的内容。全文用语简洁，述写清楚，与《四愁诗》在内容上既具有很强的互补性，又能使读者从中获知是诗在艺术上与《离骚》之关系，一鸟二石，作用至大。但对于张衡《四愁诗》中的这篇“并序”，目前学术界存在着两种意见，一种认为其乃伪作，未可信从，即其并非真正意义上的“东汉诗序体”之作。一种认为其非伪，即其乃张衡之真作。持伪作说者，如逯钦立《先秦汉魏晋南北朝诗·汉诗》卷六中的一段“按语”即为其例：“此序乃后人伪托，而非衡所作，王观国学林辨之甚详，兹不列举。”①赞同逯说者，主要有余冠英《汉魏六朝诗选》、朱东润《中国历代文学作品选》(上编第一册)等。而丁福保《全汉三国晋南北朝诗》、陆侃如《中古文学系年》等，则不仅认为此“并序”非伪，而且还曾据以考订《四愁诗》的作年。由此可见，张衡的这篇“并序”是否为伪作，在老一辈的学者中乃是存在着较大之争议的。然而尽管如此，这篇“并序”诚如有些研究者所言，其所载述张衡“出为河间相”之行事，与《后汉书》卷五十九《张衡传》之记载基本一致的情况，乃是不无参考价值的，且其言《四愁诗》以“香草美人”为比兴的“楚辞之法”，则更是值得注意的。

如果说张衡《四愁诗并序》之“并序”尚存在着争议，未可将其作为“诗序合一”之滥觞以待，那么蔡邕的《樊惠渠歌并序》一诗，则是可接受任何材料检验的此类之作。据陆侃如《中古文学系年》(上册)的考证，张衡《四愁诗》大约作于永和二年(137 年)，四十五年后的光和五年(182 年)，有“东汉文坛领袖”之称的蔡邕，即在京师创作了《樊惠渠歌并序》一诗②。蔡邕是诗，明人冯惟讷《古诗纪》、清季沈德潜《古诗源》，以及丁福保《全汉三国晋南北朝诗》等，乃皆著录之。此诗为四言，“并序”则纯为散体。为便于讨论，兹据沈德潜《古诗源》卷三，录其诗与序的全文如下：

---

① 逯钦立：《先秦汉魏晋南北朝诗》，中华书局 1983 年版。
② 陆侃如：《中古文学系年》，人民文学出版社 1985 年版。

阳陵县东，其地衍隩，土气辛螫，嘉谷不殖，而泾水长流。光和五年，京兆尹樊君勤恤民隐，乃立新渠，曩之卤田，化为甘壤。农民怡悦，相与讴谈疆畔，斐然成章，谓之樊惠渠云。其歌曰：

我有长流，莫或闲之。我有沟浍，莫或达之。田畴斥卤，莫修莫厘。饥馑困悴，莫恤莫思。乃有樊君，作人父母。□□□□，立我畎亩。黄潦膏凝，多稼茂止。惠乃无疆，如何勿喜。我壤既营，我疆斯成。泯泯我人，既富且盈。为酒为醴，蒸彼祖灵。贻福惠君，寿考且宁。①

在对其进行讨论之前，需加说明的是，对于蔡邕是诗，逯钦立《先秦汉魏晋南北朝诗·汉诗》卷七不仅未予收录，而且于该书《后记》中还认为其乃后人的“滥入”之作。至于此诗为什么是“滥入”之作，其作者又为谁等问题，《后记》则只字未及。其实，逯说并不可相信，原因是此诗为蔡邕所作，有下列材料可以确证：

其一是除冯惟讷《古诗纪》、沈德潜《古诗源》等诗歌总集外，现存各种版本的《蔡中郎集》均收有是诗(其题或作《京兆樊惠渠颂》，误，具体详下)。而且，类书如欧阳询等《艺文类聚》卷九②、总集如严可均《全上古三代秦汉三国六朝文·全后汉文》卷七十四③等，亦皆著录之。

其二是《四库全书》本《蔡中郎集》中有《京兆尹樊陵颂碑》一文，记述了“樊惠渠”的修建者樊陵，在汉灵帝光和年间(178 年—184 年)于京兆尹任期内的种种政绩。这篇《碑》文的存在，不仅表明了蔡邕与樊陵之间关系的密切，而且也可与《樊惠渠歌并序》一诗并读，并于题材与内容上互为补充。

其三是二十世纪五十年代以来的学术界，大凡言及是诗者，皆认为其作者乃为蔡邕而非他人，如陆侃如《中古文学系年》即为其代表。《系

① 沈德潜：《古诗源》，中华书局 1963 年版。

② 欧阳询等：《艺文类聚》，上海古籍出版社 1965 年影印版。

③ 严可均：《全上古三代秦汉三国六朝文》，中华书局 1958 年影印版。

年》既将其著作权归于蔡邕名下，又对其作年进行了具体系年，且结论令人信服。

综合以上三个方面的材料，是知《樊惠渠歌并序》非为“滥入”蔡邕集中之作，乃可肯定。而“并序”又有“光和五年”之明确的时间记载，表明蔡邕斯时已在北方的京洛一线，即可遽断。如此，则《后汉书》卷六十下《蔡邕传》记载蔡邕“亡命江海，远迹吴会，往来依太山羊氏，积十二年”云云为误，也就甚为清楚。《后汉书》卷六十下《蔡邕传》中关于蔡邕这一行事的错误记载，应为逯钦立《先秦汉魏晋南北朝诗・后记》认为《樊惠渠歌并序》乃后人“滥入”之作的重要原因。对于蔡邕生平中这一时期的行迹，本章第一节《蔡邕蔡琰生平系年》已曾进行了具体考察，此不具述。

这里先对蔡邕这一作品的题名进行辨正。如上所述，《蔡中郎集》著录《樊惠渠歌并序》时，其题目乃作《京兆樊惠渠颂》，正因此，严可均《全上古三代秦汉三国六朝文・全后汉文》卷七十四即将其以“文”目之。实则《蔡中郎集》作《京兆樊惠渠颂》者，乃与其实际的情况不相符合，即此一作品是属于“诗序体”范畴的一首四言诗，而不是一篇非韵语性质的古文(散文)。

按检核严可均《全上古三代秦汉三国六朝文・全后汉文》卷七十四，著录蔡邕各类文章共十二卷一四九篇，其中属于颂者，凡五篇(均被收入卷七十四)，具体为：《颍川太守王立义葬流民颂》、《胡广黄琼颂》、《京兆樊惠渠颂》、《祖德颂》、《五灵颂》。在这五篇颂文中，唯《京兆樊惠渠颂》的文本属“序”“歌”结构，即此“文”乃是由两部分组成的：前部分为“并序”，后部分为“歌曰”。《京兆樊惠渠颂》的这种结构形式，是明显地区别于《祖德颂》等颂文的“序”“颂”结构的。此为其一。其二，严可均《全上古三代秦汉三国六朝文・全后汉文》卷七十四，著录蔡邕《京兆樊惠渠颂》且作是题者，据其附于卷首的《附见在汉魏六朝文集板刻本目录》可知，乃是依《蔡中郎集》而为。然《隋书・经籍志》虽著录“《蔡中郎集》十卷”，但并非完本，更何况其于晚唐五代时期已经散佚，今所见蔡集最早者为明人的仿宋十卷本，这种仿宋本与明人徐子器六卷本、《四库全书》六卷本皆差异甚大。对此，《四库全书总目》卷一四八“集部”于《蔡中郎集六卷》之“提要”中，有“多寡增损，互有出入”①云云，即可为证。即是说，现存各种版本《蔡中郎集》中的《京兆樊惠渠颂》这一题目，是否确为蔡邕所为，乃无任何材料可证。其三，在《全上古三代秦汉三国六朝文·全后汉文》卷七十四所著录蔡邕的一四九篇文中，于“并序”末作“歌曰”者，仅《京兆樊惠渠颂》一篇，其余或作“颂曰”，或作“辞曰”，或作“铭曰”，且数量甚多。这种情况表明，作为文学家的蔡邕，对于“歌”与“颂”这两种体裁的特点，以及其在表现方法、形式技巧与概念属性等内容方面的不同，乃是十分清楚的，因此，他是根本不可能将“颂曰”错写成“歌曰”的。其四，此诗的“歌曰”即诗的文本部分，共由二十四句组成，皆双句押韵且一篇三转韵，具体为：之、之、厘、思；母、亩、止、喜；成、盈、灵、宁。极有规律又极具特点，是一首在艺术技艺方面完全成熟的诗歌作品。

合勘以上四者，可知《蔡中郎集》中的《京兆樊惠渠颂》这一题目为误，乃殆无疑义，即其正确者应为《京兆樊惠渠歌并序》。正因此，冯惟讷《古诗纪》、沈德潜《古诗源》等，乃均将其以《樊惠渠歌并序》名之，这一题目虽然少了“京兆”二字，但其却更符合“古诗”简朴浅近的制题特点，且与“并序”在内容上极为扣合。

当然二者也有所不同。其中最为明显者，就是沈德潜《古诗源》等将《蔡中郎集》中《樊惠渠歌并序》之“并序”，进行了文字上的节选与压缩。《蔡中郎集》中《樊惠渠歌并序》之“并序”与《全上古三代秦汉三国六朝文·全后汉文》卷七十四等同，即二者均为整三百五十字，而沈德潜《古诗源》等则只有如上所引录之七十字。这种情况的存在，应为沈德潜等人认为“并序”太长而擅自以为的结果所致，而并非意味着这首属于“诗序体”之作的四言诗，其“并序”乃系他人所作伪。对此，我们

① 王辉斌：《蔡邕蔡琰生平系年》，载《宝鸡文理学院学报》2007年1期。

可从两个方面进行管窥。其一是在先唐诗人的“诗序体”作品中，其“并序”文字之长者，乃有为蔡邕《樊惠渠歌并序》之一倍者，如庐山诸道人《游石门诗并序》即属如此(具体详后)。此则表明，沈德潜在编撰《古诗源》时，对“诗序体”的这种“并序”形式，是并没有进行过任何方面的考察的，因而才有擅自将其节选或压缩的不明智之举。其二是除《樊惠渠歌并序》外，在蔡邕的现所存见的诗歌中，还另有“诗序体”之作可觅其踪迹，如被逯钦立《先秦汉魏晋南北朝诗·汉诗》卷七著录的《初平诗》即为其例。是诗为一首残诗，六言，凡两句，具体为：“暮宿河南怅望，天阴雨雪滂滂。”按此二句，乃出自《文选》卷二十李善注谢朓《新亭渚别范零陵》一诗，李善注引时诗题作《初平诗》。而《文选》卷三十一李善注休上人《别怨》之“怅望阳云台”则云：“蔡邕诗序曰：‘暮宿河南怅望’。”同此者，另有《文选》卷三十八任昉《为范尚书让吏部封侯第一表》之李善注，其于“怅望锺阜”四字下亦云：“蔡邕诗序曰：‘暮宿河南怅望’。”①其中的“蔡邕诗序曰”表明，蔡邕的这首用五言写成的《初平诗》，乃是一首典型的“诗序体”之作，所以，是诗的诗题正确者应为《初平诗并序》。正因此，逯钦立《先秦汉魏晋南北朝诗·汉诗》即于“暮宿河南怅望，天阴雨雪滂滂”十二字后作笺释说：“逯案，选注引此或作诗序，若尔则此非六言诗，乃诗序之残文。”既认定其为“诗序之残文”，则是诗为“诗序体”之作，即乃殆无疑义。

所以，作为诗人的蔡邕，是确曾创作过具有“诗序合一”性质的“诗序体”之作的。

二、东汉“诗序体”鸟瞰

“诗序体”在东汉末年的诞生，不仅是诗歌发展史上的一件大事，而且在中国文史学上亦占有重要地位，因为这种韵、散相间的文学样

---

① 萧统：《文选》，中华书局1977影印版。

式，对于后来的变文、弹词、宝卷等讲唱文学的兴盛与繁荣，都是具有一定的影响的。而且，魏晋六朝乃至唐代大量“诗序体”之作的问世，也是与其有着明显而直接的关系的。

作为一种新兴的诗歌体式，“诗序体”诞生于东汉末年，其原因乃是多方面的，但重要的则应是与当时的文坛特质关系密切。东汉时期的所谓“文坛特质”，质而言之，主要是指发生于当时的“文体的渐变”这一特殊的文学现象。东汉文体的渐变，又主要表现在两个方面，一是“赋序合一”的蔚然成风，二是“公文体”的“二元结构”。

先看前者。众所周知，赋作为一种后于诗歌与散文的新兴文学样式，其于两汉的发展，在经历了散体大赋(西汉)向抒情小赋(东汉)的角色转换之后，即迎来了一个新的赋文学时代。因此之故，述志赋、纪行赋、咏物赋等，便在这一时期特别兴盛发达，以至于成为了汉代文学的代表。这类如雨后春笋般兴起的小赋，在形式上虽然以体制短小、活泼自由、不循常规、便于阅读见长，但其所容纳的内容却极为有限。这应该说是一个令辞赋家们不容忽视的问题。为了解决这一问题，辞赋家们即尝试着于赋体的文本之前，另用一小节属于散体性质的文字进行背景的交代，或者作内容上的补充，久而久之，这种独特的创作方式，即在东汉赋文学的王国里，构成了一道“赋序合一”的亮丽风景线。如冯衍《杨节赋并序》、崔骃《大将军西征赋并序》、傅毅《舞赋并序》、张衡《温泉赋并序》、王延寿《鲁灵光殿赋并序》、边韶《塞赋并序》、赵岐《蓝赋并序》等，即皆为当时“赋序合一”的代表作。由于参与的作家之多与雅好的读者之众，因此，“赋序合一”在东汉时期，即成为了一种新的创作时尚，以至于稍后的曹植现存之赋，每篇都附有“并序”，而曹植也因此成为了文学史上完全以“赋序合一”进行创作的第一位文学家。

再看后者。除了在抒情小赋的文本前附上一篇言简意赅的“并序”外，东汉时期的文学家们，还通过各种文体的不断艺术实践，对诸多“公文体”也进行了形式上的革新。所谓“公文体”，即非文学性散文，主要是指流行于当时士大夫文人之间的一些颂、碑、赞、诔、论、铭等应用文体。此前的西汉时期，文学家们在从事这类文体的写作时，基本上采取的都是“一文到底”的创作模式，即通篇文章都是以散体而为，或者是以不具备韵语性质的四言始终。而东汉文学家则不然。这是因为，东汉时期的这类文体，大多为作家们于正文前附上了一篇“并序”，而使之成为了一种具有“二元结构”特点的“文序合一”新样式，如班固《封燕然山铭并序》一文，即为其例。而蔡邕集中的此类之作尤多，如《陈留太守行县颂并序》、《祖德颂并序》等，即皆属其代表作。除了这种类型的“并序”文体之外，蔡邕集中还有另外一类没有冠“并序”之名的“并序”文体，如《济北相崔君夫人诔》即为其一。此篇《诔》文的题末虽然无“并序”二字，但全文实则乃是由“并序”与“诔曰”两个部分构成的，且“并序”的文字乃为典型的散体，而“诔曰”则全系用四言韵语组合而成。同此者，蔡邕集中尚有碑、铭、灵表等文体，其中，又尤以碑文的数量为最(27 篇)。还值得一提的是，蔡邕集中有一部分赋作，虽然也没有于题末冠“并序”二字，但其实则乃系“赋序合一”之作，如《述行赋》即为其一。这篇著名的纪行赋，乃由“并序”与赋的正文两部分组成，“并序”凡一〇二字，详细述写了作者在“延熹二年秋”被强征进京、至偃师称疾而归的始末事况；而赋之正文，则以其被迫赴京时沿途所见所闻为线索进行述写，强烈地抒发了作者内心的种种不平，并将矛头直指东汉王朝，表现出了作者超人的胆识与对现实的批判精神。因此，有论者将蔡邕此赋称誉为“东汉纪行赋的殿军”①，乃是不无道理的。类此者，蔡邕集中还有《短人赋》等作。导致这种赋体形式的产生，要而言之，当为后世编辑蔡集者不谙“并序体”而使然。而未冠“并序”二字的“文序合一”之文，亦可作如是观。

上述两类“并序”文体，在东汉时期的创作与兴盛之况，对于当时文人作家们的诗歌创作而言，显然是受到了极大程度的影响的。而其中，蔡邕既从事“赋序合一”之创作，又致力于颂、碑、铭等应用文体

---

① 袁行霈主编：《中国文学史》第一卷，高等教育出版社 1999 年版。

“二元结构”的举措，是足可对此予以证实的。因之，具有明显“诗序合一”性质的“诗序体”之作，乃在这一时期出自蔡邕的笔下，也就势所必然。作为诗人，蔡邕一生究竟创作了多少属于“诗序体”范畴的诗歌，我们现已无法获知，但其《樊惠渠歌并序》、《初平诗并序》为现存两篇最早的“诗序体”之作，则是可以肯定的。

自蔡邕《樊惠渠歌并序》等作问世后，“诗序合一”这种全新的诗歌样式，不仅与流行于当时的“赋序合一”、“文序合一”互为比美，相互辉映，平分着东汉末年文坛的秋色，而且还极大程度地丰富了中国诗体学的内容，并对当时与后世的诗人们以深远影响。正因受此影响，历代的诗人们才创作出了诗歌史上大批的优秀“诗序体”之作。仅以李唐之前的“诗序体”为例，曹植《赠白马王彪并序》、束晰《补亡诗六章并序》、刘琨《答卢谌并序》、陶渊明《桃花源诗并记》等，就皆为其精品之作。而尤其值得注意的是，有“田园诗人之祖”称谓的陶渊明，不仅其“辞赋”类作品皆附有“并序”，而且其“诗序体”的数量之多(共十四题五十一首)，乃为先唐诗人之第一①。其中，既有一题一序者，如《游斜川并序》；也有于组诗前冠以“并序”者，如《形影神并序》；更有属“诗序体”之作而于题末不冠“并序”二字者，如著名的《饮酒诗二十首》即是。陶集中的“诗序体”形式之多种多样，内容之丰富多彩，在先唐诗人中乃无可与之匹敌。这一创作实况所表明的是，作为诗人的陶渊明，不仅特别雅好“诗序体”这一新兴的诗歌体式，而且还对其掌握得非常熟稔，以至于达到了得心应手、游刃有余的程度。正因此，其于《桃花源诗》所附者，不是“并序”而是“并记”，“并记”二字的存在，所充分体现的，是陶渊明表现在诗序体方面的一种创新精神。

在先唐“诗序体”之作中，署名为“庐山诸道人”的《游石门诗并序》②，是一首特别值得称道的优秀之作。此诗为五言，凡十四句，

---

① 陶渊明：《陶渊明集》(逯钦立校注)，中华书局1979年版。

② 沈德潜：《古诗源》，中华书局1963年版。

“并序”则长达六七一字，其字数之多、篇幅之长，在先唐同类作品中乃无出其右者。“并序”就其内容言，是堪可称之为中国文学史上第一篇游记散文的。全文首先介绍了石门的地理方位及其四周不同凡响的景观特征，以突出“实斯地之一奇观”的形胜概貌。继而，则述写了释法师在隆安四年仲春的“杖锡而游”，以及其“交徒”“三十余人，咸拂衣晨征”的境况，如写其“既至，则援木寻葛，历险穷崖，猿臂相引，仅乃造极。于是拥胜倚岩，详观其下，始知七岭之美，蕴奇于此”，等等。接着便是以“牢宠百态”的表现手法，重点对石门的石奇、境险、泉清进行了具体描写。最后结笔于“太阳告夕”之际，写“卢山诸道人”置身于石门之顶，登高远眺，面对“九江如带，丘阜成垤”的景观，所进行的“慨然长怀”。全文用语简洁，描写细致，所写石门奇景，因具有登游者明显之审美体验的印记，而可与慧远《庐山记》并读比美。

总体而言，“诗序体”于东汉时期的诞生，就目前所能涉及的材料言，应是因蔡邕对《樊惠渠歌并序》等诗的创作而悄然兴起的，这一文学史事实的存在，充分体现了蔡邕对于诗歌领域所作出的独特贡献，以及其审美品位的提高与对美的追求的创新意识。作为一种新兴的诗体形式，“诗序体”不仅为当时的诗坛增添了一道闪光的亮色，而且对于后世如陶渊明时代与六朝时期的“诗序体”创作，也产生着明显而又直接的影响。至于唐代，则更是“诗序体”的繁荣期，对此，上引拙作《诗序合一：唐诗的创作潮流——唐代诗序体鸟瞰》一文，已对其进行过具体考察，此兹罢论。

第三节　蔡琰诗歌的真伪问题

作为先唐时期最为著名的女诗人蔡琰，其现所存见之诗歌，主要有五言体《悲愤诗》、骚体《悲愤诗》与《胡笳十八拍》。而且，这三首诗都属于这一时期优秀的叙事之作，并对后人特别是唐代诗人产生着深远的影响。如清人施补华《岘佣说诗》在论及杜甫诗歌时即认为："《奉先咏怀》及《北征》是两篇有韵古文，从文姬《悲愤诗》扩而大之也。"①类此者，尚有沈德潜《古诗源》等。但是，对于这三首诗的著作权即其作者问题，在学界却是历来众说纷纭，以至于成为了蔡琰研究最重要的中心话语。综而言之，其结论主要表现在这样几个方面：(1)三首诗的作者均非蔡琰，即其皆乃后人所托伪；(2)骚体《悲愤诗》的作者为蔡琰，五言体《悲愤诗》与《胡笳十八拍》非蔡琰作；(3)两首《悲愤诗》为蔡琰作，《胡笳十八拍》的作者非蔡琰；(4)五言体《悲愤诗》的作者为蔡琰，余二者之作者非蔡琰；(5)五言体《悲愤诗》与《胡笳十八拍》为蔡琰作，骚体《悲愤诗》的作者非蔡琰。而值得注意的是，所持上述非蔡琰作之观点者，均有较充分之理由为依据；而持蔡琰之作说者，自然也是理由甚为充分的。因之，蔡琰这三首诗的真伪情况究竟如何，似乎谁也没有说清楚，谁也难以说清楚。有鉴于此，本节特针对这三首诗的真伪问题，就持伪作说者之主要证据作逐一考察与检核，并就材料之所及，提出一些三首诗皆为蔡琰所作之认识。

一、关于五言《悲愤诗》

此诗首载于范晔《后汉书》卷八十四《董祀妻传》(为便于行文，以下简称为《蔡琰传》)，其后，刘节《广文选》卷九、冯惟讷《古诗纪》卷四、沈德潜《古诗源》卷三等，先后均予以录载，因此，研究者大多据以认为，这首诗实乃蔡琰之作。

肇是诗为伪作说之始者，据现所存见之材料言，苏轼《仇池笔记·拟作》乃发其端。其中有云："今日读《列女传》蔡琰二诗，明白感慨，颇类《木兰诗》，东京无此格也。建安七子犹含蓄不尽发见，况伯喈女乎？琰之流离必在父殁之后，董卓既诛，伯喈乃遇祸，此诗乃云董卓所

---

① 施补华：《岘佣说诗》，《清诗话》本，上海古籍出版社1999年版。

驱虏入胡，尤知非真也。盖范晔荒陋，遂载之本传，可以一笑也。”①是说又载《东坡题跋》卷二，文字稍异。苏说既出，从之者甚众，如清人阎若璩《尚书古文疏证》卷五十下，即认为“坡说是也”。对于苏轼之说，蔡居厚《蔡夫宽诗话》、胡仔《苕溪渔隐丛话》、张玉谷《古诗赏析》等，均曾辩驳之，认为其说不可相信。二十世纪初以来，郑振铎《中国俗文学史》、张长弓《蔡琰〈悲愤诗〉辨伪》②、王先进《〈悲愤诗〉作者考证》③等，则在苏轼倡说的基础上，又从另外角度提出了伪作说的一些新证据。综合诸家持伪作说者之理由而观之，可知其主要者为：

(1)《悲愤诗》中所写蔡琰流入匈奴云云，与《后汉书》等所载史实不相符合；

(2)系后人据流行的骚体《悲愤诗》“添枝增叶地改写”的结果；

(3)此诗开头“汉季失柄权”之“汉季”二字，暴露了其乃后人作伪的痕迹；

(4)诗的表现手法与艺术风格方面的问题。

在这些理由中，第(1)条是最为复杂也是持说者最多的一个问题。其虽由苏轼最先提出，但后来质疑者们在其质疑的过程中，所涉之史实却有如滚雪球般越滚越多，以致成为了一场对东汉末年历史问题的大讨论。若对其细分之，则又主要可分为：一是关于“胡骑”问题；二是左贤王与右贤王的问题；三是蔡琰被掳之地及时间问题；四是蔡琰“没于”匈奴之地的问题；五是蔡琰之父蔡邕在当时是否健在的问题。除了这五个主要方面的问题外，还有一些关于“史”的问题之论争，如对南匈奴与北匈奴之讨论等，这里就不一一罗列了。总之，持五言体《悲愤诗》为伪作说者，仅从“史”的方面言，即进行了多种形式的质疑与否定。而实际的情况是，这些属于“史”的问题，是并不能证实五言体《悲

---

① 苏轼：《仇池笔记》，华东师大出版社 1983 年版。

② 张长弓：《蔡琰悲愤诗辨伪》，载《东方杂志》第 47 卷第 7 期，1945 年 4 月。

③ 王先进：《悲愤诗作者考证》，载《大道月刊》1942 年 2 期。

愤诗》乃为伪作的。

先看“胡骑”的问题。所谓“胡骑”问题，是指蔡琰在五言体《悲愤诗》中自述其之“没于”匈奴者，乃系董卓部下所掳的结果，而《蔡琰传》则明载为“兴平中，天下丧乱，文姬为胡骑所获”，二者异，即《悲愤诗》之所述与史实不符。其实，《蔡琰传》中的“胡骑”，并非指由匈奴酋长亲自率领的侵扰中原的匈奴骑兵，而是谓当时董卓部队中的一些胡人(羌胡)骑兵，对此，《后汉书》卷七十二《董卓传》、《三国志》卷十《魏书十・贾诩传》注引《献帝纪》等，均有较详细之载，兹不具引。正因此，《悲愤诗》中乃有“来兵皆胡羌”之谓。再看第二个问题。据《后汉书》卷八十四《蔡琰传》的记载，蔡琰为“胡骑所获”后，即“没于南匈奴左贤王”，但持伪作说者则认为，《后汉书》卷七十二《董卓传》明载当时率部至中原者，乃为“南匈奴右贤王去卑”，且《董卓传》之所载，又正与《后汉书》卷八十九《南匈奴传》之载互为扣合。按单就左贤王与右贤王这两个匈奴酋长而言，应以《南匈奴传》为是，即蔡琰没于南匈奴后，所适者为右贤王而非左贤王。对此，郑文《蔡文姬没于胡中论略》①一文乃有详考，且结论可信。关于蔡琰被掳之地，主要存在着两种说法，一是长安或洛阳一带，一是蔡琰的故里陈留圉县之家。持后说者认为，《后汉书》卷六十下《蔡邕传》载蔡邕在长安依从董卓时，曾有“吾欲东奔兖州”及“逃遁山东以待之”的打算，表明蔡邕其时无挈眷同往，因此，蔡琰在卫仲道死后的归宁之家，就只能是在陈留圉县，而非长安或者洛阳。按此说实不的。据《后汉书》卷六十下《蔡邕传》所载，知蔡邕在长安时是确有“逃遁”之打算的，但其却并未成行，原因是为其从弟蔡谷的劝说而“邕乃止”。蔡邕既未成行，又焉可认为其眷属必不在长安呢?退一步说，即使蔡邕的眷属确实不在京师，若蔡邕“逃遁”成功后，董卓如果真要追究其责任的话，他照样是可派人到陈留圉县去捕杀蔡邕眷

① 郑文：《蔡文姬没于胡中论略》，《建安诗论》，甘肃民族出版社 1994 年版。

属的。所以，蔡琰的被掳之地，应是以京洛一带为是。至于蔡琰被掳之时间，五言体《悲愤诗》载为“卓众来东下”之后，也即汉献帝初平元年(190年)，而《蔡琰传》则载为“兴平中，天下丧乱，文姬为骑所获”，与之相异。按“兴平中”即为公元195年前后，时董卓已死，乱“京洛”者为董卓部将李傕、郭汜之流，所以，《蔡琰传》之载乃误。对此，欧阳询等《艺文类聚》卷四十四引《蔡琰别传》、胡仔《苕溪渔隐丛话·前集》卷一引《蔡宽夫诗话》、清人王先谦《后汉书集解》引“沈钦韩曰”等，均辨之甚详。如王先谦《后汉书集解》引“沈钦韩曰”乃云：

> 《南匈奴传》：灵帝崩，天下大乱，于扶罗单于将数千骑与白波贼合寇河内诸郡……玩文姬诗词，则其被掠在山东牧守兴兵讨卓，卓劫帝入长安，遣将徐荣、李蒙四出侵掠，文姬为羌胡所得，后乃流落至南匈奴事也。时邕尚在，故有‘感时念父母’之语。其赎归也，家门灭绝，故有‘既至家人尽’语。此当为初平事，传云兴平非也。兴平则李、郭之乱，非董卓矣①。

所辩甚是。而赞同如是之说者，另有惠栋《后汉书补注》、钱大昭《后汉书辨疑》、侯康《后汉书补注续》等。

对于蔡琰“没于”匈奴的具体所在地，传统的说法为平阳(今山西临汾一带)，但持伪作说者则认为在新兴(今甘肃武山)。持伪作说者之所以说其地是在新兴者，是因为其认为只有“新兴”才可与五言体《悲愤诗》中的“悠悠三千里”相扣合，但据《后汉书》卷九《孝献帝纪第九》，同书卷八十四《蔡琰传》、卷八十九《南匈奴传》之记载，在当时的董卓部队中并无“新兴匈奴”之“胡骑”，则此即乃蔡琰诗所写与史实不符之又一例。按以是说笺释蔡琰五言体《悲愤诗》者，实则非为文学研究之所属，而是在对“汉代匈奴史”作具体考察，盖因作为文学作品中的“悠

① 王先谦：《后汉书集解》，中华书局1964年版。

悠三千里”，此处并非为实指，而是与陈琳《饮马长城窟行》之“连连三千里”意同，即其所言均为概数而非确指。若硬要落实“三千里”的话，今甘肃武山距陕西西安也只有二千里左右，因为据《元和郡县图志》卷三十九可知，唐时的长安(今西安)到秦州(今甘肃天水)凡“一千六百六十里”①，而今之天水至武山尚不足二百里。可见，若仅着眼于“悠悠三千里”而认为五言体《悲愤诗》为伪作者，显然是属于不明智之举的。最后看第五个问题。现既知蔡琰“没于南匈奴”的时间为汉献帝初平元年，而《蔡琰传》又载其在斯地生活了十二年之久，合勘之，则曹操以重金赎蔡琰还中原乃在建安七年。斯时，蔡琰之父蔡邕已死了整十年②。而此，即为五言体《悲愤诗》之“既至家人尽，又复无中外。城郭为山林，庭宇生荆艾”等述写的原因所在。即是说，蔡琰《悲愤诗》之所写，乃与当时之史况完全相吻合。由是而观，则持伪作说者认为蔡琰归汉时“社会已相对稳定”云云，以及对蔡诗中不应有此等景象描写之质疑，都是难以立足的。

以上的考察表明，持五言体《悲愤诗》为伪作说者所依之第(1)条理由，乃是完全站不住脚的。下面再依次对其他几条理由作逐一考核与检验。

持五言体《悲愤诗》系据骚体《悲愤诗》改写而成之说，郑振铎《中国俗文学史》乃为首倡者。该书在言及五言体《悲愤诗》为伪作时，曾如是写道：

> 大约当她的《悲愤诗》出来之后，立刻便大为流行于世。当时五言诗正是一个新体，有文人便用之来添枝增叶地改写了一遍。而同时歌唱的人，便也利用着《胡笳十八拍》的乐歌来描写其事。这便是《悲愤诗》为什么含有三篇的原因吧③。

---

① 李吉甫：《元和郡县图志》，中华书局1983年版。
② 郑振铎：《中国俗文学史》，商务印书馆1938年版。
③ 陆侃如：《中古文学系年》(上册)，人民文学出版社1985年版。

这完全是一种没有依据的推测，因之，其根本无须作任何形式之论辩。但遗憾的是，有研究者竟然将这种仅仅属于“叙说之辞”范畴的“持伪说理由”，作为质疑五言体《悲愤诗》为伪作说的一大依据，而大加介绍并予以称道，此实属学界之咄咄怪事一桩。

对第(3)条理由的提出者，是蔡义江《史载蔡〈悲愤诗〉是晋宋人的拟作》①一文。蔡文主要认为：五言体《悲愤诗》开头“汉季失柄权”中的“汉季”二字，是一个大破绽，因为“汉季”就是“汉末”，如果汉朝未灭亡是不会有人说“汉末”的；如果是汉灭亡后，那么至少应是蔡琰归汉以后，过了二十年才写的，但诗以归汉后家人无存、重新嫁人为结束，在情理上是不合适的。因而认为，这首诗的作者不是蔡琰而是后人。按蔡文仅以“汉季”二字便认为五言体《悲愤诗》为伪作的举措，实乃不的，这是因为，一则“汉季”并非为“汉朝灭亡”的代名词，二则更非为“汉朝灭亡”过了“二十年”后才可作如是之称谓的。更何况，其之所说并无任何材料上的依据，纯为信口开河，自说自话。而实际上，蔡文说“汉季”为“汉末”本为正确，但其为了持说的需要，竟然将其在时间上进行了有意之“延伸”，则乃不的。对此，我们从朱东润主编《中国历代文学作品选》、卞孝萱等主编《中国古代文学作品选》、郁贤皓主编《中国古代文学作品选》等高校教材类作品选本中，即可获得有力证实，即在这些选本中，均无将“汉季”解释为指“汉朝灭亡”或“汉朝灭亡后二十年”的例证。此则表明，蔡文之说也是不足以取之的。

第(4)理由，实际上是一种“软性”的说法，因为无论古今，也无论中外，一个作家的表现技法与艺术风格，均非为单一的，而是多种多样、丰富多彩的。此种说法其实乃肇始于苏轼“颇类《木兰诗》，东京无此格”的认识，而苏轼之说，如上所言，早已为张玉谷《古诗赏析》、吴

① 蔡义江：《史载蔡〈悲愤诗〉是晋宋人的拟作》，《建安文学研究文集》，黄山书社 1984 年版。

阖生《古今诗范》所辩驳。所以，仅着眼于表现手法与艺术风格的角度，而认为蔡琰此诗为伪作之说者，应是因不曾通读张玉谷、吴阖生二家之书而致误的。换言之，此条理由乍看似乎较新，其实前人早此已言之辨之，而持说者却并不知晓，这不能不说是蔡琰作品真伪研究中的一大憾事。

二、关于骚体《悲愤诗》

此诗在“发表的形式”上，与五言体《悲愤诗》具有相同之特点，即二者都曾被范晔著录于《后汉书》卷八十四《蔡琰传》中。其后，无名氏《蔡琰别传》、朱熹《楚辞后语》卷三、冯惟讷《古诗纪》卷四，以及逯钦立《先秦汉魏晋南北朝诗·汉诗》卷七皆著录之。据现有资料可知，最早认为是诗为伪作者，亦为苏轼，上引《仇池笔记·拟作》载苏轼在倡说五言体《悲愤诗》为伪作的同时，还记载了苏轼提出是诗也属伪作的认识。其云：“今日读《列女传》蔡琰二诗，明白感慨，颇类《木兰诗》，东京无此格也。”但如上所言，苏轼的这一认识(指其认为两首《悲愤诗》均为伪作说)，曾先后为蔡居厚《蔡宽夫诗话》、张玉谷《古诗赏析》、吴阖生《古今诗范》等所辩驳，故其乃未可据信。

自二十世纪初以来，认为骚体《悲愤诗》为伪作者，大多具有一个特点，即其均是随着对《胡笳十八拍》真伪的探讨而附带言之，所以，迄今学界似尚无专文对其真伪问题进行过具体讨论，如《胡笳十八拍讨论集》中之胡国瑞《关于“胡笳十八拍”的真伪问题》①一文，即为其例。该文在重点讨论《胡笳十八拍》为伪作后认为，骚体《悲愤诗》辞意繁杂冗复，内容也不如五言体《悲愤诗》具有真实情感，应乃后人依托想象以作伪的结果。作者的这一认识，又曾在其《魏晋南北朝文学史》一书中得以重申：“蔡琰的《悲愤诗》另有一篇《楚辞》体的，只是简略一般地

---

① 中华书局编辑部编：《胡笳十八拍讨论集》，中华书局1959年版。

抒写被掠入胡地及归汉时抛别妻子之情，远不如五言诗之具体真实写情，是后世文人可以依托想象写出的。”①而持与胡文意见相同者，尚有中国科学院文学研究所编《中国文学史》、刘大杰《中国文学发展史》、于非主编《中国古代文学史》等。如文学研究所编《中国文学史》在论及骚体《悲愤诗》为伪作时说：“骚体诗大致可以断定是伪作。”理由是：“骚体的《悲愤诗》和五言诗同见于《后汉书》，内容的轮廓大致与五言诗相同，但具体情节却有不少地方与蔡琰生平不符。诗中大部分篇幅都流于呆板、枯燥，尽管用了不少悲哀的词句，却并不感动人。”②其他如游国恩等编《中国文学史》、袁行霈主编《中国文学史》等，虽皆认为是诗为伪作或不可靠，但均未能提出具体理由与意见，如袁行霈主编《中国文学史》仅说：“蔡琰……诗今存三首，其中五言体的《悲愤诗》较为可信。”③既然认为只有“五言体的《悲愤诗》较为可信”，则骚体《悲愤诗》自然就属于不可信的范畴了，为什么不可信，作者却只字未及。

从接受史的角度言，最早提出骚体《悲愤诗》非为伪作说者，主要有胡适《白话文学史》、郑振铎《中国俗文学史》等。如郑振铎《中国俗文学史》即认为：“琰的《悲愤诗》凡二篇，一为五言体，一为楚歌体，又有《胡笳十八拍》一篇，相传皆为她作。为什么她要把这同一情绪、同一的故事写为三个不同体裁的诗篇呢？这没有理由可以解释的。”因而认为楚歌体《悲愤诗》为蔡琰作的可能性最大。理由是：“她幼年受过文学的教养很深，这样的诗，她是可以写出的。这一首楚歌，无支辞，无蔓语，全是抒写自己的身世，自己的遭乱被掳的事，自己在胡中的生活，自己的别子而踟蹰不忍相别的情形。而尤重于胡中的生活情形，全篇不到三百个字，是三篇里最简短的一篇，却写得最为真实。”

按郑著之说不仅甚是，而且无疑是对持骚体《悲愤诗》“呆板、枯燥”说者的有力一击。着眼于题材内容的角度以论，两首《悲愤诗》虽然

---

① 胡国瑞：《魏晋南北朝文学史》，上海文艺出版社 1980 年版。
② 中国科学院文学研究所编：《中国文学史》，人民文学出版社 1962 年版。
③ 袁行霈主编：《中国文学史》，高等教育出版社 1999 年版。

均属于自传体叙事诗，但其侧重点却是各有所别的。五言体《悲愤诗》所反映、所记录的是蔡琰“没胡”的全过程，因之其乃具有情节曲折、故事较为完整等特点。所以，全诗的发展脉络，乃是先交代作者惨痛遭遇的时代背景，然后则按次序述写了作者被掳入胡、沿途受苦、胡地思亲、归国去子、归途思子、家人尽死、含羞再嫁等情节，从而重点突出了“悲愤”之主题。而骚体《悲愤诗》则不然。全诗以三十八字的短小篇幅，主要对作者包括“家既迎兮当归宁”在内的胡地生活等方面进行了描写，以重点凸显其“没胡”后生活的艰辛与悲愤。而且，据《乐府诗集》卷五十九引《蔡琰别传》之所载，骚体《悲愤诗》乃为蔡琰写入胡地。其云：

> 汉末大乱，琰为胡骑所获，在右贤王部伍中。春月登胡殿，感笳之音，作诗言志曰：“胡笳动兮边马鸣，孤雁归兮声嘤嘤。”①

如果《蔡琰别传》的记载为可信，则骚体《悲愤诗》在写作时间上乃是早于五言体《悲愤诗》的。这样看来，可知五言体《悲愤诗》极有可能是蔡琰于回归中原后在骚体《悲愤诗》的基础上扩充而成。至于持伪作说认为，骚体《悲愤诗》在情节方面与作者生平“有不少地方”不相符云云，完全为持说者没有细读骚体《悲愤诗》所致，盖因是诗并无这方面的述写与问题之存在。持说者之所以会出现如此情况者，度其原因，当是误将《胡笳十八拍》当作骚体《悲愤诗》而使然。固然，苏轼在上引《仇池笔记》中有“琰之流离必在父殁之后，董卓既诛，伯喈乃遇祸，此诗乃云董卓所驱虏入胡，尤知非真也”云云，但其之所言，主要是针对五言体《悲愤诗》而发，这从骚体《悲愤诗》中根本无“董卓所驱虏入胡”等之载述，即可准确获知。

所以，骚体《悲愤诗》并非为后人作伪，而是出自蔡琰笔下的一首

---

① 郭茂倩：《乐府诗集》卷五十九，中华书局 1979 年版。

“写得最为真实”的自传体优秀之作。

三、关于《胡笳十八拍》

在蔡琰现存的三首诗中，《胡笳十八拍》是唯一没有被《蔡琰传》著录的，而此，即成为了持伪作说者认为是最重要的证据之一。而且，对于《胡笳十八拍》真伪的研究，在二十世纪五十年代期间，曾因郭沫若在《光明日报》上连续发表了几篇持肯定态度的文章，而引发了一场全国性的大讨论，中华书局在当时则以最快速度将这些讨论文章进行了编辑出版，这就是学界人所皆知的《胡笳十八拍讨论集》。综观该书，知在对蔡琰作品真伪的认识上，主要存在着肯定与否定两大派：以郭沫若、萧涤非、高亨、胡念贻、王竹楼等为代表者持肯定说；以刘大杰、李鼎文、谭其骧、胡国瑞、刘开扬、逯钦立等人为代表者持否定说。其中，持否定说者又以刘大杰、李鼎文、逯钦立三人之文为最。如刘大杰《关于蔡文姬的〈胡笳十八拍〉》一文认为，此诗非为蔡琰所作，具体表现在三个方面，即：(1)诗中所写蔡琰流落匈奴的情况，与历史的真实不相符合；(2)唐以前的各类文献资料没有著录、记述与征引此诗；(3)东汉末年的诗坛无《胡笳十八拍》此种体式①。李鼎文《〈胡笳十八拍〉是蔡琰作的吗?》一文则认为，据中唐诗人刘商《胡笳曲序》，此诗应为盛唐音乐家董庭兰所作②。逯钦立则先发表了《关于〈胡笳十八拍〉》③一文，后于《先秦汉魏晋南北朝诗》所录《胡笳十八拍》的“按语”(以下简称“逯文”)中，列举了该诗为伪作的五条证据，其为：“一、隋唐类书引《蔡琰别传》云：琰为胡骑所获，在右贤王部伍中，春日登胡殿，感笳之音，作诗言志曰：‘胡笳动兮边马鸣，孤鹰归兮声嘤嘤。’可

---

① 刘大杰：《关于蔡文姬的胡笳十八拍》，《光明日报》，1959 年 3 月 20 日。

② 李鼎文：《胡笳十八拍是蔡琰作的吗?》，《光明日报》，1959 年 6 月 14 日。

③ 逯钦立：《关于胡笳十八拍》，《汉魏六朝文学论集》，陕西人民出版社 1984 年版。

见感笳作诗，即所赋《悲愤诗》，其时尚无《胡笳十八拍》。二、《宋书·乐志》'葭'下云：'胡笳，汉旧筝笛录有其曲。'不记所出本末，知刘宋以前，胡笳曲尚谱之于琴。今言'笳一会侃琴一拍'，亦不合。三、十八拍言'戎羯逼我兮为室家'，据《韵会》，晋匈奴别部入居羯室之后，因号为羯。匈奴别部称羯既始于晋，蔡琰汉人，自无由言戎羯。四、汉魏骚体诗、七言诗皆句句用韵，今十八拍间句押韵，体裁与汉不侔。五、十八拍押韵，已严守唐人官韵规范。"①其实，逯文的这五条证据，并非全系己出，而是综合了其他持《胡笳十八拍》为伪作说者的意见以为，如其之第一、第四、第五诸点，发表于1948年的游国恩《论蔡琰〈胡笳十八拍〉》②一文，即已曾言之；而其第四、第五之内容，胡适《白话文学史》、刘盼遂《谈〈胡笳十八拍〉非蔡琰所作》亦曾言及。但尽管如此，逯文与刘文等也还有相重之处，为便于讨论，兹特将刘、李、逯三文的主要论据，合并为以下诸端。具体为：

(1)诗中所述蔡琰"没胡"事况与历史的真实不符；

(2)唐以前各类文献资料均无载是诗者；

(3)东汉无《胡笳十八拍》诗之体式；

(4)《胡笳十八拍》为盛唐音乐家董庭兰作。

值得注意的是，刘文、李文、逯文之所言，已为吴云主编之《魏晋南北朝文学研究》载入了"二十世纪中国文学研究"③的史册，其代表性是不言而喻的。既然刘文、李文、逯文的质疑，已成为了学界认可的持《胡笳十八拍》为伪作说的代表，那么，我们只要对其核心内容即以上所合并而成的四大证据进行一番检验，以证其之不能成立，则《胡笳十八拍》也就非为伪作之属了。是否如此，下面对其进行具体考察。

其一，关于"诗中所述蔡琰'没胡'事况与历史的真实不符"的问题。就刘文与逯文之所言，《胡笳十八拍》中所述史实与蔡琰生平不符者，

---

① 逯钦立：《先秦汉魏晋南北朝诗》汉诗卷七，中华书局1958年版。

② 游国恩：《论蔡琰胡笳十八拍》，《华北日报》，1948年8月15日。

③ 吴云：《魏晋南北朝文学研究》，北京出版社2001年版。

主要有三个方面，即：一为“戎羯逼我兮为室家”之“戎羯”；二是“夜闻陇水兮声呜咽，朝见长城兮路杳漫”之“陇水”与“长城”；三即“塞上黄蒿兮枝枯中干”之“塞上”。先看“戎羯”。逯文以《韵会》为据，认为“匈奴别部称羯既始于晋，蔡琰汉人，自无由言戎羯”云云，乃可商兑。这是因为，据《晋书》卷九十七《北狄传》与《匈奴传》可知，“匈奴之类，总谓北狄”，而“北狄以部落为类……凡十九种”，但其所详列的“十九种”匈奴部落中却无“戎羯”。这说明，《韵会》的记载，乃是值得怀疑的。另外，考《晋书》卷一〇四《石勒传上》云：“石勒字世龙……上党武乡羯人也。其先匈奴别部羌渠之胄。”又云：“(石勒)使其将张斯……说诸胡羯，晓以安危。”①据此，知匈奴别部有“羯”或者“胡羯”，而无“戎羯”，且其先乃系“匈奴别部羌渠之胄”，而匈奴部落的“凡十九种”中又恰好有“羌渠种”。合勘之，知“戎羯逼我兮为室家”之“戎羯”，所指实乃系“胡羯”之谓。逯文未查，而擅作斯说，实乃不的。再看“陇水”、“长城”、“塞上”三词。这三个具有地理特性的词，在《胡笳十八拍》中均属泛称而非实指，其原因在于，《胡笳十八拍》是一首乐府诗而不是一篇学术论文，所以，其之所指，乃与五言体《悲愤诗》之“悠悠三千里”相类。而类似的用法，在唐人诗歌中乃特多，如沈佺期《独不见》之“十年征战忆辽阳”者，即为其例，但这一句诗并不能证明沈佺期曾经到过辽东，原因是“沈佺期一生足迹并未至辽阳”②。可见，以“陇水”等词认定《胡笳十八拍》为蔡琰伪诗的说法，实则是站不住脚的。

其二，关于“唐以前各类文献资料均无载是诗者”的问题。就现所存见的文献资料言，《胡笳十八拍》之为世人所知者，乃首见于郭茂倩《乐府诗集》卷五十九，其后，朱熹《楚辞后语》卷三乃据而录之。这一事实表明，“唐以前各类文献资料”是确实没有录载《胡笳十八拍》的。其中原因究竟何在？朱熹《楚辞后语》卷三《胡笳第二十》开首的一段“按

---

① 房玄龄等：《晋书》卷一〇四，中华书局 1974 年版。
② 王辉斌：《唐代诗人探赜》第一章第二节，贵州人民出版社 2005 年版。

语”，是极有助于我们对这一疑案的彻底了解的。其云：

> 胡笳者，蔡琰之所作也。……而其哀怨发中，不能自已之言……范史乃弃不录，而独载其《悲愤》二诗。二诗词意浅促，非此词比，眉山苏公已辩其妄矣。蔚宗文下，固有不察。归来子祖屈而宗苏，亦未闻此，何耶？琰失身胡虏，不能死义，固无可言。然犹能知其可耻，则与扬雄《反骚》之意又有间矣。今录此词，非恕琰也，亦以甚雄之恶云尔①。

藉此可知：(1)“归来子”晁补之编辑《续楚辞》与《变楚辞》二书时，之所以没有录载蔡琰的《胡笳十八拍》，原因是“琰失身胡虏，不能死义”。(2)朱熹自己之所以将蔡琰的《胡笳十八拍》予以著录，并非表明他是在“恕琰”之“失身胡虏，不能死义”，而是因为此诗“哀怨发中，不能自已之言”所导致。朱熹于《楚辞后语序》中又说：“至于扬雄，则未有议其罪也，而余独以为是其失节，亦蔡琰之俦耳。”朱熹在这里所分别说的蔡琰“失节”、“琰失身胡虏，不能死义”云云，即是导致“唐以前各类文献资料均无载”蔡琰《胡笳十八拍》的一个根本性的原因。同时，这一原因也是对“唐以前各类文献资料均无载”蔡琰骚体《悲愤诗》与五言体《悲愤诗》的最佳解释。对此，我们只要将《文选》所收各类作品作一简略比较，即可获得有力之佐证。

其三，关于“东汉无《胡笳十八拍》诗之体式”的问题。这一问题的核心，其实指的就是《胡笳十八拍》在艺术方面的较为成熟，具体则为其中的对偶与用韵。《胡笳十八拍》中对偶句式的运用，主要表现在第十拍：“城头烽火不曾灭，疆场征战何时歇。杀气朝朝冲塞门，胡风夜夜吹边月。”无须讳言，这四句诗中的对偶，确实是较为优秀的。但曹魏以前诗中较优秀之对偶句，也并非是以此为始的，而是早在《诗经》

---

① 朱熹：《楚辞后语》，《楚辞集注》附，上海古籍出版社1979年版。

时代即已产生，如人们所熟悉的《小雅·采薇》中之“昔我往矣，杨柳依依；今我来思，雨雪霏霏”，即为其代表。再以汉诗为例，如辛延年《羽林郎》之“长裾连理带，广袖合欢襦”，宋子侯《董娇娆》之“秋时自零落，春月复芬芳”，《古诗十九首》之“迢迢牵牛星，皎皎河汉女”等，就都是一些较为优秀的对偶句。而蔡琰五言体《悲愤诗》中的“翩翩吹我衣，肃肃入我耳”、“马为立踟蹰，车为不转辙”，也是属于较优秀的对偶句之列的。因此，作为“博学有多才，又妙于音律”的蔡琰而言，能创作出上述对偶句，应是自在情理之中的。《胡笳十八拍》中的用韵，上举刘遂盼等认为其“严守唐人官韵”云云，其实是存在着过分夸大之嫌的。按《胡笳十八拍》的用韵原则，若借用游国恩先生的话来说，就是基本上属于“一韵到底的”，但其不合韵的情况亦较多，具体为：第一拍的“盛”、“拍”，第二拍的“绝”，第六拍的“咽”，第十二拍的“身”、“因”、“陈”，而第十五拍却又于“心有怀兮愁转深”一句转韵，至使以下三韵为“临”、“参”、“寻”，如此等等。可见，《胡笳十八拍》在用韵方面，虽然较讲究一定的规律性，若以这些不合规则之用韵与“唐人官韵”相比，可知其乃是具有明显之差异的。

其四，关于“《胡笳十八拍》为盛唐音乐家董庭兰作”的问题。按此说乃属明显之错误，对于这一错误，王运熙先生早在五十年前所撰《蔡琰与〈胡笳十八拍〉》一文中，就进行了考辨。文章最后说：“《胡笳十八拍》既然产生于董兰庭前，刘商是应当看到过《胡笳十八拍》歌辞的。他的《胡笳曲序》把《十八拍》的创作权笼统归之于董兰庭，是不加细考的话。”①藉此则可表明，董庭兰作《胡笳十八拍》之说，乃是可以休矣。

综以上之考察可知，蔡琰现存的五言体《悲愤诗》等三诗，是均非他人所托伪的。

---

① 王运熙：《乐府诗述论》，上海古籍出版社 1996 年版。

第三章 建安诗人考论

第一节 建安七子之生平考辨

对于建安七子生平事迹的系统研究，最早者当推陆侃如《中古文学系年》，其次则为俞绍初《建安七子年谱》(以下简称“俞《谱》”)。从总体上讲，这两种著作之所涉与所获，对于全面、系统、翔实地研究建安七子这一诗人群体，以及对七子进行个案性的作品论析等，都是极具助益的。但尽管如此，其中也不乏可商之处，如对七子的某些行事或作品的系年有欠准确，有的甚至是错误等，即为其例。本节拟采用条陈之法，就涉猎之所及，于俞《谱》中某些具有代表性的结论，提出一些不同的看法与认识，或于还七子生平与作品之历史真实，有所帮助。

一、关于孔融的生卒年问题

对于孔融生卒年的考察，俞《谱》在开篇的“汉桓帝永兴元年癸巳(一五三)”内说：“孔融生。”其依据是《后汉书》卷七十《孔融传》记载孔融“下狱弃市”时“年五十六”，而同书《孝献帝纪第九》则记载曹操杀孔融的时间为“建安十三年(208年)八月”，二者相推，“融当生于是年”。俞《谱》并认为，孔融《与曹公论盛孝章书》中有“五十之年，忽焉已至。

公为始满，融又过二”之言，且“曹操生于永寿元年(155 年)，与《后汉书》所载正合”①。于是，俞《谱》关于孔融生于公元 153 年、卒于公元 208 年、享年五十六岁的结论，即由此而得出。但检核有关史料，可知俞《谱》的这一结论，乃是疑窦丛生，甚不可靠的。其具体为：

(一)关于孔融为曹操所杀的时间，《后汉书》卷九《孝献帝纪第九》虽然明载为建安十三年八月，但《后汉书》卷七十《孔融传》、《三国志》卷一《魏书一・武帝操》、《三国志》卷十二《魏书十二・孔融传》等纪传，却均未之载。《后汉书》卷九《孝献帝纪第九》此载所据为何，范晔对此并无只字交待，俞《谱》亦未作任何考察。此为其一。其二，据《三国志》卷一《魏书一・武帝操》可知，曹操在建安十三年六月任丞相之职后，即于当年“秋七月”南下“征刘表”，八月“屯襄阳”②，时在军旅前线的曹操，终日考虑的是如何击杀刘表、打败刘备、夺取襄阳等大事，显然是无诛杀孔融于北方之时间的。即是说，以曹操建安十三年八月的行迹言，可知他在时间上并无将孔融“下狱弃市”之可能。如此，《后汉书》卷九《孝献帝纪第九》之所载，就成为了一条孤证，而孤证则乃考证之大忌，对此，俞《谱》作者自应是十分清楚的。

(二)清人王昶《金石萃编》卷十一著录《泰山都尉孔宙碑》一文，其中有云：“君讳宙，字季将，孔子十九世之孙也。……年六十一，延熹六年正月乙未□□。”③据此相推，知孔宙的生年乃为汉和帝永元十五年，亦即公元 103 年。孔宙为孔融之父，以孔宙生年(103 年)合勘俞《谱》所定孔融之生年(153 年)，可知孔宙生孔融时已为五十一岁。又据王昶于《金石萃编》卷九《孔谦碑》之后所引洪适《隶释》跋语，知孔宙凡七子，“融之次第六，载于谱录者，唯谦、褒、融三人”。即是说，孔宙在五十一岁生了孔融后，还曾再生一子，即以孔融与此弟之龄相隔三岁计，则孔宙生第七子时就乃为五十四岁。在封建社会的东汉末期，

① 俞绍初：《建安七子年谱》，《建安七子集》附，中华书局 2005 年版。
② 陈寿：《三国志》卷一，中华书局 1975 年版。
③ 王昶：《金石萃编》卷十一，北京市中国书店 1985 影印版。

孔宙以如此之高龄是否可生孔融兄弟，实无任何材料可证。而此，也是俞《谱》自始至终都不曾言及此事的原因之所在。

（三）孔融《与曹公论盛孝章书》（原题无“与曹公”三字，此为俞《谱》作者所加）一文，虽然载有“五十之年，忽焉已至。公为始满，融又过二”之语，但此文乃为俞《谱》作者据《三国志》卷五十一《吴书六·孙韶传》注引《会稽典录》中所辑出，而《会稽典录》之所载，多有与史实不相符合者，则其自是未可遽信。如其有云：“（盛）宪字孝章……以疾去官。孙策平定吴、会，诛其英豪，宪素有高名，策深忌之。初，宪与少府孔融善，融忧其不免祸，乃与曹公书曰……”①据《三国志》卷四十六《吴书一·孙策传》、卷四十七《吴书二·吴主权传》可知，孙策病死于建安五年，则孙策对盛孝章“深忌之”与孔融“忧其不免祸”而“乃与曹公书”之事，均发生在建安五年以前，也就甚明。又《三国志》卷五十一《吴书六·孙韶传》有云：“初，孙权杀吴郡太守盛宪，宪故孝廉妫览、戴员亡匿山中，孙翊为丹杨，皆礼致之。”孙翊为丹杨太守，《三国志》卷五十一《吴书六·孙翊传》明载为建安八年，二者合勘，则盛宪之为孙权所杀的时间，乃在建安六年或者七年，即可遽断。由是而观，可知《会稽典录》之所载者，无论是孙策对盛孝章“深忌之”的时间，抑或孔融因此而“与曹公书”的时间，以及孙权杀盛宪（孝章）之时间，都是与其历史的真实相去甚远的。准此，则其所载“与曹公书”中的“五十之年，忽焉已至。公为始满，融又过二”等语，也就根本不具备考察孔融生卒年证据之资格，即乃甚明。即是说，《会稽典录》中“与曹公书”之“五十之年，忽焉已至。公为始满，融又过二”云云，和孔融在建安五年前后“与曹公书”之实况，在时间上是颇具差异的。如此，则所谓的“与曹公书”为后人作伪，即可论断。

以上所举三端，表明俞《谱》藉《后汉书》卷九《孝献帝纪第九》、《会稽典录》所录“与曹公书”以考订出的孔融之生卒年，均是大有疑问

① 陈寿：《三国志》卷五十一，中华书局1975年版。

而令人难以置信的。但孔融究竟生于何年而又卒于何年，以及其享年多少等问题，因材料所限，只能暂付阙如，以待淹贯者。

二、王粲之“随军”江陵等

俞《谱》于“建安十三年(208年)”内说：“(王)粲归降曹操后，随军往江陵，道经当阳，登麦城城楼，而作《登楼赋》。又有《七哀诗》‘荆蛮非我乡’一首。”又说：“军至江陵，粲以说刘琮功，辟为丞相掾，赐爵关内侯。后预赤壁之役。”俞《谱》此载，主要是为了迎合其“《登楼赋》作于麦城”说而导致，实则为误。

按《三国志》卷二十一《魏书二十一·王粲传》有云：

> 王粲字仲宣，山阳高平人也……乃之荆州依刘表。表以粲貌寝而体弱通侻，不甚重也。表卒。粲劝表子琮，令归太祖。太祖辟为丞相掾，赐爵关内侯。太祖置酒汉滨，粲奉觞贺曰：‘方今袁绍起河北，仗大众，志兼天下，然好贤而不能用，故奇士去之。刘表雍容荆楚，坐观时变，自以为西伯可规。士之避乱荆州者，皆海内之俊杰也；表不知所任，故国危而无辅。明公定冀州之日，下车即缮其甲卒，收其豪杰而用之，以横行天下；及平江汉，引其贤俊而置之列位，使海内回心，望风而愿治，文武并用，英雄毕力，此三王之举也。’后迁军谋祭酒①。

这段文字所记述者，为王粲劝刘表幼子刘琮降曹，以及曹操入襄阳城后“置酒汉滨”与王粲在酒宴间为曹操大唱赞歌的全过程，而无一字言及王粲曾随曹军南下当阳、江陵之事。但俞《谱》却认为，曹操辟王粲为“丞相掾，赐爵关内侯”者，乃在江陵，理由是，《三国志》卷一《魏书

① 陈寿：《三国志》卷二十一，中华书局1975年版。

一·武帝操》载曹操“进军江陵”后，乃曾“论荆州服从之功，侯者十五人”，而王粲即其中之一者。据《魏书一·武帝操》所载，曹操至江陵后，是确曾受封于“荆州服从”者的，且“侯者十五人”，但王粲在襄阳既被曹操“辟为丞相掾，赐爵关内侯”，则其不属于江陵之封即不在此“侯者十五人”之列，乃甚为清楚。这是因为，“侯者十五人”之“侯”，乃“列侯”之“侯”，即其所指乃为列侯，与王粲的“赐爵关内侯”为两码事。考《三国志》卷六《魏书六·刘表传》有云：“太祖军到襄阳，琮举州降。备走奔夏口。太祖以琮为青州刺史、封列侯。蒯越等侯者十五人。(蒯)越，为光禄勋；(韩)嵩，大鸿胪；(邓)羲，侍中；(刘)先，尚书令；其余多至大官。”此即《三国志》卷一《魏书一·武帝操》所载“论荆州服从之功，侯者十五人”的真实之况。同此之载者，尚有《后汉书》卷七十四下《刘表传》。此则表明，曹操在江陵“论荆州服从之功”而封“侯者十五人”者，其所封者，乃皆为曾追随刘表父子的一批荆州旧部。王粲虽然早此曾南下依刘表，但其并非刘表的荆州旧部。俞《谱》对此不仅不察，竟然还将王粲的“赐爵关内侯”与其混为一谈，并进而将其作为王粲曾随军至江陵的依据之举措，实乃谬不堪言。

俞《谱》又据上引《三国志》卷二十一《魏书二十一·王粲传》中“及平江汉”一段文字说：“按，据‘及平江汉’句，可知粲之奉觞贺操，当在江陵论功封荆州名士之后无疑。”按俞《谱》是说又误。这是因为，王粲“奉觞”称颂曹操“及平江汉”者，乃是在“太祖置酒汉滨”之际，而“太祖置酒汉滨”，则又是在王粲劝刘琮归降曹操之后，所以，此处之“及平江汉”，所指实乃谓曹操对荆州首府襄阳的占据。据《后汉书》卷九十《志第十九·郡国四》可知，荆州为东汉十三州(含“司隶”)之一，辖南阳、南郡、江夏、零陵、桂阳、武陵、长沙七郡，其治所先在武陵，后由刘表移治于襄阳，对此，《后汉书》卷七十四下《刘表传》、《资治通鉴·汉纪》卷五十一①等，均有记载，兹不具引。曹操既因刘琮之

---

① 司马光：《资治通鉴》卷五十九《汉纪》五十一，上海古籍出版社1987年版。

降而获得襄阳，则“江汉”自可称之为“及平”。换言之，王粲“奉觞贺操”中的“及平江汉”，实乃“及平荆州”与“及荆州平”之谓，即“江汉”在这里实为荆州(襄阳)的代名词。作如此称谓者，《三国志》中其例甚多，如《三国志》卷一《魏书一·武帝操》注引皇甫谧《逸士传》即为其一。其云：“(王)俊年六十四，以寿终于武陵，公(曹操)闻而哀伤。及平荆州……表为先贤也。”①很显然，这里的“及平荆州”，并不是指曹操平定了荆州七郡，而是指襄阳之被曹操占据，因为事实上曹操也从来不曾平定过荆州七郡。作类似之称谓者，尚有同书《武帝操》注引《先贤行状》等，兹不具引。由是而观，可知王粲“奉觞贺操”中的“及平江汉”云云，是不能用以作证王粲曾随军到过当阳、江陵的。如此，则俞《谱》认为曹操“置酒汉滨”，乃是在他自赤壁“与备战，不利”而还襄阳后的认识为误，即可肯定。以常理论之，曹操接受刘琮投降而入驻襄阳后，是肯定会置酒汉水之滨，大宴南随群臣与荆州归降人士的，王粲于斯时“奉觞贺操”，亦自在情理之中。若如俞《谱》所言，曹操的“置酒汉滨”乃是在他赤壁战败返还襄阳之际，则王粲是时又何可称其为“及平江汉”呢？因为这时的情况，乃是“备遂有荆州、江南诸郡”，即江陵已为刘备所获而非曹操所有了。赤壁之败，江陵之失，对于曹操而言，乃是一种沉重的打击，因了此败而还襄阳后的曹操，是肯定不会“置酒汉滨”的，而《三国志》卷一《魏书一·武帝操》之“乃引军还”云云，又可为之佐证。

王粲在归降曹操后不曾南下当阳、江陵，不仅《三国志》卷二十一《魏书二十·王粲传》无此记载，而且《王粲集》(中华书局本)也只字未及，可见，王粲是确实不曾随曹操以“预赤壁之役”的。如此，则王粲《登楼赋》非写于麦城也就甚明。至于俞《谱》引郦道元《水经注》卷三十二之《沮水注》、《漳水注》与乐史《太平寰宇记》之载，而认为《登楼赋》乃作于麦城者，更误，对此，本书第九章第四节《王粲所登楼

① 陈寿：《三国志》卷一，中华书局1975年版。

考》一文，已曾就俞《谱》的“麦城”之说，进行了全面而具体之考辨，此兹罢论。

三、徐干等“预赤壁之役”

俞《谱》于建安十三年内还认为：“徐干三十八岁，从刘表征，预赤壁之役。”其依据则为徐干的《序征赋》一文。俞《谱》说：“本集载《序征赋》有云：‘余因兹以从迈兮，聊畅目乎所经。……沿江浦以左转，涉云梦之无陂。……行兼时而易节，迄玄气之消微。’按，虞世南《北堂书抄》卷一五一引《英雄记》有‘曹公赤壁之败，至云梦大泽’之语，赋之所叙当是赤壁事；又赤壁之败在是年冬末，故赋有‘迄玄气之消微’云，时令亦合，知时干征从在军。”俞《谱》此说乃误。

按徐干《序征赋》之所述所写，并不能作证其曾随曹操南下荆州并“预赤壁之役”。这是因为：(1)据该《赋》开首“余因兹以从迈兮，聊畅目乎所经”两句，可知徐干是赋之“序征”，主要是旨在记述他一生行迹之所至，而非为序征战之“征”。即是说，《序征赋》不是徐干对其随曹操南下征讨刘表的记录，而所记述的则是其一生游踪之大概，所以，其中“涉云梦之无陂”的“云梦”，并不能表明徐干曾“从征刘表”。(2)《序征赋》中虽有“迄玄气之消微”之语，但“玄气”之所指，非为俞《谱》所言为冬天，而是所指为“自然之气”。对此，《辞源》“玄气”条之笺释，乃可为证。《辞源》于该词条说：“玄气，元气，自然之气。《汉书·礼乐志·郊祀歌》十九章《齐房》：‘玄气之精，回复此都，蔓蔓日茂，芝成灵华。’”①即是明证。(3)虞世南《北堂书抄》引《英雄记》有“曹公赤壁之败，至云梦大泽”之语者，亦不可作证徐干曾经南下荆州，因为曹操赤壁战败后，并没有“至云梦大泽”，也即《英雄记》此说，乃与史实严重不符。更何况，《北堂书抄》为类书，其所引《英雄记》之文字并不

---

① 辞源(第三册)，商务印书馆1981年版。

可靠。(4)《三国志》卷二十一《魏书二十一·徐干传》(含裴松之注引《先贤行状》)，以及曹植《赠徐干》、刘桢《赠徐干诗》、《又赠徐干》、谢灵运《拟魏太子邺中集谢八首·徐干》等诗，均未言及徐干曾随曹操“从征刘表”事。综此四者，是知徐干委实是不曾南下“预赤壁之役”的(关于徐干生平之志疑，另可详下)。

而据刘桢《遂志赋》之“梢吴隅夷于东隅，掣叛臣乎南荆”之语，知其曾“预赤壁之役”，则可肯定。但俞《谱》引刘桢集《赠五官中郎将四首》其一中的“昔我从元后，整驾至南乡”以为证，则不的。这是因为，刘桢这两句诗的后面还有这样的两句：“过彼丰沛都，与君共翱翔。”这四句诗(“昔我从元后，整驾至南乡。过彼丰沛都，与君共翱翔”)在刘桢的《赠五官中郎将五首》其一中，乃为一个整体，主要是述写刘桢于建安十四年随曹操东征孙权事，这从“过彼丰沛都”即可准确获知。“丰沛都”指汉高祖刘邦之所居，在今江苏徐州。而“南乡”，则是指曹操此次的东征孙权。将东征孙权称作“南征”或将孙吴所在地称为“南乡”，皆因“江东”地望乃在江南所致。如梁章钜《三国志旁证》卷十四有：“(曹)植所述从军，本传皆不载……十九年南征孙权，时植年二十二。”陆侃如《中古文学系年》据此“南征”，于建安十七年内写道：“曹植作《登台赋》，从曹操征(孙权)。”①所以，刘桢《赠五官中郎将五首》其一中的“南乡”之所指，非为荆州。而俞《谱》之所以有此误者，主要是因轻信了《文选》卷二十三李善注此诗之“至南乡，谓征刘表也”所致。

俞《谱》于建安十三年内，还认为应玚也曾“预赤壁之役”。俞《谱》的依据，主要为谢灵运《拟魏太子邺中集八首·应玚》中的“官渡厕一卒，乌林预艰阻”两句诗。据“乌林预艰阻”五字，知应玚曾“预赤壁之役”，但谢灵运所据为何，却不得而知。检读《三国志》卷二十一《魏书二十一·应玚传》，以及《建安七子集》之《应玚集》，其中均无只字言及

① 陆侃如：《中古文学系年》，人民文学出版社 1985 年版。

应玚曾南下荆州。又《应玚集》中有《侍五官中郎将建章台集诗》，其中的“五官中郎将”为曹丕，而曹丕任此职于建安十六年(《三国志》卷一《魏书一·武帝操》)，则诗之作年当在曹丕任五官中郎将之未久，而此诗中无其“预赤壁之役”之载，乃是颇可注意的，因为“建章台”的主人为曹丕，而曹丕又曾随曹操南下荆州。即是说，如果应玚确如谢灵运诗之所言，乃曾“乌林预艰阻”，则应玚就会在“集诗”中对此事有所言及，甚至是对曹丕之随父南下予以称颂的，然而应玚于诗中却并未作如是之称，这一实况所表明的，应是其不曾南下“从征刘表”而“预赤壁之役”。换言之，谢灵运诗之所载，因无任何材料可以佐证，故未可据信。要之，将谢灵运《拟魏太子邺中集八首·应玚》作存疑以待可也。

四、“军谯”的具体参与者

俞《谱》于“建安十四年(209 年)”内说：“十二月，军由合肥还谯。曹丕夜宴众宾，桢《赠五官中郎将》四首其一记其事。”并认为：“《全三国诗》卷一载曹丕《于谯作诗》云：‘清夜延贵客，明烛发高光。……穆穆众君子，和合同乐康。’其所咏与桢诗同。‘众君子’中，疑包括琳、瑀、干、粲、桢、玚六人。”

按俞《谱》认为曹丕诗中之“众君子”，乃包括陈琳等六人，即认为陈琳等六人均曾随曹操从征合肥之说，实乃不的。这是因为，据现所存见之材料可知，随曹操“军由合肥还谯”者，仅为曹丕、刘桢、王粲、繁钦四人，即阮瑀、徐干、应玚三人乃未之预。阮瑀等三人不曾“军谯”者，是因为《三国志》卷二十一《魏书二十一·阮瑀传》、《徐干传》、《应玚传》，以及三人之本集中，均无此事之记载。曹丕、刘桢二人之曾经“军谯”，俞《谱》引曹丕《于谯作诗》、刘桢《赠五官中郎将四首》其一已证之，兹不述。王粲之“军谯”，其集中有《浮淮赋》可证：“从王师以南征兮，浮淮水而遐逝，背涡浦之曲流兮，望马丘之高澨。”而曹丕集中亦有《浮淮赋》，且其“并序”乃明载时间为“建安十四年”①，则二赋为同年同时同地之作，乃殆无疑义。又，严可均《全上古三代秦汉三国六朝文》之《全后汉文》卷九十三著录繁钦《征天山赋》一文，《太平御览》卷三五三题作《撰征赋》，有并序云：“有汉丞相武平侯曹公仗节东征，观六军于三江，浮五湖以耀武。”陆侃如《中古文学系年》系此赋于建安十四年，并认为繁钦曾随曹操东征孙权，良是。而曹丕的《叙繁钦》一文，又表明繁钦与曹丕关系甚密，则曹丕在谯“夜宴众宾”时，其“众宾”包含繁钦者，当可肯定。

五、孔、祢之交的有关问题

俞《谱》于“初平三年(192年)”内说：“孔融四十岁，始与祢衡交友。”其依据为《后汉书》卷八十下《祢衡传》之所载：“‘祢衡字正平，平原般人也。……衡始弱冠，而融年四十，遂与为交友。’按，孔融于建安元年(一九六)上书荐祢衡云：‘处士平原祢衡，年二十四’，知是年衡正二十，与《传》所记年岁合。”

按《后汉书》卷八十下《祢衡传》之“衡始弱冠，而融年四十，遂与为交友”云云，所据为何，已不可考，而俞《谱》所订孔融生年既未能确定(详上)，则其将孔融与祢衡相交系于是年者，乃不的。对于孔融与祢衡相交之年岁，《世说新语》上卷上《言语第二》刘孝标注引《文士传》乃有载：“(祢衡)少与孔融作尔汝之交，时未满二十，融已五十。”②同此者，另有徐坚《初学记》卷十八《交在第二》：“张隐《文士传》云：‘祢衡有逸才，少与孔融交，时衡未满二十，而融已五十。’”③刘孝标注《世说新语》与徐坚撰《初学记》之前与之时，是肯定见到过《后汉书》卷八十

① 严可均：《全上古三代秦汉三国六朝文·全三国文》卷四，中华书局1958年影印版。

② 余嘉锡：《世说新语笺疏》，上海古籍出版社1993年版。

③ 徐坚：《初学记》卷十八，中华书局1963年版。

四《祢衡传》的，而其皆弃《后汉书》而取张隐《文士传》之举者，所表明的当是《文士传》较《后汉书》更为可靠。《后汉书》所载多有错误，为史学界公认，这从清人钱大昭《后汉书辨疑》、惠栋《后汉书补注》、侯康《后汉书补注续》、顾怀三《补后书艺文志》、王先谦《后汉书集解校补》等著述中，即可窥其大概。所以，孔、祢之交的年岁，应以张隐《文士传》之所载为正。此为其一。其二，据俞《谱》，孔、祢之交的地点，乃在孔融当时所任职的北海，但其却无任何材料作依据，纯为臆测所致，因而未可信从。《后汉书》卷八十四《祢衡传》载祢衡"兴平中，避难荆州。建安初，来游许下"云云，勘之《后汉书》卷七十《孔融传》，知当为可靠。《后汉书》卷七十《孔融传》有云："建安元年，为袁谭所攻……城夜陷，乃奔东山……乃献帝都许，征融为将作大匠。"据此，知祢衡与孔融的交结之时之地，当是在建安元年汉献帝迁都之许昌。汉献帝刘协以建安纪元者，凡二十四年，《后汉书》卷八十下《祢衡传》既载祢衡"建安初，来游许下"，以其"初"度之，其时当在建安元年至建安五年(公元 200 年)前后，但确时难考。

六、徐干称疾与著《中论》

俞《谱》于"建安二十一年(216 年)"内说："徐干四十六岁，称疾避事，著《中论》。"其依据为无名氏《中论序》之所载。此文为《全上古三代秦汉三国六朝文·全三国文》卷五十五著录，其中有云："(干)从戎征行，历载五六。疾稍沈笃，不堪王事，潜身穷巷，颐志保真，淡泊无为，唯存正道。……著《中论》之书二十二篇。"①俞《谱》据之而认为："(文中的)五六相加为十一年，而干于建安十二年始归附曹操从军征行，则其托病著书事盖在二十二年。"前者既说徐干"称疾避事，著《中

① 严可均：《全上古三代秦汉三国六朝文·全三国文》卷五十五，中华书局 1958 年影印版。

论》”的时间在建安“二十一年”，而此则又认为“其托病著书事盖在二十二年”，二者孰是？又，“二十一年”与“二十二年”虽然只有一字之异，但其并非为笔误所致，这是因为，作者于建安二十一年内是明确写明徐干于是年乃为四十六岁的。所以，俞《谱》的建安“二十一年”说与“二十二年”说，是必有一说为误的。

但《中论序》的上述记载，核之有关材料，可知其并不可靠。这是因为，其所载徐干之著《中论》，乃在其“疾稍沈笃，不堪王事，潜身穷巷”之后，而不是其前，如此，即与有关史况相互矛盾。按曹丕《典论・论文》有云：“今之文人，鲁国孔融文举、广陵陈琳孔璋、山阳王粲仲宣、北海徐干伟长、陈留阮瑀元瑜、汝南应玚德琏、东平刘桢公干，斯七子者，于学无所遗，于辞无所假，咸以自骋骥騄于千里，仰齐足而并驰。……唯干著《中论》，成一家之言。”①“七子”之称即始于此。而值得注意的是，曹丕于其中既言乃“唯干著《中论》，成一家之言”，则《中论》之成书时间，至迟当在《典论》之前。而据《全上古三代秦汉三国六朝文・全三国文》卷三十著录卞兰《赞述太子赋》一文，可知《典论》乃作于曹丕任太子之时，其云：“伏唯太子，研精典籍，留意章篇……窃所作《典论》及诸颂赋，逸句烂然，沉思泉涌，华港藻云浮。”陆侃如《中古文学系年》与俞《谱》均将其具体考订为开元二十二年冬，良是。又《三国志》卷二十一《魏书二十・阮瑀传》云：“瑀以(建安)十七年卒。(徐)干、(陈)琳、(应)玚、(刘)桢二十二年卒。文帝书与元城令吴质书曰：‘昔年疾疫，亲故多离其灾，徐、陈、应、刘，一时俱逝。’”同此者，另有《三国志》卷二《魏书二・文帝丕》之“初，帝好文学”注引《魏书》云：“帝初在东宫，疫疠大起，时人凋伤，帝深感叹。”其中的“帝初在东宫”，所指为曹丕初立太子事，据《三国志》卷一《魏书一・武帝操》、卷二《魏书二・文帝丕》，知时在建安二十二年十月。此则表

① 严可均：《全上古三代秦汉三国六朝文・全三国文》卷八，中华书局1958年影印版。

明，“疫疠大起，时人凋伤”，乃发生于建安二十二年冬十月，则徐干与陈琳等人乃因这场流行全国的“疫疠”而病卒于是年冬天，也就甚明。徐干既卒于建安二十二年，且成书于建安二十二年冬十月的曹丕《典论》又载有徐干所著之《中论》一书，则《中论》非徐干撰写于建安二十二年“称疾避事”之后，即可肯定。也就是说，《中论》的撰著时间应以建安二十一年为是。如此，则《中论序》所载徐干的生平行事不可相信，即乃甚为清楚，而俞《谱》藉之以考订的徐干之“谱主事迹”为误，也就不言而喻。

以上所举之六个方面，分别涉及了建安七子这一文学群体中的孔融、王粲、徐干、刘桢、应玚五人，以及和“七子”关系甚为密切的繁钦、祢衡等生平事迹中的某些方面，其中存在的问题，既有属于错误一类已进行了订正的，也有属于存疑范畴尚需作进一步考察的，而或此或彼，都是有利于研究者参考或引用俞《谱》的。同时，我们也殷切希望俞《谱》作者能在《建安七子集》再版时，对所附《建安七子年谱》进行一次全面的复核与检验，若能如此，则“七子”生平事迹的真实性就将会因此而大大增强。而此，则正是大家所企盼的。

第二节　建安七子之作品辨伪

建安七子的诗文作品，由于历史的缘故，亡佚者乃甚多。以王粲作品为例，《隋书》卷三十五《经籍志三》著录“后汉侍中《王粲集》十一卷”，但到唐代只存十卷，于宋仅有八卷，今所见者，则为中华书局1980年版《王粲集》三卷。这一实况表明，由隋迄今，王粲的作品已亡佚了三分之二还强，这不能不说是先唐文学史上的一大损失。正因此，历代的七子研究者，大多于搜辑遗文方面下过不少功夫，以希望能尽量求得其作品之全，且成效也甚为可观。如孔融之文，《后汉书》卷七十《孔融传》载为“所著诗、颂、碑文、论”等，“凡二十五篇”，但严可均

《全上古三代秦汉三国六朝文·全后汉文》（以下简称"《全后汉文》"）卷八十三则录其文三十九篇，其数量之多，几乎为《后汉书》孔融本传所载之一倍。这种情况，对于全面研究七子其人其作，显然是极具助益的。但由于辑佚者大多具有贪多求全之共性，以至于在现存的七子诗文中，乃历史地存在着一些他人之作或者存疑之作，而有待研究者去进行真伪方面的辨识。基于此故，本节拟在前人与今人有关这方面研究成果的基础上，以中华书局2005年版俞绍初辑校本《建安七子集》（以下简称"俞本"）为底本，对存在于七子作品中的一些他人之作，进行一次较为全面之具体考察与甄别。另以"辨正"的形式，对《建安七子集》中有关作品所存在的诗、文题之误等，择其要者，亦予以订正之。

一、孔融作品辨伪

（一）《杂诗二首》

这两首诗，《四部丛刊》本之唐无名氏《古文苑》卷四、《古文苑》韩吉注本卷四（以下简称"韩本"）、章樵注本卷八（以下简称"章本"），皆作孔融诗。刘节《广文选》卷十五、冯惟讷《古诗纪》卷三、沈德潜《古诗源》卷三（选录二首其二），亦皆作孔融诗。俞本《孔融集》亦然。这两首诗中的第一首，有"幸托不肖躯，且当独步虎"一韵，萧统《文选》李善注卷三十四曹植《七启》、卷四十三孙楚《为石仲容与孙皓书》、卷四十四陈琳《为袁绍檄豫州》、卷五十八陆机《辨亡论》，却均引作李陵诗。逯钦立《先秦汉魏晋南北朝诗·汉诗》卷七《孔融诗》不录此二诗，而将其改置于《汉诗》卷十二《李陵录别诗二十一首》中。并于第一首（即"严父潜长夜"）撰"案语"说："《古文苑》乃唐人所藏残书，宋时由一编次为九卷，且讹缺已甚，不可完全据信。今此诗之句，李善数引皆作李陵，必有根据，今即依李注将此诗编李陵录别中。"又于第二首（"远送新行客"）仍以"案语"的形式说："此伤子之诗，亦原属李陵集。《文镜秘府论》引或曰云：‘五言之作，召南行露，已有滥觞，汉武帝时已屡见全什，非本李少卿也。少卿以伤子为宗，文体未备，意悲词切，若偶中音响，十九首之流也。’据此，本篇与前诗一致，实俱出李集。原本《古文苑》此二诗与李陵录别诗等均在第四卷，李陵以后，即为孔融，以相毗近，故易有此窜乱耳。”①据此，知逯钦立《先秦汉魏晋南北朝诗·汉诗》卷七认为此二诗的作者，乃皆为李陵而非为孔融。

按：逯钦立《先秦汉魏晋南北朝诗·汉诗》卷七针对此二诗真伪所作之“案语”，不仅甚为精审，而且颇为中的。就第一首言，李善注《文选》时，四次注引“幸托不屑躯，且当独步虎”一韵，而皆注为李陵诗者，是颇具说服力的，兹不赘言。第二首以遍照金刚《文镜秘府论》所言之“少卿以伤子为宗”，勘之其中“入门望爱子，妻妾向人悲。闻子不可见，日已潜光辉。孤坟在西冯，常念君来迟”诸句之述写，知其所言为是，即此诗亦乃为李陵所作，而无名氏《古文苑》作孔融诗者，乃误。或以遍照金刚《文镜秘府论》所引之“或曰”乃出自唐诗僧皎然之《诗议》，今本《诗议》则作“少卿以伤别为宗”为据，而认为“常念君来迟”一首非李陵作之说者，实为错误。这是因为，今本《诗议》虽然作“少卿以伤别为宗”而非为“少卿以伤子为宗”，但诗中所明言的“入门望爱子”、“闻子不可见”之“子”，已充分表明了今本《诗议》作“少卿以伤别为宗”者乃不的。此为其一。其二，以今本《诗议》之所载，而非难古本《诗议》之载的举措，其本身就有违于版本学与古籍整理的学术规则，乃不可取。综此二者，可知“常念君来迟”一首，非为孔融所作，即可论断。

（二）《六言诗三首》

韩本、章本《古文苑》皆著录，且皆作孔融诗，俞本《孔融集》从之。丁福保《全汉三国晋南北朝诗》卷二同韩、章二本。逯钦立《先秦汉魏晋

① 逯钦立：《先秦汉魏晋南北朝诗·汉诗》卷七，中华书局1958年版。

南北朝诗·汉诗》据《古文苑》卷四、冯惟讷《古诗纪》卷三著录。

按：《后汉书》卷七十《孔融传》所载孔融的“凡二十五篇”诗文之作中，虽然有“六言”之目，但却是将其列入“诗、碑文、论、议、六言、策文、表、檄、教、令、书、记”十二种文体之中的，即《后汉书》乃是将“诗”与“六言”作为两种文体以待的。如此，则《后汉书》孔融传中之“六言”，或诗或文尚不可得知。即以诗歌言，其也未必就是开“诗道之下流”（胡应麟《诗薮》卷二）先河的孔融所为。其原因在于，《四库全书总目》卷一四八于《孔北海集一卷》已有言，其云：“其六言诗之名见于本传，今所传三章词多凡近，又皆盛称曹操功德，断以融之生平，可信其义不出此。即使旧本有之，亦必黄初间购求遗文，赝托融作，以颂曹操，未可定也。”①考孔融一生，于曹操多有所倨傲不敬，因而“发辞偏宕，多致乖忤”，以致最终为曹操“以恃旧不虔见诛”（《三国志》卷十二《魏书十二·崔琰传》），若说其以组诗“颂曹操”者，实无可能，故知《四库全书总目》之所言乃是。此为其一。其二，就诗而言，其二、其三两首均称曹操为“曹公”，此与孔融“对曹操颇以旧友自居”②之举措，乃是大违其背的。而核之俞本《孔融集》，其中虽有《与曹公书荐边让》、《与曹公论盛孝章书》、《嘲曹公为子纳甄氏》、《嘲曹公讨乌桓书》、《难曹公禁酒令》等文，于题中皆称曹操为“曹公”，实则其“曹公”皆为后人所擅加，而俞本《孔融集》辑校者即为其一。如《与曹公论盛孝章书》（此文乃伪作，详下）一文，《三国志》卷五十一《吴书六·孙韶传》注引《会稽典录》、《文选》卷四十一著录此文，其题乃作《论盛孝章书》，俞本即增加了“与曹公”三字（《全后汉文》卷八十三亦有“与曹公”三字）。其他如《嘲曹公为子纳甄氏》等文之“曹公”，即皆如是。二者合勘，则《六言诗三首》为“赝托融作”之诗，即系后人所作伪者，乃殆无可疑。

---

① 永瑢等：《四库全书总目》卷一四八，中华书局 1965 年影印版。

② 徐公持：《魏晋文学史》第六章第一节，人民文学出版社 1999 年版。

(三)《与曹公论盛孝章书》

陈寿《三国志》卷五十一《吴书六 · 孙韶传》注引《会稽典录》、萧统《文选》卷四十一、严可均《全后汉文》卷八十三均著录是文。俞本《孔融集》据《三国志》卷五十一《吴书六 · 孙韶传》注引《会稽典录》、《文选》卷四十一著录之。陆侃如《中古文学系年》与《建安七子集》附录四之《建安七子年谱》，皆系是文于建安九年(204 年)，并据以认为是年孔融五十二岁、曹操五十岁。

按：称是文为孔融之作者，颇多疑窦。复次《三国志》卷五十一《吴书六 · 孙韶传》注引《会稽典录》，其中有云："(盛)宪字孝章……以疾去官。孙策平定吴、会，诛其英豪，宪素有高名，策深忌之。初，宪与少府孔融善，融忧其不免祸，乃与曹公书曰……"据《三国志》卷四十六《吴书一 · 孙策传》与卷四十七《吴书二 · 吴主权传》，知孙策乃病死于建安五年，则孙策对盛孝章"深忌之"，以及孔融"忧其不免祸"而"乃与曹公书"之事，均发生在建安五年及其前，也就甚明。又《三国志》卷五十一《吴书六 · 孙韶传》云："初，孙权杀吴郡太守盛宪，宪故孝廉妫览、戴员亡匿山中，孙翊为丹杨，皆礼致之。"孙翊为丹杨太守，《三国志》卷五十一《吴书六 · 孙翊传》明载为建安八年，二者合勘，知盛宪之为孙权所杀的时间，乃在建安八年前的建安六年或者七年，即可肯定。由是而观，可知《会稽典录》的记载，无论是就孙策对盛孝章"深忌之"的时间，抑或孔融因此而"与曹公书"的时间，以及孙权杀盛宪(孝章)的时间，都是与其历史的真实相去甚远的。即是说，《会稽典录》对此三事的记载，在时间上均互为矛盾而无以扣合，如此，则其所载"与曹公书"中的"五十之年，忽焉已至。公为始满，融又过二"等语，也就失去了藉以考察孔融与曹操年岁的依据。这是因为，《会稽典录》所载孙策对盛孝章"深忌之"与孔融因此而"与曹公书"，以及孙策病死于建安五年前等诸史实，均与《论盛孝章书》中的"五十之年，忽焉已至。公为始满，融又过二"大违其背。换言之，建安五年至七年前的孔融，既非为“五十之年”而“融又过二”(指孔融五十二岁)，而曹操也并不是“五十之年”而“公为始满”(指曹操五十岁)。如此，则为《会稽典录》所始载的这篇“与曹公书”，就当为后人所作伪之产物，因而是未可据信的。

(四)《报曹公书》(辨正)

俞本《孔融集》据《后汉书》卷七十《孔融传》著录，并自拟此之文题，误。

按：考严可均《全后汉文》卷九十四著录路粹《为曹公与孔融书》一文，字句与《后汉书》卷七十《孔融传》之“操故书激厉融曰”，以及俞本《报曹公书》全同。严氏并于文末作笺注云：“案《文选》任昉《王文宪集序》注引路粹《为曹公与孔融书》，证知此书亦路粹作。注引书云：邀一人之誉者计有余矣。今无此语，范氏删节也。”①王先谦《后汉书集解》与此同。据此，知范晔撰《后汉书》之《孔融传》时，乃将路粹《为曹公与孔融书》一文，误作“操故书激厉融曰”(即认为此文乃曹操作)，实不的。又，《后汉书》卷七十《孔融传》之“融报曰”全文，严可均《全后汉文》卷八十三题作《报曹公书》，而《太平御览》卷九三四引“朱、彭、寇、贾，为世壮士，爱恶相攻，能为国忧。……诚无所至也”一段文字时，其题则作《答路粹》，以此合勘路粹《为曹公与孔融书》之题，则当以《太平御览》为是，即作《报曹公书》者乃非。

二、陈琳作品辨伪

(一)《饮马长城窟行》

此诗为徐陵《玉台新咏》卷一首载，郭茂倩《乐府诗集》卷三十八、

---

① 严可均：《全上古三代秦汉三国六朝文 · 全后汉文》卷九十三，中华书局1958年影印版。

陈节《广文选》卷十三、冯惟讷《古诗纪》卷十六、钟惺、谭元春《古诗归》卷七、沈德潜《古诗源》卷六，皆著录之。俞本《陈琳集》、逯钦立《先秦汉魏晋南北朝诗·魏诗》卷三亦著录。

按：此诗为乐府古辞而非文人乐府，亦非为陈琳所作，费秉勋《〈饮马长城窟行〉本辞探实》(《人文杂志》1980 年第三期)，傅如一《乐府古辞〈饮马长城窟行〉考索》(《文学遗产》1990 年第一期)，徐公持《魏晋文学史》(第 132 页注释⑤)等，均已辨之甚详，本节从之，兹不具论。

(二)《与公孙瓒书》等三文

俞本《陈琳集》有附录三篇，即：《为袁绍上汉帝书》、《与公孙瓒书》、《拜乌丸三王为单于版文》。俞本《陈琳集》并加按语说："右列三文，张溥收录于《百三家集·陈记室集》中，严可均则编入《全后汉文·袁绍文》，谓'此三篇出陈琳手容或有之，但无实证'。今迻录于《陈琳集》之末，以备考证。"

按：就此三篇文章的题目言，《为袁绍上汉帝书》是可肯定为陈琳之作的，这是因为，历代的总集与别集之著录实况表明，凡文章题目开首冠有"代"、"为"字样者，该文的著作权即归"代"、"为"者所有，此类情况在唐代尤多，如陈子昂《陈伯玉集》中收有四十六篇"代"、"为"之作者，即可为证。而俞本《陈琳集》中除此文外，另有《为曹洪与魏文帝书》、《为袁绍檄豫州》二文(另可详下)，亦可证之。至于《全后汉文》卷三十《袁绍文》将此文题目作《上书自讼》者，则乃不的，原因是《后汉书》卷七十四上《袁绍传》著录此文时并无文题，即"上书自讼"作为是文之题者，显系严可均所自为，误。

《与公孙瓒书》、《拜乌丸三王为单于版文》二文，则均非陈琳之作。理由有四：其一、此二文之题均无"代"、"为"字样，即其在制题形式上与《为袁绍上汉帝书》一文乃是具有明显之区别的。其二，《与公孙瓒书》开首之"孤与足下"一句，其中的第一人称"孤"字之用，在当时袁绍作如此之称尚可，而代笔者则似未可为之。其三，《拜乌丸三王为单于版文》开首的“使持节大将军督幽、青、并领冀州牧阮乡侯绍”云云，也是非代笔者所能用的一条明证，对此，我们只要将其与陈琳《为袁绍檄豫州》、《为曹洪与魏文帝书》等“代”、“为”之文略作比较，即可准确获知。第四，据严可均《全后汉文》卷三十《袁绍文》所著录之《漳河盟辞》、《与袁术书》、《与曹操书》等文可知，袁绍虽出身行武，但其并非不能为文 。综此四者，知张溥编《百三家集》时将《与公孙瓒书》、《拜乌丸三王为单于文》收入《陈记室集》者，实误。而严可均编《全后汉文》时将其归于《袁绍文》者，则又可为之佐证。又王粲《英雄记・袁绍》(《三国志》卷三十《魏书三十・乌丸传》注引)所载“版文曰”，与《全后汉文》卷三十《袁绍文》所著录之《拜乌丸三王为单于版文》一文，字句全同，此则乃是文为袁绍所作的又一明证。

(三)《为袁绍檄豫州》、《檄吴将校部曲文》

此二文均为萧统《文选》卷四十四所载，又见欧阳询等《艺文类聚》卷五十八。严可均《全后汉文》卷九十二《陈琳文》、俞本《陈琳集》均据而录载之。

按：对于《为袁绍檄豫州》一文，清人赵绍祖《读书偶记》、吴云主编《建安七子集校注》等，均认为其有作伪之成分者，乃不的。按赵绍祖《读书偶记》主要是依据“今案《魏志・陈琳传》并无此檄”而发，并认为“告刘备”以下诸语，“皆善妄增”，是文之题“亦不当为《为袁绍檄豫州》”。吴云主编《建安七子集校注》的意见亦大体类似。对于赵、吴之说所提出的问题，韩格平《建安七子综论》分别进行了重新考察与审视，认为其所说均不可靠，因而作结论说：“在没有新的证据之前，尚不能确认《昭明文选》载陈琳檄文有作伪的成分。”①《综论》所辨甚是，本书

① 韩格平：《建安七子综论》，东北师范大学出版社 1998 年版。

从之。

三、王粲作品辨伪

（一）《弹棋赋》

李昉等《太平御览》卷七五四引此文之序，卷七五五引“文石为局，金碧齐精。隆中夷外，理致肌平”四句，均作王粲《弹棋赋》。严可均《全后汉文》卷九十一《王粲集》据《太平御览》卷七五四仅录载《弹棋赋序》，而无《弹棋赋》之正文。俞本《王粲集》据欧阳询等《艺文类聚》卷七十四、李昉等《太平御览》卷七五五著录。

按：欧阳询等《艺文类聚》卷七十四录载丁廙《弹棋赋》一篇，首四句与李昉等《太平御览》卷七五五引王粲《弹棋赋》全同，则李昉等《太平御览》所载《弹棋赋序》、《弹棋赋》当均为丁廙所作。而核之严可均《全后汉文》卷九十四《丁廙集》，其有《弹棋赋》之正文而无序文之况，又可对此佐证。又严可均《全上古三代秦汉三国六朝文》之《全三国文》卷四《魏文帝集》载有《弹棋赋》一篇，乃为严可均据欧阳询等《艺文类聚》卷七十四而著录，则丁廙《弹棋赋》与曹丕《弹棋赋》乃同时之作，即可遽断。

（二）《安身论》

俞本《王粲集》据《艺文类聚》卷二十三著录。并有注云：“《困学纪闻》一七引《类聚》王粲《安身论》文，翁元圻注云：‘《晋书·潘尼传》载尼著《安身论》，与此文同，《类聚》王粲著，未知孰是。’”

按：严可均《全三国文》卷九十一《王粲集》亦载有《安身论》，然未注明出处，以其文与欧阳询等《艺文类聚》比读之，字句乃全同，则其所据当与俞本《王粲集》同，即其皆乃从欧阳询等《艺文类聚》卷二十三辑出，实则二者皆误。检房玄龄等《晋书》卷五十五《潘尼传》有云：“尼字正叔……与(潘)岳俱以文章见知。性静退不竞，唯以勤学著述为事。著《安身论》以明所守。”①其所载《安身论》全文长达一千五百字左右，而欧阳询等《艺文类聚》卷二十三所载则不足二百字，且其乃全系潘文之开头部分，则其非王粲所作乃甚明。陆侃如《中古文学系年》系潘尼《安身论》于太始四年(268年)，良是。

四、徐干作品辨伪

《为挽舡士与新娶妻别诗》

徐陵《玉台新咏》卷二、欧阳询等《艺文类聚》卷二十九、冯惟讷《古诗纪》卷十六，均予著录。俞本《徐干集》据徐陵《玉台新咏》卷二、欧阳询等《艺文类聚》卷二十九著录，并有注云：“《玉台新咏》作魏文帝，题云‘于清河见挽舡士与新娶妻别’，《类聚》作徐干，今从之。”逯钦立《先秦汉魏晋南北朝诗·魏诗》卷三作徐干诗，并有“案”云：“此篇乃干作，魏文别有一首，玉台于此偶误。”

按：此乃曹丕诗，欧阳询等《艺文类聚》为误收，俞本《徐干集》据以作徐干诗者，亦误。逯钦立《先秦汉魏晋南北朝诗·魏诗》卷三认为其系徐干作者，实同俞本，即亦乃为误。总之，此诗非为徐干所作乃可肯定。这是因为：首先，从版本学的角度言，徐陵《玉台新咏》要比欧阳询等《艺文类聚》更为可靠，且徐陵生活的年代距曹丕不远，其将此诗系于曹丕名下者必有所据。其次是曹丕集中有《清河作》(欧阳询等《艺文类聚》卷二十八作《于清河作》)一诗，与此诗为姊妹篇，即二诗都是写“舡士”夫妻分离之苦，但一写夫妻的现场分离，一写二人的别后相思，即二者在内容上甚为扣合，并具有很强的一致性。其三是“舡”为船的俗字，即二者意同，曹丕另有《见挽船士兄弟辞别诗》，内容与

① 房玄龄等：《晋书》卷五十五，中华书局1974年版。

《为挽舡士与新娶妻别诗》、《清河作》甚为一致，此则表明，这三首诗乃为曹丕所创作的一个“清河”系列，即其皆为曹丕在“清河”因见“挽舡士与新娶妻别”、与其“兄弟辞别”的这一动人场面，而即兴创作的产物。后人编曹丕集者不察，以致使这一组诗被一分而三，且其中之一又被错误地归入徐干诗中，实乃谬之甚。

五、阮瑀作品辨伪

（一）《驾出北郭门行》

徐坚《初学记》卷二十八、郭茂倩《乐府诗集》卷六十一、冯惟讷《古诗纪》卷三十七，均著录此诗，俞本《阮瑀集》据《乐府诗集》而录之。逯钦立《先秦汉魏晋南北朝诗·魏诗》卷三亦录。徐坚《初学记》卷二十八著录此诗作“阮瑀乐府诗”，郭茂倩《乐府诗集》卷六十一将其编入“杂曲歌辞”类，并题作《驾出北郭门行》。王鹏廷《建安七子研究》认为此诗乃乐府古辞，非阮瑀所作。王著主要着眼于是诗的两个方面进行了考察，其一是立足于此诗的文本如其内容、风格等，其二是以建安作家对乐府诗的创作为切入点，因而认为：“这首《驾出北郭门行》从内容、意旨、语言、内格上看是典型的乐府古辞，尤其与阮瑀思想个性和创作的特点不相符。”并说，在建安作家中，“只有曹氏父子作有大量的乐府诗，其他人几乎未能染指此域”，故可肯定，此诗非“阮瑀所作”①。

按：对于这首《驾出北郭门行》，就其表现手法言，有两点是值得注意的。其一是《驾出北郭门行》对作品中整个故事的叙述，虽然是以第一人称“我”来完成的，但其之此举，其实与乐府古辞《陌上桑》之“日出东南隅，照我秦氏楼”的叙事者口吻，乃如出一辙。其次是本诗中问答式的人物对话之运用，亦与《陌上桑》、《东门行》，以及《饮马长城窟

① 王鹏廷：《建安七子研究》上编第四章，北京大学出版社2004年版。

行》(详上《陈琳作品辨伪》其一)诸乐府古辞乃毫无二致，而使之具有一种“诗体小说”的艺术特性。《驾出北郭门行》所凸显出来的这两个方面的特点，其所充分反映的，乃是乐府民歌表现在艺术上的一种原创性本色，而文人乐府在这方面则是难以与其相提并论的。所以，王鹏廷《建安七子研究》认为此诗非阮瑀所作者，乃甚是。

(二)《琴歌》

陈寿《三国志》卷十二《魏书十二·王粲传》注引张隐《文士传》首载此诗，萧统《文选》卷六〇任昉《齐竟陵文宣王行状》李善注，李昉等《太平御览》卷五七二、郭茂倩《乐府诗集》卷六〇皆著录之。俞本《阮瑀集》据《文选》等而录载。逯钦立《先秦汉魏晋南北朝诗·魏诗》卷三据《三国志》卷十二《魏书十二·王粲传》注、冯惟讷《古诗纪》卷十七等而著录。

按：逯钦立《先秦汉魏晋南北朝诗·魏诗》卷三著录是诗后，于其末引《三国志》裴松之注云：“鱼氏《典略》、挚虞《文章志》并云瑀建安初，辞疾避役，不为曹洪屈。得太祖召，即投杖而起。不得有逃入山中，焚之乃出之事也。又《典略》载太祖初征荆州，使瑀作书与刘备，及征马超，又使瑀作书与韩遂，此二书今俱存。至长安之前，遂等破走，太祖始以十六年得入关耳。而张隲云初得瑀时太祖在长安，此又乖戾。瑀以十七年卒，太祖十八年策为魏公，而云瑀歌舞辞称‘太祖应期运’，愈知其妄。又其辞云‘他人焉能乱’，了不成语。瑀之吐属必不如此云云。逯案，据此知歌系后人所依托，姑编入俟考。”①又，俞本《阮瑀集》在注引《三国志》裴松之注的该段文字后，亦有同样之认识：“此诗为后人所伪托，然流传既久，今姑存以备览。”两家之著皆认为《琴歌》非阮瑀所作，而又皆将其“姑编入俟考”或“今姑存以备览”，实则乃于是诗难以割爱。从古籍整理的角度言，《琴歌》既伪，则各本均应以剔除为是。

---

① 逯钦立:《先秦汉魏晋南北朝诗·魏诗》卷三，中华书局 1958 年版。

六、应玚作品辨伪

《檄文》

此《檄文》为残文，虞世南《北堂书钞》卷一一七、李昉等《太平御览》卷三五三均录载，俞本《应玚集》据以著录之。虞世南《北堂书钞》题作《檄文》，李昉等《太平御览》题作《应玚表》，俞本《应玚集》从虞世南《北堂书抄》。

按：虞世南《北堂书钞》、李昉等《太平御览》作应玚者均误。这是因为：(1)检核严可均《全后汉文》，其中并无此《檄文》之残文。(2)据俞本《陈琳集》，此《檄文》之残文(实际只有两句："长戟百万，胡骑千群")，乃见于《为袁绍檄豫州》一文中，也即该残文在俞本陈琳此文的第四自然段中，其具体为："幕府奉汉威灵，折冲宇宙，长戟百万，胡骑千群，奋中黄、育、获之士，骋良弓劲弩之势。"此则表明，此《檄文》(残文)乃陈琳《为袁绍檄豫州》中的两句，而非应玚之所为，故应从《应玚集》中剔除。

以上，共对《建安七子集》中的孔融、陈琳、王粲、徐干、阮瑀、应玚诸人之十九首(篇)诗文的真伪问题，首次进行了较全面之考察(含"辨正")。从中不难看出，由于年代久远之故，后人在注引、辑录建安七子作品时，因文献资料缺失等方面的缘故，而确曾使之产生了不少讹误，至使鲁鱼亥豕，间杂其中。作品辨伪，乃是研究具体作家所必做的一项基础性工作，本节之上述辨伪，即属于这样的一项基础性工作，其于建安七子其人其作的研究，应是不无参考价值的。

第三节　曹氏父子的乐府情结

在汉魏诗人群体中，有一个特别值得注意的文学现象，即以王粲为代表的建安七子与以曹操为代表的曹氏三父子，在诗歌创作方面表现出了一个明显的差异，这就是曹氏父子多以乐府诗为主，而建安七子则以五言诗为多。“七子”与“三曹”，在政治上同属一个集团，且都拥立着曹操为其政治霸主，于诗歌创作则形成了如此之分野，这是颇值得关注的一种文学史现象。而由于曹氏父子的努力，文人乐府在这一时期不仅得以高度繁荣发达，并且也丰富了诗体学的内容，扩大了中国诗学的形式领域，所以，自曹氏父子始，乐府诗作为一种并非诗体的诗歌体式，即广为后世诗人所喜爱与仿作。曹氏父子为什么对乐府诗如此感兴趣？建安七子很少染指乐府诗的真正原因又是什么？曹氏父子三人的乐府情结又具有怎样的区别？凡此等等，即皆为本节所要考察与讨论的内容。

一、三曹与七子乐府诗比观

生当汉魏之际的曹操、曹丕、曹植父子三人，在政治上虽然各有其宏大的抱负和理想，但于文学创作特别是对诗歌的创作，却历史地存在着一种令人瞩目的共同点，即三人都特别喜欢乐府诗的创作，以致使乐府诗在父子三人各自的诗歌中所占比例之大，于东汉乃至整个曹魏时期都是无人可与之比肩的。这种现象，不仅在先唐诗歌史上，而且在中国诗歌史上，也是很少见的。为了便于认识与把握，这里拟以两部诗歌总集所著录的曹氏父子之乐府诗为据，对其作一具体统计与比较。这两部诗歌总集，一是中华书局版郭茂倩《乐府诗集》，一为中华书局版逯钦立《先秦汉魏晋南北朝诗》。

先看郭茂倩《乐府诗集》。众所周知，郭茂倩编辑《乐府诗集》时，乃从音乐的角度，将“陶唐氏之作”直至五代时期的乐府诗①，共分为十二类，即：“郊庙歌辞”、“燕射歌辞”、“鼓吹歌辞”、“横吹歌辞”、“相和歌辞”、“清商曲辞”、“舞曲歌辞”、“琴曲歌辞”、“杂曲歌辞”、

---

① 郭茂倩：《乐府诗集》卷首所附《出版说明》，中华书局1979年版。

"近代歌辞"、"杂歌谣辞"、"新乐府辞"。据我对《乐府诗集》的手工检索，可知曹氏三父子的乐府诗，只存在于"相和歌辞"、"鼓吹歌辞"、"杂曲歌辞"之中。即是说，从音乐的角度言，"三曹"的乐府诗则仅分属于"相和歌"、"鼓吹曲"、"杂曲歌"三类。这种情况，所反映的正是文人乐府在乐府诗发展史上的一种早期真面目。换而言之，"三曹"的乐府诗在汉魏诗坛上虽然数量众多，无人可及，但于音乐方面，却是难以与后来的南朝乃至隋唐之同类诗相比的。其具体为：

曹操：《气出唱(一作"倡")》三首、《精列》、《度关山》、《薤露》、《蒿里》、《对酒》、《陌上桑》、《短歌行》三首、《苦寒行》二首、《塘上行》、《秋胡行》二首、《善哉行》二首、《步出夏门行》、《却东西门行》。共十七题二十一首，在音乐上分属于相和曲之相和、清调、瑟调三曲。

曹丕：《十五》、《陌上桑》、《短歌行》、《猛虎行》、《燕歌行》三首、《秋胡行》、《善哉行》四首、《丹霞蔽日行》、《折杨柳行》、《饮马长城窟行》、《上留田行》、《大墙上蒿行》、《艳歌何尝行》、《煌煌京洛行》、《月重轮行》、《临高台》、《钓竿》。共二十题二十二首，在音乐上分属于相和曲之相和、清调、瑟调三曲，以及鼓吹曲之汉铙歌曲。

曹植：《薤露》、《唯汉行》、《平陵东》、《鰕䱇篇》、《吁嗟篇》、《豫章行》二首、《蒲生行浮萍篇》、《当日大难》、《丹霞蔽日行》、《野田黄雀行》三首、《门有万里客行》、《泰山梁甫行》、《怨诗行》、《怨歌行》(以上为相和曲之相和、清调、瑟调、楚调四曲)、《桂之树行》、《当墙欲高行》、《当欲游南山行》、《当事君行》、《当车已驾行》、《妾薄命》二首、《名都篇》、《美女篇》、《白马篇》、《苦思行》、《升天行》二首、《五游》、《远游》、《仙人篇》、《飞龙篇》、《斗鸡篇》、《盘石篇》、《驱车篇》、《种葛篇》(以上均杂曲)。二者合计，共三十三题三十八首。

再看逯钦立《先秦汉魏晋南北朝诗》。逯钦立《先秦汉魏晋南北朝诗·魏诗》卷一、卷四、卷六，依序分别著录了曹操、曹丕、曹植三人的诗歌各一卷，且每人所著录之诗歌又分为“乐府”与“诗”两部分。关于“乐府”部分，逯著并没有如《乐府诗集》那样以音乐分类，而是将其以“辞”著录。逯著后出，在数量上自然较《乐府诗集》为多，为避免二者的重复，下面以《先秦汉魏晋南北朝诗》与《乐府诗集》相对照的办法，将《乐府诗集》之所未收录者，抄列如次，以供参考。其具体为：

曹操：《善哉行》(残句)、《董卓歌辞》、《谣俗辞》、《有南篇》(残句)、《饮马长城窟行》(残句。六首)。

曹丕：《董逃行》、《折杨柳行》(二首)。

曹植：《鼙舞歌》五首、《飞龙篇》、《远游》、《善哉行》(残句)、《对酒行》(残句)、《苦热行》、《艳歌行》、又《艳歌行》、《艳歌行》(残句)、《结客篇》、《天地篇》、《长歌行》、《亟出行》(残句)、《妾薄倖》、《妾薄相行》、《陌上桑》、《两仪篇》、《秋胡行》(残句)、《对酒行》(残句)、《乐府》三首(又残句七则)、《七启歌》、《甘露讴》六首(四十一首)

以上之所举，即是《乐府诗集》与《先秦汉魏晋南北朝诗・魏诗》著录曹氏父子乐府诗的具体概况。其中，有几点需加说明：(1)凡《魏诗》中只有两句者，本节虽以一首诗相计，但概作“残句”并予以注明。(2)曹植的《乐府》一题共十则，属两句者有七则，本文暂以一首乐府诗计之。(3)《乐府诗集》与《魏诗》在题目上有不同者，但诗的正文相同，以一首计。(4)凡诗的正文不同而题目相同者，以二首计。根据这四点，“三曹”乐府诗的实况乃为：曹操二十一题二十七首，曹丕十九题二十四首，曹植四十六题七十九首。父子三人的乐府诗，总共为一百三十首。这一具体数量，在三人各自集中诗歌类所占的比例，其分别为：曹操百分之百，曹丕约为百分之五十五(《魏诗》卷四有“诗”八则，其中四句者一则，两句者七则，本文以二首计)，曹植约为百分之七十。

在一百三十首乐府诗中，父子三人均曾以之进行创作的乐府诗题，主要为《陌上桑》、《秋胡行》、《善哉行》。而父子二人或兄弟二人均喜爱的乐府题诗，则有《饮马长城窟行》、《短歌行》、《对酒行》、《薤露》、《丹霞蔽日行》。对于这八种诗题的选用，充分反映了父子三人对其雅好之共性，亦即三人都特别喜欢这些本属于乐府民歌"古辞"范畴的乐府诗题。而其个性的展现，则以曹植最具代表性，这从他一人创作了二十多首属于"杂曲歌辞"类的乐府诗，即可窥其一斑。立足于汉乐府的角度讲，以乐府民歌之题进行创作者，曹操与曹丕虽然未能如南朝乐府诗人那样于诗题冠以"拟"、"代"等字样，但其实质上则是二人向乐府民歌学习的结果。而曹植的二十多首"杂曲歌辞"则不然，其之存在，所反映的乃是诗人表现在乐府诗方面的一种创新意识，即这些诗题相对于乐府民歌而言，在当时都是可以目之为"新乐府"的。而父子三人表现在乐府诗创作方面的审美分野，也即因此而得以凸显。

与上述情况形成鲜明对比的，是以王粲为代表的建安七子，却很少有染指乐府诗之创作者。据郭茂倩《乐府诗集》与俞绍初《建安七子集》可知，在建安七子中，曾一度涉足于乐府诗创作的诗人，虽然有王粲、陈琳、阮瑀三人，但陈琳的《饮马长城窟行》、阮瑀的《驾出北郭门行》与其《琴歌》等诗，均乃为他人之作混入其集者，对此，本章第二节《建安七子作品辨伪》乃有专门之考察，此不具述。即是说，现存《乐府诗集》与《建安七子集》中且被确认为乐府诗者，只有王粲的《从军诗》五首与《俞儿舞歌》四首。而王粲的这九首乐府诗之量，与曹氏父子乐府诗之总数相比，乃是尚不及其十分之一的，则建安七子于乐府诗的创作概况，仅此即可窥其一斑。"三曹"与"七子"，历来又被文学史家们称之为建安坛诗的代表诗人，如此，则整个汉魏时期的乐府诗创作之况，藉此亦可获其大概。

二、三曹雅好乐府的原因

班固《汉书》卷三十《艺文志第十》云："至武帝定郊祀之礼，祠太一于甘泉，就乾位也；祭后土于汾阴，泽中方丘也。乃立乐府，采诗夜诵。”①这一记载，不仅表明了“乐府之名，盖始于此”的文学史事实，而且还首次以史书的形式揭示了音乐(乐府)与文学(诗)的关系。由于汉武帝“乃立乐府”，而又“采诗夜诵”，一种配乐以唱的文学样式，即因此而产生。所以，班固《汉书》卷三十《艺文志第十》又说：“自武帝立乐府而采歌谣，于是有赵代之讴，秦楚之风。”正因此，乃有“(李)延年善歌，为新变声。是时上方兴天地诸祀，欲造乐，令司马相如等作诗颂，延年辄承意弦歌所造诗，为之新声曲”②之载，其中，李延年所“善歌”之辞与其“所造诗”，以及司马相如等所作之“诗颂”，即为文学史上最早的文人乐府诗之一。此则表明，文人乐府诗的诞生，乃是与“新声”或“新声曲”的关系甚为密切的，而这种所谓的“新声”或“新声曲”，就是用以配辞而唱的乐曲，其曲目则即后来的乐府诗题。

自从汉武帝建立“采诗夜诵”的乐府机关后，整个西汉时期的乐府诗，即乃由《郊祀歌》、《房中歌》、《铙歌》三大类构成③，至东汉明帝时，则始被定为“四品乐”。对于“四品乐”，房玄龄等《隋书》卷十三《音乐上》乃有所载：“一曰《大予乐》，郊庙上陵所用。则《易》所谓‘先王作乐崇德，殷荐之上帝，以配祖考’者也。二曰雅颂乐，辟雍飨射之所用焉。则《孝经》所谓‘移风易俗，莫善于乐’者也。三曰黄门鼓吹乐，天子宴群臣之所用焉。则《诗》所谓‘坎坎鼓我，蹲蹲儛我’者也。其四曰短箫铙歌，军中之所用焉。”④东汉时期的这一所谓“四品乐”，既全为乐府机关掌管，又专为朝廷所用，其鲜明的皇权特征乃是显而易见的，正因此，“四品乐”不仅庄重典雅，并且还带有几分威严。所以，从总体上讲，“四品乐”的这一特质，所反映的或者说其所代表的，乃

① 班固：《汉书》卷二十二《礼乐志第二》，中华书局 1962 年版。
② 班固：《汉书》卷九十三《李延年传》，中华书局 1962 年版。
③ 罗根泽：《乐府文学史》第二章第一节《三大乐府》，东方出版社 1996 年版。
④ 房玄龄等：《隋书》卷十三《音乐上》，中华书局 1973 年版。

是一种精神，一种权力，一种王者的气概。而此，即是作为中原枭雄的曹操雅好乐府的原因之所在。

据陈寿《三国志》卷一《魏书一·武帝操纪》与裴松之注引《曹瞒传》及郭颂《世语》等之记载可知，曹操之父曹嵩，本“夏侯氏之子”，后为汉桓帝时任“中常侍大长秋，封费亭侯”的曹腾之养子，而改姓曹，并“为司隶校尉，灵帝擢拜大司农、大鸿胪，代崔烈为太尉”①。自幼就生活在这种家庭背景中的曹操，于“四品乐”自然是耳濡目染而深受其影响的。而事实也正是如此。请看沈约《宋书》卷二十一《乐三》的一则记载：“《但歌》四曲，出自汉世。无弦节，作伎，最先一人倡(唱)，三人和。魏武帝尤好之。”②这位曾一度称雄于中原的魏武帝曹操，不仅对“《但歌》四曲”是“尤好之”，而且于朝廷的“四品乐”更是“尤好之”。检读郭茂倩《乐府诗集》与吴兢《乐府古题要解》，其中并无《但歌》四曲之载，可见其早已亡佚。而事实上，汉代的乐曲与乐辞未能流传于后世者，并非仅为《但歌》四曲，而是几乎所有的“四品乐”，原因则为董卓之乱所导致。董卓之乱于东汉，不仅给当时的政治、经济乃至军事以毁灭性打击，而且还是一次规模巨大的文化浩劫，如“四品乐”之被“沦缺”，即其典型的一例。而值得注意的是，当这场劫难过后未久，作为中原枭雄的曹操，却历史地扮演了一次拯救文化的大使角色，即其对当时被破坏殆尽的“四品乐”进行了突击性抢救，从而为恢复“先代古乐”作出了不可磨灭的贡献。对此，沈约《宋书》卷十九《乐一》乃有专载。其云：

> 汉末大乱，众乐沦缺。魏武平荆州，获杜夔，善八音，尝为汉雅乐郎，尤悉乐事，于是以为军谋祭酒，使创定雅乐。时又有邓静、尹商，善训雅乐，哥(歌)师尹胡能哥(哥)宗庙郊祀之曲，舞

① 司马彪：《续汉书》，《三国志》卷一《魏书一·武帝操》引，上海古籍出版社1986年影印版。

② 沈约：《宋书》卷二十一《乐三》，中华书局1974年版。

师冯肃、服养晓知先代诸舞，夔悉总领之。远考经籍，近采故事，魏复先代古乐，自夔始也。而左延年等，好善郑声，唯夔好古存正焉①。

“四部乐”从总体上讲，虽然是用来演奏与歌唱的，但当“魏复先代古乐”后，这一“古乐”就存在着严重缺“辞”这一关键性的问题了，于是，文人的模拟之作便在这时应运而生，其中，最具模拟资格的自然就非曹氏三父子莫属了。这是因为，被恢复后的“先代古乐”仍然为朝廷之乐，而能够与其打交道或者说与之接触并欣赏者，在当时并非是所有文人作家都能有此机遇或机会的，而“挟天子而令诸侯”的曹操及其二子则不然。据陈寿《三国志》卷一《魏书一·武帝纪》的记载，建安十三年“夏六月，以公为丞相”，之后的建安十六年春正月，“天子命公世子丕为五官中郎将，置官属，为丞相副”；而曹植不仅为曹操“特见宠爱”，而且于曹丕被封为五官中郎将的建安十六年，乃“封平原侯”（《三国志》卷十九《陈思王植传》，以下简称为“《曹植传》”）。仅此即可表明，在建安作家群中，曹氏三父子的政治地位与其政治家的身份，乃是无人可与之比肩的。正因此，曹丕在登上魏文帝的皇帝宝座后，即对当时的“汉乐”进行了大量改制，对此，上引沈约《宋书》卷十九《音乐一》亦有记载。其云：

文帝黄初二年，改汉《巴渝舞》，改宗庙《安世乐》曰《正世乐》，《嘉至乐》曰《迎灵乐》，《武德乐》曰《武颂乐》，《昭容乐》曰《昭业乐》，《云翘舞》曰《凤翔舞》，《育命舞》曰《灵应舞》，《武德舞》曰《武颂舞》，《文始舞》曰《大韶舞》，《五行舞》曰《大武舞》。其众哥诗，多即前代之旧，唯魏国初建，使王粲改作登哥及《安

① 沈约：《宋书》卷十九《乐一》，中华书局1974年版。

世》、《巴渝诗》而已①。

这段引文，不仅记载了曹丕诏令改制“汉乐”的具体内容，而且还对王粲奉命作“哥诗”(登哥)的情况也进行了披露，此则表明，在东汉建安与曹魏黄初时期，文人创作乐府诗是有诸多条件限制的。而此，也是对建安七子中为什么只有王粲一人曾创作过乐府诗这一问题的最好回答。又沈约《宋书》卷二十《音乐二》著录《登歌词》一首，注云“旧四言”，其是否为王粲奉诏所“改作”之“登哥”，待考。

以上所举表明，曹操与曹丕不仅均与音乐关系密切，而且二人所接触之音乐又皆乃为朝廷之乐(雅乐)，这就为其创作乐府诗提供了最大的便利与最可靠的保证。而作为曹氏家族中重要成员之一的曹植，其雅好音乐(朝廷之乐)并以之进行创作乐府诗者，自然也就不会例外，更何况，其乃曾为曹操“特见宠爱”。除特殊情况(主要指外出征战)外，这父子三人大多生活于邺都相府与洛阳皇宫(指曹丕)，终日的投壶燕射，如云的乐工歌女，即构成了其创作乐府诗的一架温床。总之，作为贵族阶层文人代表的曹氏三父子，因其生活的高贵性与身份的特殊性，而历史地成为了汉、魏易代之际最为重要的乐府诗人。而从另一角度言，这一实况所反映的是，文人乐府的创作在建安与曹魏时期，还只是掌握在当时少数贵族诗人的手中，而不曾“进入寻常百姓家”，这对于乐府诗的繁荣与发展，显然是有所不利的。

三、三曹各异的乐府情结

罗根泽《乐府文学史》在论及曹氏父子乐府诗的成就时，曾经说道：“‘以旧曲，翻新调’，虽不始于曹氏父子，而实成于曹氏父子。汉平帝时东平王《武德舞歌诗》，和帝时《雁门太守行》，虽皆依旧谱制词，然

---

① 沈约：《宋书》卷十九《乐一》，中华书局 1974 年版。

此外不多见，未成风气，及曹氏父子兄弟出，其所作乐府，率皆一用汉谱，完成仿效的乐府。自六朝以至隋唐，所有乐府，几全属此类。为功为罪，治文学者，不能不归之于曹氏也。”①曹氏父子虽然都喜欢创作“仿效的乐府”，但其乐府的内容与风格却各不相同，不仅如此，其表现于乐府诗的情结也是各有所别的。这是因为，父子三人于乐府诗的创作，因其创作动机的各异，其所系情结自然也就各具特点。

众所周知，曹操是曹氏父子三人中，唯一具有雄才大略的一位政治家和军事家，所以，他的所作所为，不是想去做一位“经国之大业”的文学家，而是欲藉天下纷乱之机，一统中原，替代刘汉以为华夏霸主。正因此，他才“散家财，合义兵”，并于“黄巾”期间组建了著名的“青州兵”，其后即以此为资本，北灭袁绍，东讨乌桓，南征刘表，西击马腾，以至于最终成为了曹魏政权的创业之主。曹操这种宏图大志的形成，一般而言，主要与两个方面的原因相关，其一是他“少机警，有权数，而任侠放荡，不治行业”(《三国志》卷一《魏书一·武帝操》)的性格特点，其二是他从小生活于帝京所受皇宫文化的诱惑与影响。而后者又成为了他创作乐府的原动力，这是因为，作为东汉皇宫文化中最重要的“四品乐”，其所代表与反映的，如上所言，乃是一种权力与王者的气概，而此，则正是曹操倾其一生所努力追求的。换言之，“四部乐”于东汉所彰显的，是一种君临天下的王者特权，而曹操以之进行“仿效乐府”者，其所看中的亦正是这种君临天下的王者特权。所以，对王权的向往与努力追求，即历史地成为了曹操难以割舍的乐府情结。在上述曹操的二十七首乐府诗中，《短歌行》、《对酒》、《气出倡》、《步出夏门行》、《薤露》等诗，即皆为其此种情结的代表作。如著名的《步出夏门行·观沧海》一诗，以雄健之笔，对大海吞吐日月、含孕群星的气魄，进行了生动形象之描绘，故沈德潜《古诗源》卷五乃以“吞吐宇宙气象”进行了高评价。诗人描绘波澜壮阔的浩瀚大海，实际上是在借大海

① 罗根泽：《乐府文学史》第三章，东方出版社 1996 年版。

以抒写其博大的胸怀，或以为此诗为“我国现存第一首完整的山水诗”者，实属隔靴搔痒之论。

从题材内容的角度言，以乐府旧题写时事，虽然为曹操乐府诗的一大特点，且其多为文学史家们所称道，但其所“按”之音乐却都属于“旧谱”，而这些旧谱又乃全出自汉代的乐府机关。以《乐府诗集》为准略作验按，可知在上述曹操现存的二十一题二十七首乐府诗中，属于“古辞”之题者，仅有《薤露》、《蒿里》、《陌上桑》、《步出夏门行》、《善哉行》五种，但其所用乐谱，全为汉武帝“乃立乐府”后由李延年等人“协律”而成者，则乃殆无疑义。即是说，曹操以《薤露》等乐府古题进行创作者，其乐谱却并非为原始时期的“赵、代、秦、楚之讴”，而是经过乐府机关进行过整理或者重新配制的。如此，则其于东汉亦属于“四部乐”之范畴者，即可论断。换言之，《薤露》等具有原生态特点的乐谱，据《汉书》卷二十二《礼乐志第二》等资料的记载，可知其至西汉乐府机关成立后，即都被纳入了“朝廷之乐”的范畴，而这种朝廷之乐，就是曹操时期的“四部乐”。所以，曹操现所存见之乐府诗，无论其题目是属于“古辞”还是非古辞者，其所用乐谱即均为流行于东汉皇宫的“四部乐”。因之，那些被乐府机关整理或重新配制且又流行于皇宫的“古辞”之乐，对于从小就“不治行业”的曹操来说，自然也就是具有很大的诱惑力的。因为其于曹操看来，这类音乐在当时同样是一种王权的象征，所以他以之写时事，并藉以表现出他这个“王者”对于国家与人民的高度关爱。

在建安作家群中，曹丕是唯一高唱“文章”乃“经国之大业，不朽之盛事”的一位诗人，但他后来却不做诗人而成为了历史上的魏文帝。对于这位皇帝文学家，史书虽然记载了其“年八岁，能属文。有逸才，遂博贯古今经传诸子百家之书”①的天资聪敏，但他从小却是以贵公子的

---

① 陈寿：《三国志》卷二《魏书二 · 文帝丕》卷二注引《魏书》，上海古籍出版社 1986 年影印版。

身份周旋于声色犬马之中的，并于十八岁时纳袁绍之媳甄氏为妻，之后就基本上在邺城的安乐窝里讨生活。这时的曹丕，于游乐宴游，倚翠偎红，斗鸡走马而言，几乎是无所不为。所以，未即皇帝位前的曹丕的诗赋等作品，主要述写的就是他这种贵公子生活，其中，又以游宴、两性相思最具典型性。诗与赋这两类文学样式，虽然均可对声色酒乐的享受生活作如实记录，但其却不能配乐以唱，于是，属于音乐文学范畴的乐府诗就自然成为了曹丕的首选。对此，智匠《古今乐录》引王僧虔《技录》中的一段文字，即可使我们有所了解与把握。其云："短歌行仰瞻一曲，魏氏遗令，使节朔奏乐。魏文制此辞(指《短歌行》——笔者注)，自抚筝和歌。歌者云，贵官弹筝。贵官即魏文也。"①曹丕既"制此辞"，又"自抚筝和歌"，且辞之所写又是"忧令人老"之类，则曹丕的贵公子生活及其所"忧"之内容，仅此即可见其一斑。这就是曹丕创作乐府诗的动机与目的。换言之，作为贵公子(或太子)的曹丕之所以热衷于乐府诗的创作，他所着眼的不是如文学史家们之所言，是为了乐府诗的繁荣与发展，而是因其享乐生活的需要而为之。数百年以后未曾作皇帝之前的太子李煜，之所以热衷于词体艺术的创作者，其动机、其目的，均与曹丕别无二致，这从李煜喜欢以男女幽会偷情为创作的主体，即可准确获之②。所以，曹丕与李煜这两位均由太子而皇帝的文学家，他们对于各自时代音乐文学的爱好，乃皆因其贵公子的生活而使然。

在曹丕称帝之前，曹植虽然也主要是生活于邺城，且深得曹操喜爱，但由于他是曹氏集团政权斗争中的失败者，所以他对于乐府诗的创作，乃是别有一种情结的。曹植在少年时期就怀有"立功于圣世"的远大抱负与理想，渴望建功立业，因而在十五岁前后，就跟随着乃父曹操

---

① 智匠：《古今乐录》，《汉魏遗书钞》本，上海古籍出版社 1998 年影印版。

② 具体参见拙著《唐宋词史论稿》第三章第三节，吉林文史出版社 2006 年版。

“南极赤岸，东临沧海，西望玉门，北出玄塞”①，驰骋大江南北。之后在与曹丕的“立嫡之争”中惨遭失败，曹丕称帝后又几遭杀身之祸，最后则被赶出京师，因抑郁过度而死于封地。在曹植四十一岁的人生之旅中，若以建安二十二年(217年)曹丕立为太子为分界线，则其有整十五年的时间是在备受排挤与打击中度过的，他不甘心失败但又无可奈何，因此于封地的“恋阙”之情乃与日俱增。而此，也是曹植乐府诗杂曲歌辞多于相和歌辞的关键性原因。据郭茂倩《乐府诗集》卷二十六《相和歌辞序》之所载可知，“相和曲”原本为“汉旧曲”，以“丝竹更相唱和，执节者歌”，后演变为平调、清调、瑟调三大类，“皆周房中曲之遗声，汉世谓之三调”②。所谓“周房中曲之遗声”，实际上就是一种宫廷雅乐，正因此，曹操与曹丕即皆以之进行创作。而“杂曲歌辞”，其内容“有写心志，抒情思，叙宴游，发怨愤，言征战行役，或缘于佛老，或出于夷虏”，因其“兼收并载，故称杂曲”(《乐府诗集·出版说明》)。曹植“立嫡”失败及“与诸侯并就国”后，所作的一系列乐府诗，大多为杂曲歌辞之属，其中如著名的《美女篇》、《当来日大难》、《野田黄雀行》等，即皆为此期“杂曲”的代表作。

综上所述，“三曹”的乐府情结，既各有所别又各具特点。而因当时“四品乐”之关系追慕王权，则乃构成了三人雅好乐府的最核心动机，如曹操《步出夏门行》、《气出倡》等诗对自我胸襟与志向的抒写；曹丕《煌煌京洛行》、《临高台》对“古之雅人”与“皇帝陛下”的景仰；曹植《名都篇》、《白马篇》对“京洛少年”与“幽并游侠儿”生活的赞美等，即无不与此有着千丝万缕的联系。而曹丕终日纵情声色的贵公子生活，以及曹植挥之不去的城阙之恋等，虽然属于二人乐府情结的个性范畴，其

① 曹植：《求自试表》，严可均《全上古三国秦汉三国六朝文》卷十五，中华书局1958年影印版。

② 郭茂倩：《乐府诗集》卷二十六，中华书局1979年版。

实也是与“王权”二字关系密切的。但尽管如此，曹氏父子因了这种王权情结所创作的一百三十首乐府诗，却历史地成为了乐府诗史上的一座艺术高峰，因而乃是值得大书而特书的。

第四章　左思兄妹一瞥

第一节　左思左棻之生平系年

曾被钟嵘在《诗品》中列为"上品"的左思，诗歌辞赋，名动当时，所谓"洛阳纸贵"，所谓"左思风力"①，都是时人与后人对左思文学成就的一种最佳肯定。其妹左棻(据《左棻墓志》，"芬"应作"棻"，但各种文献资料均作"芬"，为便于行文，以下仍以"左棻"名之。又《左棻墓志》，以下简称《墓志》)②"少好学，善缀文，名亚于(左)思"③，是文学史上著名的女文学家。然自西晋以来，人们对于左氏兄妹的生平行事，却研究甚微，以至于迄今为止，尚无"左思年谱"之类的著述问世。本节特以系年的形式，对存在于二人生平研究中的若干问题，进行一次较为全面之梳理，或有利于对其作"知人论世"之具体研究。

左思，字太冲，齐国临淄(今山东淄博)人。其父左熹，(此据《墓志》，房玄龄等《晋书》卷九十二《左思传》作左雍，误)，字彦雍，曾为

---

① 钟嵘：《诗品》，《历代诗话》本，中华书局1981年版。

② 《左棻墓志》，赵万里《汉魏南北朝墓志集释》第三册，科学出版社1956年版。

③ 房玄龄等：《晋书》卷三十一《左贵嫔传》，中华书局1974年版。

殿中侍御史①、弋阳太守等职。左棻，字兰芝，以文名被选入宫，为晋武帝贵嫔；无子息，以兄幼子左聪奇奉祭祠。左思子女四人，具体为：长子左髦，字英髦；二女左芳，字惠芳；三女左媛，字纨素；幼子左聪奇，字骠卿。

魏高贵乡公曹髦正元元年(254 年)　左思一岁

左思生于是年。

左思生年，史传无载。论者或认为生于公元 248 年(徐传武《左思左棻研究》，以下简称《研究》)，或认为生于公元 250 年(陆侃如《中古文学系年》，以下简称《系年》)，或认为生于公元 252 年(《中国历代著名文学家评传·左思》)，等等。其实，这些说法，均与左思生平的历史真实不相符合。

按房玄龄等《晋书》卷三十一《左贵嫔传》有云："芬少好学，善缀文，名亚于思，武帝闻而纳之。泰始八年，拜修仪。"据房玄龄等《晋书》卷三十一、卷三十二《后妃上》、《后妃下》之所载，可知当时皇后(妃)入宫之龄，大多在十五岁左右，如晋文帝王皇后是"既笄(指满十五岁)，归于文帝(《文明王皇后》)；晋惠帝贾皇后"时年十五……册为太子妃"(《惠贾皇后》)；晋孝武帝王皇后"太元五年崩，年二十一"，"宁康三年……帝始纳焉"，其龄亦正好十五岁(《孝武定王皇后》)。以此度之，左棻之为"武帝闻而纳之"者，亦当在十五岁左右。若以其泰始八年(272 年)入宫为十六岁计，则其生年应在曹魏高贵乡王甘露二年(257 年)。又左思《悼离赠妹诗》(《先秦汉魏晋南北朝诗·晋诗》卷七，本文以下所引左思、左棻诗皆出此集，不另注)云："惟我惟妹，寔惟同生。早丧先妣，恩百常情。"这四句诗表明，左思与左棻同母而母又早卒。现既知左棻的生年为甘露二年，以左思年长左棻三岁计，则左思

① 刘义庆：《世说新语》上卷下《文学第四》刘孝标注引《左思别传》，文学古籍刊行社 1956 年版。

之生年，应为高贵乡公曹髦正元元年(254年)。姑此系之，若日后有材料可确证左思之生年者，则另从。

或有据左棻《感离诗》中“膝下”、“奉面”、“拜奉”诸词，而认为“左思比左棻年长或不少”，“即使不在‘十年以上’，但和十年相差也不会太多”①的认识，其实是颇为错误的。按“膝下”等词，均系子女对父母的尊称，作为“少好学，善缀文”的才女左棻，怎么会在其诗中以此称谓兄长左思呢？持说者之所以出现此误者，主要是轻信了《古诗纪》编者冯惟讷对左棻《感离诗》所写的一条注：“此答左思赠妹之作。”在是诗之前，左思虽然确实写过《悼离赠妹诗》二首以寄左棻，但左棻的《感离诗》却主要是针对其父而不是其兄所为。斯时，左思之父左熹是否健在呢？对此，左思《悼离赠妹诗》二百其二乃有明确之答复：“至情至念，惟父惟兄。”悲其生离，泣下交颈。”这四句诗所写，是指在左棻被选入宫后，其父其兄终日思念之甚，以致到了“泣下交颈”之程度。当在宫中的左棻读了左思的这两首诗后，自然首先想到的是其父左熹(因其母早卒)，因而才于《感离诗》中有“自我去膝下”、“何时当奉面”云云。所以，左思兄妹的年齿之差，是不得以“膝下”诸词去进行考察的；而左棻的《感离诗》，也并非是“答左思赠妹之作”。

甘露二年(257年)　左思四岁　左棻一岁

左棻生于是年。其母或病卒于是年。

左棻生年，说已见上。关于其母之早卒，《墓志》有载：“(左)思蚤丧母。”左思《悼离赠妹诗》二首其一亦云：“早丧先妣，恩百常情。”《研究》认为左棻时“在襁褓之中”之说，可从。

魏元帝曹奂景元四年(263年)　左思十岁　左棻七岁

左思兄妹在家乡临淄读书学习，左思并曾习学书法、音乐等。

---

① 徐传武：《左思左棻研究》，中国文联出版社1999年版。

《晋书》卷九十二《左思传》云："思少学钟、胡书及鼓琴，并不成。"按"钟"即钟繇，"胡"为胡广(范晔《后汉书》有其传)。对于前者，虞世南《北堂书钞》卷一〇二引王隐《晋书》有载，云："左思父雍，起卑吏，晋武以为能，擢为殿中侍御史。思少学钟繇书、鼓琴，皆不成。"① 但其认为"鼓琴"所师者亦为钟繇，则不的。左思"少学"书法与音乐之时间，度其年岁，当在十岁左右，然具体年份已不可考，姑暂系于是年，以俟淹贯。

晋武帝司马炎泰始六年(270 年)　左思十七岁　左棻十四岁

左思在临淄。与翟氏女结为伉俪。

《墓志》有云："兄思字泰冲……嫂翟氏。"左思何时与翟氏结婚，史传无载。按东汉三国及晋初之际，战争频仍，男子结婚之龄一般都在十七岁左右。如陈寿《三国志》卷三十五《蜀书五·诸葛亮传》附《诸葛瞻传》云："瞻字思远……年十七，尚公主，拜驸马都尉。"②又《三国志》卷六《魏书六·刘表传》注引《零陵先贤传》载云，周不疑年少有异才，聪明敏达，曹操"欲以女妻之"，周不疑"时年十七"。刘备与曹操择婿之龄都为十七岁的事实，似可表明，左思结婚之龄亦当如是，故据之以系于是年。

泰始七年(271 年)　左思十八岁　左棻十五岁

左思在临淄，作《齐都赋》成。

《晋书》卷九十二《左思传》云："造《齐都赋》，一年乃成。复欲赋三都，会妹芬入宫，移家京师。"按左棻入宫在泰始八年(说详下)，左思"造《齐都赋》，一年乃成"应为是年，而其酝酿动笔则当在泰始六年或其前。

---

① 虞世南：《北堂书钞》，中国书店 1989 年影印版。

② 陈寿：《三国志》卷三十五，中华书局 1959 年版。

泰始八年(272年)　左思十九岁　左棻十六岁

左棻以文名被选入宫，拜修仪。未久受诏作《离思赋》、《白鸠赋并序》。左思因妹入宫而移家京师，居洛阳城东，博览群书，著述甚丰，辞藻壮丽。

《晋书》卷三十一《左贵嫔传》云："芬少好学，善缀文，名亚于思，武帝闻而纳之。泰始八年，拜修仪。受诏作愁思之文，因为《离思赋》。"是赋全文为《晋书》卷三十一《左贵嫔传》所著录。受诏作《白鸠赋并序》事，见李昉等《太平御览》卷九二一、严可均《全上古三代秦汉三国六朝文·全晋文》(以下简称《全晋文》)卷十三。是赋"并序"云："泰始八年，鸠巢于庙阙，而孕白鸠一支，毛色甚鲜，金行之应也。"按白色为金，古人以附会五行，并认为晋属金，故以白鸠为晋王朝之祥瑞，左棻即因此而奉诏作是赋。

又《太平御览》卷一四五引《晋起居注》云："咸宁三年拜美人左嫔为修仪。"①按"咸宁三年"为277年，其距《晋书》卷三十一《左贵嫔传》之"泰始八年，拜修仪"之载，乃为整五年之隔，则其之为误甚明。或据以认为，左棻入宫的时间乃在泰始八年前云云，则更误。又《晋书》卷九十二《左思传》云："会妹入宫，移家京师。……思遂感激勤学，兼善阴阳之术。貌寝，口讷，而辞藻壮丽。"逯钦立《先秦汉魏晋南北朝诗·晋诗》(以下简称《晋诗》)卷七著录左思《招隐诗》二首，其二有云："经始东山庐，果下自成榛。"萧统《文选》卷二十二李善注引王隐《晋书》云："左思徙居洛阳城东，著'经始东山庐'诗。"②又《晋诗》卷七著录左思《咏史诗》八首其一云："弱冠弄柔翰，卓荦观群书。著论准过秦，作赋拟子虚。"诗所言"弄柔翰"、"观群书"，以及"著论"、"作赋"诸事，当都在左思移家京师后所为，以"弱冠"一词度之，知应在是年。郑玄等《礼记正义》卷一《曲礼上》："二十曰弱，冠。"疏曰："二十曰弱冠者，二十成

---

① 李昉等：《太平御览》卷一四五，中华书局1960年影印版。
② 萧统：《文选》卷二十二，中华书局1977年影印版。

人，初加冠礼，犹未壮，故曰弱也。”①故左思移家京师当在是年。

泰始九年(273年)　左思二十岁　左棻十七岁

左思在洛阳。为写《三都赋》作准备，专门造访时任佐著书郎的张载。

《晋书》卷九十二《左思传》云：“复欲赋三都，会妹芬入宫，移家京师，乃诣著作郎张载访岷邛之事 。”左思造访张载，是因张载曾入蜀而欲从其处获取有关蜀中的事况。关于张载入蜀的时间，说者有三：(1)傅璇琮《左思〈三都赋〉写作年代质疑》考订在泰始九年即是年②；(2)牟世金《〈三都赋〉的撰年及其他》认为在太康六年(285年)③；(3)徐传武《研究》认为在太康三年(282年)，并认为张载一生曾两次入蜀。实则应以傅说为是。牟文的“太康六年”说与《研究》的“太康三年” 说之所以不能成立，主要在于：其一，二说在时间上，均与《晋书》卷九十二《左思传》载左思完成《齐都赋》后“复欲赋三都，会妹芬入宫，移家京师，乃诣著作郎张载访岷邛之事”相悖。左思在完成《齐都赋》后，即于临淄产生了作《三都赋》的计划与打算，待“移家京师”，各方面的条件更有利于他的写作，说其十年后才开始考虑撰写《三都赋》而访诸张载，显然是与其实际情况不相符合的。其二，二说均误读了《晋书》卷五十五《张载传》中关于张载“起家佐著作郎”的一段文字，即张载“起家佐著作郎”并非为傅玄推荐的结果，事实上傅玄对于张载仅是夸耀而非擢拔。其三，徐传武《研究》之“张载两次入蜀”说，完全是对两种《晋书》记述张载入蜀文字的一种误解，因而未可据信。更何况，《晋书》卷五十五《张载传》记载张载在“太康初”入蜀的时间，乃是与张载《叙行赋》之自

① 郑玄等：《礼记正义》卷一《曲礼上》，《十三经注疏》本，上海古籍出版社1997年影印版。

② 傅璇琮：《左思〈三都赋〉写作年代质疑》，《中华文史论丛》，1979年第2期。

③ 牟世金：《〈三都赋〉的撰年及其他》，《文史哲》，1992年第5期。

述甚不相符的。

傅文考察张载入蜀的时间，主要是依据其《叙行赋》之“岁大荒之孟夏，余将往乎蜀都”一段文字，认为其中的“岁大荒”所指为太岁在“巳”之年，亦即泰始九年(癸巳)的说法，乃是完全言之有据的。按张载泰始九年“孟夏”入蜀后，曾游览成都，并写下《登成都白菟楼诗》以纪其事，其中有“披林采秋橘”云云①，乃与《叙行赋》之“孟夏”在时令上正相接，则其由蜀还洛当在秋末冬初之际，即可论断。而左思于洛阳相访张载者，就当在是年的冬十月前后。但对于左思的这次到访，张载却并不以为然，因之态度甚为冷淡。对此，《世说新语》上卷下《文学第四》注引《左思别传》有载：“思造张载问岷蜀事，交接亦疏。”张载持如此态度者，原因当为二：一是张载当时文名甚盛，有可能瞧不起左思(以《文赋》著名的陆机就曾讥讽过左思，详后)；二是张载对蜀都(成都)的看法并不好，如其《登成都白菟楼诗》称成都为“郁郁小城”者，即为其例。由是而观，张载后来主动为《三都赋》作注者，应是出于一种“补偿心理”之使然。

泰始十年(274 年)　左思二十一岁　左棻十八岁

左思在洛阳，因与其父思念左棻，作《悼离赠妹诗》二首以寄。左棻寻作《感离诗》，未久为贵妃。

《晋诗》卷七著录左思《悼离赠妹诗》二首，其一有云；“惟我惟妹，寔惟同生。早丧先妣，恩百常情。女子有行，实远父兄。骨肉之思，固有归宁。何悟离拆，隔以天庭。自我不见，于今二龄。”左棻自泰始八年入宫，至是年即泰始十年正与“于今二龄”扣合。又其二有云：“穆穆令妹，有德有言。才丽汉班，明朗楚樊。默识若记，下笔成篇。行显中闺，名播八蕃。……至情至念，惟父惟兄。悲其生离，泣下交颈。……咏尔文辞，玩尔手笔。执书当面，聊以永日。”二诗所写，一气呵成，

① 逯钦立：《先秦汉魏晋南北朝诗·晋诗》卷七，中华书局 1983 年版。

内容互为关联，甚为一致，是知为一时一地之作。陆侃如《系年》认为第二首系左思泰始八年为送左棻入宫时作，实误。按左棻《感离诗》有云："自我去膝下，倏忽逾再期。"其所写与左思此二诗甚为契合。

又《晋诗》卷七左棻《感离诗》云："自我去膝下，倏忽逾再期。邈邈浸弥远，拜奉将何时。披省所赐告，寻玩悼离词。"所谓"再期"，是指左棻写这诗时已进宫两年，而"寻玩悼离词"，则是谓对左思所寄《悼离赠妹诗》二首的反复诵读，其父女之思，兄妹之情，乃尽寓其中。《晋书》卷三十一《左贵妃传》云："后为贵嫔。姿陋无宠，以才德见礼。"按左棻初入宫为修仪，修仪系后宫"九嫔"之列，而贵妃则居"三夫人"之首。对此，沈约《宋书》卷四十一《后妃传序》载之甚详，云："晋武帝采汉魏之制，置贵嫔、夫人、贵人，是为三夫人，位视三公。淑妃、淑媛、淑仪、修华、修容、修仪、婕妤、容华、充华，是为九嫔，位视九卿。其余有美人、才人、中才人，爵视千石以下。"①左棻何时为贵嫔，史传无载，陆侃如《系年》定于泰始十年，兹从之。

咸宁元年(275年)　左思二十二岁　左棻十九岁

左思作《咏史诗》八首。去年七月，元皇后崩，今年孟秋，左棻奉诏作《元皇后诔》。

《晋诗》卷七著录左思《咏史诗》八首，名曰"咏史"，实则前四首所写皆为作者之不得志，后四首虽与"咏史"关联，其实为借古以喻今，且皆为左思的"托言"之作，藉此可知，此一组诗当为左思迁居洛阳不久后所作，但具体为何年则不可考，兹暂系于是年。

又《晋书》卷三十一《左贵妃传》云："言及文义，辞对清华，左右侍听，莫不称美。及元杨皇后崩，芬献诔曰'唯泰始十年秋七月丙寅，晋元皇后杨氏崩，呜呼哀哉。……'"《全晋文》卷十三著录左棻《元皇后诔》云："昔后之崩，大火西流，寒往暑过，今亦孟秋。自我衔恤，倏

① 沈约：《宋书》卷四十一，中华书局1977年版。

忽一周，衣服将变，痛心若抽。”①其中的“一周”，勘之“今亦孟秋”四字，可知所指当为“一周年”，若此，则《元皇后诔》的作年，乃为是年。陆侃如《系年》系于泰始十年者，当是为未细读《元皇后诔》全文而致误。

咸宁二年(276年)　左思二十三岁　左棻二十岁

左棻作《纳皇后颂》、《杨皇后登祚颂》、《纳杨后赞》三文。

按左棻此三文中的“皇后”或“杨皇后”，所指均为“武元杨皇后”杨芷，亦称武悼杨皇后，为晋武帝的第二任皇后。《晋书》卷三十一《左贵妃传》云：“咸宁二年，(武帝)纳悼后，芬于座受诏作颂。”此《颂》即《纳皇后颂》。继而，左棻即先后写了《杨皇后登祚颂》、《纳杨后赞》二文。

太康三年(282年)　左思二十九岁　左棻二十六岁

左思《三都赋》初稿写成，时人未之重，乃请皇甫谧为之序，亦不为人所重。

《晋书》卷九十二《左思传》云：“遂构思十年……乃成，时人未之重。”按左思因撰《三都赋》而由泰始九年访张载至是年，其间恰好十年。《晋书》卷九十二《左思传》又云：“思自以其作不谢班、张，恐以人废言，安定皇甫谧有高誉，思造而示之，谧称善，为其赋序。”又引卫权《三都赋略解序》云：“有晋征士故太子中庶子安定皇甫谧，西州之逸士，耽籍乐道，高尚其事，览斯文而慷慨，为之都序。”据《晋书》卷五十一《皇甫谧传》所载，皇甫谧“太康三年卒，时年六十八。”则《三都赋》之撰成，若非在是年皇甫谧未辞世之际，就必在太康二年，否则，皇甫谧就无法为其作序。徐传武《研究》欲强《三都赋》作年为“元康三年”说，而认为《晋书》卷五十一《皇甫谧传》之“太康三年”为“元康三年”之讹者，乃无任何版本上的依据，全系猜测之辞，实不足取。按皇甫谧的《三都赋序》，为《文选》卷四十五著录，通观全文，其首述赋之

① 严可均：《全上古三代秦汉三国六朝文》，中华书局1958年影印版。

源流，次言“三都”之历史，仅于文末以不足三十字的篇幅涉及“作者”的写作意图，而于赋文则无只字评论。所以，无论是着眼于写作学的角度以论，抑或立足于文学性与学术性而言，皇甫谧的《三都赋序》都只能是一篇下乘之作。正因此，《三都赋》虽有“西州逸士”皇甫谧为之序，但其仍不为时人所重。大约自是年始，左思便开始了对《三都赋》的长时期修改。对此，上引《世说新语》上卷下《文学第四》注引《左思别传》乃有载，云：“其《三都赋》改定，至终乃止。”所谓“至终乃止”，当系夸大之词，但藉此则可窥左思修改《三都赋》所下功夫之一斑。

又《世说新语》上卷下《文学第四》有云：“左太冲作《三都赋》初成，时人互有讥訾，思意不惬。后示张公。张曰：‘此二京可三，然君文未重于世，宜以经高名之士。’思乃询求于皇甫谧。谧见之嗟叹，遂为作《叙》。”①按此说与《晋书》卷九十二《左思传》及其所引卫权《三都赋略解序》所载为异，当误。

太康四年(283年)　左思三十岁　左棻二十七岁

左思在洛阳，为陇西王司马泰辟为国子祭酒。

汤球辑王隐《晋书》卷七有云：“左思少好学，司徒陇西王泰辟为祭酒。”②据此揣度之，似“祭酒”之任乃为左思初官。按祭酒为学官名，汉代始置，晋武帝时期则改为国子祭酒，掌领太学、国子学所属各学。杜祐《通典》卷二十七《职官》九于“国子监·祭酒”云：“汉置博士，至东京，凡十四人，而聪明有威重者一人为祭酒，谓之博士祭酒，盖本曰仆射，中兴转为祭酒。魏因之。晋武帝咸宁四年，初立国子学，置国子祭酒一人。”③又《晋书》卷三《世祖武帝纪》云：“(太康)四年八月……以陇西王泰为尚书右仆射。”据《晋书》卷二十四《职官志》，尚书仆射“服秩印绶与(尚书)令同”，权甚重，则司马泰辟左思为祭酒者，当在

① 刘义庆：《世说新语》上卷下《文学第四》，文学古籍刊行社1956年版。
② 王隐：《晋书》，《九家旧晋书辑本》，中州古籍出版社1991年版。
③ 杜祐：《通典》卷二十七，中华书局1988年版。

是年，因为未久其即“出为镇西将军”(《晋书》司马泰本传)。徐传武《研究》以《晋书》中之“司徒”为据，认为司马泰永熙元年任司空，未曾任司徒，而系左思为祭酒于永熙元年(290年)，当误。按《晋书》所谓“司徒”(应为“司空”)云云，并非是指陇西王辟左思为祭酒乃在其任是职的永熙元年，而是以其一生所任最高职官称之，此乃史家之常笔，因之不得以其为据。若左思之初官确如《研究》所言在永熙元年，就表明其移居京师十二年后，仍为一布衣，这显然与其因左棻为贵嫔而成为“外戚”的身份迥不相及，故左思之为祭酒，应以是年为宜。

又《世说新语》上卷下《文学第四》注引《左思别传》云：“司空张华辟为祭酒。”或有据张华为司空在元康六年(296年)，而认为左思于是年曾再任祭酒者，乃不的。按据《晋书》卷二十《职官志》、杜祐《通典·职官》可知，祭酒的品秩乃较秘书郎为低，斯时左思既已任职高品阶的秘书郎(详下)，其又何可去从张华之“辟”而任低品阶的祭酒呢？更何况，左思之任秘书郎，乃系贾谧推荐所致，所以，是说为误乃殆无疑义。

太康九年(288年)　左思三十五岁　左棻三十二岁

左思为国子祭酒。其父左熹迁太原相弋阳太守。

《墓志》云：“父熹字彦雍，太原相弋阳太守。”此前，左熹乃在洛阳任殿中侍御史。《太平御览》卷二二七引《曹氏传》云：“左雍(乃“熹”之误)……武帝以为能，擢为殿中侍御史。”左熹被晋武帝擢为殿中侍御史，当与左棻被选入宫有关。又《晋书》卷三《世祖武帝纪》于太康十一月甲申云：“改诸王国相为内史。”《墓志》既载左熹为太原相弋阳太守，则其由殿中侍御史迁为太原相弋阳太守在太康十年十一月前，当可遽断。但其具体在何年则不可考，兹暂系于是年。

太康十年(289年)　左思三十六岁　左棻三十三岁

左棻作《万年公主诔》。陆机自吴入洛，左思访吴事于陆机，并继续修改《三都赋》。

《晋书》卷九十二《左思传》云："及帝女万年公主薨，帝痛悼不已，诏芬为诔，其文甚丽。帝重芬词藻，每有方物异宝，必诏为赋颂。"按此《诔》文，《晋书》卷三十一《左贵妃传》未载，欧阳询等《艺文类聚》卷十六予以引录，其中有云："虽则弱齿，双德兼苞……晔晔华曜，英蕤始芳。"①据此，知公主薨时其年尚幼。万年公主卒年无考，陆侃如《系年》系此文于是年，兹暂从之。

又《晋书》卷九十二《左思传》云："初，陆机入洛，欲为此赋，闻思作之，抚掌而笑，与弟云书曰'此间有伧父，欲作《三都赋》，须其成，当以覆酒瓮耳。'及思赋出，机绝叹伏，以为不能加也，遂辍笔焉。"陆机自吴入洛，据《晋书》卷五十四《陆机传》所载，知乃在是年。其云："陆机字士衡，吴郡人也……年二十而吴灭，退居旧里，闭门勤学，积有十年……至太康末，与弟云俱入洛，造太常张华。"姜亮夫《张华年谱》于太康十年内云："吴士陆机、陆云兄弟来访，华以荐之诸公。"②陆机入洛后是否曾讥笑左思，现存的陆机诗文无只字相及，《晋书》卷五十四《陆机传》此载所据为何，待考。但左思曾访陆机以获吴事，则为事实。《唐钞文选集注汇存》(周勋初辑)卷八引王隐《晋书》对此有载："当思之时，吴国为晋所平，思乃赋此《三都》，以极眩曜。其蜀事访于张载，吴事访于陆机，后乃成之。"左思是次访陆机所获之吴事，对于修改《三都赋》中的《吴都赋》而言，显然起到了较重要之作用。

晋惠帝司马衷元康元年(291年)　左思三十八岁 左棻三十五岁

左思迁秘书郎。

《晋书》卷九十二《左思传》云："自以所见不博，求为秘书郎。"《世说新语》上卷下《文学第四》注引《左思别传》云："贾谧举为秘书郎。"《晋书》卷四十《贾谧传》云："广城君薨，去职。丧未终起为秘书监。"

---

① 欧阳询等：《艺文类聚》卷十六，上海古籍出版社1965年影印版。

② 姜亮夫：《张华年谱》，古典文学出版社1957年版。

据《晋书》卷四《孝惠帝》与《晋书》卷二十四《职官志》，秘书监始置于晋惠帝永平元年(291 年)二月(三月改元为元康)，其属官为秘书丞与秘书郎。贾谧为秘书郎，《晋书》卷四十《贾谧传》载为“广城君薨去职”后“丧未终”之际，度其时当在晋惠帝元康初年前后。按广城君即贾充的后妻郭槐。贾谧是郭槐的外孙，本姓韩，以贾充无后，郭槐乃以韩谧为贾充“世孙”而嗣之。据《晋书》卷四十《贾充传》所载，贾充太康三年四月卒时，广城君尚健在，以此合勘晋惠帝始置秘书监于元康元年二月之史实，似贾谧乃为秘书监之首任，如此，则贾谧荐左思为秘书郎，就亦当为是年。即是说，左思亦有可能为晋秘书郎之首任者。藉此，知左思此前即与贾谧关系密切，且曾为贾谧所赏识。

按据《晋书》卷三十一《贾惠皇后传》载，贾皇后(名南风)乃贾充之女，系郭槐所生，其与左棻均在泰中八年入宫，左棻被晋武帝选为修仪，贾南风则被册立为太子妃(即后来的贾皇后)。贾谧于是年始“以外戚之宠，年少居位”，而使得当时名流如潘岳等“皆托附焉。”①由是而观，则左思与贾谧的交往，当因二人均为“皇亲”而使然，即与其妹左棻之入宫乃不无关系。

元康六年(296 年)　左思四十三岁　左棻四十岁

司空张华对左思修改后的《三都赋》大加赞赏，因而使之“洛阳纸贵”，名动当时。

《晋书》卷九十二《左思传》云：“自是之后，盛重于时，文多不载。司空张华见而叹曰：‘班张之流也。使读之者尽而有余，久而更新。’于是豪富之家竞相传写，洛阳为之纸贵。”姜亮夫《张华年谱》于元康六年内云：“正月，司空下邳王晃薨，以中书监张华为司空，领著作。”则张华称颂《三都赋》当在是年。又据《晋书》卷九十二《左思传》与上引《唐钞文选集注汇存》卷八所载，《三都赋》问世后，先后为之作注者有刘

① 房玄龄等：《晋书》卷八十九《嵇绍传》，中华书局 1974 年版。

逵、张载、綦毋邃、卫权等人，其所注者，当均为《三都赋》的修改稿。

元康八年(298年)　左思四十五岁　左棻四十二岁

左思在秘书郎任上，并预“二十四友”之列。

“二十四友”之名，始见于《晋书》卷四十《贾谧传》，左思乃名列其中。其云：“或著文章称美谧，以方贾谊。渤海石崇欧阳健、荥阳潘岳、吴国陆机陆云、兰陵缪征、京兆杜斌挚虞、琅邪诸葛诠、弘农王粹、襄城杜育、南阳邹捷、齐国左思、清河崔基、沛国刘瓌、汝南和郁周恢、安平牵秀、颍川陈昣、太原郭彰、高阳许猛、彭城刘讷、中山刘舆刘琨皆傅会于谧，号曰二十四友，其余不得预焉。”关于“二十四友”之形成与聚集(指诗酒聚会等)的时间，据张星国《关于〈晋书·贾谧传〉中的“二十四友”》①一文的考察，主要在元康七、八年间，兹从之而系于是年。斯时，左思仍在秘书郎任上。

元康九年(299年)　左思四十六岁　左棻四十三岁

左思在秘书郎任上，并为贾谧讲《汉书》。作《招隐诗》二首。

《晋书》卷九十二《左思传》云：“秘书监贾谧请讲《汉书》，谧诛，退居宜春里。”按《晋书》卷九十二《左思传》此载，乃置入张华、陆机称赞左思《三都赋》之后与贾谧被诛之前，而贾谧之被诛又在明年四月(详下)，则左思为其讲说《汉书》当在是年前后，但具体为何年，则不可确求，故乃暂系于是年。《晋诗》卷七据《文选》卷二十二著录左思《招隐诗》二首，其二有云：“经始东山庐，果下自成榛。”王隐《晋书》云：“左思徙居洛阳城东，著‘经始东山庐’诗。”(据《文选》卷二十二引)则诗的作地在洛阳，乃可遽断。以此合勘第一首中之“杖策招隐士，荒涂

---

①　张星国：《关于晋书〈贾谧传〉中的“二十四友”》，载《文史》，第二十七辑。

横古今”等诗句，可知这两首诗当为左思是年“退居宜春里”后所作。

永康元年(300 年)　左思四十七岁　左棻四十四岁

三月，左棻卒，享年四十四岁。四月，贾谧伏诛，左思退居宜春里。

《墓志》云：“左棻字兰芝，齐国临淄人，晋武帝贵人也。永康元年三月十八日薨，四月二十五日葬。”按《墓志》云“贵人”，应为“贵嫔”之误。

《晋书》卷四《孝惠帝纪》于永康元年夏四月云：“侍中贾谧及党羽数十人皆伏诛。”《晋书》卷九十二《左思传》云：“谧诛，退居宜春里，专意典籍。”《世说新语》上卷下《文学第四》注引《左思别传》云：“谧诛，归乡里，专思著述。”言“归乡里”者当误。

永宁元年(301 年)　左思四十八岁

齐王司马冏请左思为记室督，托疾以辞。

《晋书》卷九十二《左思传》云：“齐王冏为记室督，辞疾不就。”《世说新语》上卷下《文学第四》注引《左思别传》云：“齐王冏请为记室参军，不起，时为《三都赋》未成也。”按据《晋书》卷二十四《职官志》可知，晋“诸公及开府位从公”者，设有“主簿、记室督各一人”，《左思别传》作“记室参军”者，乃误。又，《晋书》卷九十《曹摅传》云：“及齐王冏辅政，摅与左思俱为记室督。”此言记室督者，甚是。

太安二年(303 年)　左思四十九岁

十月，因避张方之乱，举家至冀州。

《晋书》卷九十二《左思传》云：“及张方纵暴都邑，举家适冀州。”据《晋书》卷四《孝惠帝纪》所载，张方乱洛阳，事在太安二年九月，并云：“张方入京师，烧清明、开阳二门，死者万计。”左思避张方之乱而“举家适冀州”者，其时当在冬十月前后。

光熙元年(306年) 左思五十二岁

修改稿《三都赋》成。寻以疾卒。

《晋书》卷九十二《左思传》云:“举家适冀州。数岁,以疾终。”《世说新语》上卷下《文学第四》注引《左思别传》云:“后数年,疾终。其《三都赋》改定,至终乃止。”前者曰“数岁”,后者称“数年”,以“数”度之,可知左思卒年,至早当在是年,若为“举家适冀州”的当年或者翌年,都无以与“数年”相切合。兹藉之以暂订左思卒于是年。又,《左思别传》认为左思于“《三都赋》改定,至终乃止”,表明了左思对《三都赋》的修改所用时间之长。由是而观,则所谓“左思以十年精力撰著《三都赋》”之认识,应是与左思写作《三都赋》实况颇不相符的。综合诸家记载可知,左思对于《三都赋》的创作,乃是集一生之精力以为。但尽管如此,在抒情小赋成为赋文学主流的当时,左思的《三都赋》并未能使行将垂危的“京都大赋”起死回生于西晋,这是文学史发展的必然,可惜左思却未能知晓。

第二节 左思研究的几个问题

曾被南宋诗论家严羽在《沧浪诗话》中名列为晋代诗人第三的左思(严羽认为第一为陶渊明,第二为阮籍)①,不仅是晋代而且也是整个先唐文学史上的一位重要诗人。所以,左思表现在文学史上的成就,并非是为时人所赞誉为“洛阳纸贵”的《三都赋》,而是以《咏史诗》八首为代表的一系列诗作,对于这一看法,已成为学界自二十世纪初始以来的一种共识。这种共识,其实是对左思研究的一种突破,故值得特别称道与肯定。但是,在自二十世纪以来的左思研究中,也存在着一些颇值重新探讨的问题,如左思是否依附权贵而投靠贾谧,左思与“八王之乱”

---

① 严羽:《沧浪诗话》,《历代诗话》本,中华书局1981年版。

的关系究竟如何，导致左思“举家适冀州”的真正原因是什么，左思晚年为什么不归隐其故里等，即皆为其例。如果对这些问题不弄清楚，显然是有碍于对左思进行全面、系统、翔实之研究的。因此，本节拟就上述诸问题进行一翻重新考察，或有助于还原左思其人其作的历史真面目。

一、“以椒房自矜”与依附贾谧

刘义庆《世说新语》上卷下《文学第四》注引《左思别传》云：“思字太冲，齐国临淄人……思为人无吏干而有文才，又颇以椒房自矜，故齐人不重也。”①对于《左思别传》中的“颇以椒房自矜，故齐人不重也”云云，有论者认为不可信。理由是：“左思似未曾以妹入宫而荣耀骄人，而钻营上爬，故谓其‘颇以椒房自矜’当为无根之言，故谓之‘齐人不重’之说亦未可信，左思晚年未迁旧里不会是由于‘齐人不重’之故，或者因为有亲友在冀州而那里环境又较为安定吧，左思遂迁于彼。”②那么，历史的真实又究竟如何呢？要弄清楚这一问题，左思与贾谧的交往则为关键。

按贾谧其人，《晋书》卷四十有传，字长深，本河南尹韩寿之子，其母贾午，与晋惠帝贾皇后贾南风为姊妹关系。贾午之父尚书令贾充死后，因无嗣，其妻郭槐即以韩寿子谧为继，韩谧遂改为贾谧。贾谧由于有了贾皇后这一政治靠山，因而便“权过人主，至乃锁系黄门侍郎，其为威福如此。负其骄宠，奢侈踰度，室宇崇僭，器服珍丽，歌僮舞女，选极一时。”③而且，在贾充之妻郭槐去世未久，贾谧即被“起为秘书监，掌国史”，负责修纂《晋史》，不久又迁为侍中，并为常侍，侍讲东

① 刘义庆：《世说新语》，余嘉锡笺疏本，上海古籍出版社1992年版。
② 徐传武：《左思左棻研究》，中国文联出版社1999年版。
③ 房玄龄等：《晋书》卷四十《贾谧传》，中华书局1974年版。

宫。由是，贾谧乃“以外戚之宠”①，而权倾一时，炙手可热。正因此，当时京师各色人等，无不以能与贾谧相交或攀结为荣，《晋书》卷六十二《刘琨传》之“秘书监贾谧参管朝政，京师人士无不倾心”的记载，即可为证。贾谧又因好学，有才思，曾一度“开阁延宾”，而将海内大批文人学士集聚于身边，因其共有二十四人之多，故号称“二十四友”。而左思即为“二十四友”之一者。但当时并非是所有文士都可加入“二十四友”或者集聚于贾谧身边的，而是必须具备相当条件才有资格参与，否则即“不得预焉”。其所谓的条件，即《晋书》卷四十《贾谧传》记载“贵游豪戚及浮竞之徒，莫不尽礼事之。或著文章称美谧”云云。以左思当时的情况言，他显然是不属于“贵游豪戚及浮竞之徒”的，但不符合条件却又成为了“二十四友”中的一员，这就很值得注意。考察其中原因，只能是与左思之妹左棻斯时乃为晋武帝贵嫔(晋“三夫人”之首)关系密切。即是说，“权过人主”的贾谧，在当时之所以同意不属于“贵游豪戚及浮竞之徒”的左思加入到由他独家掌管的“二十四友”之中者，应主要是其妹左棻系晋武帝贵嫔这一事实所导致。对此，左思为秘书郎的事实又可佐证之。《晋书》卷九十二《左思传》有云：“(思)自以为所见不博，求为秘书郎。”《世说新语》上卷下《文学第四》注引《左思别传》则云：“贾谧举为秘书郎。”权倾一时而令“京师人士无不倾心”的贾谧，在与左思无任何关系的情况下，为什么会荐举其为秘书郎呢？综左思一生的情况可知，答案只有一个，这就是其妹左棻当时乃为晋武帝的贵嫔。

左思因其妹左棻是晋武帝贵嫔而为贾谧所赏识，并荐举其为秘书郎，而左思也因此成为了“二十四友”中的一“友”，则左思曾“以椒房自矜”乃甚明。然而值得注意的是，有论者又认为，着眼于左思的人品与文品，他是不可能“投入贾谧门下”的，因此不能把左思列入“二十四

① 房玄龄等：《晋书》卷八十九《嵇绍传》，中华书局 1974 年版。

友”之中①。按是说乃为错误，其原因则具体表现在以下两个方面：

其一是对历史事实的不尊重。左思为“二十四友”之一者，《晋书》卷四十《贾谧传》乃有所载，云：“开阁延宾，海内辐凑……渤海石崇欧阳健、荥阳潘岳、吴国陆机陆云、兰陵缪徵、京兆杜斌挚虞、琅琊诸葛诠、弘农王粹、襄阳杜育、南阳邹捷、齐国左思、清河崔基、沛国刘瑰、汝南和郁周恢、安平牵秀、颍川陈眕、太原郭彰、高阳许猛、彭城刘讷、中山刘舆刘琨，皆附于谧，号二十四友，其余不得预焉。”这一记载，乃为无可辩驳之事实。此外，对于贾谧的“二十四友”，《晋书》中另有多处记载，可证其非为后人所作伪。如上引《晋书》卷六十二《刘琨传》云：“秘书监贾谧参管朝政，京师人士无不倾心。石崇、欧阳健、陆机、陆云之徒，并以文才降节事谧，琨兄弟亦在其间，号曰‘二十四友’。”又《晋书》卷四十八《阎缵传》载阎缵上疏之文曰：“世俗浅薄，士无廉节，贾谧小儿，恃宠恣睢，而浅中弱植之徒，更相翕习，故世号鲁公二十四友……但(潘)岳(缪)徵二十四人，宜皆齐黜，以肃风教。”另《晋书》卷五十五《潘岳传》等亦有类似记载。此则表明，以贾谧为首的“二十四友”之存在，以及左思为“二十四友”之一者，皆乃确凿可靠之事实。

其二是左思确曾“投入贾谧门下”。对于这一点，上举《世说新语》上卷下《文学第四》注引《左思别传》载贾谧荐举左思为秘书郎之事，即可为证。这是因为，如果左思当时不曾“投入贾谧门下”，“权过人主”而又“恃宠恣睢”的贾谧，是断然不会荐举左思在其属下(贾谧时任秘书监，秘书郎为其属官)为秘书郎的。为能更进一步说明问题，这里不妨再举一例。《晋书》卷九十二《左思传》有云：“秘书监贾谧请(左思)讲《汉书》。”左思既曾为贾谧讲《汉书》，则左思之“投入贾谧门下”，乃无可怀疑。将左思为贾谧讲《汉书》之事实，用以作为其“投入贾谧门下”

---

① 方永耀：《不能把左思列入“二十四友”之中》，《东岳论坛》1982 年第 1 期。

的一项证据，又有潘岳的《于贾谧坐讲汉书诗》一诗可以佐证。潘岳是诗，为《先秦汉魏晋南北朝诗 · 晋诗》卷四著录，其全文为："治道在儒，弘儒由人。显允鲁侯，文质彬彬。笔下摛藻，席上敷珍。前疑既辨，旧史唯新。既辨尔疑，延我寮友。讲此微辞。"①陆侃如《中古文学系年》系此诗于元康六年（296 年）②，其时正为"二十四友"的形成与集聚之际，如此，则左思为贾谧讲《汉书》就亦当在此时前后。潘岳与左思，既均为"二十四友"中的人物，又都曾为贾谧讲过《汉书》，而潘岳之"投入贾谧门下"在《晋书》中又有确载，则左思之曾"投入贾谧门下"，也就无可怀疑。

所以，左思之"投入贾谧门下"与成为"二十四友"之一者，均乃确凿可靠之事实，我们不能因为贾谧在当时是"恃宠恣睢"的"小儿"，就将这一可靠事实进行否认。同时，我们也不能因为左思曾经写过《咏史诗》八首等思想很强的诗篇，就对左思的"投入贾谧门下"予以辩解与回护，而是应该尊重事实，对其进行实事求是之研究，因为只有这样，才能更加清楚地认识一个真实的诗人左思。

二、左思与"八王之乱"及归隐

发生于西晋历史上的"八王之乱"，主要是因晋武帝对皇族大行分封而导致。晋武帝推行分封制，乃始于太始元年（265 年），当时共封皇族二十七人为王，以后又陆续增封，致使宗室为王者共有五十七人之多。初封之时，这些"宗室王"均留居京师，至咸宁三年（277 年），朝廷始遣各王就国，即让其到各自的封地去任职，如此，则这些分封于地方的国王就拥有了实权和党羽，并可随时与朝廷相抗衡。于是，"八王之乱"即因此而始。作乱的"八王"，分别为汝南王司马亮、楚王司马

---

① 逯钦立：《先秦汉魏晋南北朝诗 · 晋诗》，中华书局 1958 年版。
② 陆侃如：《中古文学系年》下册，人民文学出版社 1985 年版。

玮、赵王司马伦、齐王司马冏、成都王司马颖、河间王司马颙、长沙王司马乂、东海王司马越。“八王之乱”始于晋武帝之卒的太熙元年(290年，是年四月改元永熙)，终于司马炽即位(即晋怀帝)的永嘉元年(307年)，前后时间为十七年。

当时的情况是：晋武帝死后，杨皇后与杨骏合谋夺取政权，第二年杨骏为贾皇后所杀，使汝南王司马亮辅政，并密召楚王司马玮率兵进京诛杀司马亮。之后，贾皇后又诬司马玮假传诏书而将其杀之。永康元年(300年)，贾皇后又以同样手段诬杀愍民太子，赵王司马伦则与齐王司马冏密谋，率兵攻进内宫诛杀了贾皇后。第二年，司马伦废晋惠帝而自立，齐王司马冏、成都王司马颖、河间王司马颙各起兵声讨，杀司马伦，复惠帝位，并由司马冏辅佐。太安元年(302年)，司马颖与长沙王司马乂又攻杀司马冏，太安二年，司马颙又与司马颖联手，起兵直逼洛阳，讨伐司马乂。永兴元年(304年)，司马乂为东海王司马越活捉于洛阳，并将其交司马颙大将张方，张方即处死司马乂。光熙元年(306年)，司马越杀司马颙、司马颖，毒死晋惠帝，立司马炽为晋怀帝。“八王之乱”对于当时的政治、经济、文化等方面而言，显然都是颇具破坏性的。范文澜《中国通史简编》第二篇第四章在论及“八王之乱”时说：“八王之乱是一幅群兽狂斗图，司马氏集团的全部残忍性腐朽性集中表现在这个狂斗中，同时引起三百年的战乱和分裂，居住在黄河流域的汉族与非汉族人民无不遭受灾难，司马氏集团的罪恶是无穷无尽的。”①这一评价，虽然较为符合历史的真实，但也不无可商之处，如将“八王之乱”比作“一幅群兽狂斗图”，即有失公允，因为“八王之乱”中的诛杀贾皇后之一“乱”，乃属有功于当时政权的一种正义性举措。

“八王之乱”所前后关涉的十七年，时在京师的左思则亲历了其中的十四年。对此，我们从《晋书》卷九十二《左思传》中即略可窥获之。其有云：“(谧)诛，退居宜春里，专意典籍。……及张方纵暴都邑，举

---

① 范文澜：《中国通史简编》，人民出版社1965年版。

家适冀州。数岁，以疾终。"据《晋书》卷六十《张方传》与《资治通鉴》卷八十五《晋纪》卷七，知"张方纵暴都邑"，乃在太安二年(303年)，则左思"举家适冀州"即为是时。以太安元年上数至太熙元年，其间凡十四年。即是说，以汝南王司马亮为首的"八王"之所作所为，时在京师任职的左思乃是耳闻目睹了其中十四年之"乱"的。然而值得注意的是，左思虽然在京师经历与见证了十四年的"八王之乱"，但在其现存的诗赋等作品中，却无只字言及这一长达十四年之久的京师之乱。其中原因何在？对于这一涉及左思思想认识方面的问题，研究者们大多避而不谈，这种情况的存在，显然是不利于对左思之全面研究的。

要准确地弄清楚这一问题，《晋书》卷九十二《左思传》中的一段文字记载，应乃为其关键。其云："齐王冏命为记室督，辞疾，不就。"《世说新语》上卷下《文学第四》注引《左思别传》亦有同样记载："齐王冏请为记室参军，不起。"但二者一作"记室督"，一作"记室参军"，可知其必有一误。检《晋书》卷二十四《职官志》，其中有"诸公及开府从公"可设"主簿、记室督各一人"的记载，则《左思别传》作"记室参军"乃误。齐王司马冏既"命"左思为记室督，左思为何又"不就"呢？对此，有研究者认为，其主要是因左思"对仕途的悔悟和坚定的归隐之心"所致。但我们认为，这种说法，显然是与左思思想的真实迥不相及的。

按齐王司马冏即"八王"之一，据《晋书》卷五十九《齐王冏传》、《资治通鉴·晋纪》等材料的记载，司马冏于永康元年(300年)与赵王司马伦"密与相结"，率兵入宫诛杀了荒淫暴戾、独断专权、滥杀忠良的贾皇后，深得朝廷上下欢迎，其请辟左思"为记室督"者，即在是时。而此际之前，即为曾经荐举左思在其属下任秘书郎的贾谧被诛杀之时。贾谧之被诛杀，在当时不仅牵涉面甚广，使诸多朝臣遭受到了打击(具体详下)，而且还表明了左思在京师已失去了一位政治上的靠山，而杀贾谧者，又是与齐王司马冏"密与相结"的赵王司马伦。更何况，贾谧被杀后，当时还有人要求将以贾谧为首的"二十四友"等人，"宜皆齐黜"(参见上引《晋书》卷四十八《阎缵传》)。面对此种情况，左思自然是不会接受齐王司马冏的“请为记室督”的。换言之，左思之“不就”齐王冏的“请为记室督”者，表面上看起来是不欲与“八王”（主要是指齐王）为伍，其实是对“贾谧时代”的一种怀念所致，因为贾、左两家在当时不仅均属“外戚”，即与晋武帝有姻亲关系，而且如上所言，左思还曾“投入贾谧门下”并被荐举为秘书郎。左思在贾谧被诛杀后的这种作为和心态，与东汉末年董卓死后蔡邕为之“有动于色”的情况，乃如出一辙①，二者所相区别者，是蔡邕因“有动于色”而被捕入狱，未几即死，而左思则仅为“不就”而已，即朝廷未对其作任何惩治性打击。这一事实表明，左思之于“八王之乱”，或者说于齐王司马冏与赵王司马伦共同诛杀贾皇后这一事件，显然是并不赞赏的。这是因为，贾皇后的被诛杀，直接关涉到贾谧的被诛杀，而贾谧的被诛杀，又是使得左思从此退出西晋政治舞台的最直接原因。固然，齐王司马冏在贾皇后、贾谧被诛杀后曾请左思“为记室督”，但齐王司马冏与赵王司马伦在当时既各自行收买人心之事，又互相猜疑，若左思从其“命”而出任记室督一职，即有可能为强行辅政的赵王司马伦所杀。明乎此，则曾经写了“世胄蹑高位，郁郁涧底松”（《咏史》八首其二）等诗篇的左思，而无只字言及“八王之乱”这一发生于当时的重大政治事件者，我们也就不难理解了。而此，又从另一个侧面证实，左思之与贾谧的关系，乃确实是非同一般的。

而值得注意的是，在左思现存的作品中，如《咏史》八首其五、《招隐》二首等诗，都程度不同地涉及了一个带有共同性的话题，这就是“归隐”。如《咏史》八首其五云：“皓天舒白日，灵景耀神州。列宅紫宫里，飞宇若云浮。峨峨高门内，蔼蔼皆王侯。自非攀龙客，何为欻来游。被褐出阊阖，高步追许由。振衣千仞岗，濯足万里流。”②作者之欲归隐的思想甚为清楚。而且，在这首诗中，作者还自称为“自非攀龙

① 范晔：《后汉书》卷六十下《蔡邕传》，中华书局 1965 年版。

② 萧统：《文选》卷二十一，中华书局 1997 年影印版。

客”，以此合勘左棻与贾谧皆死于永康元年（一病卒，一被诛杀）之史实，可知其之所指，是非为齐王司马冏命其为记室督之事莫属的。即是说，左棻永康元年之病卒与贾谧是年的被诛杀，使得左思深刻认识到他再也不可能继续在京师为官了，所以当齐王司马冏邀请他为记室督时，他即以“自非攀龙客”而辞谢之。这样看来，可知左思的“高步追许由”与“振衣千仞岗，濯足万里流”云云，实际上乃是出于一种政治压力下的无奈，而绝非为其主观上的欣然而定。对此，其《白发赋》之所写，又可佐证之。是《赋》有云：“观世之途：靡不追荣，贵华贱枯。赫赫闾阖，蔼蔼紫庐。弱冠来仕，童髫献谟。……曩贵耆耋，今薄旧齿。皤皤荣期，皓首田里。虽有二毛，河清难俟。随时之变，叹见孔子。发乃辞尽，誓以固穷。昔时玉颜，今从飞蓬。发肤至昵，尚不克终。聊用拟辞，比之国风。”①赋以对话（“我”与“白发”）的形式，深刻地揭露与批判了才华之士因年老而不被重用的不合理社会制度，是作者晚年强烈要求入仕思想的真实反映。由是而观，可知左思的所谓“归隐”，乃与后来的陶渊明等人是大有区别的。而这时的左思，实际上是处在一种两难的尴尬境地之中。

三、“二十四友”与举家适冀州

左思在谢绝了齐王司马冏的“请为记室督”后，不久即因张方的“纵暴都邑”而“举家适冀州”。据二十世纪三十年代出土的《左棻墓志》可知，左思左棻兄妹乃“齐国临淄人”，但左思在张方“纵暴都邑”之际，不是与全家回归于临淄故里，而是“举家适冀州”，去到了远离京师的北方边陲之地。这其中的原因又何在？或以为“冀州境地较为安静、便于写作”云云，其实乃为一种盲人摸象式的猜测，因而大有商榷之必要。

按据《晋书》卷九十二《左思传》可知，左思在贾谧被诛杀后，便退

① 欧阳询等：《艺文类聚》卷十七，中华书局1965年影印版。

出了西晋官场，所以即使是齐王司马冏“命为记室督”，他也是未之“就”。其中原因，如上所述，主要为贾谧之被诛杀所致。而综合《晋书》中的有关记载还可知，贾谧被杀后，曾一度集聚于贾谧门下的“二十四友”，也先后遭受到了株连与打击，而左思既为“二十四友”之一，以常理论，他自然也是应属于被打击之列的。其实，在贾谧被诛杀之未久，当时就有许多大臣希望对其党羽斩草除根，一网打尽，如时为平乐乡侯的阎缵就曾上书朝廷，要求对“二十四友”进行严厉惩办。上引《晋书》卷四十八《阎缵传》载其上疏之文有云：“世俗浅薄，士无廉节，贾谧小儿，恃宠恣睢，而浅中弱植之徒，更相翕习，故世号鲁公二十四友。……但(潘)岳(缪)徵二十四人，宜皆齐黜，以肃风教。”在阎缵看来，“二十四友”是贾谧的一个重要党羽集团，其成员均应予以惩办，否则将于国于民都不利。然而实际的情况是，当时朝廷对“二十四友”的处理，乃是分而治之，即既有被诛杀者，也有捕后获赦免者，更有未及罪者。其具体情况如下：

(一)被诛杀者。《晋书》卷五十五《潘岳传》云：“及赵王伦辅政，(孙)秀为中书令。……俄而秀遂诬(潘)岳及石崇、欧阳键谋奉淮南王允、齐王冏为乱，诛之，夷三族。”又《晋书》卷五十九《赵王伦传》云：“诏尚书以废后事，仍收捕贾谧等，召中书监、侍中、黄门侍郎、八坐，皆夜入殿，执张华……杜斌等，于殿前杀之。”这两条材料中的潘岳、石崇、杜斌、欧阳健四人，均属“二十四友”中的重要成员。如果将《晋书》卷四十八《阎缵传》中所言及的缪徵也算上(阎缵在其疏中既然以“潘缪”并称，而潘岳又被诛杀，据此推之，缪徵亦当如是)，则被捕诛杀而又可知者，乃有五人。

(二)捕后赦免者。《晋书》卷四十七《傅祗传》云：“及(司马)伦败，齐王冏收侍中刘逵、常侍邹捷、杜育、黄门侍郎陆机、右丞周导、王尊等付廷尉。以禅文出中书，复议处抵罪，会赦得原。”又《晋书》卷五十四《陆机传》云：“齐王冏……遂收机等九人付廷尉。赖成都王颖、吴王宴并救理之，得减死徙边，遇赦而止。”其中的邹捷、杜育、陆机三人，即系“二十四友”中的成员，其以罪本应“减死徙边”，但却皆因“遇赦而止”。另据《晋书》卷六十《牵秀传》等可知，“二十四友”中因“会赦得原”者，尚有牵秀、和郁、陈眕等人，二者共计为六人。

（三）未及罪者。计有挚虞（《晋书》本传）、刘舆、刘琨（《晋书》卷六十二《刘琨传》）、陆云、王粹（《晋书》卷五十四《陆云传》），共五人。

以上三者合计，共为十六人，这一数量恰好占“二十四友”的三分之二。以此合勘《晋书》卷九十二《左思传》之“谧诛，退居宜春里，专事典籍”之载，可知左思当时乃属于“未及罪者”之列。左思既为“二十四友”之一，且又与贾谧关系密切，其未受到赵王司马伦等人的打击与迫害，寻绎其中原因，应主要是与其妹左棻系晋武帝贵嫔所致。这是因为，贵嫔在当时的后宫中居“三夫人”之首，品位极高，且左棻因才华出众又深受晋武帝所喜爱。因此，尽管这时的左棻已死了三个月左右（《左棻墓志》载左棻卒于是年三月十六日），但其为贵嫔时“行显中闺，名播八蕃”①的声望与影响，则乃是应为当时的朝廷内外所未能忘怀的。正是由于这方面的原因，所以左思才得以免受“宜皆齐黜”的惩治。而此，自然也是属于“以椒房自矜”之范围的。左思虽因其妹而得以免受政治上的打击与肉体上的折磨，但若将此事与“投入贾谧门下”综而观之，可知其于左思而言，又显然是觉得有如当年的项羽一般无颜去见“江东父老”的，所以他才在张方“纵暴都邑”时，没有回到其故乡临淄归隐，而是去了边远之地冀州。而《左思别传》中的“齐人不重也”云云，又可对此佐证。由是而观，可知左思的“举家冀州”，并非是如有的研究者所言，乃是认为该地比较安静与便于写作的缘故。至于持说者认为冀州或有左思的亲戚之说，则更是无以成立的，原因是在现存的左思兄妹之作中，以及唐人林宝《元和姓纂》之“左”姓条中②，均无“亲戚”之载。所以，“亲戚”之说，乃为一种毫无根据的臆测，因此未可据而

---

① 左思：《悼离赠妹诗二首》其一，逯钦立《先秦汉魏晋南北朝诗·晋诗》卷七，中华书局1958年版。

② 林宝：《元和姓纂》，附四校记，中华书局1994年版。

信之。

综上所述，可知“以椒房自矜”与“投入贾谧门下”，是左思得以步入仕林与加入“二十四友”的关键之所在；而永康元年左棻之病卒与贾谧之被杀，又是致使左思退出仕途的根本性原因。同时，左棻为晋武帝贵嫔时所产生的种种影响，则是使得左思在贾谧被诛杀后未遭受任何打击的重要因由。左思晚年“举家适冀州”的“归隐”，其实是出于一种政治压力下的无奈选择，所以归隐后的左思乃有着极为强烈的入仕要求，并因此而创作了著名的《白发赋》，以抒发其心中的愤慨与不平。

第三节 左棻的文学成就综论

作为文学家，左棻在唐以前的女诗人中，是堪可与蔡琰比美的一位才女，若以作品体裁的全面性言，则左棻较蔡琰还要胜出一筹。这是因为，蔡琰现存之作品，主要为五言体《悲愤诗》、楚辞体《悲愤诗》和乐府《胡笳十八拍》，尽管这些作品的真伪在学界尚存在着争议，但其均为诗歌则殆无疑义。而左棻的作品则不然。据逯钦立《先秦汉魏南北朝诗》与严可均《全上古三代秦汉三国六朝文》可知，左棻现所存见的作品，除了诗歌外，还有赋、诔、颂、赞、表等多种文体之作。从当代文体学的角度以论，左棻现所存见的这些作品，则包括诗歌、词赋、散文三大类。正是因为这些体裁各异的作品的存在，才使得后人对左棻的文学成就有了进一步之认识，并因此而获得了很高的评价。如被称为南宋“中兴四大诗人”之一的尤袤，于《全唐诗话》卷一《上官昭容》条就曾这样写道：“昭容两朝专美，一目万儿，顾问不遗，应接如响，虽汉称班媛，晋誉左嫔，文章之道不殊，辅佐之功则异。”①在这里，尤袤以唐之上官婉儿与汉之班婕妤、晋之左贵嫔(左棻)相比拟的举措，不仅表明

① 尤袤：《全唐诗话》卷一，《历代诗话》本，中华书局1981年版。

了左棻在“文章”方面，可与初唐时期的上官婉儿互为媲美，而且也反映了左棻在南宋文学家心目中所占有的地位。所以，本节旨在从诗歌、词赋、散文三个方面，对左棻所获得的文学成就作一综合性观照与述评。

一、诗歌：晋代四言诗的代表

《晋书》卷三十一《左贵嫔传》云：“帝重芬词藻，每有方物异宝，必诏为赋颂，以是屡获恩赐焉。答兄思诗、书及杂赋颂数十篇，并行于世。”在这里，《贵嫔传》仅言左棻只有“答兄思诗”者，是颇值怀疑的，因为据《隋书》卷三十五《经籍志》四所载，左棻在南朝梁时，乃有“《左九嫔集》四卷”，这一数量，较《旧唐书・经籍志》、《新唐书・艺文志》载其兄左思之《左思集》五卷，仅少一卷，而左思现存诗歌则有十五首之多。这样看来，可知左棻诗歌在其卒后或者在李唐之前，当是多有散佚的。而明人冯惟讷《古诗纪》、清代沈德潜《古诗源》皆著录左棻《啄木鸟》一诗，又可为之佐证。又《太平御览》卷一四五云：“《左贵嫔集》有《离思赋》、《相风赋》、《孔雀赋》、《松柏赋》、《涪沤赋》、《纳皇后颂》、《杨皇后登祚颂》、《芍药花颂》、《郁金颂》、《菊华颂》、《神武颂》，四言诗四首，《武元后诔》、《万年公主诔》。”①其中所言之“四言诗四首”，今仅存《古诗纪》等著录的《啄木鸟》(具体详下)一诗，余三首则均未能流传于世。藉此可见，左棻之诗是确有散佚的，但左棻生前究竟写了多少首诗，则现已无可确考。

《太平御览》卷一四五虽然记载左棻有“四言诗四首”，但因其无具体篇名，故有研究者对《古诗纪》等著录之《啄木鸟》一诗是否为左棻所作，仍持怀疑态度，如逯钦立《先秦汉魏南北朝诗》即为其例。是书于《晋诗》卷七虽然收录了《啄木鸟》一诗，但却撰“按语”说：“御览九

---

① 李昉等：《太平御览》卷一四五，中华书局 1960 年影印版。

百二十三作裴谐集左氏诗。诗纪卷三十。又类聚九十二作袁淑排谐集左氏诗。”因此认为：“左氏未必即为左棻。姑从诗纪。”细加推敲，可知《先秦汉魏南北朝诗》的这一“按语”，乃是大有问题的。这具体表现为：

(1)“左氏未必即为左棻”的断语，乃为错误，即左棻确为《啄木鸟》一诗的作者(说详下)。

(2)“御览九百二十三作裴谐集”之“裴谐集”，与“类聚九十二作袁淑排谐集”之“排谐集”，皆乃《诽谐集》之误，“按语”作者却未能察之。

(3)《艺文类聚》卷九十二作“排谐集”①固然为误，但其前并无“袁淑”二字，则此显然为“按语”作者所加，不的。按袁淑其人，为刘宋时期著名的文学家，《宋书》卷七十有其传，《隋书》卷三十一《经籍四》著录《袁淑集》十一卷，并著录其《诽谐文》十卷，则《艺文类聚》与《太平御览》所引“裴谐集”、“排谐集”，所指即皆为《诽谐文》而又为误者，即可论断。又据林宝《元和姓纂》卷七“左氏”条②可知，在由左思至唐初宣州都督左难当的数百年间，左姓人物无多，更无以“氏”相称之女性，故可断定，袁淑《诽谐集》即《诽谐文》中的“左氏诗”之谓，所指是非左棻诗莫属的。而冯惟讷《古诗纪》卷三、沈德潜《古诗源》卷七、陈沆《诗比兴笺》卷二皆著录《啄木鸟》一诗于左棻名下的事实，又可为之佐证。

又《先秦汉魏南北朝诗》据《太平御览》所辑录之《啄木鸟》一诗，凡九句，与《艺文类聚》、《古诗纪》、《古诗源》、《诗比兴笺》皆作八句者，按次序多出了第七句的“此盖禽兽”四字，应删。兹将《啄木鸟》一诗抄录如下，以便讨论：

南山有鸟，自名啄木。饥则啄树，暮则巢宿。无干于人，唯志

---

① 欧阳询等：《艺文类聚》九十二，上海古籍出版社 1965 年影印版。

② 林宝：《元和姓纂》(附“四校记”)卷七，中华书局 1994 年版。

所欲。性清者荣，性浊者辱①。

这是一首在寓意上与西晋初始诗人傅玄《啄木鸟》完全相反的诗。傅玄诗为："啄木高翔鸣喈喈，飘摇林薄著桑槐。绠缘树间啄如锥，嘤喔嘤喔声正悲。专为万物作倡俳，当此之时乐不可回。"陈沆《诗比兴笺》卷二笺此诗曰："刺小人也。"然后又全文引录左棻这首《啄木鸟》诗后说："则又以之自况，与此正反，故诗之取兴，无有定义。"②此则表明，左棻这首《啄木鸟》诗，之所以对啄木鸟大加称道赞赏者，主要是作者在以之自喻，而其所反映的，则是当时社会中出身庶族寒门者的一种文化人格。全诗八句，古朴简洁，颇具《诗经》之流风遗韵，所以，陈祚明《采菽堂古诗选》卷十一评此诗说："高简有理致，类先秦语。《紫玉歌》、《昭君怨》，诗与此一类。"③所谓"类先秦语"者，即是就《诗经》而言。正因此，冒春荣《葚原说诗》卷四，乃将左棻《啄木鸟》与陶渊明《时运》、《荣木》等诗并列，以作为当时四言诗的代表④。

四言诗自《诗经》以下，鲜见佳作，而在左棻之前的魏晋时期，因受五言诗的影响，以之进行创作者则更微，唯曹操力主为之，并创作了《步出夏门行》、《短歌行》等名作，使行将垂危的四言诗在建安时期回光返照于一时。左棻则继曹操之后，创作了"四言诗四首"，为四言诗在当时的发展，作出了应有之贡献。尽管左棻的"四言诗四首"，流传于后世者只有《啄木鸟》一诗，但我们从中仍可窥知其重要的文学史意义。而清人冒春荣《葚原说诗》将其与陶渊明《时运》等诗并列，并视之为四言诗代表的认识与举措，亦当是着眼于其文学史意义而使然。由此可见，左棻的这首《啄木鸟》在有晋一代之诗坛上，乃是具有较高的文学价值与认识价值的。

---

① 欧阳询等:《艺文类聚》九十二，上海古籍出版社 1965 年影印版。
② 陈沆:《诗比兴笺》卷二，上海古籍出版社 1981 年版。
③ 陈祚明:《采菽堂古诗选》卷奎屯一，乾隆十三年刻本。
④ 冒春荣:《葚原说诗》,《清诗话续编》本，上海古籍出版社 1983 年版。

左棻的所谓“答兄思诗”，所指乃为《先秦汉魏南北朝诗·晋诗》卷七所著录之《感离诗》一诗。是诗为五言，凡十二句，系左棻因答乃兄左思《悼离赠妹诗》二首而作，故迳有将其以《答兄感离诗》名之者，如《历代妇女诗词选注》①即如是。但也有作《离思》、《答兄思诗》者，亦有称之为“答左思赠妹之作”②等，可见其在流传的过程中，乃是别称甚多的。全诗为：

> 自我去膝下，倏忽逾再期。邈邈浸弥远，拜奉将何时。披省所赐告，寻玩悼离词。仿佛想容仪，唏嘘不自持。何时当奉面，娱目于诗书。何以诉辛苦，告情于文辞③。

左思的《悼离赠妹诗》二首，为四言体，据陆侃如《中古文学系年》④，知其乃作于左棻入宫两年后之长安。这两首诗主要写左棻入宫后，左思与其父左熹(一作左雍)对左棻的思念之情，其中有云：“惟我惟妹，寔惟同生。早丧先妣，恩百常情。女子有行，实远父兄。骨肉之思，固有归宁。何悟离拆，隔以天庭。自我不见，于今二龄。”并云：“以兰以芝，以膏之明。永去骨肉，内充紫庭。至情至念，惟父惟兄。悲其生离，泣下交颈。”⑤当在宫中的左棻获见左思的这两首诗后，便“寻玩悼离词”，即反复奉读，未久，则写下了这首“告情于文辞”的《感离诗》，以表达她对父兄的无限思念之情。全诗用笔简练，语言质朴，感情真挚，并采用白描手法，使作者的思亲之情，跃然纸上。由是而观，可知有论者以“精绝”二字称道是诗者，乃是不无道理的。

---

① 陈新等：《历代妇女诗词选注》，中国妇女出版社1985年版。

② 左棻：《感离诗》，逯钦立《先秦汉魏南北朝诗·晋诗》卷七，中华书局1958年版。

③ 丁福保：《全汉三国晋南北朝诗》(晋诗卷七)，中华书局1959年影印版。

④ 陆侃如：《中古文学系年》，人民文学出版社1985年版。

⑤ 逯钦立：《先秦汉魏南北朝诗·晋诗》卷七，中华书局1958年版。

二、词赋：为历代妇人之冠冕

出版于二十世纪初始的谢无量《中国妇女文学史》，在论及左棻之赋时曾认为：“左棻词赋，诸体无不擅长，为晋代妇女之冠。”①其实，左棻的词赋，不仅“为晋代妇女之冠”，而且将其放眼于整个中国女性文学史的角度进行观照，也是少有比肩者的。严可均《全上古三代秦汉三国六朝文·全晋文》卷十三，著录了左棻赋七篇，其具体为：《离思赋》、《相风赋》、《孔雀赋》、《鹦鹉赋》、《白鸠赋》、《松柏赋》、《涪沤赋》。这一数量，无论是在左棻之前抑或其后的女性作家中，都是无有与之并论的。就其题材言，这七篇赋，大致可分为抒情赋与咏物赋两大类，其中，又以《离思赋》、《松柏赋》、《涪沤赋》最具特点，而成为左棻现所存见的赋之代表。

据《晋书》卷三十一《左贵嫔传》记载，晋武帝泰始八年(272年)，左棻入宫拜修仪未久，即“受诏作愁思之文”，于是，左棻即借机创作了在中国辞赋史上占有重要地位的《离思赋》。说左棻的这篇《离思赋》很重要，是因为其以作者深居宫中的亲身体验，开启了中国辞赋史上“宫怨赋”的先声，对后世文学影响深远。左棻《离思赋》的这一创获，与宋玉在《九辩》中开“悲秋文学”之先河的功绩，具有同等重要的文学史地位。正因此，钱锺书《管锥编》(第三册)认为：“按宫怨诗赋多写待临望幸之怀，如司马相如《长门赋》、唐玄宗江妃《楼东赋》等，其尤著者。左棻不以侍至尊为荣，而以隔‘至亲’为恨，可谓有志，即就文论，亦能‘生迹’而不‘循迹’矣。《红楼梦》第十八回贾妃省亲，到家见骨肉而‘垂泪呜咽’，自言……即斯《赋》所谓‘忝侧紫庐’、‘相去不远’、

---

① 谢无量：《中国妇女文学史》，中州古籍出版社1996年版。

‘宫禁清切’、‘骨肉长辞’。词章中宜达此段情境，莫早于左《赋》者。”①堪称的见。其赋为：

> 生蓬户之侧陋兮，不闲习于文符。不见图画之妙像兮，不闻先哲之典谟。既愚陋而寡识兮，谬忝侧于紫庐。非草苗之所处兮，恒怵惕以忧惧。怀思慕之忉怛兮，兼始终之万虑。嗟隐忧之沉积兮，独郁结而靡诉。意惨愦而无聊兮，思缠绵以增慕。夜耿耿而不寐兮，魂憧憧而至曙。风骚骚而四起兮，霜皑皑而依庭。日奄暧而无光兮，气懰憟以洌清。怀愁戚之多感兮，患涕泪之自零。昔伯瑜之婉娈兮，每彩衣以娱亲。悼今日之乖隔兮，奄与家为参辰。岂相去之云远兮，曾不盈乎数寻。何宫禁之清切兮，欲瞻睹而莫因。仰行云以唏嘘兮，涕流射而沾巾。唯屈原之哀感兮，嗟悲伤于离别。彼城阙之作诗兮，亦以日而喻月。况骨肉之相于兮，永缅邈而两绝。长含哀而抱戚兮，仰苍天而泣血②。

以“离思”作赋者，左棻之前的曹植已曾为之。但曹植的《离思赋》，主要是写作者在建安十六年秋随“大军西讨马超”时，于途中对“太子留监国”的怀念，故赋中乃有“愿我君之自爱，为皇朝而宝已”③云云。换言之，曹植的“离思”，虽意在“太子”，实与“皇朝”关系密切，故乃是其“心怀魏阙”思想的一种真实反映。而左棻是赋，则是以其禁隔宫垣，思亲深切，相见无时的亲身感受，将因“离思”而产生的种种“隔至亲”之恨，一一写来，既真实亲切，深婉迢递，又别开生面，个性独具，因

---

① 钱锺书：《管锥编》(第三册)，中华书局1991年版。

② 左棻：《离思赋》，严可均《全上古三代秦汉三国六朝文·全晋文》卷十三，中华书局1958年影印版。

③ 曹植：《离思赋》，严可均《全上古三代秦汉三国六朝文·全三国文》卷十三，中华书局1958年影印版。

之乃感人至深。特别是最后的几句："仰行云以唏噓兮，涕流射而沾巾。唯屈原之哀感兮，嗟悲伤于离别。彼城阙之作诗兮，亦以日而喻月兮。况骨肉之相于兮，水绵邈而两绝。长含哀而抱戚兮，仰苍天而泣血。"作者因思亲之难堪，不仅以屈原"悲伤于离别"作比，而且还终日以泪洗面，以至于仰天泣血，其怨其悲，其恨其愤，流淌于字里行间，催人泪下，可与蔡琰《悲愤诗》并读。此外，这篇《离思赋》不同于曹植《离思赋》等汉魏抒情小赋者，还表现在句式的整饬与偶句的频用，以及"兮"字的自始至终"相伴"等方面，前者的存在构成了骈赋在西晋的先兆，后者则是明显地受到了楚辞特别是《离骚》影响的结果。而所有这一切，又都是很好地起到了加强作品抒情深度之作用的，并使"离思"的主题得以更进一步深化。

作为咏物赋的代表，《涪沤赋》与《松柏赋》也是特色独具的。《涪沤赋》之"涪沤"，据该赋内容之所写，当为"浮沤"之误，即《涪沤赋》应正为《浮沤赋》。所谓"浮沤"，即水中气泡。是《赋》有云："览庶类之肇化，何涪沤之独灵。禀阴精以运景，因落雨而结彩。不系根于独立，故假物以资生。体珠光之皎皎，若凝霜之初成。色鲜熠以荧荧，似融露之将停。"作者观察之细致，描写之入微，喻比之恰切，均堪值称道。但作者写此赋的立意，并非在此，而是在于"浮沤"的"亡不长消，存不久寄"，以及其之"其成不欲难，其败亦以易"。如此，则左棻创作是赋的动机与是赋之主旨，乃皆为明白。再看《松柏赋》：

> 何奇树之英蔚，记峻岳之嵯峨。被玄涧之逶迤，临渌水之素波。擢修本之丸丸，萃绿叶之芬葩。敷纤茎之茏苁，布秀叶之葱青。列疏宝之离离，馥幽蔼而永馨。纷翕习以披离，气肃肃以清冷。应长风以鸣条，似丝竹之遗声。禀天然之贞劲，经严冬而不零。虽凝霜而挺干，近青春而秀荣。若君子之顺时，又似乎真人之抗贞。赤松游其下而得道，文宾餐实而长生。诗人歌其荣蔚，齐南

山以永宁①。

此赋与《涪沤赋》有相似之处，即其皆“喻指”鲜明而寓意深刻。作者在此赋中，写松树与柏树生活的环境(“被玄涧之逶迤，临渌水之素波”)，写松树与柏树的性格(“禀天然之贞劲，经严冬而不零。虽凝霜而挺干，近青春而秀荣”)，等等，其实都是在以树喻人。正因为松柏具有“经严冬而不零”与“虽凝霜而挺干”的禀性与特点，所以其才为“诗人歌其荣蔚”。在作者看来，松柏的品格，松柏的精神，其实就是人的品格，人的精神。松柏因为“英蔚”，所以值得赞颂，值得称美；浮沤虽然“体珠光之皎皎，若凝霜之初成。色鲜熠以荧荧，似融露之将停”，但却有似昙花一般而“存不久寄”，所以不值称道。由是而观，可知左棻的咏物赋，是并非将笔触停留在对物的平面描写之上的，而是在借物以喻人，借物以述志，因而具有很强的现实性与审美价值。

如果着眼于咏物赋的发展史以论，上述左棻咏物赋的特点是颇可注意的。咏物赋的问世，大约与抒情小赋相前后，即二者都兴起于东汉末年。斯时之咏物赋，如班固《竹扇赋》、朱穆《郁金赋》、应玚《杨柳赋》、杨修《孔雀赋》、张衡《冢赋》、蔡邕《琴赋》等，或对所咏物象进行细致描摹，或就其功能作详细铺陈，虽各具特点，但从总的方面讲，其均属于平面述写的范畴。由东汉而曹魏，邺下作家群之咏物赋，亦大抵如此。如曹植《宝刀赋》重在对宝刀之“宝”进行夸张描写，《芙蓉赋》主要写了芙蓉的艳丽及游人对其之赏爱，《九华扇赋》则因系汉桓帝所赐而把“九华”之来历反复陈述，等等，即皆以对“物”的描写见功力。而曹植的咏物赋，唯一可称道者是其《橘赋》，此赋大约因受屈原《橘颂》的影响，故作者乃于赋中，对橘生南国而不畏“炎气”、“寒暑”之特点引发感慨：“拊微条以叹息，哀草木之难化。”汉魏之际的咏物赋，乃

---

① 左棻：《松柏赋》，严可均《全上古三代秦汉三国六朝文·全晋文》卷十三，中华书局1958年影印版。

大抵如此。而当历史的脚步行进到西晋时，为“晋代妇女之冠”的左棻，则以其杰出的艺术才华与不断的艺术实践，使咏物赋的发展迈向了一级新的台阶，这就是将咏物赋中的“物”人格化，并藉之以述志抒怀，从而升华了咏物赋的文学价值与审美价值。左棻表现在咏物赋上的这一创获，对于咏物赋在晋宋及整个南朝的繁荣和发展而言，显然是起到了极其重要之推动作用的。

三、散文：开写人赋物之先河

左棻现存的散文，据严可均《全上古三代秦汉三国六朝文·全晋文》卷十三的录载，主要有颂七篇，赞十二篇，诔二篇，表一篇，四者共二十二篇。其具体为：《武帝纳皇后颂》、《杨皇后登祚颂》、《德柔颂》、《郁金颂》、《芍药花颂》、《菊花颂》、《神武颂》、《虞舜二妃赞》、《周宣王姜后赞》、《班婕妤赞》、《孟轲母赞》、《狂接舆妻赞》、《荆武王夫人邓曼赞》、《齐杞梁妻赞》、《齐义继母赞》、《鲁敬姜赞》、《德刚赞》、《巢父惠妃赞》、《纳杨后赞》、《元皇后诔》、《万年公主诔》、《上元皇后诔表》。左棻的这二十二篇散文，仅从表面上看，就已表现出了三个较为明显的特点：(1)几乎都写于她被选入宫之后；(2)数量之多名列先唐女作家前茅；(3)在题材上可分为“人物散文”与“咏物散文”两大类。

从写作学的角度讲，“人物散文”又可称之为“写人散文”。左棻的写人散文，不仅数量多，而且人物的类别也甚多，如既有古人又有今人(指西晋之当代人而言)，既有历史人物又有传说人物，既有位尊至极的皇后，又有极为普通的平民，等等，真可谓是应有尽有。在艺术方面，这类散文大多具有词旨清丽，开合自如，用典贴切等特点。如《武帝纳皇后颂》、《元皇后诔》、《万年公主诔》等文，或叙写详赡，极尽铺陈之能事；或词藻妍丽，尚辞以求其美；或引典譬喻，出语自然而文势平缓，均极具特点。这些特点所反映的，是作为文学家的左棻，其“善缀文”的艺术才华在写人散文中的一种重要体现。如《元皇后诔》开篇即云：“赫赫元后，出自有杨。奕世朱轮，耀彼华阳。唯岳降神，显兹祯祥。笃生英媛，休有烈光。含灵握文，异于庶姜。和畅春日，操厉秋霜。疾彼攸遂，敦此义方。率由四教，匪怠匪荒。行周六亲，徽音显扬。”纯用四言短句，并于反复铺写中以求简约之美，特点独具。此《诔》全文洋洋洒洒，寓颂寓赞，并善以细节美主人之德，因而写得既自然亲切，又哀婉动人，堪称西晋诔文中的一篇优秀之作。

左棻的咏物散文，虽然仅存三篇，即《郁金颂》、《芍药花颂》、《菊花颂》，且皆非全文（其中《芍药花颂》只存题目），但其所咏写之郁金、芍药与菊花，却皆为特色别具的名花之属，正因为这三种花皆为名花，故作者之所咏写，乃多为赞美之辞。如《郁金颂》有云：“伊此奇草，名曰郁金。越自殊域，厥珍来寻。芬芳酷烈，悦目欣心。明德唯馨，淑人是钦。窈窕妃媛，服之褵衿。永重名实，旷世弗沈。”西晋的所谓“郁金”，即今之郁金香。作者之所以特地咏写“越自殊域”而非中土的郁金，主要是重在赞赏其“芬芳酷烈，悦目欣心”的品性。正因为郁金具有如此的品性与特点，故其乃为“明德唯馨，淑人是钦；窈窕妃媛，服之褵衿”。又如《菊花颂》：“英英丽质，禀气灵和。春茂翠叶，秋耀金华。”作者下笔即着眼于菊花的“丽质”，原因乃为其之“春茂翠叶，秋耀金华”特点所致，如此切入，则菊花的品质，菊花的精神，乃皆寓其中。由此不难获知，左棻在其咏物类散文中对郁金、菊花等名花大加赞美者，实质上其所赞美的，乃是其与众不同的品质与精神。有研究者在综论西晋散文艺术时曾认为：“总之，西晋士人审美意识极强，既用审美的眼光看待人生、观察自然，也用审美的心态对待文学创作、文学鉴赏。”而左棻，就正是这样的一位散文艺术家。

以散文的形式咏写古今人物与自然花卉，在中国女性文学史上，左棻应是一位开其先河的文学家。这一创获，是左棻对于文学史所作出的又一重要贡献。左棻的这一贡献，对于当时与后世的散文创作而言，其影响之大应是不言而喻的。对此，左思《悼离赠妹诗》二首其二之所述，乃可藉之以管窥其一斑："穆穆令妹，有德有言。才丽汉班，明朗楚樊。默识若记，下笔成篇。行显中闺，名播八蕃。"其中的"名播八蕃"，勘之《晋书》卷三十一《左贵嫔传》中"帝重芬词藻，每有方物异宝，必诏为赋颂，以是屡获恩赐焉"云云，可知左思之所言，乃是真实可信的。从深闺走进帝宫的左棻，以其才华之杰出而为武帝所重，其名其文在当时"名播八蕃"，其实乃属理所当然之事。

综上所述，可知左棻表现在诗歌、词赋、散文三个方面的成就，无论是就西晋一代而言，抑或整个先唐时期以论，都是堪可称之为独树一帜的。但遗憾的是，二十世纪五十年代以来所出版的各种文学史著作，却很少有给左棻以一席之地位的。或虽有论及者，也是极为简略。这种境况，相对于左棻的文学史贡献而言，显然是不相适宜的。因此，我们特希望今后的文学史著作之撰写者们，对于左棻的文学成就与文学贡献，是大有进行重新审视之必要的。唯其如此，才能还左棻其人其作之历史的真实。

第五章　陶渊明窥管录

第一节　陶渊明的生年与享年

在李唐以前的诗人中，陶渊明的生平是最为复杂的。如被朱自清称之为“此六者皆荦荦大端”①的名字、年号甲子、居址、出处、世系、年岁等，至今仍是众说纷纭，难断甲乙。以其年寿为例，自刘宋以降，即有六十三岁、七十六岁、五十六岁、五十二岁、六十余岁诸说。持六十三岁说者乃肇始于沈约《宋书》卷九十三《陶潜传》，梁启超《陶渊明年谱》则首发其难而创五十六说②。陆侃如、冯沅君《中国诗史》从梁说③。七十六说者为宋人张缜在《吴谱辩证》中最先提出④，清人黄璋等则从之不疑，但梁《谱》认为是说亦不能成立。宋云彬《陶渊明年谱中的几个问题》一文，认为《宋书》卷九十三《陶潜传》的六十三岁说“盖无明据”，

① 朱自清：《陶渊明年谱中之问题》，《朱自清全集·文史论著》，江苏教育出版社 1988 年版。

② 梁启超：《陶渊明年谱》，年谱丛刊本《陶渊明年谱》，中华书局 1986 年版。

③ 陆侃如、冯沅君：《中国诗史》，作家出版社 1956 年版。

④ 张缜：《吴谱辨证》，年谱丛刊本《陶渊明年谱》，中华书局 1986 年版。

其龄当在“六十岁左右”①。古直《陶靖节年谱》首倡五十二岁说②。赖义辉《陶渊明生平事迹及其岁数新考》，虽然认为古《谱》所用证据皆不可能成立，但其从新的材料上证实陶渊明年寿仍为五十二岁③，与古《谱》之说偶合。

又逯钦立《陶渊明事迹诗文系年》(以下简称《系年》)虽从六十三岁之说④，然其此前所撰之《陶渊明年谱稿》却赞同古《谱》的五十二岁说。固然，逯钦立《系年》的六十三岁说在材料上虽采用了“旧瓶装新酒”之举，但其中的矛盾与疑窦却是举不胜举。如《系年》在义熙十一年内认为陶渊明三十五岁时始生长子阿舒(俨)，而于太元十九年陶渊明三十岁时则说：“是年丧妻。”如此，就表明阿舒乃为陶渊明的继室翟氏所生。其实，这种说法与陶渊明的《与子俨等疏》的记载是大违其背的。《疏》云：“然汝等虽不同生，当思四海皆兄弟之义。……他人尚尔，况共父之人哉!”这里的“不同生”与“共父之人”，已极明白地告诉我们，陶俨是非翟氏所生而为陶渊明的元配所生。至于《系年》为成六十三岁说而臆改“闲居三十载”为“闲居三二载”，解释“一去三十年”为“一去十年”等，更属无根之论。由是看来，中华书局编辑部在《陶渊明集·出版说明》一文中，指出逯钦立对《陶渊明集》的注释，以及对陶渊明生平与诗文的系年多为“偏颇之语”的批评，是既为中肯又颇为中的的。

以上的情况表明，陶渊明的年寿自刘宋迄今存在于学术界的种种说法，都是很难成立的，而其生平也就由此构成了一道文学史上的难解之题。本节意在以陶渊明的宦历为审视点，结合有关材料，对其年寿、生年试作一次新的探求。

---

① 载《新中华》复刊第六卷第三期。

② 古直：《陶靖节年谱》，年谱丛刊本《陶渊明年谱》，中华书局1986年版。

③ 赖义辉：《陶渊明生平事迹及其岁数新考》，《岭南学报》第六卷第一册。

④ 逯钦立：《陶渊明诗文事迹系年》，《陶渊明集》附录，中华书局1979年版。

一、陶渊明年寿考论

对于陶渊明的宦历，首载者乃为沈约《宋书》卷九十三《陶潜传》，其中有云：

> 亲老家贫，起为州祭酒，不堪吏职，少日，自解归。州召主簿，不就。躬耕自资，遂抱羸疾。复为镇军、建威参军……以为彭泽令，即日解印绶去职。……义熙末，征著作佐郎，不就。①

从这段文字可知，陶渊明在解州祭酒后与“复为镇军、建威参军”之间，有着一段生平中的时间空白，而沈约对此则仅以“躬耕自资，遂抱羸疾”八字搪塞之。事实上，沈约的这种作法是不可取的。按陶集中有《还旧居》诗云：“畴昔家上京，六载去还归。今日始复来，恻怆多所悲。”这诗表明，陶渊明一度曾在“上京”家居“六载”之久。但对于诗中“上京”之所指，说者有三，即栗里、京都建康、上荆(即荆州)。按栗里在庐山，与柴桑近在咫尺，来去可当日往返，若陶渊明在彼居“六载”后还柴桑“旧居”，其何得有“恻怆多所悲”之境况呢？更何况将“上京”作为庐山之一里名者，乃始于淳熙十二年宋人朱端章的《南康志》，以宋人著述来作为对东晋时期的“上京”的考证材料，这本身就是不科学的，所谓考证之大忌者，此即其一。将“上京”笺作“上荆”即荆州者，为梁启超《陶渊明年谱》所首倡，然而是说与陶集中另外的几处“上京”之用，则迥不相符。如《答庞参军》诗云：“大藩有命，作使上京。”又是诗之序云：“从江陵使上都，过浔阳见赠。”显而易见，“上京”所指非“上荆”而为京师建康无疑。

陶渊明为什么居“上京”？又于何时居“上京”？对此，以前的诸多

---

① 沈约：《宋书》卷九十三《陶潜传》，中华书局 1963 年版。

年谱大多将其与《始作镇军参军经曲阿》诗联系起来考察。如逯钦立校注本《陶渊明集》即认为："刘裕起事在京口，并在此坐镇，京口在晋陵丹徒县，曲阿在晋陵曲阿县，彼此相距甚近。"其实，这种说法是大有问题的。按刘裕为镇军参军，事在兴元三年(404 年)，历《还旧居》的"六载"为晋安帝义熙六年(410 年)，届时，陶渊明辞彭泽令已为数载，何得仍居"上京"而"去还归"呢？此则表明，是说之为误，乃不言而喻。又有论者以为镇军将军即刘牢之，但刘牢之一生不曾供此职，可见，是说也是无法成立的。考陶集《饮酒》其十有云："在昔曾远游，直至东南隅。道路迥且长，风波阻中途。"《拟古》其二云："辞家夙严驾，当往志无终。"又其八云："少时壮且厉，抚剑独行游。"《庚子岁五月中从都还阻风于规林》二首其二云："久游恋所生，如何淹在兹。"这些诗句表明，在陶渊明的生平中，曾有过一段"远游东南隅"的经历，而《庚子岁五月中从都还阻风于规林》诗题，又点明他此行"还旧居"的时间为"庚子岁"(400 年)，以此上推"六载"，则其始游"东南隅"乃为晋简文帝太元二十年(395 年)。此则表明，陶渊明所谓居"上京六载"者，盖乃指他进行了一次以京师建康为中心而长达六年之久的东南漫游，时间则为三九五年至四〇〇年。又据"久游恋所生"五字，知陶渊明"庚子岁五月"的此行之所以从京师还柴桑者，盖为挂念在"旧居"的"所生"即老母故也。而此期，陶渊明的"家叔"陶夔正在京师任太常卿，其之漫游"东南隅"，当与陶夔任职京师不无关联。

陶渊明归家柴桑未久，即"投耒去学仕"，开始了对功名的专意谋取，时年为二十九岁，这有《饮酒》其十九之"行行向立年"句可证。这就是说，陶渊明二十九岁时乃在"庚子岁"即晋安帝隆安四年之后。而据本节以下之考察，这个"之后"实际上只有两年的时间，如此，则"庚子岁"陶渊明就为二十七岁，推之其生年乃在公元 374 年，也就是晋孝武帝永康二年。颜延之《陶征士诔》云："春秋若干，元嘉四年月日，卒于浔阳县之某里。"元嘉四年为公元 427 年，以此计之，可知陶渊明的年寿为五十四岁。

陶渊明的年寿不过六十，颜延之《陶征士诔》早有记载，云："年在中身……视死如归，临凶若吉。药剂弗尝，祷祀非恤。傃幽告终，怀和长毕。"①其中"中身"，乃典出《尚书·周书·无逸第十七》中之"文王受命惟中身"，即五十岁之谓也。然朱自清《陶渊明年谱中之问题》一文注此引《伪孔传》云：'文王九十七而终。中身即位，时年四十七。言中身，举全数。''全数，不必即指五十也。"按朱说乃误。若"全数"不必即指"五十"而为"六十"或者"七十"，其显然是不符合"中身即位，时年四十七"之本意的，盖因"五十"以外的任何"全数"，均不能视为文王即位的代年岁之词故也。逯钦立《陶渊明集·跋》对此又另创新说，认为："中身不一定是指五十多岁。如《晋书·陆玩传》说：'臣已盈六十之年。''又上表曰：臣年中寿，终命归全，将复何恨。薨年六十四。'可见在晋人眼里，六十以上亦可称中寿或中身。"

按"中身"并不等同于"中寿"，逯《跋》在这里因不明此而混淆了两词的概念。如前所述，"中身"典出《尚书·周书·无逸第十七》，在这里为五十二岁代指的专用词，而"中寿"则因时代之不同其所指也就不同，这是绝对不能与"中身"相提并论的。如《春秋左传正义》卷十七《僖公三十二年》有云："中寿，尔墓之木拱矣。"孔颖达疏云："中寿百。"而《庄子·杂编·盗拓第二十九》有"中寿八十"之载，《淮南子》卷一《原道训》以"中寿"为七十岁，《吕氏春秋》卷十《三曰安死》则以"中寿"为六十岁。晋人将"中寿"作六十岁者，除《晋书》卷七十七《陆玩传》外，尚可在葛洪的《抱朴子·内编·至理第五》等著述中找到例子。可见，"中寿"作为年龄的代名词，乃为一种"可变之物"，而"中身"作为年龄的代名词，因典出《尚书·周书·无逸第十七》，就只能专指五十二岁而言。逯《跋》未明二者间的各自之真谛，擅作斯说，实谬之甚也。

---

① 颜延之：《陶征士诔》，严可均辑《全上古三代秦汉三国六朝文》，中华书局1958年影印版。

其实，陶渊明寿不过六十岁，我们从他与颜延之的交往关系中亦可窥知。萧统《陶渊明传》云："先是颜延之为刘柳后军功曹，在浔阳与渊明情款。后为始安郡，经过浔阳，日造渊明饮焉。"①这一记载告知我们，颜延之曾两次在浔阳与陶渊明过从，一为任刘柳后军功曹时，一为任始安太守途经浔阳之际。颜延之为刘柳后军功曹，史无明载，清人陶澍《陶靖节年谱考异》考订在义熙十年至十二年之间，可从。按颜延之生于晋太元九年(384年)，至义熙十一年(415年)为三十二岁，陶渊明的生年若以上考公元374年计，届时为四十二岁，较颜延之年长十岁。否则，如持六十三岁说者所言，陶渊明义熙十一年为五十二岁，乃长颜延之二十岁，二人在年龄上的距离竟为一代人之隔，如此"情款"，岂可理喻？

二、陶渊明生年稽考

陶渊明的年寿既然不可过六十岁，那么，本文上考其"庚子岁"为二十七岁究竟有无可靠的材料证明呢？下面从三个方面对此进行考察。

(一)上引《宋书》卷九十三《陶潜传》云："亲老家贫，起为州祭酒，不堪吏职，少日，自解归。"又云："潜弱年薄宦，不洁去就之迹。"陶渊明为江州祭酒，从宋人王质《栗里谱》到今人王瑶注释《陶渊明集》，以及逯钦立《陶渊明事迹诗文系年》、廖仲安《陶渊明》等著述，皆认为乃在他二十九岁之时，所依证据，便是《饮酒》其十九中的"投耒去学仕"、"是时向立年"两句。按"学仕"一词虽从《论语》"学而优则仕"化出，但后者所强调的是"学"，即只有"优"才能为"仕"，而非"优"者是不能入仕的，所以，"学仕"非如旧注所释为"已入仕"、"从政"、"做官"之类意，而是指谋取功名言，这有陶渊明《祭从弟敬远文》为证。是文有云："余偿学仕，缠绵人事，流浪无成。"这十二个字是陶渊明在义熙七年对

---

① 萧统：《陶渊明传》，《陶渊明研究资料汇编》，中华书局1962年版。

昔时“流浪”生活的回忆，其中“无成”一词，便是“学仕”为谋取功名的佐证。若“学仕”为“已入仕”或者“从政”与“做官”，则“流浪无成”就不可理喻。明乎此，知“是时向立年”等，是不能用来证明陶渊明任江州祭酒乃在他二十九岁之时的。

那么，陶渊明的“起为江州祭酉”又究竟在哪一年呢？按《宋书》卷九十三《陶潜传》的“弱年薄宦”对此作了明确记载，即其为江州祭酒必在二十岁无疑。以陶渊明年寿五十四岁推之，知其二十岁时乃为太元十八年(393 年)，据吴廷燮《东晋方镇年表》①，届时的江州刺史为大书法家王羲之的次子王凝之。《晋书》卷八十《王羲之传》云：“王氏世事张氏五斗米道，凝之弥笃。”②则王凝之乃为一个“弥笃”的五斗米道徒。当时的江州刺史既为王凝之，那么，陶渊明在王凝之州幕供祭酒之职者，即可遽断。至此，我们乃可明白，《晋书》卷九十四《陶潜传》所载陶渊明“吾不能为五斗米折腰”云云，所指非为传统而又流行的俸禄说，而是谓陶渊明不能折腰于如王凝之这样的一个五斗米道徒。但有论者认为，《晋书》卷九十四《陶潜传》乃唐人所撰，材料来自萧统的《陶渊明传》而又有所改变，当以萧《传》为准。按此二《传》所不同者，唯萧统《陶渊明传》于“岂能为五斗米折腰”云云之后面，有“即日解绶去职，赋《归去来》”一句，持论者即据此，认为陶渊明当时所说这番话者，非为供职江州祭酒而为彭泽县令。其实，萧统《陶渊明传》此载是颇为错误的。按陶渊明辞彭泽县令，事在义熙元年，原因乃为胞妹病卒武昌所致，对此，其《归去来兮辞》的序文乃有明确记载：“寻程氏妹丧于武昌，情在骏奔，自免去职。仲秋至冬，在官八十余日。”此即明证。

由上可见，陶渊明一生曾两次辞职，一为太元十八年的辞江州祭酒，原因为不愿折腰于王凝之这样的一个五斗米道徒；一为义熙元年的辞彭泽令，原因为“程氏妹丧于武昌”的缘故。而前者，又与《宋书》卷

---

① 吴廷燮：《东晋方镇年表》，中华书局 1980 年版。

② 房玄龄等：《晋书》卷八十，中华书局 1974 年版。

九十四《陶潜传》之“不堪吏职，少日，自解归”极为扣合。正因为陶渊明在他二十岁时不愿与五斗米道徒王凝之为伍，故当“州召主簿”时，他即以“不就”而罢之。对于以上史实，逯钦立《系年》亦已注意，然因其迷信陶渊明的年寿为六十三岁说而系之于他二十九岁之时，因而就产生了与“弱年薄宦”无法关联的矛盾。对于这一无可避免而又无法解决的矛盾，《系年》又不得不以避而不谈之方法予以了之，所以，作者此举既不严肃又不科学，显然是削弱了《系年》的学术性的。

(二)陶集中的《怨诗楚调示庞主簿邓治中》一诗有云：“弱冠逢世阻。”逯钦立校注本《陶渊明集》注云：“弱冠，二十岁。逢世阻，即《有会而作》所谓‘弱年逢家乏’。”其实，这种注释是有悖于史籍的记载的。考《晋书》卷九《孝武帝纪》，陶渊明二十岁之时的太元十八年内有如下记载：春正月地震，二月又地震，六月始兴、南康、庐陇大水，深五丈，七月大旱；三月翟剑冠剑南，闰七月司马徽反，九月杨佛篙反。一年之内，两次地震，一次水灾，一次大旱，三次战祸，天灾战乱骤降，正所谓“逢世阻”也。若陶渊明二十岁之年，如持六十三岁说者在太元九年，持五十六岁说者在太元十六年，持五十二岁说者在太元二十年，持七十六岁说者在简文帝咸安元年，这些年内的天灾战乱，均是远非太元十八年可比的。又据《晋书》卷九《太宗简文帝纪》、同卷《孝武帝纪》所载：咸安元年既无天灾、亦无战乱；太元九年有战乱两次而无天灾；太元十六年战乱一次亦无天灾。太元二十年天灾、战乱仅一次。两相比较，可知“逢世阻”之指，是非太元十八年莫属的。或有论者以是诗中的“结发念善事，僶俛六九年”为据，认为陶渊明在诗中已“明言时年为五十四岁”，而是诗又非陶渊明的绝笔，安能用以证实陶渊明的年寿为五十四岁呢？按此说亦不的。这是因为，诗中的“僶俛六九年”，一本作“僶俛五十年”，若据后者，则是诗不作于陶渊明五十四岁之年甚明。否则，就必须以确实可靠的证据，来证实“僶俛五十年”是错误的。而事实上，要做到这一点是很困难的，所以，我们认为，还是陆侃如先生在《陶公生年考》一文中说得好：“在未能确定这些异文孰是孰非以前，所有数目均无作证资格。”①故而，在重新考察陶渊明的年寿时，对陶集中的异文如“奄出四十年”（一作“奄出四九年”）《戊午岁六月遇火》（“戊午”一作“戊申”）》、“开岁倏五十”（一作“开岁倏五日”），以及《游斜川》诗序的“乙丑正月五日”（“乙丑”一作“辛丑”，又作“辛酉”、“辛亥”）等，概不取之。因为只有这样，才能避免无端“讼案”的出现，才能迫使我们从新的角度和材料去重新考察陶渊明的年寿。

（三）《杂诗》其十云：“驱役无停息，轩裳逝东崖。……荏苒经十载，暂为人所羁。庭宇翳余木，倏忽日月亏。”诗中前两句所指，即陶渊明太元二十年始游“东南隅”事，历“十载”正为他辞彭泽令的义熙元年。在这十年中，陶渊明从东南漫游到投耒取功名，继而再到供职荆州，始作镇军、建威将军与彭泽令，皆离家在外与人周旋，故云“暂为人所羁”。按逯钦立校注本《陶渊明集》注“驱役”云：“差遣徭役。”并据以认为，“驱役无停息”是指陶渊明届时已在京都供职，且于《系年》中的隆安三年（399年）内云：“是年为桓玄官吏。”继又于翌年即隆安四年内云：“是年曾以官使使都，有《庚子岁五月中从都还阻风于规林》二首。诗云：‘自古叹行役，我今始知之。’知此次至都，乃以官事，而非私事。”逯文之所以作如是结论者，皆因释“役”为“徭役”即“官使”故也。按此二诗中的“役”，皆指行役即“行旅之事”而非“官使”。考曹植《情诗》有云：“眇眇客行士，徭役不得归。”是“役”非为“官使”专利的明证。《系年》在隆安四年内又云：

> 又诗云：“久游恋所生。”知陶仕玄为官不自今年始，若自今年始，方至五月，不得言久游也。据《晋书·桓玄传》，玄“屡上疏求讨孙恩，诏辄不许。恩逼京师，复上疏请讨之，会恩已走”云云，按《安帝纪》，孙恩陷会稽，在去年（公元399年）十一月，至丹徒逼近京师，在明年（公元401年）六月，则陶之奉使为玄初次上疏

① 陆侃如：《陶公生年考》，载《国学月报汇刊》第一集。

当在本年(公元400年)，其仕于玄，当在是年①。

按桓玄自领荆、江二州刺史，据《晋书》卷九十九《桓玄传》等材料，知事在隆安三年(399年)十二月，而《庚子岁五月中从都还阻风于规林》二诗表明，陶渊明此行至京师至迟是必在隆安四年即“庚子岁”的五月之前的。陶渊明为“桓玄官吏”，即以桓玄为荆、江二州刺史的隆安三年十二月计，至翌年五月也实际不足半年，亦与“久游恋所生”不符。此为其一。其二，《庚子岁五月中从都还阻风于规林》二首其一有云：“一欣侍温颜，再喜见友于。”其二云：“久游恋所生，如何淹在兹。”所记者皆为陶渊明长期在外而急欲归家与归家后之心情，何曾有一字涉及“奉使为玄初次上疏”之事？可见，强以《庚子岁五月中从都还阻风于规林》二首为据，认为陶渊明在隆安三年十二月于荆州仕玄云云，乃是毫无道理的。而将此诗系于“畴昔家上京，六载去还归”之归时，与陶集中所述渊明生平行年无一不合。

根据以上三个方面的考察表明，无论是《宋书》卷九十三《陶潜传》对陶渊明二十岁时仕履的记载，抑或陶渊明在诗中对他二十岁时行事的披露与反映，均与史籍所载之史实毫无轩轾可言，故其生于公元374年、享年即年寿为五十四岁，乃是可以遽断的。

第二节 陶渊明供职荆州质疑

陶渊明“供职荆州”，沈约《宋书》卷九十三《陶潜传》、李延寿《南史》卷七十五《陶潜传》、房玄龄等《晋书》卷九十四《陶潜传》，以及颜延之《陶征士诔》、萧统《陶渊明传》、无名氏《莲社高贤传》诸材料，均

---

① 逯钦立：《陶渊明诗文事迹系年》，《陶渊明集》附录，中华书局1979年版。

不曾有记载。首倡是说者，乃始于吴仁杰《陶靖节先生年谱》于晋安帝司马德宗隆安五年(401年)所引叶少蕴的一段话语。其云：

> 叶少蕴左丞云："渊明隆安庚子从都还，明年赴假还江陵。荆州刺史自隆安三年，桓玄袭杀殷仲堪，即代其任，至于纂未别授人。渊明之行在五年，岂尝仕于玄耶？①

即是说，这种说法乃始于北宋学人。然而与叶少蕴同为北宋人的王质《栗里谱》却不载此事。叶说既出，即引起了古今无数研治陶渊明者的注目，故自彼迄今，几乎凡涉及陶渊明生平的论著，无一不认为陶渊明曾供职于荆州。而持此说者，对陶渊明当时供职荆州之幕主，又存在着两种意见：即一为桓玄，一为刘裕。所谓陶渊明荆州仕玄、仕裕，即由此而始。又，上述无论持哪一种说者，大多将陶渊明供职荆州，与其集中的《始作镇军参军经曲阿作》一诗互为关联，于是，因此又产生了陶渊明由京师经浔阳还江陵的诸种说法。而其具体的时间，则又皆考订在晋安帝隆安五年(401年)，以致几乎成为一种定论。

事实上，陶渊明在隆安五年的供职荆州之说，是颇值怀疑的。按持陶渊明供职荆州说者的证据，主要为其集中《辛丑岁七月赴假还江陵夜行涂口》一诗。为讨论方便，兹据中华书局版校注本《陶渊明集》，录是诗全文如次：

> 闲居三十载，遂与尘事冥。诗书敦宿好，林园无世情。如何舍此去，遥遥至南荆。叩栧新秋月，临流别友生。凉风起将夕，夜景湛虚明。昭昭天宇阔，皛皛川上平。怀役不遑寐，中宵尚孤征。商歌非吾事，依依在耦耕。投冠旋旧墟，不为好爵萦。养真衡茅下，庶以善自名②。

---

① 吴仁杰：《陶靖节先生年谱》，年谱丛刊本《陶渊明年谱》，中华书局1986年版。

② 逯钦立：《陶渊明集》(校注本)，中华书局1979年版。

诗题“辛丑岁”即晋安帝隆安五年，为持荆州说者考订陶渊明供职荆州的唯一证据。由于陶渊明的生年自宋迄今即有多种说法，因之，陶渊明供职荆州的年岁也就众说不一。如持生年为晋哀帝兴宁元年(365年)者，即据以认为陶渊明时龄为三十七岁；持生年为晋简文帝咸安二年(372年)者，则据以认为其时龄为三十岁；持生年为晋孝武帝太元元年(376年)者，则又据以认为其时龄为二十六岁，如此等等。这就是说，此诗题中的“辛丑岁”，乃为持上述说者认为陶渊明供职荆州时间的一个关键点。

又诗题中的“赴假”一词，截至目前为止，尽管有“假归”、“急假”、“乞假”、“免假”、“销假”等多种解释，令人无可适从，但这些说法却有着一个共同点，即其皆将“赴假”作为陶渊明供职荆州既直接而又唯一的证据。所以，在这些持说者看来，“辛丑岁七月赴假还江陵夜行涂口”作为诗题，其所包含的内容乃为：陶渊明在隆安五年秋七月前，曾于江陵幕府请假东归，待其假期满后，于秋七月的“中宵”由浔阳或长江下游某地赴职还荆州，因夜行涂口，而作是诗。陶渊明此行既是赴职，那么，其在写这诗之前已入仕江陵者，则是可肯定的。

然则将《辛丑岁七月赴假还江陵夜行涂口》这一诗题所述写之内容，作如是之理解者，乃存在着如下几个方面的疑窦：

其一，若以陶渊明“辛丑岁”为三十七岁计，即与诗中的“闲居三十载”不符；因为三十七岁距四十岁仅三年之隔，按理应作“闲居四十载”才更符合于实际。陶渊明不说“闲居四十载”而说“闲居三十载”，其中原因何在？对此，持说者无只字之解释。持三十岁与二十六岁说者，固然于陶渊明的年岁可与其大体一致，但却又与陶渊明在《饮酒》诗中自述的“行行向立年……投耒去学仕”不符，盖因“向立年”固可以二十八岁或者二十九岁计之，然距二十六岁则甚远。更何况持二十六岁说的古直《陶靖节年谱》认为，陶渊明在他二十四岁的隆安三年，即已为刘牢之的参军①，如此，则陶渊明自述的“向立年”之“投耒学仕”，就毫无着落了。持三十岁说者为梁启超《陶渊明年谱》②，其说固于“闲居三十载”不违，然亦与“投耒学仕”的“向立年”相矛盾，且梁《谱》认为陶渊明始作刘裕幕府的参军，乃在他二十六岁之时。既然陶渊明在二十六岁时即已供镇军参军之职，他为何又要在此诗中说“闲居三十载”，在《饮酒》诗中说“行行向立年……投耒去学仕”呢？对此，梁《谱》亦无只字之解释。

其二，上述无论持哪一种生年说者，大多认为陶渊明“辛丑岁七月”的此行，乃是由今九江方向朝江陵夜行的，即陶渊明的此行乃为逆水而上。然诗中有“临流别友生”一句，表明陶渊明此行非为逆水西上而是顺流东下。所以，若硬要将“赴假”解释为“销假赴职”之意者，那么，陶渊明的此行，就只能是到长江下游的某地去赴职，而绝非是地处长江上游的江陵的。对此，其诗中的“皛皛川上平”又可佐证之。按陶渊明此行若是由长江之下游逆舟至涂口，且又为夜行，则其沿途之所经过者，分别为今黄石西塞山、黄州赤壁、阳逻大军山、小军山、武汉龟蛇二山等，其地理概貌乃是与“川上平”迥不相及的。而由江陵顺舟涂口，两岸一马平川，所见者即李白《度荆门送别》中的“山随平野尽，江入大荒流”③，一派开阔景象！

其三，诗中的“遥遥至南荆”，持说者皆认为“南荆”乃“西荆”之误，理由是萧统《文选》著录是诗即作“西荆”，且李善之注亦可为证。按李善注云：“西荆，西荆州也。时京都在东，故谓荆州为西也。”④李善此注毫无材料依据，全乃臆测之辞，未可据信。且李善所注之《文选》底本在当时并无刻本，全为手抄，今又不曾存在，岂可认为其作为

① 古直：《陶靖节年谱》，年谱丛刊本《陶渊明年谱》，中华书局1986年版。
② 梁启超：《陶渊明年谱》，年谱丛刊本《陶渊明年谱》，中华书局1986年版。
③ 王琦笺注：《李太白全集》卷十五，中华书局1977年版。
④ 萧统：《文选》李善注，中华书局1977年影印版。

底本的抄本无讹误呢？另者，今存《文选》李善注本之完整者，乃为南宋尤袤刻本，而今存北、南两宋之陶集刻本均作“南荆”，则尤刻本《文选》也就显然不可与宋刻本陶集相提并论，即北宋时期的陶集刻本作“南荆”者，较之南宋尤刻本《文选》作“西荆”，从版本学的角度讲是更有其权威性的。而李善的注本及其所用底本，又诚如中华书局影印本《文选・出版说明》所言，“在(唐以前的)传抄过程中，无意抄错和有意删节都在所难免”，因而，“李注经过多种过易稿，传抄本不一定是定本”。所以，“遥遥”句是应以陶集本为正的，即作“南荆”者是，作“西荆”者非。陶渊明此行既是顺舟东下，则“南荆”很可能在当时为江州境内的一个小地名，今九江县马回岭乡有荆林街，或即与其相关联否？又据陶澍《陶靖节年谱考异》引《朱子语录》，知庐山有地名“上原”，当地人称“原”为“荆”，则此“荆”亦未知是否与其相关否？而或彼或此，“南荆”之具体所在虽不可确考，但其非荆州乃是显而易见的，因为古今之荆州，均非在京都建康之南。

根据以上三点，可知《辛丑岁七月赴假还江陵夜行涂口》诗题之所述，乃是指陶渊明“辛丑岁七月”始程江陵而赴假还归的，因夜行涂口而作是诗。即是说，陶渊明此行乃是顺江东下，而非为逆水西上。如此，诗题就应为《辛丑岁七月赴假还，江陵夜行涂口作》了，这样就与诗中“临流别友生”扣合，亦与“皛皛川上平”一致。而陶澍《陶靖节年谱考异》所言之“赴假还江陵”，乃“犹曰‘赴假还自江陵’云尔”①的认识，正可对此佐证之。

陶渊明“辛丑岁七月”此行，既为自江陵始程东下，那么，诗题中的“赴假”又当作何解释呢？又是否为研究者们所称道的“销假赴职”呢？按前所述持陶渊明生年分别为兴宁元年、咸安二年、太元元年说者，其于陶渊明隆安五年的年岁，均无法与“闲居三十载”，以及“行行向立

① 陶澍：《陶靖节年谱考异》，年谱丛刊本《陶渊明年谱》，中华书局 1986 年版。

年……投耒去学仕”扣合，因此，“销假赴职”之说，也就变成了一种缘木而鱼。实际上，“赴假”一词之所指，不是谓陶渊明写这诗时已在荆州或者他地供职，而是表明其此行乃与“赴丧”、“奔丧”密切相关。也就是说，从陶渊明的这一诗题可以获知，他写在这诗之前已失去了一位亲人。

那么，将“赴假”作如是之理解，是否有其材料上的依据呢？请看下列笺释：

(1)先说“赴”。“赴”古通“讣”，因之乃有“赴告”一词，其意即为“告丧”。《左传·隐公三年》：“平王崩，赴以庚戎，故书之。”又杜预《春秋序》云：“赴告策书，诸所记注，多违旧章。”疏：“凶事谓之赴，他事谓之告。”

(2)再说“假”。“假”古通“遐”，“遐”即“丧”意。《礼记·曲礼下第二》有云：“告丧，曰天王登假。”郑玄注曰：“登，上也。假，已也。上已者，若仙去云耳。”又《世说新语》上卷下《文学第四》之“孙楚除妇服作诗”条，注引孙楚《除妇服作诗》云：“时迈不停，日月电流。神爽登遐，忽已一周。”“登遐”即“登假”，亦即“仙去”。

以上笺释表明，“赴”与“假”在六朝前均是有专指丧事之义项的，则将“赴假”解作“赴丧”或“奔丧”者，可谓言之有据。由此，即可获知，陶渊明在“辛丑岁七月”前，乃是因奔丧而由浔阳至江陵的，待一切丧事料理完毕后，才于是年秋七月中旬由江陵顺江东下，并在舟行涂口时而作是诗。藉此而观，则所谓陶渊明“供职荆州”说者，实乃子虚乌有之谓，即其正确者应为奔丧荆州。弄清楚了“赴假”非指陶渊明曾供职荆州，明白了《辛丑岁七月赴假还江陵夜行涂口》所指为陶渊明斯时顺江东下，则前引颜延年、沈约、萧统等人关于陶渊明传记的材料中均无只字载及其“供职荆州”之事，也就不难理解了。因为在陶渊明的生平中，压根儿就没有所谓的“供职荆州”之事，其又能拿什么去记载呢？

对于陶渊明此行由浔阳奔丧荆州，《陶渊明集》中亦有明文记载，如《祭程氏妹文》一文即为其例。其有云：“昔在江陵，重罹天罚。兄弟索居，乖隔楚越。伊我与尔，百哀是切。黯黯高云，萧萧冬月。白云掩晨，长风悲节。感惟崩号，兴言泣血。”此文作于义熙三年，距隆安五年凡七年，故其乃在时间上云“昔”。而文中之“重罹天罚”，王质《栗里谱》、陶澍《陶靖节年谱考异》，皆认为乃“丧父”，实误。梁启超《陶渊明年谱》、古直《陶靖节年谱》等，据《祭》文开首之“慈妣早世”，认为所丧者乃陶渊明的庶母、程氏妹的生母，良是。又据文中的“萧萧冬月”四字，可知陶母之卒乃在冬十月前后，而陶渊明“赴假还自江陵”的具体时间又为“辛丑岁秋七月”，合勘之，知其母卒于江陵的具体时间为隆安四年冬十月，则陶渊明自浔阳奔丧江陵即在是时，待其从江陵返还浔阳时，则乃在翌年的秋七月之际。如此，陶渊明此前即在江陵待了两个年头约整八个月的时间。

第三节　桃花源记与唐代文学

陶渊明作为晋、宋易代之际的一位文学巨匠，其作品对后世文学的影响程度，后人仅以唐人尊崇其诗歌为“陶体”者，即可见其一斑。但是，“陶体”在唐代诗人中尽管产生了难以用数字表达的影响，其却远远无法与属于“个案”的《桃花源诗并记》媲美。这是因为，《桃花源诗并记》表现在形式上的建树与方法上的别具匠心，对于有唐一代之“诗序体”与传奇两种文学门类的创作，都起到了不可估量的作用。这一实况表明，《桃花源诗并记》在中国文学史上，对于后世文学的繁荣与发展，乃是占有相当重要之地位的。如此，则就有必要对这作品进行一番重新审视了，本节即对其略作论析与观照。

一、“桃花源”与古“华胥国”

在一次国际性的学术会议上，有位研究中国文学的日本学人，曾经对我说过这样一件事：在中国的古代文学中，外国读者是很难读到一篇虚构性作品的。其言下之意，是说中国古代的叙事性作品与抒情性作品，乃多于虚构性的。而事实上，中国古代虚构性作品是很多的，如陶渊明之前的曹植《洛神赋》，就是一篇颇负盛名的虚构佳作，而陶渊明的《桃花源诗并记》，则是又一篇虚构性的精品。

众所周知，“桃花源”是陶渊明晚年着意塑造的一个理想王国，但这个王国却又非为陶渊明所首创，因为类似的王国，早在先秦时期就为文学家们所描绘，如《列子》卷二《黄帝第二》中的“华胥国”，即为其中之一例：

> (黄帝)昼寝而梦，游于华胥氏之国……其国无帅长，自然而已。其民无嗜欲，自然而已。不知乐生，不知恶死，故无夭殇；不知亲己，不知疏物，故无爱憎；不知背逆，不知向顺，故无利害①。

文中的两个“自然而已”与六个“不知”，已将“华胥国”之况作了尽情描绘，确乎十分理想。按黄帝生活的时代，乃为中国原始社会早期，斯时的政治、经济、文化等，虽均不可与陶渊明生活的东晋同日而语，但其所“梦”之为列子虚构的“华胥国”，却充分体现了生活在远古时期的人们对理想王国的渴慕。“好读书，不求甚解，每有会意，便欣然忘食”的陶渊明，对包括“华胥国”在内的列子的著作和《洛神赋》之类杰作，自然是了然于胸的。

但陶渊明的这一虚构性佳作，却又是有别于其前的同类作品的。这种区别的最明显之处，就是作者特意在“并记”中安排了三位男性人物，即渔人、太守、刘子骥；其身份，一为普通平民，一为地方官吏，一为

① 张湛：《列子注》卷二《黄帝第二》，《诸子集成》本，中华书局2002年影印版。

知名之士，分别代表着三种不同的阶层。渔民与太守的生平虽不可考，但刘子骥的生平事迹，则是被载入了正史《晋书》卷九十四的。据《晋书》卷九《孝武帝纪》、卷九十八《桓温传》、卷九十四《刘驎之传》(刘驎之，字子骥)等材料可知：桓温以车骑将军拜荆州刺史，事在晋孝武帝太元二年，其至南阳礼聘刘子骥为荆州长史的时间，亦在是年。这一年，陶渊明年仅四岁①。如此，即知刘子骥闻有"桃花源"欲访而未果之事，就自当在此之后②。通过对刘子骥生平的简略考察，从中乃可获知，陶渊明安排在"并记"中的三个人物，至少有一人是真实可信的。

《桃花源诗并记》既属于虚构性作品，那么，陶渊明又为什么要安排一个真实人物于其中呢？这样的安排，对于整个作品又能起到何种作用呢？这是一个很少有人讨论的问题。约而言之，其作用主要表现在两个方面。其具体为：

(一)将虚构的内容以真实的人物进行"艺术包装"，可以加强读者对"桃花源"这一虚构的艺术世界的可信度。陶渊明之此举，实际上是运用了一种"真真假假"的表现手法，其所产生的直接作用，则是令读者相信"桃花源"之确实存在：你看，像"桃花源"这样的理想世界，不仅在我的孩童时就有一位渔民到过那里，当地的太守也知道，而且连远在南阳的高士刘子骥还计划去那里考察咧！这样的述写，就可令人不怀疑在东晋的"太元中"，是确实有一个理想的"桃花源"王国存在的。而此，则比列子通过黄帝的"梦"来对"华胥国"的描绘，显然是更具艺术特点的。

(二)陶渊明通过对三个不同身份的人物的安排，是欲给"桃花源"

---

① 对于陶渊明的生年，历来众说不一。对此，拙作《陶渊明的年寿问题》一文曾进行了新的考察，认为其正确的生年应为374年。本文此处的陶渊明年岁，即据这一生年而推算之。拙文载《西南民族大学学报》1993年第4期。

② 《九江师专学报》1995年第1期《南阳高士刘子骥》一文，认为刘子骥后来全家迁至今陕西省扶风县，子骥亦卒于斯地之说，完全为错误。而导致这种错误的产生，主要是作者将《晋书》卷九十四《刘子骥传》中的阳岐(在今河南南阳境内)，误认为是岐阳。

营造出一种“假假真真，真真假假，真亦是假，假亦是真”的美学效果来，从而使其笔下的理想王国更具有艺术感染力与召唤力。后人之所以多称道《桃花源诗并记》者，蕴含于其中的这种“真亦是假，假亦是真”的美学效果，则乃为其关键所在。

综上所述，可知陶渊明对《桃花源诗并记》之所以作如此精心安排者，是旨在运用文学的手段，去唤起当时人们对理想王国的向往与追求；同时又向人们揭示了这样的一种社会概况：当今的天下，只有坐落在武陵一隅的“桃花源”才是一块真正的净土！由是看来，陶渊明对于当时社会的不满情绪，已是溢于言表的。如此，则可知陶渊明晚年的所谓“隐居”，乃是与唐代诗人们的隐居有着本质的区别的，这是因为，陶渊明的隐居是带有明显的反抗色彩的，而唐代诗人们的隐居，则是将其待之以一条“终南捷径”的。

二、《桃花源诗并记》与唐代“诗序体“

值得指出的是，二十世纪五十年代以来的学术界与出版界，有不少人将《桃花源诗并记》乃以两件作品对待，即或称“桃花源”为五言诗，或称“并记”为一篇散文。由此所导致的结果，则是使得不少普及性读物只选录其“并记”，且将题目改为《桃花源记》；而另一些论著虽不是如此以待，但却将其题目写成了《桃花源记并诗》。其实，这样的一些举措，既破坏了这一艺术精品的整体美，又反映了这些人对中国诗体学的把握不全，其原因在于，《桃花源诗并记》乃是中国古代文学中的一首“诗序体”杰作。

所谓诗序体，又称“诗序合一”，是指诗人在进行诗歌创作时，有意识地于诗前附上一篇序文，而序文的内容与诗歌本体之述写又互为扣合①。

---

① 关于“诗序体”的概念、诞生时期与发展概况，以及本文所涉及的一些史实，可具体参见拙作《诗序全一：唐诗创作的新潮流》一文，载《西南师范大学学报》1995 年第 2 期；又载《中国古代、近代文学研究》1996 年第 8 期。

这是一种诞生于东汉末年的新型诗歌体式①，它的问世，不仅拓展了诗歌的形式领域，而且也开创了诗歌创作的新格局，在中国诗体学中占有重要地位。陶渊明之前的诗人如曹植等，虽然也曾以这种新体式进行过创作，但在先唐时期的诗人中，于此获得的成就之最者，乃首推陶渊明。故而，在现存的陶渊明诗歌中，其“诗序体”不仅在数量上较先唐诗人为多(计十四题五十一首)，而且创获亦众，如《饮酒诗》为“诗序体”中五言组诗附序之首例等，即可窥其之大概。至于《桃花源诗》所附的是“并记”而不是“并序”，就更可见出陶渊明表现在“诗序合一”方面的一种创新意识。

而在先唐时期的“诗序体”之作中，唯一能与《桃花源诗并记》媲美者，是被清人沈德潜编入《古诗源》中的“庐山诸道人”的《游石门诗并序》。这篇“并序”由六七一字组成，既是先唐“诗序体”中的第一长序，亦堪称为中国古代游记中的一篇佳作。全篇“并序”文字优美，写景状物也各具情态，确属为一篇颇具特点的“并序”之文。陶渊明的“并记”虽然只有三百多字，但着眼于其对时间、地点、人物三要素之交待，以及较为完整的故事情节与人物语言诸方面审视，称其为具有现代概念上的短篇小说之水准者，似并不为过。所以，这篇“诗序体”之作，实为先唐之同类作品中的一束奇葩。

正是由于陶渊明通过不断地艺术实践与努力，才使得“诗序体”这种新型的诗歌体式，在有唐一代广为诗人们所喜爱。唐代的“诗序体”之作，不仅数以百计，而且支撑李唐诗坛大厦的著名诗人，如王勃、陈子昂、李白、杜甫、韩愈、柳宗元、白居易等，就都曾介入到这种创作的行列，以致使“诗序体”成为了当时的一种创作新潮。其中，如王勃《滕王阁并序》，陈子昂《修竹篇并序》，杜甫《观公孙大娘弟子舞剑器行并序》，柳宗元《贞符并序》，元稹《赠毛仙翁诗并序》，白居易

① 具体参见本书第二章第二节《蔡邕与东汉的汉序体》。

《长恨歌并序》①，刘禹锡《柳枝五首并引》等，都是一些“诗序体”的优秀篇什。无可否认，呈现在唐代“诗序体”创作中的这种繁荣景象，固然和唐代诗人们强烈的主体创作意识密切相关，但也与陶渊明对“诗序体”的大量创作不无关联。这是因为，在“诗序体”诞生的东汉末年与大唐开国的这段时间之内，唯有陶渊明对“诗序体”的大量创作，才为“诗序体”的发展与繁荣起到了决定性作用。这又具体表现在以下三个方面：

(一)如前所述，今本《陶渊明集》中的“诗序体”数量，乃为先唐诗人的同类作品之冠，其中如《桃花源诗并记》，就属于这方面的一篇典型代表之作。

(二)多种多样的“诗序体”样式，使“诗序体”的形式得以进一步拓展。《陶渊明集》中的“诗序体”之作，就其形式而言，主要为四种，且先唐无人可比。其具体为：

(1)传统的四言诗“并序”；

(2)单篇的五言诗“并序”；

(3)五言组诗“并序”；

(4)改“并序”为“并记”。

(三)《桃花源诗并记》中的“并记”，在内容上一改诗人的创作动机说明与背景交待而为对故事情节的述写，从而使传统散文式的序文形式一变而为具有小说特点的体裁。这是一种大胆的突破，这种突破在先唐时期乃属绝无仅有。

由是而观，可知陶渊明对于诗序体的定型、成熟与发展，乃是具有不可磨灭的功绩的。虽然如此，但需加指出的是，在陶渊明卒后未久的齐梁时期，诗歌的体式家族中又诞生了一种新型的诗体，这就是为当时与后人所称道的“永明体”。永明体以对汉字四声的介入，能使诗歌更

---

① 白居易的《长恨歌》，现存国内的各种《白居易集》刻本均无序，而在白居易未卒时一位日本僧人所携归的《白居易集》中，此诗前却附有一篇数百字的“并序”。为便于国内研究者参考，拙作《诗序合一：唐诗创作的新潮流》已将此序原文引录，可参看。

具音乐美而备受诗人们的青睐，“诗序体”则以两种形式美在同一作品中互为辉映而为其特色。尽管两者各有所长，但唐代诗人对二者的选择却首先是“诗序体”，这从《全唐诗》卷首所著录的唐太宗《帝京篇十首并序》，即可获得明显之印证。这组诗全为五言，在体式上显然是受了陶渊明《饮酒诗并序》二十首的影响所致。而当永明体的高级形式即近体诗在唐初尚处于定型之际时，诗人王勃则又推出了《滕王阁并序》这一“诗序体”中的杰作。此诗的“并序”，就其篇幅与艺术审美等方面而言，当与陶渊明的《桃花源诗并记》不无关系，因为在二者之间虽有庐山诸道人《游石门诗》之“并序”，但陶渊明的文学成就及其作为“隐逸诗人之祖”的知名度，于唐代诗人的心目中是远比“庐山诸道人”要高出许多的。

陶渊明的《饮酒诗并序》二十首、《桃花源诗并记》等“诗序体”之作，一方面于唐代“诗序体”的繁荣产生着积极的影响，一方面又对唐代传奇的繁荣也起到了不可低估的作用。换言之，唐代传奇的繁荣兴盛，在很大程度上，与吸取了《桃花源诗并记》的艺术养分乃不无关系，下面对此略作论述。

一般说来，李唐时期的传奇主要可分为志人与志怪两大类，但无论是哪一类，其内容与情节都具有很大的虚构性，而志怪又尤甚。如何使虚构性的故事能令读者信以为真，最好的方法自然是“艺术包装”。于是，《桃花源诗并记》中对“当代”人物安排的这一表现手法，便广为唐代的传奇作家们所模仿与借鉴。从这一意义上讲，“并记”的问世，实际上是为中国古代虚构文学开辟了一条通向社会现实的路途。为便于把握，兹在此将曹植《洛神赋》的“并序”略作剖析。其序云：

> 黄初三年，余朝京师，归济洛川。古人有言，斯水之神名曰宓妃。感宋玉对楚王说神女之事，遂作斯赋①。

---

① 曹植：《洛神赋并序》，《文选》卷十九，中华书局 1977 年影印版。

“并序”虽然明确记载了“黄初三年”这一具体时间，并安排了“余”这位“当代”人物，但二者却与“宓妃”及“宋玉对楚王说神女之事”毫无关联。对于“宓妃”其人，曹植虽然在赋中对其进行了大量述写，其表现手法则属于汉大赋“人物对答”式的余绪，故与枚乘《七发赋》等实无二致。由此可知，《洛神赋》的“并序”与《桃花源诗》的“并记”，所述写的内容虽均属虚构性，但二者的区别却是十分明显的，故而其艺术效果也就自然是各不相同的。

那么，《桃花源诗》“并记”的这种“艺术包装”，对于唐代传奇究竟有何影响呢？为便于对此之认识，下面兹以被称为“唐人编的兼收志怪与志人的小说集”《独异志》中的“李则尸变”一文，略作例说。其全文为：

> 唐贞元初，河南少尹李则卒，未敛。有一朱衣人投刺申吊，自称苏郎中。既入，哀恸尤甚。俄顷，亡者遂起，与之相搏，家人子弟惊走出堂。二人闭门欧击，抵暮方息。孝子乃敢入，见二尸并卧一床，长短、形状、姿貌、鬓髯、衣服一无差异。于是聚族不能定识，遂同棺葬之①。

这篇传奇在内容上，主要写了三奇：死者尸体与刺客苏郎中相搏为第一奇；苏郎中被尸体所杀为第二奇；尸体与刺客各方面“一无差异”，连“聚族”也“不能定识”为第三奇。这三奇在情节上是环环相扣，一奇更比一奇奇，但其纯属作者虚构则不言自明。为了能让读者对这三奇信之确有，于是，作者便采用了《桃花源诗并记》中的“艺术包装”之法，即在作品中既交待了三奇所发生的具体时间（“唐贞元初”），又安排了一位“当代”人物（“河南少尹李则”），这样，即可收到“假亦为真”的艺术效果，而读者也就不会对其所述写故事的真实性表示怀疑了。

---

① 李冗：《独异志》卷上，中华书局1983年版。

有唐一代之传奇，虽然品类甚多，但类似《李则尸变》这样的故事与“艺术包装”，实可称得上是应有尽有。此则表明，陶渊明《桃花源诗并记》中的“并记”，作为一种艺术技巧，在唐代已成为了传奇作家们创作中的一种时尚，而这种艺术技巧在经过了唐代作家的大量运作后，又为后来的蒲松龄撰著《聊斋志异》打下了良好的基础。此外，陈玄奘西天取经的历史事实，经话本而演变为一部百回本《西游记》长篇小说的成书概况：仅从“艺术包装”方面言，与《桃花源诗》中的“并记”应不无关系。据考察，《西游记》中所安排的三十多位唐代历史人物，如唐太宗等，大多与两《唐书》之本传所载生平事迹相符①，这一实况的存在，其实是因“真真假假”之表现手法所致，故从影响的角度言，其与《桃花源诗并记》也是有所关联的。

综上所述，《桃花源诗并记》之与唐代文学的关系，以及《陶渊明集》中之“诗序体”所获之诸多建树，对于唐代诗歌与传奇之影响，均是十分明显的。近年来，有研究者对导致古代文学发展的驱动力进行了新的探索，认为被言必称引的政治、经济、文化等，均只是一种外部因素；而体裁的消歇与诞生，才是其真正的文学内驱力。而陶渊明对“诗序体”这一新型诗歌体式的大量创作与不断实践，又恰可证实这一结论的正确性。

---

① 关于《西游记》所述唐人事迹与两《唐书》本传较相符之概况，具体可参见拙作《百回本〈西游记〉“典实”考述》一文，已收入著者《四大奇书研究》一书，中国文联出版社 2001 年版。

第六章 谢灵运纵横探

第一节 未交游陶渊明的原因

陶渊明与谢灵运，是文学史上公认的两位杰出代表。他们共同见证了东晋灭亡、刘宋立国的历史时刻，并共同通过各自不断地艺术实践，使被玄言诗充斥的诗坛在他们的辛勤创作中，变得清新而又明丽，从而树起了一种新的诗歌风尚与格调。这两位晋宋文学史上的巨匠，生前虽然有着相识共聚的时间和机会，但由于种种原因，使得他们至死都未能如唐代的李白与杜甫那样走到一起，成为诗国中的挚友与知音。这种既成的事实，不能不说是文学史上的一大缺憾，其中的原因，是很值得我们去分析与探究的。

一、陶、谢与庐山慧远的关系

陶渊明的生卒年，传统的说法，分别认为是公元 365 年与公元 427 年，由此相推，可知其享年六十三岁。而据沈约《宋书》卷六十七《谢灵运传》之“时元嘉十年，年四十九”的记载，知谢灵运生于公元 385 年，卒于公元 431 年，享年四十九岁。由是而观，作为田园诗人之祖的陶渊明，就刚好比以山水诗名世的谢灵运大整二十岁。若以拙作《陶渊明的年寿问题》一文所考结论(生年为 374 年，享年五十四岁)为据，则二人的年岁相差就不足十岁①。但无论是前者还是后者，均表明二人先后经历了晋孝武帝、晋安帝、晋恭帝、宋武帝、宋少帝、宋文帝这六朝皇帝的兴衰变革，则为不争之事实。所以，二人对晋宋时期的政治、军事、经济、文化、宗教等，均是极为熟稔且有着各自不同之深刻认识的。而表现在文学方面的业绩与成就，又是他们这种不同认识的最好反映。

陶渊明一生坎坷多艰，仕途蹇滞。当历史行进到晋安帝义熙元年(405 年)的十一月时，正在彭泽令任上的陶渊明，因程氏妹病卒武昌，自免去职，寻寓居故里浔阳柴桑，以隐居终身。据《宋书》卷六十七《谢灵运传》所载，谢灵运出生贵族，十五岁即袭封康乐公，二十二岁在抚军将军刘毅手下任记室参军。五年后的晋安帝义熙七年夏四月，时已为后将军的刘毅调任江州都督兼刺史，并镇守豫章(《晋书》卷四十五《刘毅传》)。翌年四月，“以后将军豫州刺史刘毅为卫将军，都督荆、宁、秦、雍四州诸军事，开府仪同三司、荆州刺史”，“九月……刘毅至江陵”②。为《资治通鉴》卷一一六《晋纪》卷三十八所记载的这条材料，表明刘毅在陶渊明故里任职约为一年半，而时在刘毅幕下任记室参军的谢灵运，自当是随其至江州的，如此，则谢灵运在陶渊明故里的任职时间，也就应是一年有余。

在谢灵运任职江州期间之前后，当地活动着一个著名的佛教团体，这就是被《中国佛教史》大力称誉的“庐山僧团”③。庐山僧团的领袖人物，是在当时南方佛教界颇具影响的东林寺住持慧远。据梁僧慧皎《高僧传》卷六《慧远传》与宋僧志磐《佛祖统纪》的记载，慧远在庐山与“十八高贤”建白莲社，“入社者有一百二十三人”，其规模与影响之大，均盛况空前。辞却彭泽令的陶渊明，在居浔阳柴桑期间，曾与“不应辞命”的周续之、刘遗民二人诗酒唱和，交往密切，世号“浔阳三隐”。其

① 王辉斌:《陶渊明的年寿问题》,《西南民族大学学报》1993 年第 4 期。
② 司马光等:《资治通鉴》卷一一六，上海古籍出版社 1987 年影印版。
③ 任继愈主编:《中国佛教史》第二卷，中国社会科学出版社 1985 年版。

中的周续之，即为慧远的弟子，《宋书》卷九十三《隐逸》有传载其生平。陶渊明与慧远亦颇具交谊。对此，无名氏《莲社高贤传》乃有载："远法师与诸贤结社，以书招渊明，渊明曰：'若许饮则往。'许之，遂造焉。"①而《高僧传》卷六《慧远传》所载"虎溪送客"的故事，又足可表明，慧远与陶渊明的关系已非一般交游可比。故事说：慧远居庐山三十余年，隐不出山，迹不入俗，每送客常以虎溪为界。一日偕陶渊明、简寂观主陆修静语佛，不觉过虎溪数百步，虎辄骤鸣，因相与大笑而别。后来石恪依此作《三笑图》，苏轼曾撰文赞之。慧远与陶渊明关系笃密之程度，藉此即可窥其大概。义熙八年五月，慧远在庐山择地建台立佛像，第二年九月，著《万佛影铭》一文刻石以纪。另据陈舜俞《庐山记》卷三所载，当时撰写铭、赞文者，还有孟怀玉、王乔之、殷隐、毛修之等人。现存陶渊明集中的《形影神》三诗，即写于斯时。

谢灵运赴任江州后，因闻慧远之名，而曾到庐山东山寺去拜见慧远。《高僧传》卷六《慧远传》对此有记载，并说谢灵运到东林寺后，一见慧远，即"肃然心服"。清人陶澍《陶靖节年谱考异》对此事考之甚详，其中有云：

> 庐山东林寺主持慧远集缁素百二十有三人，于山西岩下般若台精舍结白莲社，岁以春秋二节朝宗灵像。……时秘书丞谢灵运才学为江左冠，而负才傲物，少所推悒。一见远公，遽改容致敬。因于神殿后凿二池，植白莲，以规求入社。远公察其心杂，拒之。②

谢灵运既在东林寺"神殿后凿二池"以"植白莲"，则其在庐山所待时日非短即可论断。义熙九年秋九月，"万佛影台"成，时谢灵运已还京师，慧远乃专门派弟子道秉赴建康，请谢灵运作《佛影铭》一文。该铭的序

---

① 无名氏：《莲社高贤传》，《汉魏丛书》本。

② 陶澍：《陶靖节年谱》，年谱丛书本《陶渊明年谱》，中华书局1986年版。

文，对此进行了记载："庐山法师闻风而悦，于是随喜幽室，即考空岩，北枕峻岭，南映滮涧，摹拟遗量，寄托青彩，岂唯像形也笃，故亦传心者极矣。道秉道人远宣意旨，命余制铭，以完刊刻。"①义熙十三年八月，慧远在庐山去世，谢灵运在京师又撰《庐山慧远法师诔》一文以示哀悼。

以上的考述表明，作为诗人的陶渊明与谢灵运，在他们各自的人生旅途中，均曾与慧远过从一时，关系也均甚为殷密。而且，二人与慧远的交往，又是在同一时期内进行的，这应该说是一种历史的机遇。这一机遇所表明的是，无论是从环境、地点及时间等方面言，谢灵运与陶渊明这两位在当时都闻名江左的诗人，是完全有可能在江州或庐山相识的。但事实却恰恰与此相反，即二人从不曾在江州或庐山过从一时，这既是一种历史的真实，也是一种文学的真实。

二、陶、谢对佛教认识的差异

导致谢灵运与陶渊明未能交游的原因，综合各方面的情况而言，关键为谢、陶各自的主观因素所致，其中，也与慧远不无关系。

先看谢灵运。现存的《谢灵运集》(岳麓书社版)与《陶渊明集》(中华书局版)之全部作品表明，谢灵运在未随刘毅供职江州之前，对陶渊明其人其作是毫无所知的。即是说，谢灵运知道陶渊明其人其作，乃是在他到了江州之后而非其前。而无可怀疑的是，在江州任职一年有余的谢灵运，是肯定知道当地有一位辞官归隐的诗人陶渊明的。如上所述，谢灵运在庐山对慧远是崇敬有加的，而《莲社高贤传》又表明慧远与陶渊明关系甚为密切，且与陶渊明为"浔阳三隐"的周续之又系慧远的弟子，谢灵运又与慧远的另一弟子雷次宗关系密切(其集中有《送雷次宗》

① 谢灵运：《佛影铭》，李运富编注本《谢灵运集》(下编·文集)，岳麓书社1999年版。

诗可证)，而《高僧传》卷六《慧远传》之载又可表明，雷次宗与周续之又皆为白莲社中“十八高贤”人物。如此等等，这实际上就构成了一幅立体的“庐山交游图”，其极为清楚地凸显了谢灵运、陶渊明在江州交游的多边关系，即谢灵运无论是通过这幅图中的哪一条渠道，都是可以与陶渊明相过从的。但谢灵运的为人处世，却决定了他没有这样做。《宋书》卷九十三《谢灵运传》有云：“灵运少好学，博览群书，文章之美，江左莫逮。从叔混特爱之。袭封康乐公，食邑二千户①。”正是因为谢灵运在少年时就具有如此的资本，所以才养成了他“负才傲物，少有推崇”(《高僧传》卷六《慧远传》)的性格。藉此可知，谢灵运在江州任职期间，即使从慧远处或者雷次宗等人口中获知了陶渊明其人其事的消息，他也是不可能如颜延之、王弘等人那样去“欲识之”并与之“情款 ”的②。谢灵运的“负才傲俗”，不仅使他失去了与陶渊明交游的良机，而且也是慧远不同意他加入白莲社的最根本性原因。此外，据沈约《宋书》卷九十四《陶渊明传》、萧统《陶渊明传》、李延寿《南史》卷七十五《陶渊明传》、《晋书》卷九十三《陶渊明传》等材料可知，作为文学家，陶渊明的诗文等作品，在他健在之时并不为人所识，即陶渊明的诗文为世人所重者，乃在其去世之后，而非其前。因此，对于在少年时期就以“文章之美”为“江左莫逮”的谢灵运而言，陶渊明之于谢灵运自然就更不以为然了。对此，仅从陶渊明在元嘉四年病卒后，既是陶渊明友人又与谢灵运关系密切的颜延之为其写《陶征士诔》以悼，而谢灵运无只字言及陶渊明之卒者，即可准确获知。

再看陶渊明。据萧统《陶渊明传》等资料及《陶渊明集》可知，陶渊明在义熙元年辞彭泽县令后，于家乡柴桑主要是以抚琴饮酒、吟诗锄禾以为乐，很少与官场人物交往，更不曾主动与之“情款”，颜延之《陶征士诔》中有“若乃巢、高之抗行，夷、皓之俊节”云云，所称赏的即主要

---

① 沈约：《宋书》卷六十七《谢灵运传》，中华书局 1977 年版。

② 李延寿：《南史》卷七十五《陶渊明传》，岳麓书社 1998 年版。

是陶渊明去职归隐后，不与官府打交道的那种品行与节操。陶渊明表现在这方面的所作所为，一言一行，与具有极强功名心的谢灵运相比，显然是大有区别的。换言之，归隐后的陶渊明，其思想行为与生活方式等因素，决定了他在义熙八年或九年间，不可能主动去江州府衙与谢灵运结识。而且，对于谢灵运斯时在江州之供职，陶渊明也应该是知道的。这是因为，一则谢灵运捐资在东林寺凿池植莲之事，在当时影响较大，陶渊明完全可以从友人周续之处获知；另则以陶渊明与慧远的交谊，也是完全可以知道谢灵运其人其事乃至其作的。知道而不主动结识，这就是陶渊明的与众不同之处，其所表明的是，当时年仅二十七岁的谢灵运，无论从哪方面言，都是难以引起陶渊明对其之雅好与推崇的。更何况，谢灵运又是以“负才傲俗”自居的。而“俗”，则又正是陶渊明有别于达官显宦的一种本色。

最后看慧远。慧远是介入陶渊明与谢灵运之间的一位关键性人物，因为他既与谢灵运交谊颇殷，又和陶渊明关系密切。如果慧远在谢、陶均与其相交的情况下，从中介绍二人相识，应是毫无问题的。谢灵运虽然“负才傲俗”，但他对慧远却是“肃然心服”，所以只要慧远乐于出面“说项”，谢灵运是不会做出有拂慧远雅意的举措的。但从慧远、陶渊明、谢灵运三人对佛教的认识角度予以考察，可知慧远尽管与陶渊明关系密切，但他却是不会从中“说项”于二人的，因之，陶、谢二人也就不可能因与慧远关系殷密而互为结识。

要弄清楚这一史况，事情还得从《陶渊明集》中的《形影神》三诗说起。如上所述，慧远曾在义熙八年于庐山刻石以立佛像，并于翌年写了著名的《万佛影铭》一文。同时，慧远还派人至京师请谢灵运亦写了一篇《万佛影铭》(亦名《佛影铭》)的铭文，慧远与谢灵运二文，均为《广弘明集》卷十五所收录。慧远文章所着力强调的，是“形尽神不灭”，即人死了其灵魂依然存在，所以，他在《铭》文中说：“廓矣大象，理玄无名。体神入化，落影离形。”这是对“神不灭”论的肯定和宣扬。“神不灭论”其实就是“有神论”，它是慧远全部宗教观念的奠基石。据上引《高僧传》卷六《慧远传》所载，慧远曾对“神”作了如下的描述：“盖神者，可以感涉而不可以迹求，必感之有物，则幽路咫尺；苟求之无主，则渺茫何津?”因为“神”具有“感物”的能力，所以它是存在的。谢灵运的《佛影铭》除了对佛法大力赞扬外，亦持有与慧远“神不灭论”说的相同看法，如认为“以你神明，成尔灵智”等，即可见其一斑。

就在慧远与谢灵运均撰写《万佛影铭》之际，与慧远颇具交谊的陶渊明，则写了被当代研究者称为“寓言诗”或“哲理诗”的《形影神》三诗。在这三首诗中，陶渊明针对慧远的“神不灭论”进行了全面批驳，并鲜明地提出了“形神相即，形尽神灭”的观点。在第一首即《形赠影》诗中，陶渊明认为，用“营营以惜生”的方式去爱惜自己生命的举措，其实是非常糊涂的，因为它违反了自然的规律。在第二首即《影答形》中，作者又开门见山地指出，长生不老本来就不可靠，有些人试图通过求仙学道来达到自己的目的，这其实是一条行不通的死胡同。在第三首《神释》诗中，陶渊明又举出了“彭祖受永年，老少同一死”的具体事例，以进一步表明“长生不老”说的不可相信。并说：“甚念伤吾生，正宜委运去。纵浪大化中，不喜亦不惧。应尽便须尽，无复独多虑。”在这里，陶渊明乃明确指出形与神是互为结合的，形存则神存，形亡则神灭。陶渊明在这一组诗中所提出的“形尽神灭”的“自然观”，表明了他对佛教的不相信甚至是反对。而此，也是慧远在“万佛影台”竣工后，不请近在咫尺的陶渊明而是派人到京师请谢灵运撰写《铭》文的真谛之所在。

陶渊明与慧远在对“形影神”认识上的相悖，使得他与慧远在宇宙观、人生观等方面存在着巨大的思想差别。因此，慧远在陶、谢均与其交往的情况下，不介绍二人相识，也就自在情理之中。由是而观，可知《高僧传》卷六《慧远传》所载包括陶渊明在内的“虎溪送客”的故事，即使是真实可信的，其也只能是发生在义熙九月“万影佛台”未竣工之前。因为斯时，陶渊明尚未创作《形影神》三诗，即其反对慧远“神不灭论”的观点，还未能正式对外公开。

总体而言，在陶渊明与谢灵运各自的生活史上，均存在着一段完全有可能交游的时间与机遇，但由于谢灵运的“负才傲俗”，陶渊明的不主动“情款”，以及双方因慧远而形成的对佛教认识上的差异等多方面的原因，而使得这两位诗人未能在江州或庐山交游，从而成为了文学史上的一大遗憾！

第二节 谢灵运与佛教的关系

晋宋之际是佛教盛行的时代，而南方较北方尤为炽烈。当时活动于南方的佛教，主要由两大僧团构成，其一是以竺道生为代表的建康僧团，其二是以释慧远为代表的庐山僧团。受两大僧团的影响，使得这一时期世族阶层中的许多儒学之士，都纷纷加入了崇信佛教的行列，其中，最具代表性者，当首推陈郡谢氏家族中的诗人谢灵运。谢灵运崇佛，是随着其阅历的扩展而逐渐加深的，且成为其生活中不可分割的一个重要组成部分。弄清楚谢灵运与佛教的关系，对考察其生平事迹，研究其思想发展，审视其作品中的佛理要义等，均不无助益。

一、崇佛活动考述

谢灵运“少好学，博览群书，文章之美，江左莫逮”①。但这位从小就深受儒家思想影响的晋宋诗人，却因与庐山僧团的领袖人物慧远的相识，而与佛教结下了不解之缘，且其热衷的程度是愈到晚年愈笃密。有研究者认为，谢灵运崇奉佛教，是其逃避现实的一种具体反映，这种说法其实是不符合历史的真实的。这是因为，谢灵运与慧远结识之际，正是他仕途极为顺畅之时；而当他在京师任太子右卫率时，又与著名的佛经翻译家慧琳打得火热。这一切所表明的是，谢灵运崇佛并非对现实

---

① 沈约：《宋书》卷六十七《谢灵运传》，中华书局1974年版。

的逃避，而是与当时世族热衷于佛教的风气密切相关，而谢灵运一生频繁的崇佛活动，又可对此佐证。谢灵运一生参与的重要佛事活动颇多，这里就其主要者，略作考述如次：

(一)庐山东林寺凿池植莲与撰著《佛影铭》

晋安帝义熙七年(411 年)四月，后将军刘毅调任江州都督并兼刺史，时依刘毅任记室参军的谢灵运，亦随之至江州。据慧皎《高僧传》卷六《慧远传》、陈舜俞《庐山记》卷三、陶澍《陶靖节年谱考异》等之记载，谢灵运随刘毅赴任江州后，因闻庐山东林寺慧远法师之名，而入庐山拜谒过慧远，并欲加入由慧远组织与主持的白莲社。其中，陶澍《陶靖节年谱考异》对此载之尤详，兹录之如下：

> 庐山东林寺主释慧远集缁素百二十有三人，于山西岩下般若精舍结白莲社，岁以春秋二节朝宗灵像。及是秋七月二十八日，命刘遗民撰《同誓文》，以申严斯事。其间誉望尤著，为当世推重者，号社中十八贤，刘遗民、张诠、雷次宗、宗炳、周续之、张野等预焉。时秘书丞(此为其后所任职——笔者注)谢灵运才学为江左冠，而负才傲物，少所推挹。一见远公，遽改容致敬。因于神殿后凿二池，植白莲，以规求入社。远公察其心杂，拒之①。

慧远因认为谢灵运“心杂”，而未遂其愿。对此，谢灵运曾耿耿于怀数年之久。义熙十一年(415 年)，慧远病卒于庐山东林寺，谢灵运撰《庐山慧远法师诔》一文以悼，并于“并序”中写道：“予志学之年，希门人之末，惜哉，诚愿弗遂，永违此世。”以未能成为慧远的“门人”而深感遗憾。谢灵运此次的庐山之行，虽因“心杂”未能加入白莲社，却与慧

---

① 陶澍：《陶靖节年谱考异》，年谱丛刊本《陶渊明年谱》，中华书局 1986 年版。

远结下了深厚的友谊，其在东林寺的凿池植莲之举，表明了他对佛教的向往与热衷之情。谢灵运所植之“白莲”，应与“青莲”类似，即其均为佛花之属。清人王琦《李太白年谱》释李白《答湖州迦叶司马》中之“青莲”云：“青莲花出西竺，梵语谓之优钵罗花，清净香洁，不染纤尘。”①又《全唐诗》卷一九九《岑参诗集》中有《优钵罗花并序》一首，所言亦颇详，可参看，此不具述。

义熙九年(413年)五月，慧远在庐山建“万佛台”成，撰《万佛影铭》一文刻其上，谢灵运当时已回京师任秘书丞之职，慧远即派弟子释道秉赴建康，请谢灵运也为之撰一篇“佛影铭文”。谢灵运“援笔兴言，情迫其概”，乃作《佛影铭》一文，且于“并序”中对慧远在庐山建台立佛像的壮举，进行了高度称誉。谢灵运与慧远二《铭》，今均为《广弘明集》卷十五所著录②。另据陈舜俞《庐山记》卷三所载，当时为慧远在庐山的“万佛台”撰写铭、赞文者，还有孟怀玉、王乔之、殷隐、毛修之等人。

(二)在始宁建石壁精舍聘请名僧讲经说法

永初三年(422年)五月，宋武帝刘裕病逝，太子刘义符即位，是为少帝。少帝即位不久，权臣司空徐羡之、中书监傅亮等人，因见庐陵王刘义真与谢灵运、颜延之等关系密切，恐生事端，而将其均调离京师，谢灵运则出为永嘉太守。谢灵运到永嘉就任后，因“出守既不得志，遂肆意游遨，遍历诸县，动逾旬朔，民间听讼，不复关怀。所至辄为诗咏，以致其竟焉。在郡一周，称疾去职。”③之后，便回故里会稽郡始宁县，筑精舍，广庄园，建新居，以与佛界人物交游及研读佛籍为乐。谢灵运在始宁所筑精舍，即其《石壁立招提精舍》、《石壁精舍还湖中作》等诗中之“石壁精舍”，此精舍因修建于始宁之东山石壁峰下，且主要

---

① 王琦：《李太白全集》(笺注本)附录，中华书局1977年版。
② 道宣：《广弘明集》卷十五，《四部丛刊》本。
③ 沈约：《宋书》卷六十七《谢灵运传》，中华书局1974年版。

供云游四方的僧人临时在始宁讲授佛法道义之用，故又称“招提精舍”。精舍的修建，反映了谢灵运斯时欲参禅析理，修缘向佛的心态与决心。不仅如此，谢灵运还广邀名僧在其精舍中讲授佛法，如庐山的昙隆法师即为其中之一。据《谢灵运集》中的《昙隆法师诔并序》一文记载，昙隆法师“生自豪华，家赢金帛，加以巧乘骑、解丝竹”，后因痛感人间忧苦难逃，遂抛妻别子，加入佛门。昙隆先修行于“上虞徐山”，未久即“旅舟南溯，投景庐岳”，“六年不下岭”。谢灵运因慕昙隆之名，而盛邀其至始宁“招提精舍”传经讲佛，并与之共游嶀山和嵊山。《诔》文对此记载颇详，云：

> 缅念生平，同幽共深。相率经始，偕是登临。开石通涧，剔柯疏林。远眺重叠，近瞩岖嶔。事寡地闲，寻微探赜。何句不研，奚疑弗析。帙舒轴卷，藏拔纸襞。问来答往，俾日余夕①。

又，是文之“并序”有云：“余时谢病东山，承风遥羡。岂望人期，颇以山招。法师至止，鄙人荣役。”对谢灵运邀昙隆至始宁之大概亦进行了记载，颇资参考。其后，二人于精舍中一道披阅佛经，研讨佛理，以至于“再历寒暑”。翌年夏，昙隆还庐山，谢灵运一路相送至庐山。待谢灵运自庐山还始宁未及十日时，昙隆便“未旬即化”。

（三）与慧严等改编北本《大般涅槃经》

《大般涅槃经》，又称《涅槃经》、大本《涅槃经》、北本《涅槃经》，是大乘佛教的重要经典之一。《大般涅槃经》凡四十卷，为北凉僧昙无谶始译于宋武帝永初二年（421 年）。昙无谶是北凉译经集团中最著名的佛经翻译家，慧皎《高僧传》、僧祐《出三谶记集》等均有传载其生平。

---

① 谢灵运：《昙隆法师诔并序》，李运富编注本《谢灵运集》（下编 · 文集），岳麓书社 1999 年版。

综之为：其原籍天竺，曾先后游历过龟兹、鄯善等地，最后云游至敦煌、姑臧，为沮渠蒙逊以国礼相待，号为“圣人”，遂留北凉，专事译经工作。据任继愈主编《中国佛教史》第三卷第二章第二节①所载，昙无谶生前共译佛籍整三十部，共二三五卷。昙无谶译本《大般涅槃经》传到刘宋的京师建康后，时寓居京师的谢灵运，即与慧严、慧观一道依《大般泥洹经》的品目，对其前五分品内容进行了调整，文字上也偶有润色，而使之成为三十六卷本的《南本涅槃经》。《涅槃经》主张佛性说，并提出了“一切众生悉有佛性”、“一阐提人亦能成佛”两大核心观点，深受当时佛学界的钦服与喜爱。这两大观点，实际上是《涅槃经》表现在佛学思想上的两面旗帜，而此，也是谢灵运之所以与慧观等一道对其进行改编润色的最根本性原因。此前，建康僧团的领袖人物竺道生曾因首倡“顿悟成佛论”，而为众僧所反对，并将其逐出京师至苏州虎丘寓居一时。对于竺道生的“顿悟成佛论”，谢灵运在《辩宗论》一文中旗帜鲜明地予以支持（详下），而《涅槃经》中的“佛性说”，正与“顿悟成佛论”表里一致。综而言之，二者皆主张众生不但均有佛性，而且人人都可成佛。由是而观，可知谢灵运与慧严等对北本《大般涅槃经》的改编与调整，其目的是旨在对“佛性说”与“顿悟论”作更进一步之宣扬。

（四）为《金刚般若经》作注

《金刚般若经》又名《金刚经》，其全称为《金刚般若波罗密经》。“般若”系梵语音泽，其意为智慧（也有认为是“特殊智慧者”）“金刚般若”作为经名，是指佛教的智慧如同金刚一般，锐利无比，可摧毁一切。“波罗密”，意译为渡彼岸。全经名之意，乃谓佛家智慧可帮助人顺利到达彼岸。《金刚经》凡一卷，上海古籍出版社于1984年影印出版

① 任继愈主编：《中国佛教史》第三卷第二章第二节，中国社会科学出版社1984年版。

了明人朱棣编纂之《金刚经集注》，是目前所见最好的注释整理本。《金刚经》既是开启人们智慧的利剑，又主张“不信一切，顿悟成佛”①，因而其自传入中土之日始，便广受华夏佛徒居士的欢迎，以至于在初唐时期就有“八百家注”之说，而与赵宋时期的“千家注杜”，构成了中国学术史上的两大奇观。据任继愈主编《中国佛教史》第二卷第二章第五节的介绍，天竺僧鸠摩罗什是《金刚经》的最早翻译者，时间在后秦弘始十三年(411 年)。之后，便流行于南方。约十五年后的宋文帝元嘉三年(426 年)，时在京师任秘书临的谢灵运见到该《经》，即为之作注。今《谢灵运集》中仅存《〈金刚般若经〉注》一文，凡两则，具体为：“诸法性空，理无乘异，谓之为和。会如解故，名如来。”(其一)“玄关难启，善楗易开。”(其二)谢灵运为《金刚经》作注，既是他当时对佛典甚为精通的最佳反映，同时也表明了他对于佛教之热衷，已由单纯心理上的崇信而进入了属于著述范畴的理性境界。这一变化所体现的则是，晚年的谢灵运已与佛教结下了深厚的情谊。

作为诗人，谢灵运一生与佛教相关的活动还有很多，以上所述，虽然只是其中的一部分，但已足可使我们从中管窥出其与佛教关系之一斑。这些与佛教密切相关之“行事”，使得谢灵运的思想由儒而佛，并亦儒亦佛，从而成为一位世族阶层中“希门人之末”而未能的“真真正正”的佛教居士。

二、佛学思想剖析

在谢灵运生活的晋宋时期，活动于南方佛学界的两大僧团，在其发展的过程中，又分别演变为两大派，其一为渐悟派，其二为顿悟派。渐悟派属于传统的佛教体系范畴，顿悟派则因建康僧团中的竺道生之佛学主张而形成。竺道生，慧皎《高僧传》卷十五、僧祐《出三藏记集》卷三

① 吴言生：《禅宗思想渊源》，中华书局 2001 年版。

均有其传。综之为：俗姓魏，原籍钜鹿，寓居彭城，在建康瓦官寺从竺法汰出家，并曾师学天竺僧鸠摩罗什。据慧琳《龙光寺竺道生法师诔》一文所载，竺道生"转益多师"，对小乘佛教中的"说一切有部"理论，与大乘佛教中的"般若中观学说"等，都曾有所涉猎和探究。是《诔》有云："自扬徂秦，登庐蹑霍，罗什大乘之趣，提婆小道之要，咸畅斯旨，究举其要。所闻日优……求心应事，芒昧格言，自胡相传，中华承学，未有能出斯域者矣。"①其中的"罗什大乘之趣"，所指乃谓竺道生从鸠摩罗什受学大乘佛教中的"般若中观学说"；而"提婆小道之要"，则是指竺道生对小乘佛教中由僧伽提婆传承的"说一切有部义理"的学习。之后，又"校阅真俗，研思因果，乃立善不受报、顿悟成佛"②，即提出了著名的"佛性说"与"顿悟成佛论"。佛性说的精髓，据《高僧传·竺道生传》等之所载，知为"一阐提人皆得成佛"，这是针对《泥洹经》中的"一阐提定不成佛"而提出的。所谓"一阐提"，是指那些断绝了善根、并以贪欲为目的的人。竺道生认为，这些人虽然断灭了善根，但他们也是有佛性的，通过读经与修行，一样可以成佛。顿悟成佛论又称"大顿悟"，如《高僧传》载僧慧达《肇论疏》引竺道生语曰："大顿悟云：夫称顿者，明理不可分，悟语照极。以不二之悟，符不分之理，理智忘释，谓之顿悟。"顿悟成佛论的内核，简而言之，是指奉佛者在一时间内于佛学要义可全部悟理。因此，其之所指，实际上是一种快速成佛法。这种成佛法，对传统的渐悟成佛论自然是一种冲击，故而其在当时乃受到了众多僧人的排斥与反对。

佛性说与顿悟论，二者互为表里，联系紧密，因之亦可认为其所指实一。佛性说主张众生皆可成佛，顿悟论则阐明一次性可全部领悟诸法实相，合勘二者即为：众生皆可一次性顿悟成佛。竺道生的这一佛学主张，不仅为谢灵运所全盘接受，而且还有所变化与发展，这主要表现在

---

① 慧琳：《龙光寺竺道生法师诔》，《广弘明集》，《四部丛刊》本。
② 僧祐：《出三藏记集》卷十二，中华书局1988年版。

其集中的《辩宗论》一文中。《辩宗论》又称《与诸道人辩宗论》，其中的“诸道人”，所指分别为法勖、僧维、慧驎、驎维、法纲、慧琳等僧人。该文为：

> 同游诸道人，并业心神道，求解言外。余枕疾务寡，颇多暇日，聊伸由来之意，庶定求宗之悟。释氏之论，圣道虽远，积学能至，累尽鉴生，方应渐悟。孔氏之论，圣道既妙，虽颜殆庶，体无鉴周，理归一极。有新论道士，以为寂鉴微妙，不容阶级，积学无限，何为自绝？今去释氏之渐悟，而取其能至；去孔氏之殆庶，而取其一极。一极异渐悟，能至非殆庶。故理之所去，虽合各取，然其离孔、释矣。余谓二谈，救物之言，道家之唱，得意之说，敢以折中自许。窃谓新论为然。聊答下意，迟有所悟①。

谢灵运的这篇《辩宗论》，其核心即为文章题目中的一个“宗”字，所以，他在文中公开声称：“庶定求宗之悟。”其所表明的是，作者希望藉此以探究悟理成佛之道。全文的大意为：释家认为，成佛之道虽远，但只要不断地刻苦修学，是完全可以达到的。此即所谓的渐悟成佛法。而按照儒家的要求，普通人是根本无法成为圣人的，因为儒家所言之圣道极为辽远玄妙，既然如此，就没有必要积学渐悟以作无谓的追求，而对其结果直接领悟就行了。根据以上的情况，竺道生在京师建康的瓦官寺则提出了一种新说，认为悟理证体不需要过渡阶段，凡修行者皆可因顿悟而成佛。竺道生的这一新说，主要是折中儒、释二家而各取其长，即弃佛教之渐悟而取其能成“圣”之说，去儒家之不可成圣而取其理不可分之说，从而提出了著名的“顿悟论”。顿悟论实际上是对渐悟成佛论的一种挑战。对于竺道生的这一“新论”，谢灵运在文章的最后，是深表赞

---

① 谢灵运：《辩宗论》，李运富编注本《谢灵运集》（下编 · 文集），岳麓书社1999年版。

许并力主支持的："取以折中自许，窃谓新论为然。"由是而观，可知谢灵运对于佛学思想的信仰，乃主要为顿悟成佛论。而僧祐《出三藏记集》之载，又可对此佐证。该书卷十二于陆澄《法论》第九帙《慧藏目》目录，分别载有谢灵运《辩宗论》，释慧观《渐悟论》，昙无成《明渐论》，并有注云："沙门竺道生执顿悟，谢康乐灵运《辩宗》述顿悟，沙门释慧观执渐悟。"①

谢灵运的《辩宗论》写于他任永嘉太守之际，当其面世后，不仅遭到了诸多持渐悟论僧人的质疑，而且一些奉佛的士大夫如王弘之流，也参与了诘难，于是，一场发生于佛学界因渐悟与顿悟的大论战即由此而全面展开。因此之故，谢灵运又先后撰写了《答王卫军(王弘)书》、《答王卫军问》、《答法勖问》、《答僧维问》、《答慧驎问》、《答驎维问》、《答法纲问》、《答慧琳问》、《答纲琳二法师书》(《广弘明集》卷十五均作一文)等文，以进行答辨。综观这些答辩文字，使我们对谢灵运的佛学观可获得以下几个方面的认识：

(一) 谢灵运认为，儒、佛同为救世救民之教，但"权实虽同，其用有异"(《答法勖问》)，导致这种情况的产生，关键在于"华民"与"夷人"所在国的国情不同。这是因为，"华民易于见理，难于受教，故闭其累学，而开一极；夷人易于受教，难于见理，故闭其顿了而开其顿悟"。因此，他以前人所倡行的儒、道合一为例，而主张折中儒、佛二家，以求成佛之道。

(二) 公然提出"阶级教愚之谈，一悟得意之论"(《答僧维问》)的学说，旗帜鲜明地反对"渐悟论"，支持"顿悟论"。谢灵运认为，阶梯式的循序渐进修行法(即"渐悟")，是佛教用来教化愚者的学说，因此是行不通的；而"顿悟"则可以让修行者一步就能达到佛理的最高境界，故特值称道与首肯。并认为"明非渐至，信由教发"，"暂者假也，真者常也"，所以，"渐悟之于向佛者而言，是决然不可取的"。

---

① 僧祐：《出三藏记集》卷十二，中华书局 1988 年版。

(三) 属于“渐悟成佛论“范畴的“渐学”与“渐修”，在某种程度上虽然可以使人产生信心，但其却不是真知真悟，故不能使人领悟到“理”之全部，而达到礼佛的最后境界(成佛)。而“顿悟”则不然，因之，“落等级而奇顿悟”(《答法纲问》)，乃为崇佛者最明智的选择。

(四)儒学认为“中人可以语上，久习可以移性”，佛教虽然认为“一合于道场，非十地之所阶”，然则“物有佛性，其道有归，所疑者殆庶”(《答慧琳问》)。在这里，谢灵运公开对《论语·雍也》中的“中人以上，可以语上也”，与《阳货》中的“性相近也，习相远也”，以及大乘佛教的经典著作《华严经·十地品》的学说进行批评，指出其之不足：“岂二圣异涂，将地使之然。”并说：“勤未是得，瞻未是至，当其此时，可谓向宗。既得既至，可谓一悟。”在谢灵运看来，只有“一悟”，才是获得佛理而到达“宗”之最高境界的法门。

谢灵运上述佛学思想的存在，“标志着魏晋思想的一大转变”①，其影响在当时是十分明显的，所以，汤用彤《魏晋玄学论稿》一文对其进行了高度评价。文章说：“康乐承生公之说作《辩宗论》，提示当时学说两大传统之不同，而指明新论乃二说之调和。其作用不啻在宣告圣人之可至，而为伊川谓‘学乃以至圣人’学说之先河。则此论在历史上有甚重要之意义盖可知矣。”②所言甚是。

谢灵运作为东晋世族社会阶层中的一位士大夫，虽出身名门，且在青年时期就袭封康乐公，但却因一生好佛，而与佛教结下了不解之缘。谢灵运在其四十九年的人生之旅中，大量结交僧侣、积极从事佛教著作的改编与笺注等举措，不仅影响了其思想的变化与发展，而且也改变了其生活方式，并影响着其几乎一生的文学创作。而此，也是其现存之诗歌、散文、赋等作品中，大多与佛教关系密切的原因之所在。

---

① 孙昌武：《佛教与中国文学》，上海人民出版社 1988 年版。

② 汤用彤：《魏晋玄学论稿》，《汤用彤学术论文集汤用彤》，中华书局 1983 年版。

第三节　与佛教人物的交往考

晋宋时期，佛教盛行，影响所及，使得当时许多文学家都与其关系殷密，以山水诗名家的谢灵运，即为其中之一。综谢灵运一生，其自义熙七年二十七岁时在庐山与慧远结识后，即与佛教结下了不解之缘，并日笃一日直至于被害广州。谢灵运一生结交僧人甚夥，考察其与这些僧人的交往关系，不仅有助于弄清诗人的生平事迹，而且对于研究诗人的思想变化与诗文创作，也是具有积极的意义的。

慧远　岳麓书社版《谢灵运集》(为便于行文，以下简称为“谢集”)“下编”中的文集部分，有两文与慧远相涉，其一为《佛影铭并序》，其二即《庐山慧远法师诔并序》。据《诔》文，知慧远园寂于晋安帝义熙十三年(417年)秋八月六日，时“春秋八十有四”，推之其生年乃在晋成帝咸和九年(334年)。但慧皎《高僧传》卷六《慧远传》却作“义熙十二年八月六日卒，春秋八十三。”同此者，另有陈舜俞《庐山记》卷三、志槃《佛祖统纪》卷二十六、僧祐《出三藏记集》卷十五，以及《世说新语》上卷下《文学第四》注引张野《远法师铭》、严可均《全上古三代秦汉晋六朝文·全宋文》等。按《高僧传》的作者慧皎系梁朝人，其生活的年代明显较谢灵运为晚，且谢灵运生前又与慧远关系笃密，故其于《诔》文所载慧远的卒年与享年，应较《高僧传》为可靠。而后世如陈舜俞《庐山记》等所载慧远的卒年或享年，皆系对《高僧传》之转抄，不足据信之。其他如王袆《经行庐山记》作义熙十二年卒，享年八十二岁；《释氏通鉴》作义熙十一年卒，享年八十四岁等，或属板刻所致讹，或转抄之所为，亦均不足据信之。

据慧皎《高僧传》卷六《慧远传》所载，慧远俗姓贾，今山西宁武人。

“年十三，随舅令狐氏游学许、洛，故少为诸生，博综六经，尤善庄老”①。后出家为僧，师从道安，晋孝武帝太元六年(381年)，入住庐山，直至去世(《佛祖统纪》卷二十六《慧远传》)。数年后，桓伊为慧远在庐山建东林寺，慧远从此去庐山传教、修行与译著，并成为当时全国三大僧团之一的庐山僧团的领袖人物。慧远的佛教思想，主要表现在：(1)沙门不敬王者。僧祐《弘明集》卷五载录其《沙门不敬王者论》一文，系统地阐述了慧远的这一佛学主张②。(2)力主神不灭论。慧远《沙门不敬王者论》共由五个部分组成，其中最后部分为《形尽神不灭论》。该文认为，人死了即“形尽”了，其灵魂永远存在。(3)显法相以为本。这是慧远在《阿毗昙心序》一文中提出来的又一个佛学观点，即“法相(应)显于其境”③。

谢灵运在义熙八年夏四月前后，因后将军刘毅调任江州都督兼刺史④，而随其任职江州。在未至江州之前，谢灵运即闻慧远之名，待至江州后，则到庐山东林寺专门晋谒慧远。据慧皎《高僧传》卷六《慧远传》记载，谢灵运到东林寺后，一见慧远，即“肃然心服”，并欲加入以慧远为首的白莲社(即“庐山僧团”)，“远公察其心杂，拒之。”但尽管如此，谢灵运则因此次的谒见而与慧远结下了深厚的友谊。翌年九月，慧远在庐山修建的“万佛台”竣工，撰写《万佛影铭》一文刊刻其中。谢灵运当时已还京师，慧远即派弟子道秉至建康“远宣旨意”，请其亦为之撰写了一篇《佛影铭》文。《铭》文中的“并序”对此进行了记载：“庐山法师闻风而悦，于是随喜幽室，即考空岩，北枕峻岭，南映滮涧，摹拟遗量，寄托青彩。……道秉道人远宣意旨，命余制铭，以充刊刻。”四年后的义熙十三年八月，慧远卒于庐山，谢灵运闻之，又撰写了前所

① 慧皎：《高僧传》卷六《慧远传》，中华书局1992年版。
② 僧祐：《弘明集》卷五，中华书局1990年版。
③ 慧远：《阿毗昙心经》，僧祐《出三藏记集》卷十，中华书局1988年版。
④ 司马光等：《资治通鉴》卷一一六，上海古籍出版社1987年影印版。

言之《庐山慧远法师诔》一文以示哀悼。谢灵运的《佛影铭》由“并序”与正文两部分组成，前者对慧远立台画佛像的缘由进行了说明，后者则对佛法进行极力赞扬。在《诔》文中，谢灵运除了扼要叙述慧远的生平简况外，主要是对慧远皈依佛门、广布教化的功德进行了高度颂扬，并为自己于“志学之年，希门人之末”未成而深感遗憾：“惜哉，诚愿弗遂，永违此世。”仅此，即可见出谢灵运对慧远的崇敬之情。

法显 谢集中《佛影铭》一文的“并序”，记载了谢灵运在京师建康亲闻法显“具说佛影”并亲睹佛像之概况，表明了他对法显的景仰及对佛的虔诚之情。法显是晋宋之际从内地西行求法的著名僧人之一。僧祐《出三藏记集》、慧皎《高僧传》及《佛国记》(又名《法显传》)等，均有传载其事迹。综之为：法显俗姓龚，今山西临汾人(一作今山西襄垣人)。其三岁出家为沙弥，二十岁受具足戒。晋安帝隆安三年(399 年)，与同学慧景、慧应、道整等数人从长安出发，西行至北、西、中、东天竺，历三十余国，前后凡十五年，于义熙八年(412 年)取海道至今山东青岛崂山登岸，次年秋天到达京师建康。法显把自己西行游历的经过、见闻等写成文字，后人则将其称为《法显传》或《佛国传》，凡一卷，今存者有《唐宋丛书》本、《学津讨原》本等。法显回京师后，入住京师建康道场寺，在僧宝云等的协助下，共同翻译其由天竺带回的梵文经典，并将其所带回的西方佛像在京师进行展出与讲说。其时谢灵运正在京任秘书监，因而有机会聆听了法显对“佛影”即各种佛像的“具说”。其间，适逢慧远自庐山派弟子至京师请谢灵运为“佛影台”撰写铭文，谢灵运即将其亲闻法显的“具说”与亲睹西方佛影之事，写入了《铭》文的“并序”之中。其云：

法显道人至自祇洹，具说佛影，偏为灵奇，幽岩嵌壁，若有存形，容仪端庄，相好具足，莫知始终，常自湛然。庐山法师闻风而悦，于是随喜幽室，即考空岩，北枕峻岭，南映滮涧，摹拟遗量，寄托青彩，岂唯像形也笃，故亦传心者极矣①。

这段文字共写了两件事，其一写谢灵运在京师亲闻法显“具说佛影”与亲睹佛像之事，其二写远在庐山的慧远“闻风而悦”，之后才有“随喜幽室，即考空岩……摹拟遗量，寄托青彩”的立台画像之举。如此，即表明慧远在庐山择地立台画像的举措，乃是因法显在京“具说佛影”所致。但汤用彤《汉魏两晋南北朝佛教史》第十一章则认为，谢灵运此文之说，乃与事实有出入②。揆之情理，谢灵运在当时是最具资格的当事人，所述应可以信从的，而汤著之辨，又确有其理，二者孰是，则有待淹贯者。

昙隆　谢集“下编”文集中有《昙隆法师诔并序》一文，以及“上编”诗集中的《石壁立招提精舍》等诗，载及谢灵运与昙隆的交往。昙隆的生平事迹，慧皎《高僧传》卷七《僧镜传》略涉之：“上虞徐山先有昙隆道人(唐以前僧人亦称道人——笔者注)，少善席上，晚忽苦节过人。亦为谢灵运所重，尝共游㠁嵊。亡后运乃诔焉。”据谢灵运《诔》文之“并序”载，昙隆“生自豪华，家赢金帛，加以巧乘骑、解丝竹”，即出生富户人家，从小就善乘车骑马，通晓音乐。其后因痛感人间忧苦难逃，而抛妻别子，“出家求道”。遂“旅舟南溯，投景庐岳。一登石门香炉峰，六年不下岭”，过着极为清苦的修行生活。宋少帝景平二年春(是年八月改元，故亦为宋文帝元嘉元年)，已辞官还乡的谢灵运，在始宁东山筑精舍成，因闻昙隆的盛名，乃邀请其去传经讲佛，而“法师至止，鄙人荣役”，二人遂同游共研，结为密友。对于二人在东山的友谊，“并序”中有“前诗叙粗已记之，故不重烦”之载，然此“前诗”已佚，无以详其所记。现存各种版本的《谢灵运集》中之《石壁立招提精舍》五言诗一首，乃与其有所关联。所谓“招提精舍”，是指供四方僧众临时宣扬佛

---

① 谢灵运：《佛影铭》，李运富编注本《谢灵运集》(下编·文集)，岳麓书社1999年版。

② 汤用彤：《汉魏两晋南北朝佛教史》，中华书局1983年版。

法的寺院，其为谢灵运修建于景平元年(423年)冬。诗中有云：“敬拟灵鹫山，尚想祇洹轨。绝溜飞庭前，高林映窗里。禅室栖空观，讲宇析妙理。”从后两句之所述，可窥知昙隆到了始宁后，“其讲宇析妙理”的所在是非此“招提精舍”莫属的。昙隆在“招提精舍”还与谢灵运一道披阅佛经，研讨佛理，所谓“茹芝术而共饵，披法言而同卷”，所指即此。昙隆“再历寒暑”，于始宁住了大约一年以后，才回到庐山。上引《高僧传》卷七《僧镜传》载谢灵运与昙隆“尝共游嶀嵊”二山，即在斯时。昙隆自始宁还庐山，据“并序”之“至止阴阔”、“此行颇实有由”诸语，知谢灵运乃相送而至，仅此，即可见出谢灵运对昙隆的浓情厚谊。但当谢灵运从庐山还始宁未及十日，昙隆便“未旬即化”而去。藉此可知，昙隆的卒年乃在元嘉二年(425年)。中华书局版陈垣《释氏疑年录》中无有昙隆之卒年者，当为作者未睹谢灵运是文之故所致，今特拈出以示之。

慧琳　法纲　谢集“下编”文集部分有《答纲琳二法师书》、《答法纲》、《答慧琳》诸文，记载了谢灵运与释慧琳、僧法纲的交游之况。慧琳以著《均善论》(又名《白黑论》)而闻名佛界。慧皎《高僧传》卷七《慧琳传》、沈约《宋书》卷六十一《庐陵孝献王义真传》，以及是书卷七十三《颜延之传》、卷九十七《夷蛮传》等，均略载其事迹。综之为：慧琳俗姓刘，今江苏六合人，少出家于建康冶城寺。曾师事道渊，善诸经及老庄。刘宋初期，与谢灵运、颜延之共事庐陵王刘义真，关系笃密。刘义真曾言：“吾得志之日，以灵运、延之为宰相，慧琳为西豫州都督。”宋武帝永初三年(422年)五月前后，权臣司空徐羡之、中书监傅亮等，在武帝病逝、少帝即位之未久，乃将四人调离京师：刘义真为南豫州刺史，(翌年六月被杀)，谢灵运出守永嘉，颜延之出守始安，慧琳则被遣虎丘。宋文帝元嘉三年(426年)春，徐羡之、傅亮等被诛杀，谢灵运、颜延之、慧珠三人被诏回京师。之后，慧琳便撰《均善论》(今仅存一部分，载《宋书》卷九十七《夷蛮传》)成，深得文帝称赏，并让其参与朝廷机要，以至“势倾一时”。《均善论》主要针对儒、佛二教提出了以下见解：(1)佛教讲“空”脱离实际，讲众生皆苦，使人更加迷恋眼前享乐。(2)对佛教的因果报应、天堂地狱之说进行批评。(3)指出佛教善于结党营私、沽名钓誉等种种弊端。(4)认为儒、佛二教“殊途而同归”。慧琳表现在《均善论》中的这些主张，为当时势力强大的“建康僧团”所无法接受，扬言要将其逐出京师，但因宋文帝的支持而作罢。慧琳虽然与谢灵运关系密切，且在政治上因庐陵王而形成了一个小团体，但二人的佛学思想却迥然有别。永初三年，谢灵运在任永嘉太守期间，写了著名的《辩宗论》，不仅对竺道生提出的“顿悟成佛”观点予以全力支持，而且还于文中折衷孔、释之言，以论证顿悟成佛，见解颇为新颖。其云：

> 释氏之论，圣道虽远，积学能至，累尽鉴生，方应渐悟。孔氏之论，圣道既妙，虽颜殆庶，体无鉴周，理归一极。有新论道士，以为寂鉴微妙，不容阶级，积学无限，何为自绝。今云释氏之渐悟，而取其能至；去孔氏之殆庶，而取其一极。一极异渐吾，能至非殆庶，故理之所去，虽合各取，然其离孔、释矣。余谓二谈，救物之言，道家之唱，得意之说。取以折衷自许，窃谓新论为然①。

孙昌武《佛教与中国文化》在评论这段文字时说：“谢灵运的观点标志着魏晋思想的一大转变，而下开隋唐禅学先河。可见他在佛学史与思想史上的贡献与地位。”②所言甚是。

对于谢灵运“折衷孔、释之言以论证顿悟成佛”的观点，在当时为诸多僧人所发难，如道宣《广弘明集》卷十八所载之法勖、僧维、慧驎、驎维等人，即皆曾就此进行了辩论。这实际上是当时发生在佛学界顿悟派与渐悟派之间的一场大讨论。慧琳与法纲均属渐悟派，所以，他们亦参与了对谢灵运观点的辩论，而谢灵运也因之写了《答纲琳二师书》、

① 谢灵运：《辩宗论》，李运富编注本《谢灵运集》(下编·文集)，岳麓书社1999年版。

② 孙昌武：《佛教与中国文化》，上海人民出版社1988年版。

《答法纲问》、《答慧琳问》三文进行回答。据道宣《广弘明集》卷二十三著录慧琳《虎丘法纲法师诔》一文之所载，法纲少年曾游学京师建康，后礼佛出家，与慧琳邂逅相遇，成为知己。法纲后入住苏州虎丘，直至元嘉十年(434年)去世①。另据慧皎《高僧传》卷十五《竺道生传》、僧佑《出三藏记集》等之记载，竺道生在元嘉六年(429年)前后亦曾“止吴之虎丘山”，曾与法纲相处一时。但从谢灵运《答法纲问》一文可知，法纲与竺道生虽然同在虎丘山生活了一段时间，然而二人对佛学的见解却并未获得统一。顿悟派与渐悟派之壁垒森严，仅此即可见其端倪。

慧睿　慧观　慧严　谢集中无涉及谢灵运与慧睿交游的诗文之作。慧睿是晋末宋初力主向外求法的著名僧人之一，他曾与法显等人共同掀起了一股西行游学的热潮。慧皎《高僧传》卷七有其传，并记载了谢灵运向其请教佛集中有关问题的事况。其云：“陈郡谢灵运笃好佛理，殊俗之音，多所达解。乃咨睿以经中诸字，并众音异旨。于是著《十四音训叙》，条例梵汉，昭然可了，使文字有据焉。”这段文字表明，谢灵运不仅曾研习过梵文，进行过译经方面的努力，而且还撰写了一部属于“条例梵汉”的《十四音训叙》。其时则在谢灵运第二次托病告假、归里隐居的元嘉五年至元嘉八年(428—431年)期间。

慧严与慧观，是晋宋时期著名的佛经翻译家，《高僧传》卷七均有传。此外，《高僧传》中的《慧可传》、《法瑗传》以及《慧远传》等，亦间载二人事迹。现存谢集，虽无谢灵运与二人交往的诗文，但据上述材料，知谢灵运不仅与二慧关系密切，而且三人还在京师共同完成了对《大般涅槃经》的整理工作。《大般涅槃经》，又称“北本《涅槃经》”或“大本《涅槃经》”，是大乘佛教的经典著作之一。“大般涅槃经”是本经特别彰显的名相，“它含具法身、般若、解脱的佛之三德，代表着大乘佛教的真实理想”②。该《经》整四十卷，为北凉僧昙无谶始译于宋武帝

① 慧琳：《虎丘法纲法师诔》，《广弘明集》卷二十三，《四部丛刊》本。
② 吴言生：《禅宗思想渊源》，中华书局2001年版。

永初二年(421 年)。其流传到京师建康后，慧严、慧观、谢灵运三人即依《大般泥洹经》的品目，对其进行了改编与调整，使之成为三十六卷本的《南本涅槃经》(或称为“南本《涅槃经》”)。此《经》最本质、最核心的经义，一是“一切众生悉有佛性”，二为“一阐提人亦能成佛”，综而言之，就是认为不但众生皆有佛性，而且人人必定可成佛。这实际上是典型的顿悟派要义。而此，也是谢灵运之所以积极加入慧严、慧观的行列，将其进行改编整理的关键之所在。

但值得指出的是，三人中的慧观，乃为渐悟派的一位中坚僧人，即其在佛学思想上是与谢灵运相对立的。僧祐《出三藏记集》卷十二陆澄《法论》第九帙《慧藏集》目录中，分别载有谢灵运《辩宗论》、慧观《渐悟论》、昙无成《胆渐论》三文，并注云：“沙门竺道生执顿悟，谢康乐灵运《辩宗》述顿悟，沙门释慧观执渐悟。”①观点相异而通力合作，将北本《涅槃经》改编为广为流行于南方的南本《涅槃经》，这在佛教史上也可称得上是一段佳话。

竺道生　谢集“下编”中的《辩宗论》一文有云：“有新论道士认为，寂鉴微妙，不容阶级，积学无限，何为自然。”其中的“新论道士”，所指为竺道生。竺道生，慧皎《高僧传》卷七、僧祐《出三藏记集》卷十五，均有其传。综之为：竺道生俗姓魏，今河北平乡人，出身仕族，寓居彭城，因少时在京师建康受业于竺法汰，故改姓竺。后离建康至庐山修行七年，与慧远等共同研习说一切有部(小乘佛教理论)的毗昙学说。晋安帝隆安五年(401 年)，鸠摩罗什从凉州到达长安，大事译经传法，竺道生与慧睿、慧严、慧观等慕名北上受学。四人因此而又成为了同门弟子。义熙四年(408 年)还庐山，翌年回京师建康，住青园寺(后改称龙光寺)。宋文帝元嘉十一年(434 年)，竺道生卒，慧琳撰《龙光竺道生法师诔》(载《广弘明集》卷二十三)以悼。竺道生是京师建康僧团的领袖，犹慧远之于庐山僧团，影响颇大。竺道生佛学思想的核心，是综合

---

① 僧祐：《出三藏记集》卷十二，中华书局 1988 年版。

小乘佛教的说一切有部理论与大乘佛教的般若中观学说，并进行大胆阐发，提出了著名的顿悟成佛论。顿悟成佛论的精要之义，是主张一切众生皆能成佛，连“一阐提”(佛教谓断灭善根的恶人)也不例外。竺道生的这一观点，在当时曾遭到诸多正统派或者说守旧派僧人的攻击，认为其说为“邪说”，按戒律规定应对其进行当众处罚，因而乃将其逐出建康僧团。于是，竺道生被迫出走苏州虎丘寺，与法纲同处一时。后来，北凉僧昙无谶翻译的《大般涅槃经》传至京师，其中果然有众生皆可成佛之载，京师众僧始钦服竺道生的远见卓识，顿悟派也因此而形成。

谢灵运是南本《涅槃经》的主要改编整理者之一，自然是属于顿悟派的主要成员，所以，他才在《辩宗论》中对竺道生的“认为”云云大加肯定。这种肯定，实际上是对竺道生顿悟成佛论的一种有力支持。竺道生在京师曾读过谢灵运的《辩宗论》，并对他的创说深表同意。道宣《广弘明集》卷十八著录竺道生《答王卫军》一文，载竺道生答王弘(曾为卫将军)所问顿悟义，其即在“答”中对谢灵运《辩宗论》中的观点，表示了“都无间然”的赞许。

雷次宗 谢集“上编”诗集部分有《送雷次宗》一诗，云：“符瑞守边楚，感念凄城壕。志若离思结，情伤日月滔。”此诗为谢灵运写于任临川内史期间的元嘉九年(432年)。斯时，雷次宗从庐山至临川(今江西抚州)拜访谢灵运，于临别之际，谢灵运即写了此诗以替其送行。雷次宗，《南史》卷七十五《隐逸上》有其传。其中有云：“雷次宗字仲伦，豫章南昌人也。少入庐山，事沙门释慧远，笃志好学，尤明《三礼》、《毛诗》。隐退不受征辟。宋元嘉十五年，征至都，开馆于鸡笼山，聚徒教授，置生百余人。……久之，还庐山，公卿以下并设祖道。后又征诣都，为筑室于钟山西岩下，谓之招隐馆，使为皇太子、诸王讲《丧服经》。”谢灵运与雷次宗相识，应为他义熙七年四月至翌年九月前随后将军刘毅任职江州期间。斯时，谢灵运至庐山东林寺拜见慧远，并在东林寺的“神殿后凿二池”以“植白莲”，所待时间非短，而雷次宗又为慧远弟子，故二人之识，必在是时。雷次宗死后葬钟山西麓，宋武帝永明年间，竟陵王萧子良写《登山望雷居士精舍同沈右卫过刘先生墓下》一诗，时沈约、谢朓、柳恽、虞炎等“西邸”诗人，均和诗悼之①。

谢灵运一生交游佛教人物颇多，以上的考述，主要着眼于两个方面，其一是其集中所涉及的僧人，其二为其集中所未涉及者。前者如慧远、慧琳、法纲、雷次宗等，后者则有慧严、慧观、慧睿等。综合这两部分之所考察，对谢灵运在当时与僧人交往之况及双方之间的过从关系，基本上有了一个较为清晰的认识与了解。这具体表现在以下几个方面：

其一，谢灵运自义熙七年前后在庐山与慧远相识始，即与佛教结下了不解之缘，并成为其生活中不可或缺的一个重要组成部分。谢灵运受佛教思想的影响之大，其诗文创作与佛教关系之笃密，仅此即可窥之一斑。

其二，佛教之于晋宋时期，在南方形成了两大阵营，即“建康僧团”与“庐山僧团”。这两大僧团均以成员众多，著述(译著)丰硕，佛事活动频繁而著称。作为文学家的谢灵运，则与这两大僧团中的僧人均有交往，且与其领袖人物竺道生(建康僧团)、慧远(庐山僧团)，皆关系殷密。

其三，由于认识与见解上的不同，晋宋时期的佛学界主要由“顿悟”与“渐悟”两大派构成，对于被正统僧人贬斥为“邪说”的顿悟派的“顿悟成佛论”，谢灵运则撰著《辩宗论》等文予以大力支持，并旗帜鲜明地表明了其佛学主张。同时，他还与慧严等一道，将载有顿悟意识即主张众人皆有佛性的北本《涅槃经》，进行了精心改编与润色，使之成为众所欢迎的南本《涅槃经》。谢灵运此举为大力倡导与宣扬顿悟论，做出了极为可贵的贡献。

其四，谢灵运与僧人交往，不分京师与地方，不论自己职位的高与低，总是一如既往、一以贯之。他虚心地向这些僧人请教有关佛学理论

---

① 曹融南：《谢宣城集校注》卷四，上海古籍出版社 1990 年版。

与梵音方面的知识，用以不断提高与丰富自己的佛学修养，其《十四音训叙》一书，即是在此种前提下完成的。

总体而言，生当晋宋之际的谢灵运，既是一位著名的诗人，又是一位热心奉佛的信徒。在崇佛方面，他广结僧侣，与当时活动于京师与庐山的两大僧团，均关系密切。受其影响，他潜心钻研佛学典籍，并撰著有关方面的著作，为佛教顿悟派的繁荣与发展，起到了的积极的推动作用，而成为佛教文学史上的一位重要文学家。

第四节　玄学与谢灵运山水诗

在先唐文学史上，生当晋宋之际的谢灵运，是使山水诗从附庸走向蔚为大观而作出了历史性贡献的一位著名诗人。所谓“附庸”，是指山水诗在西晋末年和整个东晋一代的玄言诗中，所扮演的乃是一种无奈的角色。即是说，在兴盛于这一时期的玄言诗中，虽然也有不少描写山水的句子，但那纯粹是一种点缀，一种陪衬，一种属于“次”而非“主”的景物撷取。而谢灵运则以其非凡的艺术才华，并着眼于山水审美意识的角度，使对山水自然的描摹独立于玄言诗之外，从而开创了一个以山水诗为主体特征的崭新文学时代。从崇尚玄学到把自然美景引入诗中，开拓与塑造出诸多生动丰富、饶有情趣的山水境界，并使之成为一种独特的审美对象，这就是谢灵运表现在文学史上最为卓越的成就。然而，由于谢灵运对老、庄的尊崇与对道家思想的笃信，以致使他成为了当时玄学队伍中的一位最重要的文学家成员。而为历代诗论家所称道的谢灵运的山水诗，也因此之故，受到了玄学最为明显的影响，并呈现出其鲜明的玄学特点。所有这一切，都充分反映了谢灵运其人其作，与玄学乃是具有十分密切的关系的。但遗憾的是，学界对于谢灵运的崇玄思想与具体表现，以及玄学与谢灵运山水诗的特殊关系等问题之研究，以笔者之孤陋寡闻，似涉笔者无多。有鉴于此，本节特拟就上述诸问题，作一综合性考察与探讨。

一、刘宋玄学的“官学”化

玄学是魏晋时期盛行于世族阶层与知识阶层的一种新的学术思潮，其核心是援道入儒，宣扬老、庄思想，并以《周易》、《老子》、《庄子》三“玄”解经，故有“玄学”之称。所以，沈约在《宋书》卷六十七《谢灵运传论》中说：“有晋中兴，玄风独振，为学穷于柱下，博物止于七篇。驰骋文辞，义殚乎此。自建武暨于义熙，历载将百，虽缀响连辞，波属云委，莫不寄言上德，托意玄珠，遒丽之辞，无闻焉耳。”①其中的“为学穷于柱下，博物止于七篇”，指的就是先秦时期的老子与庄周：老子曾为柱下吏，并以《老子》一书为后世所称道；《庄子》系漆园令庄周之作，其“内篇”凡七篇，故有“博物止于七篇”之谓。同此者，另有刘勰《文心雕龙·时序第四十五》之“诗必柱下之旨归，赋乃漆园之义疏”的载述等。正因此，魏晋时期的学者们，大多以注释、疏解《老子》、《庄子》等书而成为一时风气。如《世说新语》上卷下《文学第四》云：“自魏太常夏侯玄，步兵校尉阮籍等，皆著《道德论》。……何平叔注《老子》始成，诣王辅嗣，见王注精奇，乃神伏曰：‘若斯人，可以论天人之际矣。’因以所著为《道德二论》。”②何晏、王辅嗣、夏侯玄、阮籍等人的注疏之作，其实就是对老、庄哲学思想的进一步发挥与宣扬。

作为一种学术思潮，一种哲学思想，玄学主要以辩证“有无”为讨论的中心，以探究世界本体为基本的内容，以解决自然与名教的关系为哲学的目的。同时，玄学家们还因此而提出了一系列带有“规范性”色彩的要求，如强调在论证问题时要把握义理，并以“辨名析理”为其思维形式，等等。在这种文化背景下，生活于魏晋时期的许许多多的文化

① 沈约：《宋书》卷六十七《谢灵运传》，中华书局 1974 年版。

② 刘义庆：《世说新语》上卷下，余嘉锡笺疏，上海古籍出版社 1993 年版。

精英，便大多致力于对高深玄理的探讨与穷究，于是，说玄谈理，便在当时蔚然成风。更有甚者，则是因大批文学家的介入，而导致了这股强劲玄风对文学特别是诗歌领域的直接渗透，其最终的结果，则是使得玄言诗、玄理诗、游仙诗等诗歌新品类的大量问世。

当炽烈的玄学之风伴随着历史的脚步声行进到刘宋之时，便被当时的执政者钦定为万人仰慕的"官学"，而使之身价大增。对此，《南史》卷七十五《雷次宗传》乃有记载：

> 宋元嘉十五年，征至都，开馆于鸡宠山，聚徒教授，置生百余人。会稽朱膺之、颍川庾蔚之并以儒学总监诸生。时国子学未立，上留意艺文，使丹阳尹何尚之立玄学，太子率更令何承天立史学，司徒参军谢元立文学，凡四学并建①。

"元嘉"是宋文帝刘义隆的年号，凡整三十年，"元嘉十五年"为公元438年。是年，玄学即被宋文帝堂而皇之与儒学(经学)、史学、文学并列，而使之成为了当时著名的"四学"之一。同《南史》卷七十五《雷次宗传》之载者，另有沈约《宋书》等。这些材料的记载表明，刘勰《文心雕龙·明诗第六》中的"宋初文咏，体有因革，庄老告退，山水方滋"云云，是有欠准确的。这是因为，刘宋立国凡五十九年(420—479年)，而宋文帝设立四馆(即"四学")又始于元嘉十五年，且其以"元嘉"纪元又为整三十年，则"庄老告退"非在"宋初"乃甚明。即是说，玄学既在元嘉十五年被钦定为"官学"，其于宋文帝执政的后十五年(439—454年)属于鼎盛期，乃殆无疑义。而斯时，已为刘宋中期而不是"宋初"。由此看来，可知刘勰之说不可靠者，乃可肯定。而近年来所出版的诸多文学史之类的著作，在言及山水诗产生的原因时，大多据《文心雕龙·明诗第六》之载以立论的举措，以及藉此所得出之结论，都是颇值重新

---

① 李延寿：《南史》卷七十五《雷次宗传》，中华书局1976年版。

考虑的。

由于朝廷的公然提倡，因而使得玄学在刘宋中期就更加畅行。而就在斯时前后，江南则又盛行佛教，且活跃着以竺道生、慧远为代表的两大僧团(即“金陵僧团”与“庐山僧团”)①，因此，当时一些出身于士族阶层的知识精英们，便大多兼有双重身份，即其既是玄学家又是僧人或者佛学家，他们终日谈玄悟佛，相互切磋，以致成为时尚。于是，“援佛入玄”与“玄佛融汇”，便成为了这一时期玄学的新面目。而玄学清言与佛家名理的相互渗透，则又往往作为一个整体对文化意识形态予以辐射影响，从而使之具有明显的时代印记。生活在如此文化背景下的刘宋世族阶层，无论是就其“侨姓”还是“郡姓”而言，抑或是就其普通士人还是知识精英以论，他们的思想行为乃至文学创作等，几乎都与玄学和佛理有着千丝万缕的联系。于是，便形成了表现在这一时期文化方面的一道独特风景线，进而自然是对当时的文学特别是诗歌产生着明显之影响。

二、谢灵运崇尚玄学之表现

作为诗人，谢灵运的思想是极其复杂的。《宋书》卷六十七《谢灵运传》云：“灵运少好学，博览群书，文章之美，江左莫逮。”这里的“博览群书”，研究者大多认为所指应主要为一些儒学(含两汉经学)书籍，则其从小受儒家思想的熏陶乃甚明。所以，有论者认为：“(谢灵运)善于运用经语以入之诗而略无经师迂陈之迹，为古今诗人所莫及……灵运于经学非独精通，且实博练，而其根本思想直承儒家。”②所言甚是。而谢灵运自二十七岁始，又与佛教打得火热，如至庐山东林寺专门拜谒慧远

① 任继愈主编：《中国佛教史》，中国社会科学出版社1981年版。

② 叶瑛：《谢灵运文学》，学衡，1924年第33期。此据吴云主编《魏晋南北朝文学研究》转引。

法师，在京师与慧严等改编北本《大般涅槃经》，为《金刚般若经》作注①，撰《辩宗论》一文旗帜鲜明地支持“顿悟成佛论”，等等②。除了崇信佛教之外，谢灵运与在当时畅行不衰之玄学，亦颇为密切，以致玄学在其整个思想体系中占有相当大的比重。

谢灵运崇尚玄学，要而言之，主要是源自于内部(主观)与外部(客观)两个方面的影响。其外部的影响，如上所述，乃是与他所生活时代玄风炽烈的文化大背景密切相关的。即是说，当时知识阶层较为普遍的清议玄谈，以及道家崇尚自然山水的雅好等，无不深深地吸引着“幼便颖悟”的谢灵运。而内部的影响，则乃是就谢氏家族源远流长的玄学传统以言。对于谢氏家族中这一极其特殊的文化传统，刘义庆《世说新语》多有记载，如上卷上《言语第二》有载云：“王右军与谢太傅共登冶城，谢悠然远想，有高世之志。王谓谢曰：‘……今四郊多垒，宜人人自效。而虚谈废务，浮文妨要，恐非当今所宜。’谢答曰：‘秦任商鞅，二世而亡，岂清言致患邪？’”又上卷下《文学第四》“林道人诣谢公”条注引《中兴书》云：“(谢)朗博涉有逸才，善言玄理。”同书同篇“谢车骑在安西难中”条注引《玄别传》亦有云：“(谢)玄能清言，善名理。”此外，《梁书》卷三十七《谢举传》亦有所载，云：“举少博涉多通，尤长玄理及释氏义。”③这几起材料中的谢安、谢玄、谢朗、谢举等人，均为谢氏家族中的重量级人物，他们的“能清言，善名理”，以及“尤长玄理及释氏义”等特征及其举措，充分反映了擅长清言之道、重视玄学修养，在这一家族中乃是由来已久的。而其中，谢安与谢玄，又是两位在当时盛名颇负的玄学家，因此，生活在这一家族中的谢灵运，便理所当然地会深受其玄学与玄理方面的影响。

正是由于上述两个方面的原因，才使得谢灵运成为了当时玄学队伍

---

① 王辉斌：《论谢灵运与佛教的关系》，贵州社会科学，2005年第6期。
② 王辉斌：《谢灵运与佛教人物交往考》，襄樊学院学报，2006年第3期。
③ 姚思廉：《梁书》卷三十七《谢举传》，中华书局1974年版。

中的一位重要文学家成员，而玄学也自然因此在他的思想体系中占据着重要位置。要而言之，谢灵运对于玄学的崇尚，主要表现在下列两个方面。

其一是雅好“三玄”。所谓“三玄”，如上所言，主要是指被玄学家们尊崇为“玄学精典”的三部先秦著作，即《周易》、《老子》与《庄子》。而自幼就十分“好学，博览群书”的谢灵运，对于此“三玄”，自然是读过多遍并且是了然于胸的。而事实也正是如此。以《周易》为例，仅在《山居赋》的自注中，谢灵运就曾多次以之为注，如于“若夫巢居以风露贻患，则大壮以栋宇袪法”下即有注云：“《易》云‘上古穴居野处，后世圣人易之以宫室，上栋下宇，以蔽风雨，盖取诸《大状》。’”又于“仰前哲之遗训”一段文字下注云：“《易》云：‘向晦入宴息。’庄周云：‘自事其心。’此二是其所处。”又于“缗纶不投” 一段文字下引《易经》注云：“不远游，无祇悔。”凡此等等，都可见出谢灵运对《周易》的娴熟与崇信程度之一斑，正因此，其才会有如此得心应手之“自注”。

《老子》与《庄子》，更是谢灵运潜心研读的两部重要著作。综谢灵运一生，其追求老子的“无为”与庄子的“逍遥”，乃是不遗余力的，典型的例子，即为对自然山水的崇尚。对此，我们可从两个方面准确获知。其一是谢集中“山水作品”的数量。谢灵运现存诗、文、赋共计二百余篇(首)，有研究者对其进行过具体的统计，认为其中“约有三分之二是主要描写山水的”，其数量之多，不仅在先唐位居第一，即使是在山水田园诗繁荣兴盛的盛唐时代，也是无人可与之相比的。其二是“言必老庄”的文学特点。从题材类别的角度言，谢灵运的诗歌(也含部分文、赋作品)，固然是以“山水”为创作主体的，但其于每一具体之作品中，又几乎是“言必老庄”的。如《赠安成七章并序》其二有云：“用舍谁阶，宾名相传。”其中“宾名”一词下，有谢灵运的一条自注：“宾名，义皆出于庄周。”检核《庄子·内篇·逍遥游第一》有“名者实之宾也”句，知乃其之所出。又《赠安成七章并序》其六有云：“清静有默，平正无偏。”其中的“清静有默”，所指为道家的处世态度：清静无为，沉默少语。其语出《老子》第四十五章：“躁胜寒，静胜热，清静为天下静。”①而《庄子·外篇·在宥第十一》不仅有类似记载，而且较《老子》还有所发展，其云：

> 至道之精，窈窈冥冥；至道之极，昏昏默默。无视无听，抱神以静，形将自正，必静必清，无劳汝形，无摇汝精。乃可以长生。目无所见，耳无所闻，心无所知，汝神将守形，形乃长生。慎汝内，闭汝外，多知为败。我为汝遂于大明之上矣，至彼至阳之之原也②。

此则表明，谢灵运对于《老子》与《庄子》的“清静”之论，乃是极为崇拜的。再如《入道至人赋》一文中的“至人”，乃取自《庄子·内篇·逍遥游第一》：“至人无己，神人无功，圣人无名。”谢灵运在此赋中，不仅引用了《庄子·内篇·逍遥游第一》中的“至人”，而且于赋中还对“至人”逍遥物外、抱朴守真的生活，进行了高度赞扬。从以上所举诸例中，我们不难看出，作为诗人的谢灵运，对于老子与庄子这两位先哲的崇敬，乃是达到了顶礼膜拜之程度的。正因此，二人之所言所行，乃会在谢灵运的心灵深处得以潜移默化，而表现在文学作品中的从“描写山水”到“言必老庄”的这一整个创作过程，则又充分反映了老庄思想对谢灵运所产生影响的深度与广度。

其二是尚道好隐。在中国哲学史上，老子是最先提出“道”这一哲学概念的，庄子继承了老子关于“道”的思想并有所发挥，而魏晋玄学，则是在形式上复活了老、庄思想，并用以取代两汉以来的谶纬神学”③。所以，当玄学发展到晋宋之际的谢灵运时代，具有丰富内涵的“道”，

---

① 《老子》，《四库全书》本，上海古籍出版社 1987 年影印版。
② 沙少海：《庄子集注》，贵州人民出版社 1987 年版。
③ 孔令宏：《中国道教史》，河北大学出版社 1999 年版。

便与之互为渗透，于是，玄、道、隐三者便紧密相联而融为一体了。这种融合，构成了当时哲学领域中一个闪光的亮点。正是因为处于这样的文化背景之下，所以谢灵运的尚道，即表现出一个明显的特点，其既与“物”并举，又和“隐”相连。而实际上，这二者乃是相通的。总体而言，谢灵运的尚道好隐，乃是与他对老庄思想(道家)的尊崇密切关联的。纵观谢灵运一生，可知其寻仙访道、恣情山水、浪迹江湖等行为，乃无不是与此关系密切的。正是由于谢灵运深受道家思想之影响，以至于道家思想不仅融进了他的灵魂，而且还鲜明地表现在他的诗文等作品中。如他在《山居赋》的开篇即如是写道：“大道可重，故物为轻；理宜存，故事斯忘。”并自注云：“夫能重道则轻物，存理则忘事。”在一部《谢灵运集》中，类此者乃比比皆是。由是而观，可知道家的“顺性轻物”主张，几乎成为了谢灵运的行动指南。而事实也正是如此。比如，谢灵运为官不愿循规蹈矩，而雅好散漫放纵，羡慕隐士生活及其栖穴而居的修身养性方式，以及对道家经典的推崇备至，等等，都成为了他生活中不可或缺的重要内容。因此之故，谢灵运在“出守既不得志”的情况下，即“遂肆意游遨，遍历诸县，动逾旬朔，民间听讼，不复关怀。所至辄为歌永，以致其意焉。”①其后，谢灵运还曾两次返归故里始宁，筑精舍，广庄园，建新居，过起了实质性的隐居生活，并且与隐士王弘之、孔淳之等打得火热。

谢灵运的尚道好隐，还表现在他对一些道、隐类人物的热情歌颂与称道方面。其中，既有历史上的仙、隐之类的传说人物，也有诗人现实生活中的友朋，前者如《衡山岩下见一老翁四五少年赞》、《王子晋赞》中的“老翁”、“四五少年”与王子晋，后者则有《逸民赋》中的“逸民”等。对于这类人物，谢灵运或赞或咏，均充满了对其生活的向幕之情。再如著名的《罗浮山赋并序》，虽系作者“感梦”而作的产物，其所表达的其实是作者对罗浮山的极度向往。罗浮山在今广东增城、博罗境内，

---

① 沈约：《宋书》卷六十七，《谢灵运传》，中华书局 1974 年版。

向有“道家第七洞天”之称，传说因晋人葛洪在此修炼成仙而名声大噪。是《赋》有云：

> 发潜梦于永夜，若逆波而乘桴。越扶屿之缅涨，上增龙之合流。鼓兰枻以水宿，杖桂策以山游①。

由此不难看出，谢灵运对于罗浮山乃是相当向往的，但其最终却未能如愿。此外，谢灵运在始宁隐居期间，还先后写下了《山居赋》、《逸民赋》、《入道至人赋》等作品，或歌颂神仙道隐之流，或赞美山林之乐，或展示其内心之宿愿，皆与道家思想关系密切，其所充分反映的是他尚道好隐的雅趣与情怀。

综上所述，可知生当晋宋之际的谢运灵，因受其家族源远流长的玄学传统与炽烈玄风之时代文化大背景的双重影响，其对于玄学、玄理的崇尚，与其对佛教之笃信相比，乃是有过之而无不及的。正因此，故玄学在谢灵运诗文作品特别是山水诗中的反映，乃较之佛教尤为鲜明与深刻。

三、玄学与谢灵运的山水诗

根植于《周易》、《老子》、《庄子》之“三玄”的玄学，其原以“道”为本位的审美特征，助长了晋宋时期的归隐之风，因而使得一些具有士大夫身份的文化精英，更多地将目光转向了山水田园与沟壑泉林。随着玄学人生观影响的日渐深广，纵情山水、拥抱自然便成为了一种社会时尚，进而影响到文学家们对山水自然美的重新理解与诠释。而具有“玄言”特色的山水诗，便在这一时期应运而生，其中，最具典型性与代表

---

① 谢灵运：《罗浮山赋并序》，李运富编注本《谢灵运集》(下编 · 文)，岳麓书社 1999 年版。

性的诗人，自然是被文学史家们称誉为“开创了一个山水诗时代”的谢灵运。

所谓具有“玄言”特色的山水诗，是相对于风靡诗坛长达百年之久的玄言诗而言的，即其所指，是谓这类山水诗虽然融进了大量的山水审美内容，但其中却仍不乏较强的玄言色彩，也即其存在着较强的“言理”成分。这一实况的存在，是晋宋山水诗有别于唐代山水诗的一个最为明显的标记。所以，这类山水诗表现在结构上的最大特点，乃是“记游—写景—言理”的述写模式。检核《谢灵运集》中的山水诗，可知其绝大部分所采用的都是这种结构形式，只有少许诗为“叙事—写景—抒情”之模式，藉此，我们似可将谢灵运山水诗中的这种“三段式”结构，称之为“灵运模式”。《谢灵运集》中如《登永嘉绿嶂山》、《晚出西射堂》、《七里濑》、《登上戍石鼓山》、《石室山》、《过白岸亭》、《游赤石进帆海》、《登江呈孤屿》、《白石岩下径行田》、《石壁精舍还湖中作》、《从游京口北固应诏》、《入东道路》等山水诗名作，其结构即皆为“记游—写景—言理”式。这种结构形式中的“言理”部分，乃是明显地受到了玄学、玄风影响的结果，即是说，谢灵运山水诗中所言之“理”，大多为玄学之理。其中，有些诗篇的“言理”，与玄言诗相比，简直难分甲乙。如其《登永嘉绿嶂山》最后部分之所写，即堪称为代表。其云：

蛊上贵不是，履二美贞吉。幽人常坦步，高尚邈难匹。颐阿竟何端，寂寂寄抱一。恬如既已交，缮性自此出①。

这些诗句中的“蛊上贵不是”、“履二美贞吉”、“寂寂寄抱一”、“恬如既已交”等，由于乃系以“三玄”经典著作之语词组合而成，不仅深奥晦涩，令读者不知所云，而且委实成为了全诗中一条名符其实的“玄理尾

---

① 谢灵运：《登永嘉绿嶂山》，李运富编注本《谢灵运集》(上编·诗)，岳麓书社 1999 年版。

巴”。再如《过白岸亭》一诗，首先用“拂衣遵沙垣，缓步入蓬屋”十字，以纪写诗人“过白岸亭”之所行；继而则是对沿途所见景物的描写，如“近涧涓密石，远山映疏木”，等等；最后则以“荣悴迭去来，穷通成休戚。未若长疏散，万事恒抱朴”作结。全诗采用“记游—写景—言理”的三段式结构，由景入诗，寓玄理于山水，是典型的具有“玄言”特色的山水诗。由此看来，可知“灵运模式”的存在，乃是导致谢集中山水诗“有句无篇”的原因之所在。而这种“有句无篇”的山水诗，从的艺术的角度讲，其于气韵流转等方面，显然是难以与“全篇式”山水诗相提并论的。

谢灵运山水诗受玄学影响所形成的第二个特点，就是大量征引《周易》等著作中谈玄的语词。如果从典故艺术的角度讲，谢灵运此举乃属于“语典”的范畴。据刘勰《文心雕龙·事类第三十八》之所载，知在文学作品中运用典故者，西汉初期的贾谊乃开其端，其后，典故便成为了文学家们必不可少的一种创作手段。而据清人薛雪的《一瓢诗话》又可知，征引前人的诗句或者文句，关键在于“化”，如果只引不化，则味同嚼蜡。谢灵运山水诗所征引《周易》等书者，不仅“化”之甚微，而且大多是一些谈玄的语词，这就自然会增加其山水诗中的玄学成分。对于谢灵运山水诗征引《周易》等书的情况，上引《登永嘉绿嶂山》诗最后诸句，其实已为我们透露出了此一方面的信息，为便于理解与把握，下面再就谢灵运山水诗中的此类情况，分别各举数例，以窥其一斑。

(1)《周易》。《登池上楼》云：“进德智所拙，退耕力不任。”又同诗有云：“持操岂独古，无闷征在今。”又《行田登海口盘屿山》云：“大宝不欢口，况乃守畿封。”又《于南山往北山经湖中瞻眺》云：“解作竟何感，升长皆丰容。”这几例中的“进德”、“无闷”、“大宝”、“解作”、“升长”诸词，乃皆出自《周易》，且大多与“玄”关联。更有甚者，是对于历史上精通《周易》者，谢运灵于山水诗中也对其或赞颂或歌咏，如《初去郡》一诗开篇即写道：“彭薛裁知耻，贡公未遗荣。或可优贪竞，岂足称达生。”其中“彭薛”之“彭”，所指即汉代的彭宣，班固《汉书》有传，其精通《周易》，官至大司空，后因王莽篡位，辞官归隐乡里。很明显，谢灵运在诗中对彭宣的辞官归隐，以及其“达生”的生活方式，乃是深表赞慕的。

(2)《老子》。《田南树园激流植援》云：“寡欲不明劳，即事罕人功。”又《还旧园作》云：“殊方感成货，微物豫采甄。”又《游南亭》云：“乐欲情所止，衰疾忽在斯。”又《过白岸亭》云：“未若长疏散，万事恒抱朴。”这几例中的“寡欲”、“成货”、“乐欲”、“抱朴”诸词，亦皆为《老子》中的“玄”语词，其对谢灵运“道重物轻”的玄学认识观，乃是不无影响的。正因此，谢灵运于《过白岸亭》诗中乃有“万事恒抱朴”之谓。《老子》原文为：“见素抱朴，少私寡欲。”而谢灵运的诗句则是说：不如离开官场而隐居山林，这样就可长久保持本真，不为官势物欲所诱惑。很显然，谢灵运反映在《过白岸亭》诗中的这种认识观，乃是明显地受到了《老子》影响的结果。

(3)《庄子》。《七里濑》云：“目睹严子濑，想属任公钓。”《登池上楼》有云：“持操岂独古，无闷征在今。”又《从游京口北固应诏》云：“昔闻汾水游，今见尘外镳。”又《登石门最高顶》云：“居常以待终，处顺故安排。”又《道路忆山中》云：“得性非外求，自已为谁纂。”这几例所引《庄子》，既有典故之属，如“任公钓”、“汾水游”；也有带情节色彩的语词，如“持操”、“安排”；亦有属于“道”之范畴的语词，如“得性”、“自已”等，真可谓是形式多样，内容丰富，充分反映了谢灵运对庄子及其著作的尊崇程度。

在山水诗中大谈“道”，是谢灵运山水诗受玄学影响所形成的又一个特点。“道”之于谢灵运现所存见的全部作品而言，可以说是应有尽有，无所不在，如前引《山居赋》之“大道可重”，以及谢灵运自注的“夫能重道则轻物”之例，即可管窥一斑。而于山水诗中，谢灵运更是发挥了这种“专长”优势，以致其“道”之所用，乃“每形于诗”。如《游赤石进帆海》云：“矜名道不足，适己物可忽。”在这里，诗人“道”“物”并举，其意实则是重“道”而轻“物”，其与《山居赋》之自注“夫能重道则轻物”者，乃同出一辙。又如《石壁精舍还湖中作》诗有云：“寄言摄生客，试用此道推。”这两句所用之“道”，是指此两句诗前的“虑澹物自清”之“虑澹”一词，其语出《淮南子》：“澹然无虑。”意即心地清纯、恬淡寡欲之谓。谢灵运“寄言摄生客”（“摄生客”指修炼养生之道的人）者，是希望其在修炼的过程中要“澹然无虑”，即不要为尘事所累。又如《从游京口北固应诏》诗云：“事为名教用，道以神理超。”这两句语出《文子》：“圣人所由曰道，所为曰事。”谢诗引用后之意，是说人世间的各种事务都会为“名教”所累，只有“道”才会因神圣而高超的玄理所解脱。再如《登石门最高顶》诗云：“沉冥岂别理，守道自不携。”这里的“道”，所指为养生之道。以上所举，已足可见出，谢灵运山水诗与“道”之关系，乃是甚为密切的。而“道”作为一个哲学概念，其所包含的内容又是十分复杂的，因此，对于谢灵运山水诗中的“道”，要根据不同的语境作不同的理解，而不能千篇一律，否则，就会“真真正正”的不知所云了。

以上所述表明，玄学对于谢灵运山水诗的影响，乃是表现在多个方面的。这一不争的事实也再次告知我们，刘勰《文心雕龙》中的“庄老告退，山水方滋”之说，乃是不符合山水诗发展的历史之真实的。

尽管玄学对谢灵运山水诗产生了如上所述之影响，但谢灵运山水诗以审美的方式对待山水的举措，对风行当时的玄言诗产生了极大程度之冲击，则是可以肯定的。如此，则作为审美对象的山水诗，就理所当然地与玄言诗有所区别了，进而则是标志着一代诗风之转变。面对着这种全新的文学格局，生活于当时社会各阶层的人们，其审美倾向亦得以大大改变，其于诗歌鉴赏的艺术目标也因之大为调整，这其中表现得最为明显的事实，就是世人对谢灵运山水诗的争相接受与竞效。对此，《宋书》卷六十七《谢灵运传》已有记载：“（灵运）每有一诗至都邑，贵贱莫不竞写，宿昔之间，士庶皆遍，远近钦慕，名动京师。”其轰动的社会效应，较之左思《三都赋》的“洛阳纸贵”，乃是有过之而无不及的。

综而言之，谢灵运的山水诗，由于作者的主观因素与客观原因，虽然还未能完全摆脱玄学、玄风乃至玄理的束缚，但其作为一种极具创造性的诗歌品类，不仅大大地开拓了前人优游山水的境界，使自然山水成为了诗歌的主体，扩大了诗歌的题材，而且为山水审美意识与山水文学的大力发展，开辟出了一条新的路途。而此，则是谢灵运能卓立于中国文学史上的一个重要原因。

第七章　鲍照与鲍令晖

第一节　二谢之间的山水诗人

文学史上的“元嘉三大家”，或曰“元嘉三杰”，指的是谢灵运、颜延之与鲍照三位文学家。作为南朝著名的文学家之一，鲍照的诗歌、散文、辞赋三者虽然都很优秀，但其成就最高者则仍为诗歌，这从钟嵘《诗品序》记载当时有人称鲍照为诗坛中的“羲皇上人”①，即可准确获知。而胡应麟《诗薮》则称其诗“上挽曹刘之逸步，下开李杜之先鞭”②云云，又可予此佐证。鲍照现存的诗歌，逯钦立《先秦汉魏晋南北朝诗》著录为三卷，即其中的《宋诗》卷七至卷九，共二〇六首(含残句)③，其数量之多，在先唐诗人中乃无可与之相匹配者。综观鲍照的这二百多首诗，约而言之，乃可分为乐府诗、山水诗、边塞诗、交游诗四大类，而其中的山水诗一类，不仅数量众多，内容丰富，并且在艺术审美方面，是完全可以与谢灵运、谢朓的同类之作媲美的。但遗憾的是，行世的各种文学史著作，却鲜有涉笔于鲍照之山水诗者，如近年流行于全国各高校的袁行霈主编《中国文学史》教材，虽曾言及鲍照的山

① 钟嵘：《诗品·诗品序》，《历代诗话》本，中华书局1981年版。

② 胡应麟：《诗薮》，上海古籍出版社1979年版。

③ 逯钦立：《先秦汉魏晋南北朝诗·宋诗》卷七—卷九，中华书局1983年版。

水诗，也仅是以不足三百字的篇幅，引用了其几首山水诗的诗句而已。而游国恩等编《中国文学史》、中国科学院文学所编《中国文学史》，以及胡国瑞《魏晋南北朝文学史》、曹道衡《南北朝文学史》等，则于鲍照的山水诗均只字未及。这种现象的存在，不仅有碍于对鲍照其人其作之全面研究，而且也不利于对中国山水文学史的撰写。所以，本章在专论鲍氏兄妹之诗歌时，特于此节对鲍照的山水诗作一鸟瞰式观照，并兼将其与二谢的山水诗略作比较。

一、山水诗的定义与鲍照山水诗

论析鲍照的山水诗，首先要弄清楚的是鲍照山水诗的数量。而要弄清楚鲍照山水诗的数量，对“山水诗”这一概念进行定义，则又乃为其关键。即是说，只有在解决了什么样的诗才能称为山水诗这一前提后，才可对鲍照的山水诗进行具体论析。而已行世的各种文学史著作，在涉及这一研究山水诗的根本性问题时，或模棱两可，或一语带过，或将山水诗与写景诗混为一谈，而未能真正从定义的角度对其进行阐释。正因此，研究者对鲍照山水诗数量的认定，乃是众说不一，而未能达成一致。

以笔者之孤陋寡闻，学界最早对鲍照山水诗数量予以涉及者，当首推台湾学者林文月出版于二十世纪七十年代末期的《山水与古典》①一书。在此书中，作者将鲍照、谢灵运、谢朓三人的山水诗，首次从数量的角度进行了具体排列与比较，认为：谢灵运诗八十七首，山水诗三十三首；鲍照诗一百零五首，山水诗二十四首；谢朓诗一四二首，山水诗三十四首。作者虽然首次对鲍照的山水诗数量进行了具体认定，但其所统计出的这一数量，却显然是不够准确的，原因是鲍照现存诗歌的总量，并非为林著所言为一百零五首，而是如上举逯钦立《先秦汉魏晋南

① 林文月：《山水与古典》，台湾纯文学出版社 1979 年版。

北朝诗·宋诗》所著录的二百零六首。约十年后，作者又发表了《鲍照与谢灵运山水诗》一文，认为鲍照的山水诗有三十多首，较前者多出了十余首①。但尽管如此，当《山水与古典》一书于 1982 年在台湾再版时，作者却并未对其进行更改。

在林著、林文之后，台湾另一位学者苏瑞隆的《鲍照诗文研究》一书，则认为鲍照的山水诗为“二十多首”②，与林文月《山水与古典》所认定的数量大致等同。苏瑞隆《鲍照诗文研究》之所以认为鲍照的山水诗只有二十多首，原因为其基本上是以台湾学者王国璎《中国山水诗研究》对山水诗所下定义为标准认定的。王国璎《中国山水诗研究》对山水诗的定义，虽然有其较为充分的合理性，且大多符合山水诗的艺术审美等诸要素，但其认为山水诗“必须是诗人沉思和其创作冲动的灵魂”云云③，则乃不的。这是因为，这一定义所规范的内容，实质上是指诗人情感(主观)与自然景物(客观)在山水诗中的互为融合，亦即要达到“物我为一”、“情景互融”的审美面目与艺术境界。而事实上，中国文学史上早期的山水诗，大多只是停留在对自然山水进行纯客观的描写这一层面上，而少有诗人将主观情感介入其中的，如谢灵运的一系列山水诗之作，亦大多如此。即是说，王国璎《中国山水诗研究》对山水诗的定义，无论是从宏观抑或微观的角度言，其只适用于那些成熟的山水诗如唐宋时期的山水诗等，而难以与处于中国文学史上初始阶段的山水诗相提并论。所以，苏瑞隆《鲍照诗文研究》据王国璎《中国山水诗研究》中之定义，而认为鲍照只有“二十多首”山水诗的说法，显然是与鲍照山水诗的实际情况大相违背的。

按照山水诗表现于艺术与审美方面的内外在规律，以及山水诗在不同时期的发展实况，我们以为对山水诗进行定义者，必须要考虑到这样的几方面因素：(1)一首诗(主要指五言诗)至少有四句(含四句)以上

---

① 林文月：《鲍照与谢灵运的山水诗》，《文学评论》1988 年第 2 期。
② 苏瑞隆：《鲍照诗文研究》，中华书局 2006 年版。
③ 王国璎：《中国山水诗研究》，台湾联经出版公司 1986 年版。

的自然景物之描写，且这些诗句在次序上必须是相连而不是隔开的，至于其位置，则既可是诗首，也可是诗腰，亦可为诗末。(2)诗中对自然山水之描摹，必须是建立在细节描写的基础之上，且所取景物应具有典型性或代表性。(3)诗中所描写的自然山水，必须是一种独立的审美对象。(4)语言富于文学性，“尚巧似”为其重要的表现技法。不符合此四者而有景物描写的诗篇，即属于写景诗的范畴，而不能称之为山水诗。对于什么是写景诗，以及写景诗与山水诗的区别等问题，日本学人小尾郊一《中国文学中所表现的自然与自然观》①一书，已言之甚详，此不具述。

以上述四个方面的因素(条件)为标准进行检视，可知鲍照现存的山水诗之作，乃有54首之多。其具体为：《侍宴覆舟山诗》二首、《从拜陵登京岘诗》、《蒜山被始兴王命作诗》、《登庐山诗》二首、《从登香炉峰诗》、《从庾中郎游园山石室》、《登翻车岘诗》、《登黄鹤矶诗》、《登云阳九里埭诗》、《自砺山东望震泽诗》、《三日游南苑诗》、《赠故人马子乔诗》六首其三、其四、《和王丞诗》、《日落望江赠荀丞诗》、《吴兴黄浦亭庾中郎别诗》、《送别王宣城诗》、《赠傅都曹别诗》、《送盛侍郎饯侯亭诗》、《从过旧宫诗》、《从临海王上荆初发新渚诗》、《还都道中诗》三首、《上浔阳还都道中作诗》、《还都至三山望石头城诗》、《还都口号诗》、《行京口至竹里诗》、《发后渚诗》、《阳岐守风诗》、《发长松遇雪诗》、《拟古诗》八首其六、其七、其八、《临川王服竟还田里诗》、《行药至城东桥诗》、《白云诗》、《园中秋散诗》、《观圃人艺植诗》、《过铜山掘黄精诗》、《梦归乡里诗》、《春羁诗》、《玩月城西门解中诗》、《喜雨诗》、《三日诗》、《秋夕诗》、《和王护军秋夕诗》、《望水诗》、《望孤石诗》、《山行见孤桐诗》、《与谢尚书庄三连句》、《代阳春登荆山行》。

---

① 小尾郊一：《中国文学中所表现的自然与自然观》，上海古籍出版社1989年版。

鲍照的这一山水诗数量，虽然只占其现存诗歌总数的四分之一，但其在整个南朝山水诗的天国里，却是无人能与之相比的，由是而观，可知鲍照乃为中国文学史上第一位大力从事山水诗创作的诗人。而且，在鲍照的这五十多首山水诗中，也不乏脍炙人口的精品之作，如《登庐山诗》二首、《从登香炉峰诗》、《日落望江赠荀丞诗》、《还都至三山望石头城诗》等，就可与谢灵运、谢朓集中最优秀的山水诗媲美。仅从这一角度言，南朝诗坛上最著名的山水诗人，乃应为谢灵运、鲍照、谢朓三人，而不是传统之说的大谢与小谢。

二、鲍照山水诗的类别及其特点

鲍照对山水诗的创作，与他一生的任职情况密切相关。关于鲍照的任职情况，虞炎《鲍照集序》乃有记载，云："少有才思，宋临川王爱其才，以为国侍郎。王薨，始兴王浚又引为侍郎。孝武初，除海虞令，迁太学博士，兼中书舍人，出为秣陵令，又转永嘉令。大明五年，除前军行参军，侍临海王镇荆州，掌知内命，寻迁前军刑狱参军事。宋明帝初……江陵人宋景因乱掠城，为景所杀，时年五十余。"①这段文字虽然记载了鲍照一生之宦历，但有三个问题需加以说明，其一是其中的"永嘉令"乃为永安(今湖北松滋)令之误，鲍集中有《谢永安令解禁止启》一文可证；其二是鲍照为"国侍郎"乃在荆州，虞《序》未能点明其任此职之地；其三即鲍照曾随刘义庆任职江州与南兖州②，虞《序》未及。以此三者合勘虞《序》，可知鲍照一生的任职之所，主要在今湖北(荆州、松滋)、江西(九江)、江苏(南京、镇江)三省，且其多次舟行往返于长江。即是说，根据鲍照一生宦历之实况，可知其现存的五十多首山水诗，主要作于今湖北荆州至江苏镇江的长江一线。而此，即构成了鲍照

① 钱仲联等：《鲍参军集注》，上海古籍出版社 1957 年版。
② 刘昫等：《旧唐书》卷二十九，中华书局 1975 年版。

山水诗表现在地域方面的一大特点。正因此，在鲍照的山水诗中，既有对雄奇秀美的庐山之描述，也有于京师帝王州的绘色勾勒，而更多的则是对长江两岸自然风光的描摹。所以从总的方面言，鲍照山水诗就所描写的对象而言，大致可分为四类，即：庐山诗、都邑诗、长江诗、游宴诗，其中，前三类为鲍照山水诗的代表。

先看庐山诗。庐山向有“江南第一名山”的美誉，其北临长江与浔阳相接，一山独峙，凌空而起，风景胜绝。置身其上，极目所见，丹崖翠壑，怪石悬空，古木参天，瀑布飞湍，湖光山色，气象万千。如此美景，自然令人神往。但遗憾的是，在鲍照以前的中国古代诗人中，却很少有诗人将庐山作为其描写与歌咏的对象，即如归隐后终年生活于庐山脚下的陶渊明，也只是或“种豆南山下”，或“采菊东篱下，悠然见南山”。而以文学史上第一位山水诗人著称的谢灵运，虽然曾寓居庐山并与东林寺僧人慧远过从一时①，但其集中也只有一首《入彭蠡湖口》写其远见之庐山。而鲍照则不然。鲍照集中的庐山诗，其主要者有《登庐山诗》、《从登香炉峰诗》、《登庐山望石门》(或将此诗与《登庐山诗》并称为《登庐山诗》二首)等。鲍照的这些庐山诗，不仅首次从正面的角度对庐山的秀美风光进行了歌咏和赞美，而且还细致地描写了诗人置身庐山所见之景观与登山时之感受。仅就这方面言，称鲍照为中国文学史上的第一位“庐山诗人”，则其应是当之无愧的。请看其《登庐山诗》(或作《登庐山诗》二首其一)：

悬装乱水区，薄旅次山楹。千岩盛阻积，万壑势回萦。巃嵸高昔貌，纷乱袭前名。洞涧窥地脉，耸树隐天经。松磴上迷密，云窦下纵横。阴冰实夏结，炎树信冬荣。嘈赞晨鹍思，叫啸夜猿清。深崖伏化迹，穹岫閟长灵。乘此乐山性，重以远游情。方跻羽人途，

---

① 刘昫等：《旧唐书》卷二十九，中华书局 1975 年版。

永与烟雾并①。

全诗紧紧围绕着一个“登”字，并以工笔开篇，将作者所极目之庐山景观一一写来，层次清楚，秩序井然，令人神往。诗人目之所及，千岩阻积，万壑回萦，激流飞天而下，古木参天而立，松涛阵阵，云海茫茫，而且还“阴冰实夏结，炎树信冬荣”，给人以寒冷的感觉。在着力描写这些自然景观的同时，又将回响于远山近岭的猿啸鹍鸣引入诗中，使原本静谧的庐山因此而充满了勃勃生机。视觉与听觉上的结合，使得诗人笔下的庐山，秀丽与粗犷并存，动态和静美互融，风景如画，美不胜收。鲍照的这首庐山诗，就其结构、取景、设色、构图、摹写等方面言，确属匠心独运，而其遣词造句，则更是特点别具，所以方东树于《昭昧詹言》卷六中，乃以“造句奇警，非寻常凡人所能问津”的赞赏之辞②，对其进行了高度肯定。鲍照的另一首《登庐山望石门诗》，虽然所描写的是“石门”这一具体景观，但也是以“登”起笔，熔视觉与听觉于一炉，艺术地再现了庐山秀丽的自然风光。诗云：“访世失隐沦，从山异灵士。明发振云冠，升峤远栖趾。高岑隔半天，长崖断千里。氛雾承星辰，潭壑洞江汜。嶄绝类虎牙，屼巑象熊耳。埋冰或百年，韬树必千祀。鸡鸣清涧中，猿啸白云里。瑶波逐穴开，霞石触峰起。回互非一形，参差悉相似。倾听凤管宾，缅望钓龙子。松桂盈膝前，如何秽城市。”诗人按照其所登临之顺序，将沿途景观之“高岑”、“长崖”、“氛雾”、“星辰”、“潭壑”、“江汜”、“清涧”、“白云”、“瑶波”、“霞石”等，一路写来，令人目不暇接。特别是其中的“鸡鸣清涧中，猿啸白云里。瑶波逐穴开，霞石触峰起”四句之所写，将动静相宜、色彩缤纷的石门景观，进行了形象而逼真的描述，给人以精致而又华丽的审美感

① 鲍照：《登庐山诗》二首其一，逯钦立《先秦汉魏晋南北朝诗·宋诗》卷八，中华书局 1983 年版。

② 方东树：《昭昧詹言》卷六，人民文学出版社 1984 年版。

受。而结尾“松桂盈膝前，如何秽城市”的反语之间，又构成了鲍照山水诗表现在艺术上的一大特点(鲍诗此类结尾很多)。

次看都邑诗。所谓“都邑诗”，就是以京师都邑及其附近的景观为主要描写对象的一种山水诗。都邑诗这一名称，最早出自明代竟陵派文学家钟惺对谢朓《晚登三山还望京邑》一诗的评语，其云：“右丞以田园作应制语，玄晖以山水作都邑诗，非唯不坠清寒，愈见旷逸。”①而鲍照，则是谢朓之前最为著名的一位都邑诗人。在鲍照之前的先唐诗人诗作中，虽然也不乏涉笔都邑者，如曹植《赠丁仪、王粲》、左思《咏史》等，但其却不能称之为真正意义上的都邑诗，原因是这些诗所描述所反映的对象，并非为都邑或者其四周的自然景观，所以，都邑在这些诗中只是一种陪衬物而已。而鲍照的这类山水诗，之所以能称之为都邑诗，并能与其庐山诗互为媲美者，关键就在于“都邑”在其诗中，乃由配角升华成了主角，也即诗人于诗中所描写的重心是都邑，而非为其他景物。鲍照集中的此类山水诗甚多，如《还都口号诗》、《还都至三山望石头城》、《从过旧宫诗》、《代阳春登荆山行》等诗，即皆为其例。其中，《还都至三山望石头城》一诗，不仅为鲍照都邑诗的代表作，而且也是中国文学史上第一首真正意义上的都邑诗。全诗为：

泉源首安流，川末澄远波。晨光披水族，晓气歇林阿。两江皎平迥，三山郁骈罗。南帆望越峤，北榜指齐河。关扃绕天邑，襟带抱尊华。长城非壑险，峻阻似荆芽。攒楼贯白日，摛堞隐丹霞。征夫喜观国，游子迟见家。流连入京引，踯躅望乡歌。弥前叹景促，逾近勸路多。偕萃犹如兹，宏易将谓何？②

作者置身三山，面对近在咫尺的京城，放眼望去，楼宇接迭的整座建康

① 钟惺、谭元春：《古诗归》，《诗归》本，湖北人民出版社1985年版。
② 鲍照：《还都至三山望石头城》，逯钦立《先秦汉魏晋南北朝诗·宋诗》卷八，中华书局1983年版。

城，以及其四周色彩缤纷的诸种景观，乃尽收眼底。正因此，出现于诗中的山水景物，既有清澈的江流，争流的舟帆，平迥的郊原，灿烂的霞光，林间的晨雾，又有如长城般坚固“峻阻”的城墙，等等。而“攒楼贯白日，摛堞隐丹霞”十字，则采用夸张的表现手法，将耸立于素有“石头城”之称的建康城内的各种建筑物，进行了大笔勾勒，不仅凸显了“江南佳丽地，金陵帝王州”(谢朓诗句)的雄伟与壮丽，而且也恰到好处地表达出了作者重返京师的喜悦之情。全诗对都城山水景物的描写，既具境界开阔之妙，又不乏清鲜明丽之美，极具艺术价值与审美价值，因而对后人特别是谢朓的《晚登三山还望京邑》等作，乃产生着明显的影响。

再看长江诗。如上所述，诗人因仕途上的原因，曾多次舟行往返于长江，所以有机会对长江两岸的各类自然风光进行捕捉与赏玩。也正因此，长江诗在鲍照的山水诗中，不仅数量最多，而且内容也甚为丰富，举凡长江两岸的远树近烟，荒野迥原，楼台亭阁，秋林冬雪，以及江流波涛，飞禽鸥鸟，当空皓月，等等，即皆成为了诗人所描写的对象。如《上浔阳还都道中作》一诗：

> 昨夜宿南陵，今旦入芦洲。客行惜日月，崩波不可留。侵星赴早路，毕景逐前俦。鳞鳞夕云起，猎猎晚风遒。腾沙郁黄雾，翻浪扬白鸥。登舻眺淮甸，掩泣望荆流。绝目尽平原，时见远烟浮。倏忽坐还合，俄思甚兼秋。未尝违户庭，安能千里游。谁令乏古节，贻此越乡忧①。

诗人因是自“浔阳还都”，归乡之情甚殷，故乃“昨夜宿南陵，今旦入芦洲”，即披星戴月，日夜舟行于长江上，所以诗中即出现了一系列与此

① 鲍照：《上浔阳还都道中作》，逯钦立《先秦汉魏晋南北朝诗·宋诗》卷八，中华书局1983年版。

行程相关的景物，如“崩波”、“夕云”、“晚风”、“腾沙”、“黄雾”、“翻浪”、“白鸥”、“淮甸”、“荆流”、“平原”、“远烟”等，从而为读者描绘出了一幅特色别具的“长江秋行图”。而值得注意的是，诗人在对这些自然景观进行描写时，还运用了拟人化的表现手法进行渲染，如“腾沙郁黄雾，翻浪扬白鸥”一韵即为其例。“腾沙”即飞沙，“腾沙郁黄雾”一句，是说远处的飞沙在夕阳的映照下充满了愁绪；而“翻浪扬白鸥”五字，则谓被舟船犁起的浪花，有如巨手般将鸥鸟高高扬起。诗情画意，跃然纸上。

综上所述，可知鲍照的山水诗，以风格深秀幽奇，描写精雕细刻，语言平实顺畅为其总的特点，并善于寓作者的情感于景物描写之中，使情与景互为作用，从而增强了作品的感情浓度。表现在鲍照山水诗中的这一特点，对于后世特别是唐代山水诗之“物我合一”艺术境界的追求，乃是极具影响的。而上引胡应麟《诗薮》称鲍照诗“下开李杜之先鞭”者，又可对此佐证。

三、鲍照山水诗与二谢的山水诗

作为刘宋时期著名的山水诗人，鲍照与谢灵运的山水诗，既有其艺术方面的相同点，也有其不同点。以二者的相同点言，其主要者，乃表现在描写的精细性与语句的俳偶化两个方面。描写的精细性，是指鲍照的山水诗与谢灵运的山水诗，都善于以工笔的手法，对自然景物的描摹进行精雕细琢，而使之具有生动、准确、传神等特点。如谢灵运《登池上楼》之“池塘生春草，园柳变鸣禽”，鲍照《登庐山望石门诗》中的“瑶波逐穴开，霞石触峰起”等，即皆有助于我们窥其一斑。这一相同点的存在，反映了两人在日常生活中都具有观物细致的共性。而语句的俳偶化，既是二人受当时新诗体即“永明体”影响的结果，也是其于骈俪形式喜爱与青睐的最好见证。谢灵运山水诗如“白云抱幽石，绿筱媚清涟”(《过始宁墅》)，“池塘生春草，园柳变鸣禽”(《登池上楼》)，“野旷沙岸净，天高秋月明”(《初去郡》)等，对偶都甚为精工。而鲍照山水诗的偶句之用，则又较谢诗为胜，这主要表现在其于一首诗中的对偶，非为上下两句，而是多达数韵，且形式多样，如《从庾中郎游园山石室》即为其例。此诗共有十八句，其中，属于对偶形式者，乃为前半部分的整十句，即：“荒涂趣山楹，云崖隐灵室。冈涧纷萦抱，林障沓重密。昏昏磴路深，活活梁水疾。幽隅秉昼烛，地牖窥朝日。怪石似龙章，瑕壁丽锦质。”在这十句诗中，作者既运用了“对起”法，即在诗的开首进行了对偶(“荒涂趣山楹，云崖隐灵室”)，又于中间以叠词相对(“昏昏磴路深，活活梁水疾”)，极具特点。

而鲍、谢山水诗的不同点也是甚为明显的，如“玄理”的有无即为其重要的标志之一。山水诗作为刘宋诗坛上的一种新兴的诗歌品类，与玄学在当时一度成为“官学”的文化背景乃甚为密切，而非是如刘勰《文心雕龙·明诗第六》之所言，乃为“庄老告退，山水方滋”的，对此，拙作《论玄学与谢灵运山水诗》①一文曾进行了具体辨析，此不具述。正因此，故被称为“三玄”的《周易》、《老子》、《庄子》之语词与典故，乃在谢灵运的山水诗中随处可见，以致形成了一条所谓的“玄言尾巴”。更有甚者，则是谢灵运的山水诗所言之“理”，有些简直与玄言诗难分甲乙，如《登永嘉绿嶂山》一诗中的“蛊上贵不是，履下美贞吉”两句，就是具有代表性的一例。这两句诗，分别语出《易·蛊卦·上九》与《易·蛊卦·九二》，其意是说：君子应以不务官事为贵，并于履道隐世中以求贞吉。此则表明，由景入诗，并寓玄言于山水者，乃是导致谢灵运山水诗“有句无篇”的关键所在。而鲍照的山水诗，则完全跳出了玄言、玄理的圈子，并以“抒情”一改谢灵运诗以“言理”结束全篇的述写模式。对于鲍照山水诗中的这一特点，上举《登庐山诗》、《登庐山望石门》、《还都至三山望石头城》、《上浔阳还都道中作》等诗，均足可证之。

---

① 王辉斌：《论玄学与谢灵运山水诗》，《北京化工大学学报》2006年第4期。

鲍、谢山水诗相区别的另一个重要标志，乃为二者表现在景物描写方面的篇幅之差异。从结构的角度言，谢灵运的山水诗，所采用的主要是“记游—写景—言理”的三段式结构模式，而其中写景所占的篇幅，一般来说大约为全诗的三分之一，即约在六句与八句之间。如《游赤石进帆海》一诗，全诗凡十八句，其三者的分配分别为：记游二句，写景八句，言理八句。又如著名的《登池上楼》诗，全诗共二十二句，其写景仅为中间的六句：“倾耳聆波澜，举目眺岖嵚。初景革绪风，新阳改故阴。池塘生春草，园柳变鸣禽。”这一事实所表明的是，谢灵运对自然景物的描写，还未能使其真正成为山水诗的主体部分。而鲍照的山水诗则不然。如其《还都道中三首》其三，全诗十六句，写景部分为整十句，而上举《上浔阳还都道中作》一诗，写景部分则有十二句。而较此二诗为胜者，乃是《从登香炉峰》一诗。此诗共有二十六句，为鲍集中山水诗篇幅最长者之一，其中，属于写景部分的乃有十八句之多。类此者，在鲍集中尚有《从过旧宫诗》、《蒜山被始兴王命作诗》等诗。这种情况表明，鲍照的山水诗对于自然山水的描写，不仅较谢灵运的山水诗要丰富许多，而且其呈现给读者的审美意象，也更为丰富多彩。

鲍照山水诗与谢朓山水诗相比较，亦有其相同点与不同点。鲍照的山水诗，表现在艺术方面最突出的特点之一，就是最擅长于以若干子意象去建构一个意象群，而谢朓的山水诗，亦具有这一特点。为便于把握与理解，兹各举其一首都邑诗以为例说。鲍照都邑诗最具代表性者，即为上举《还都至三山望石头城》一诗。在此诗中，诗人分别以“远波”、“晨光”、“水族”、“晓气”、“林阿”、“两江”、“三山”、“南帆”、“越峤”、“北榜”、“齐河”、“关扃”、“襟带”、“长城”、“攒楼”、“白日”、“摛堞”、“丹霞”等具体意象，进行排列组合，使之构成了一个以“都邑城阙”即京师为主体的意象群。谢朓都邑诗的代表作，乃首推众所熟知的《晚登三山还望京邑》一诗。谢朓在此诗中所建构的“都邑城阙”意象群，亦是通过对“白日”、“飞甍”、“余霞”、“澄江”、“喧鸟”、“春洲”、“杂英”、“芳甸”等一个个具体意象的排列组合而完成的。由是而观，可知鲍照与谢朓，都是善于在各自的山水诗中以若干子意象建构意象群的高手。在这两首诗中，由于作者对意象群的成功建构，恰到好处地反映出了帝都建康的雄伟与壮观。而这两首诗所表现出的差别，仅在于鲍诗所写是在“晓气”之际而“望石头城”的，而谢诗则是于“余霞”时分“还望京邑”的，故从审美的角度讲，谢诗较鲍诗所描绘的京师，乃更具辉煌的一面。

鲍照山水诗与谢朓山水诗的不同点，主要在于谢诗在艺术上更为成熟。说谢诗在艺术上较鲍诗更为成熟者，我们可从三个方面窥获之。其一是对偶的精严与律化。善于对偶，虽然是鲍照山水诗的一大特点，但其与谢朓山水诗表现在这方面的特点相比，则就存在着较大的差异性。谢诗中的对偶，除了讲究词性相对外，还十分注意其所用词表现的大小、动静、色彩、高低等内容，而使之产生出一种“视角的平衡对称感”，如《入朝曲》中的“江南佳丽地，金陵帝王州”，《晚登三山还望京邑》中的“余霞散成绮，澄江静如练”等，即皆为其佳例。而且，这些对偶句都还具有自成律句的特点。其二为谢诗善于练字，且能平中见奇。据魏耕原《谢朓诗论》之所言，谢朓山水诗“最见精心的动词”，主要有“动”、“开”、“出”、“散”、“合”、“发”、“舒”、“映”等，这些动词虽然均为习见，但一经作者锤炼，即可增强语言内在的弹性，激发其自身的生机与活力的挥发性，从而创造出一种艺术氛围与灵动的景象来 。其三即工于发端。对于谢诗的这一特点，不仅钟嵘《诗品》卷中曾以“善自发诗端”称道之，而且还常被后人奉为楷模。如《晚登三山还望京邑》发端的“灞涘望长安，河阳视京县”两句，既工整而又含意深远，且上下两句各用一典，恰切而准确地表达了作者眷念京师、不忍离去的复杂心情。谢朓山水诗表现在艺术上的这些特点，虽然为鲍照山水诗难以相比，但鲍诗对谢诗所产生的影响，却是较为明显的，对此，方东树《昭昧詹言》卷七已曾言之："玄晖于公干、康乐、明远三家，时相出入。"①所谓"时相出入"，就是指谢朓常于刘桢、谢灵运、鲍照三人诗中，汲取艺术养分以为己用。

总体而言，鲍照的山水诗，无论是就其题材内容抑或艺术审美而言，不仅可与谢灵运、谢朓的山水诗媲美，而且还为先唐山水诗的繁荣与发展，也产生着一定的影响。因此，鲍照在中国山水诗史上的地位，是绝不逊色于谢灵运与谢朓的。尽管谢朓山水诗在艺术上较鲍照山水诗要成熟一些，但鲍照在山水诗艺苑所取得的种种成就，则是为山水诗在刘宋时期的发展作出了巨大的贡献的。而此，则是应引起文学史家们的足够之注意的。

第二节　论鲍照乐府诗的新变

在南朝的文学批评史上，有一种颇值得注意的现象，即当时的批评家与诗(文)选家们，大多是将乐府诗作为一种独立的诗体以待的，如刘勰《文心雕龙》特撰《乐府》一篇，以与诗、赋并列，即为典型的一例。而昭明太子萧统的《文选》与徐陵的《玉台新咏》，则均独立"乐府"一目，以示其与诗歌之区别。这种现象的存在，充分表明了乐府诗之于南朝，已成为了一种获得公认的独立诗体。而生当刘宋时期的鲍照，则是为乐府诗的这种独立作出了重要贡献的一位诗人。鲍照的乐府诗，逯钦立《先秦汉魏晋南北朝诗 · 宋诗》卷七编为一卷②，凡八十一首，并由三言、五言、七言、杂言四种形式构成。对于鲍照的乐府诗，时人与后人多所称道，如沈约在《宋书》卷五十一《刘义庆传》附《鲍照传》中，就认为鲍照"尝为古乐府，文甚遒丽"③，而明代文学家钟惺则认为鲍照

① 方东树：《昭昧詹言》卷七，人民文学出版社1984年版。
② 逯钦立：《先秦汉魏晋南北朝诗 · 宋诗》卷七，中华书局1983年版。
③ 沈约：《宋书》卷五十一《刘义庆传》附《鲍照传》，岳麓书社1998年版。

乃“乐府第一手”①。又如清人沈德潜《古诗源》卷十一说：“明远乐府，如五丁凿山，开人世所未有。后太白往往效之。”②凡此种种，均表明了鲍照乐府诗的非同凡响。而沈德潜的“开人世所未有”之誉，实际上指的是鲍照乐府诗因创新所带来的变化，亦即本节所说的“新变”。鲍照乐府诗究竟具有何等之新变与贡献，本节拟就其作一具体讨论与考察。

一、独出机杼的“拟”“代”古乐府

“拟”“代”前人之作，是南朝诗人表现在诗歌创作方面的一种时尚，一种潮流，以及一种新的审美趋势。这种时尚与潮流具体始于何时或者何人，今已不可考，但在南朝一七〇年左右的历史上，参与创作的诗人之众，创作的诗歌数量之多，则是“前不见古人，后不见来者”的。而此，也是使得“拟”“代”之作在南朝的乐府诗中，形成了一道亮色的风景线之原因所在。生活在这样一种文化背景下的鲍照，自然会受到这一创作新潮的影响，而事实也正是如此。据统计，在鲍照现存的八十一首乐府诗中，属于“拟”“代”之作者，共有五十六首之多，其中“拟”诗为十八首，“代”诗为三十八首。鲍照的这些“拟”“代”乐府诗，从诗题上看，其所“拟”与所“代”者，虽然都是一些旧题乐府，如著名的《拟行路难》十八首等，但其内容与形式却颇具区别。也就是说，鲍照的这类乐府诗，虽然“拟”“代”的全是汉魏时期的乐府诗，但其在内容与形式上却表现出了多个方面的创新，或者说其在内容与形式方面，均体现出了一种明显的创新意义。而这种创新，其实就是对汉魏乐府诗的一种改造。正因此，鲍照才获得了“乐府第一手”的美誉。

鲍照“拟”“代”乐府诗之创新，要而言之，主要表现在以下两个

---

① 钟惺、谭元春：《古诗归》卷十二，《诗归》本，湖北人民出版社 1985 年版。

② 沈德潜：《古诗源》，中华书局 1963 年版。

方面：

其一是改变汉魏乐府所反映的主题，即只用其题而内容自定，也就是以旧题写新事或时事。在乐府诗发展史上，开此先河的诗人为曹操，鲍照则乃继其后，将以旧题写新事的乐府诗创作，向前大大推进了一步。鲍集中如《代东门行》，即为此类之作。《东门行》本为汉乐府民歌，凡十七句，分别由一言、二言、三言、四言、五言、六言、七言共七种句式组成，是一首典型的杂言体古辞。郭茂倩《乐府诗集》将《东门行》编入《相和歌辞》之《瑟调曲》中，并引《乐府解题》说："古词云：'出东门，不顾归。入门怅欲悲。'言士有贫不安其居者，拔剑将去，妻子牵衣留之，愿共哺糜，不求富贵。且曰'今时清，不可为非'也。"①可见，这是一首"言贫士不安其居"的诗。而鲍照的《代东门行》，不仅为齐言体，即其为一首整齐的五言诗，而且在内容上所描写的，乃是一位远在异乡的游子对家之思念，二者之不同，乃是甚为明显的。而在艺术上，鲍照的这首"代"诗一唱三叹，借游子之"伤离别"②，淋漓尽致地抒发了作者对故乡的怀念之情，因而能引起时人与后人的共鸣。又如《代放歌行》一诗：

> 蓼虫避葵堇，习苦不言非。小人自龌龊，安知旷士怀。鸡鸣洛城里，禁门平旦开。冠盖纵横至，车骑四方来。素带曳长飙，华缨结远埃。日中安能止，钟鸣犹未归。夷世不可逢，贤君信爱才。明虑自天断，不受外嫌猜。一言分圭爵，片善辞草莱。岂伊白璧赐，将起黄金台。今君有何疾，临路独迟回③。

据《乐府诗集》卷三十八《相和歌辞》十三于《孤儿行》引《歌录》之载可

---

① 郭茂倩：《乐府诗集》卷三十七《相和歌辞》十二，中华书局 1979 年版。

② 吴兢：《乐府古题要解》卷上，《历代诗话续编》本，中华书局 1983 年版。

③ 鲍照：《代放歌行》，逯钦立《先秦汉魏晋南北朝诗·宋诗》卷七，中华书局 1983 年版。

知，《孤儿行》一名《孤子生行》，又名《放歌行》，其题旨主要为“言孤儿为兄嫂所苦，难与久居也”。鲍照的这首《代放歌行》(《乐府诗集》卷三十八作《放歌行》，无“代”字)，则将《孤儿行》(亦即《放歌行》)的表现内容，一变而为对现实政治的揭露与批判，从而增强了作品的现实性与对社会的关注度。这首诗共二十二句，就其结构言，大致可分为三层。前四句为一层。诗人在这一层中，运用对比等表现手法，将“小人”与“旷士”进行比观，以揭示出二者的高下优劣。中间八句为第二层。这一层采用赋的表现手法，对“小人”的种种丑态进行了刻画，并以此来暗示“旷士”的高洁。最后十句为第三层。这一层在内容上紧承上层，即以“小人”对“旷士”的谈话着笔，于“小人”的种种丑态作了进一步之刻画。全诗语言自然清新，讽刺意味浓烈，确属钟惺在《古诗归》中所称誉的“灵心妙舌”之作。在鲍照集中，与《代东门行》、《代放歌行》相类者，即突破传统主题的“拟”、“代”之作，乃比比皆是，如《代东武吟》、《代白头吟》、《代苦热行》、《代贫贱苦愁行》、《代挽歌》、《代结客少年场行》等，就都是这方面的代表作。

其二是意境创造方面的别开生面。重视对意境的创造，不仅为鲍照诗歌的一大特点，而且在其属于“拟”、“代”之作的乐府诗中，表现得更为突出。具有这一特点的“拟”、“代”之作，在鲍照集中亦非少许，如著名的《代出自蓟北门行》一诗，即为其典范。全诗为：

> 羽檄起边亭，烽火入咸阳。征骑屯广武，分兵救朔方。严秋筋竿劲，虏阵精且强。天子按剑怒，使者遥相望。雁行缘石径，鱼贯度飞梁 。箫鼓流汉思，旌甲披胡霜疾风冲塞起，沙砾自飘扬。马毛缩如猬，角弓不可张。时危见臣节，世乱识忠良。投躯报明主，身死为国殇①。

① 鲍照：《代出自蓟北门行》，逯钦立《先秦汉魏晋南北朝诗·宋诗》卷七，中华书局1983年版。

《代出自蓟北门行》在《乐府诗集》中属《杂曲歌辞》，与《从军行》同，“而兼言燕蓟风物，及突骑勇悍之状”。就题材言，鲍照的这首“代”诗，可称得上是一首优秀的边塞诗之作。开首八句，点明出兵缘起，交代事件因由；中间八句，以浓墨重彩，写胡地行军及边塞风物；最后四句，写壮士决心之表白。全诗想象新奇，造语独特，文辞瑰丽，极具特点，如“疾风冲塞起，沙砾自飘扬。马毛缩如猬，角弓不可张”四句之描写，既形象又逼真，不仅极具艺术感染力，而且还能使读者如临其境地领略到边塞前线那种特定的战争氛围。全诗风格苍健，意境雄浑，并间以偶句，确属“唐人边塞诗的良好标本”。后人如钟嵘《诗品》、萧子显《南齐书》等，皆曾以“险”评论鲍照的诗歌，如萧子显《南齐书》卷五十二《文学传论》云：“发唱惊挺，操调险急，雕藻淫艳，倾炫心魂，亦犹五色之有红紫，八音之有郑卫。”①其中的“险急”之“险”，曹道衡、沈玉成《魏晋南北朝文学史》认为其之所指，乃为“用新奇的想象和独特的语汇创造别开生面的意境”，以此勘之鲍照是诗，知其所言甚是。

鲍照“拟”“代”之作所表现出来的上述两个特点，从总的方面讲，其所体现的乃是诗人对汉魏乐府独出机杼的一种改制。这种改制，实质上就是一种诗歌革新，其虽然与曹操以旧题写新事的乐府诗创作不无关系，但却较曹诗在题材上更为广泛，艺术上更为成熟，审美上更具特色，因而给读者的印象也就更为强烈。或以为“拟”“代”之作并非原创作品，即只是在模仿中讨生活的说法，实为不的，因为其所反映的，乃为持说者对乐府诗发展史的不甚了解，如专以创作古题乐府而著称的李白，其所获得的巨大而又崇高的文学成就，即可对此佐之。

二、对“七言歌行”的确立与完善

在鲍照之前的南朝诗人中，以七言句式进行诗歌创作，为者甚微，

---

① 萧子显：《南齐书》卷五十二，岳麓书社 1998 年版。

而以七言句式进行乐府诗创作者，则更是微之又微。据对《先秦汉魏晋南北朝诗·全宋诗》(截止于鲍照诗)的检读，可知以七言作乐府诗者，仅有三人三诗，即：谢灵运《燕歌行》、谢惠连《燕歌行》、南平王刘铄《白纻曲》。其中，谢灵运的《燕歌行》与谢惠连的《燕歌行》，郭茂倩《乐府诗集》卷三十二均作谢灵运，以二诗所写时令相接(一写“三秋”，一写“孟冬”)、用韵的一致性(皆一韵到底)等特点度之，似二诗均为一人所作，但其或系谢灵运或系谢惠连则无可考。又据《宋书》卷七十二《南平穆王铄传》、卷六十七《谢灵运传》、卷五十三《谢惠连传》可知，刘铄、谢灵运、谢惠连三人都曾供职于京师，则刘宋时期以七言作乐府者，当源起于当时的都城建康(今江苏南京)乃无疑。若着眼于七言乐府的源头以言，二谢的《燕歌行》显然是受了曹丕《燕歌行》影响的结果所致，这从三人的《燕歌行》均为柏梁体之作，即其均乃句句押韵之实况，又可为之佐证。这一文学史事实表明，二谢的《燕歌行》尽管均为七言乐府，但其在艺术上尚处于不成熟状态，或者说尚未能突破曹丕《燕歌行》之藩篱。

而鲍照的七言乐府则不然。鲍照现存七言乐府为整三十首，其具体为：《代白纻舞歌词》四首、《代白纻曲》二首、《拟行路难》十八首、《代夜坐吟》、《代北风凉行》、《代鸣雁行》、《代淮南王》二首、《梅花落》。鲍照的七言乐府之多，在整个刘宋时期，乃是无人可与之比肩的，其中，最负盛名者为《拟行路难》十八首(《乐府诗集》将第十三首一分为二，作十九首)。与上述曹丕及二谢的三首《燕歌行》相比，鲍照七言乐府所表现出来的最大特点，乃为隔句用韵，即在双句的句末押韵。鲍照七言乐府的这种用韵形式之存在，是七言诗在体式上渐趋成熟的一个重要标志。正因此，有论者认为：“隔句用韵的七言诗，根据现存作品来看，直到刘宋鲍照才告正式形成。”这一评价，是极符合七言诗发展的历史真实的。此则表明，鲍照的七言乐府，乃是为七言诗的发展起到了极其重要的作用的。

从诗体学的角度言，鲍照七言乐府的贡献，更在于对“歌行体”特别是“七言歌行”的形成与确立。所谓歌行体，乃后人据沈约《宋书》卷二十二《乐志四》所载“舞曲歌辞”之题有“歌”、“行”、“歌行”等字样，而给予这类乐府诗的一种称谓。这种称谓的实质，若借用明人胡震亨《唐音癸签》的话来说，就是“其题或曰歌，或曰行，或曰歌行”①者，即皆属歌行体之列。而七言歌行，自然是指以七言创作的诗题标有“歌”、“行”、“歌行”字样的乐府诗。然则在乐府诗的发展史上，乃历史地存在着另一类“歌行”诗，这就是有些诗题上并没有冠以“行”、“歌行”等字样的乐府诗，如上举鲍照的《拟行路难》十八首等，即为其代表。这类没有冠“行”或“歌行”字样的乐府诗，之所以也被称为歌行体者，主要在于其皆符合歌行体的一些特点。对于歌行体的特点，历代的诗论家们虽然言之甚夥，但却是智者见智、仁者见仁，以致令人莫衷一是，对此，我在《论王维的乐府诗》②一文中，乃曾有专论，此不具述。综合乐府诗发展的各种规律，可知歌行体的特点，大而言之，其主要者乃为：(1)诗题具有明显的“歌辞性诗题”性质；(2)歌辞的抒情性较强烈，抒情主人公形象较鲜明；(3)用韵灵活自由，韵律节奏畅达；(4)可以配乐传唱；(5)诗题应为汉乐府题，或“新声”乐府题，或制题形式与汉乐府题相仿。凡与此五者相符合者，即为“歌行”乐府，也即“歌行类乐府”。以此五者检核鲍照上述三十首七言乐府，可知其不仅皆为“歌行类乐府”之属，而且还是整个南朝诗坛上最为优秀的七言歌行之一。

上举曹丕之《燕歌行》，虽然被公认为文人乐府中的第一首七言歌行③，但其无论就题材抑或艺术言，却都是难以与鲍照的《拟行路难》十八首等诗并论的。这是因为，鲍照的《拟行路难》十八首等诗，不仅在题材方面较曹丕《燕歌行》更为丰富，更为宽广，而且在艺术方面较曹丕《燕歌行》也更为成熟，更为精湛。因此从这一意义上讲，可知鲍

---

① 胡震亨：《唐音癸签》卷一《体凡》，上海古籍出版社 1981 年版。
② 王辉斌：《论王维的乐府诗》，《山西大学学报》2005 年第 5 期。
③ 薛天纬：《唐代歌行论》第三章第三节，人民文学出版社 2006 年版。

照的《拟行路难》十八首等诗，实际上代表的是乐府诗在刘宋时期的最高成就。为便于把握，兹举鲍照《拟行路难》十八首其一以为例说。诗曰：

奉君金卮之美酒，玳瑁玉匣之雕琴。七彩芙蓉之羽帐，九华葡萄之锦衾。红颜零落岁蹉暮，寒光宛转时欲沉。愿君裁悲且减思，听我抵节行路吟。不见柏梁铜雀上，宁闻古时清吹音①。

据欧阳询等《艺文类聚》卷十九引《陈武别传》可知，古乐府《行路难》，其原为流行于西晋时期北方牧羊人之间的一种歌谣。《陈武别传》云："陈武，字国本，休屠胡人。常骑驴牧羊，诸家牧竖十数人，或有知歌谣者，武遂学《太山梁父吟》、《幽州马客吟》及《行路难》之属。"②而鲍照的仿作《行路难》，却完全跳出了这种流行歌谣的圈子，而以反映对世事的忧郁与抒发胸中之不平为主。此诗作为《拟行路难》十八首的第一首，总写时光易逝，不要徒自悲伤，而应慷慨悲歌，及时排忧。在艺术方面，则有几个值得注意的特点：其一是全诗为一首完整的七言乐府；其二是起首四个排比句之用，极具特点；其三是采用第一人称的手法，使"我"活动于诗中；其四是抒情色彩浓烈，人物形象鲜明；其五是隔句押韵，且一韵到底；其六是偶句的运用甚为工整。一首只有十句的七言诗，能具有这样的六个特点，且其大多为诗人所首创，这种情况在整个南朝的乐府诗中，也是并不多见的，仅此即可窥知，鲍照七言歌行表现在艺术上的创新之一斑。

《拟行路难》十八首作为鲍照七言歌行的代表作，其所取得的艺术成就，并非仅为上举《拟行路难》其一中的六个特点，而是内容丰富，形式众多。如在用韵方面，既有如《拟行路难》其一的"一韵到底式"，

---

① 鲍照：《拟行路难》十八首其一，逯钦立《先秦汉魏晋南北朝诗·宋诗》卷七，中华书局 1983 年版。

② 欧阳询等：《艺文类聚》，上海古籍出版社 1965 年影印版。

也有“中间换韵式”(如《拟行路难》其十三)，极为灵活，表现出了很大的自由度。而在“中间换韵式”中，既有换两次韵的，也有换三次韵的，且其韵律的安排，完全是视诗人对情感的抒发程度而为，因而乃产生出一种迥异于他人的审美特质，这就是为永瑢等《四库全书总目》卷一九四所称誉的“鲍照别调”①。而这种“鲍照别调”，即为上引萧子显《南齐书》卷五十二《文学传论》之“发唱惊挺，操调险急”的另一种说法。再如“君不见”一语在《拟行路难》其五、其十、其十一、其十四、其十五、十六、十七等诗开篇的出现，亦颇值得注意。作为起首语，鲍照于“君不见”三字的首次运用，在“歌行类乐府”特别是七言歌行的发展史上，乃是具有明显的引领性作用的。因为从字面意义的角度讲，“君不见”一语所具有的功能，不仅在于作者“以抒情主人公的声口唤起听者注意”，更在于“这一唤起语此后即成为歌行的特殊、甚至是专门用语”②，而对后人特别是唐人的七言歌行产生着明显而又直接的影响。正因此，有论者即将“君不见”称为歌行体的“惯用语”，并将其比拟为西方及时行乐诗中的“难道你没看见”③。但鲍照的“君不见”之用，在时间上却远比西方的“难道你没看见”要早得多。

总体而言，鲍照的《拟行路难》十八首等乐府诗，不仅为诗人自创格调的产物，为七言诗的发展作出了积极的贡献，更重要的是确立了诗体学中的七言歌行之一途。歌行体于中国诗体学中，虽然有“五言歌行”一目，但七言歌行却为其主流，这从罗泽根《魏晋南北朝文学史》有“歌行体本来就以七言体为主”的认识，即可准确获知。而此，也是南朝诗人与唐代诗人都擅长于七言歌行的关键性原因。就七言歌行的发展史而言，曹丕的《燕歌行》虽然是文人乐府诗中的第一首七言歌行，但使七言歌行得以真正形成并成为一种众所公认的乐府诗体式，鲍照则无疑是其中最具建树性贡献的一位诗人。鲍照的这一文学史业绩，其实乃

---

① 永瑢等:《四库全书总目》卷一九四《集部》，中华书局1965年影印版。

② 薛天纬:《唐代歌行论》第四章第一节，人民文学出版社2006年版。

③ 苏瑞隆:《鲍照诗文研究》，中华书局2006年版。

是他表现在乐府诗创作中因不断艺术实践而获得的一份硕果。作为一种诗歌体式，七言歌行的最大特点在于：(1)篇幅可长可短，便于抒发作者的各种情感；(2)用韵平仄相间，灵活自由；(3)句式于整饬中兼具交错之美(指含三言或五言句式者)；(4)散句与偶句交相运用，互为辉映。如上所述，鲍照现存的整三十首七言"歌行类乐府"，与这些特点相比，尽管还存在着一定的差异，但其却以创作乐府诗的形式为七言歌行在艺术的成熟方面奠定了坚实的基础。正因此，自鲍照后特别是在李唐一代，七言式的"歌行类乐府"即成为了深受当时诗人们喜爱的一种"新乐府"，并因此而迎来了歌行体发展史上的黄金期。

然而值得指出的是，鲍照的《拟行路难》十八首等七言乐府，虽然为七言歌行的形成、确立与完善作出了巨大的贡献，但鲍照却并非如某些研究者所言，乃是"创造了以七言体为主的歌行体"的。其原因在于，鲍照并非歌行体或者说七言歌行的创造者，因为早在鲍照二百年之前的曹丕，已创作了乐府史上的第一首七言歌行《燕歌行》。曹丕的这首《燕歌行》，虽然在艺术上还存在着某些方面之不足，但其毕竟为七言歌行的发轫之作，或者说为"歌行类乐府"的开创者。由是而观，是知置曹丕《燕歌行》的存在于不顾，而称誉鲍照为歌行体或七言歌行"创造"者的说法，实则是有违于乐府诗发展的历史真实的。

三、致力于对"流行乐府"的创作

所谓"流行乐府"，指的是南朝文人模仿当时流行的乐府民歌而创作的乐府诗，因其富有较强的民歌风味与生活气息，故誉之者乃以"流行乐府"相称。南朝的乐府诗，一般说来，主要分为文人乐府与乐府民歌两大类。作为诗人，鲍照一方面从事着文人乐府的创作，一方面则致力于对乐府民歌的学习与仿作，从而使其部分乐府诗具有强烈的民歌色彩。而此，则是鲍照乐府诗所表现出来的又一道具有新变特色的风景。现所存见的南朝乐府民歌，主要保存在郭茂倩《乐府诗集》之《清商歌辞》里，分为“吴歌”与“西曲”两大类，二者共约五百首左右。据《晋书·乐志》与智匠《古今乐录》的记载，今江苏南京一带为吴歌的发源地，西曲则出自今湖北荆州至襄阳一带的汉水流域，而刘宋时期的南京(时名建康)与荆州(时亦名荆州)，正是鲍照多次的任职之地，这就为鲍照仿学与创作“流行乐府”提供了极为便利的条件。正因此，鲍照即成为了乐府诗史上第一位致力于“流行乐府”创作的诗人。

鲍照现存之“流行乐府”诗，据上所引《先秦汉魏晋南北朝诗》之《鲍照诗》进行统计，共有二十余首之多，其中最具代表性者，乃为《吴歌》三首、《采菱歌》七首、《中兴歌》十首、《幽兰》五首等。仿学乐府民歌以进行创作，这在当时是为正统文人所瞧不起的，并认为其所作乐府诗乃为“方当误后生”的“委巷中歌谣”①，是一种“鄙俗”的诗体。但鲍照却全然不顾这种偏见，而是经过对乐府民歌的充分消化吸收与熔铸烹炼，创作出了二十多首充满地方语言色彩的新诗篇。这些充盈着“新诗篇”色彩的“流行乐府”，不仅一改鲍照“拟”“代”之作的格调，变“发唱坚挺，操调险急”为自然清新，而且还给后世诗人以明显之影响。如《吴歌》三首之其一、其二：

夏口樊城岸，曹公却月戍。但观流水还，识是侬流下。(其一)

夏口樊城岸，曹公却月戍。观见流水还，识是侬泪流。(其二)②

这两诗于开篇即采用了乐府民歌惯用的复沓手法，以加强歌者对其文辞的记忆，并辅之以造成一种回环反复的音乐效果。而其中的“侬”字之用，不仅极大程度地彰显了这两首诗的吴语特色，并且还能给人以丰富的想象，因为“侬”作为第一人称的“我”，在这两首诗中乃是以女子口吻说出的。就内容而言，《吴歌》三首都属情诗，这里所引录的两首诗，

---

① 李延寿：《南史》卷三十四《颜延之传》，岳麓书社1998年版。

② 鲍照：《吴歌》三首其一、其二，逯钦立《先秦汉魏晋南北朝诗·宋诗》卷七，中华书局1983年版。

主要是写商女对往来于夏口(今湖北武汉)与樊城(今湖北襄阳)之间的夫君的盼归，这位商女因看到江水的“流下”与“流水还”，而想到夫君却归期无定，因而泪流满面。全诗用笔简练，格调清新，语言质朴，特别是“浓”字之用，使之充满了浓郁的民歌气息。后来李白写《横江词》六首，即是向鲍照这三首《吴歌》学习的结果，如其第一首云：“人道横江好，侬道横江恶。一风三日吹倒山，白浪高于瓦阁。”仿学之迹甚为明显。

而值得注意的是，鲍照一方面以其流行乐府这种“鄙俗”的诗体，述写着男女情思、离愁别恨之类的主题，一方面却将其赋以庄重严肃的使命，而使之与当时通行的五言古诗互为媲美，从而扩大了“流行乐府”的表现领域。如著名的《中兴歌》十首，即是这方面的典范之作。这十首诗作为一个整体，其内容主要是用以庆祝孝武帝刘骏平定太子刘劭与始兴王刘濬之乱的，因刘骏的这次平乱为刘宋的中兴立了大功，故诗题乃以《中兴歌》名之。鲍照的这一创作现象表明，作为当时皇帝的刘骏，也是对流行乐府有所雅好的，否则，他就不会接受鲍照的这种形式之祝贺的。但有论者据《中兴歌》十首其九之“襄阳是小地，寿阳非帝都”两句，而认为鲍照写这组诗的目的乃是为了压倒诸侯的《襄阳歌》与《寿阳歌》云云，实属不的之辞。这是因为，鲍照写“襄阳是小地，寿阳非帝都”两句者，主要是针对其后第四句“遥治在上京”之“上京”而言的。即是说，在鲍照看来，襄阳与寿阳这两个地方虽然都很好，但其却毕竟无法与“上京”建康相提并论，其言下之意，显然是在借此以颂扬孝武帝的丰功伟绩。由是而观，可知持说者对鲍照创作《中兴歌》十首动机之认识，乃是与其实际相去甚远的。

吴歌与西曲，由于是专供江南地区男女传唱的民歌，所以其体制大多为五言四句式，而鲍照的仿作，也完全是建立在这种体式之上的，即其仿作在形式上亦全部是以五言四句为主的。由于这类诗的体制短小，且又大多以五言四句结撰而成，故乃有称其为“绝句体“者。作为诗体学上的绝句，虽然属于近体诗的范畴，但其最初之源起，应是与五言四句式的文人乐府(主要指仿乐府民歌而作的"流行乐府")不无关系的。对此，鲍照的《采菱歌》七首、《中兴歌》十首又可佐证之。从形式的角度言，这十七首诗有两个方面的特点是堪值得注意的。其一是偶句的运用。这十七首诗不仅大多在开首的第一、二两句进行了对偶，而且还有整首诗全对者，如《中兴歌》十首其二、其三、其五、其六，即皆属如此。请看其二："中兴太平运，化清四海乐。祥景照玉台，紫烟游凤阁。"所对甚工。其二是在用韵上全部为双句押韵，且有全诗两韵皆押平声韵者，如第六首所押的"游"、"流"二字，即皆为平声。尽管在鲍照生活的刘宋时期，严格意义上的音韵学尚未建立，但其《采菱歌》七首等诗所表现出的这两个与音韵学关系甚至为密切的特点，所充分反映的是诗人对音节美与韵律美之艺术的追求。而此，即是有论者将鲍照的《中兴歌》十首称为"绝句体诗歌"的原因所在。

第三节　鲍令晖的生平与诗歌

在先唐文学史上，鲍照之妹鲍令晖，是继蔡琰、左棻等人之后的又一位著名女诗人。钟嵘《诗品》卷下"齐鲍令晖、齐韩兰英"(据萧子显《南齐书》卷二十《皇后·韩蔺英传》，"韩兰英"当为"韩蔺英"之误)条云："令晖诗歌，往往断绝("断绝"一作"崭绝")清巧，拟古尤胜，唯百愿淫矣。照尝答孝武云：'臣妹才自亚于左棻(据《左棻墓志》"芬"应作"棻")，臣才不及太冲尔。'兰英绮密，甚有名篇，又善谈笑。齐武谓韩云：'借使二媛生于上叶，则玉阶之赋，纨素之辞，未讵多也。'"①所评甚高。至于鲍照"尝答孝武"时，认为"臣妹才自亚于左棻，臣才不及太冲耳"云云，实乃鲍照的自谦之辞，未可据以在左思兄妹与鲍照兄妹之间分高下。以鲍令晖的才华言，将其比肩于左棻与韩蔺英，乃是极

① 钟嵘：《诗品》，《历代诗话》本，中华书局1981年版。

符合文学史事实的。然而令人遗憾的是，已行世的各种文学史著作，却鲜有论及鲍令晖其人其诗者，如游国恩等《中国文学史》、袁行霈主编《中国文学史》等，即皆无只字相涉。而曹道衡、沈玉成合编之《南北朝文学史》，虽然为鲍令晖设置了一节的篇幅，但其所述及者，实际上不足五百字。这一事实表明，文学史家们对于鲍令晖其人其诗，乃是未能引起应有的重视与注意的。所以，本节特着眼于鲍令晖的生平、诗歌及其与左棻诗略作比观三个方面，意在对鲍令晖其人其作进行一次较为全面之审视，或可补文学史之缺。

一、关于鲍令晖的生平简况

作为诗人，鲍令晖不仅正史无传，而且后世的一些诗话类著作，也很少有述及其人其作者。而即使有相涉者，也是多有错误，如上举钟嵘《诗品》卷下之所言即为其一。《诗品》卷下之为误者，主要表现在“齐鲍令晖”之“齐”上，即鲍令晖并非为南朝萧齐人，而是生活于刘宋时期的一位女文学家。萧子显《南齐书》卷二十《皇后·武穆裴皇后传》有云：“吴郡韩蔺英，妇人有文辞。宋孝武世，献《中兴赋》，被赏入宫。宋明帝世，用为宫中职僚。世祖以为博士，教六宫书学，以其年老多识，呼为‘韩公’。”①据此记载，可知韩蔺英乃历经宋孝武帝、宋明帝及齐武帝(世祖)三朝皇帝，且其入齐后又因为“年老多识”而被宫中称为“韩公”，则其主要的生活年代与创作活动乃在刘宋时期，即可遽断。而钟嵘《诗品》卷下既将韩蔺英排列于鲍令晖之后，是鲍令晖非齐人乃甚明。又鲍照《请假又启》一文有云：“臣实百罹，孤苦夙丁。天伦同气，实唯一妹，存没永诀，不获计见。封瘗泉壤，临送□□(此处应有脱文)，私怀成恨，情痛兼深。”②丁福林《鲍照年谱》系是文于宋孝武帝孝建三

① 萧子显：《南齐书》卷二十，中华书局1980年版。

② 鲍照：《请假启》，严可均《全上古三代秦汉三国六朝文·全宋文》卷四十七，中华书局1958年版。

年(456年)①，而孝建三年距刘宋灭国的昇明三年(479年)，尚有二十余年之隔，可见，鲍令晖乃确为宋人而非齐人。

又鲍照《请假启》有云："臣居家之治，上漏下湿。暑雨将降，有惧崩压。比欲完葺，私寡功力，板锸陶涂，必须躬役。冒欲请假三十日，伏愿天恩，赐垂矜许。"②或据此段文字及鲍照《谢解禁止表》、《解褐谢侍郎表》、《谢永安令解禁止启》等文，而认为鲍照兄妹乃出身贫苦家庭云云，实则应误。这是因为，在鲍照现所存见之诗文中，虽然多次言及其家庭之"贫苦"或"贫贱"状况，但鲍照兄妹的家庭之贫苦之穷困，却并非如王粲《七哀诗》其一所述写的那位弃婴农妇一般，而是与"代耕本非望，所业在田桑"③的陶渊明大致相同。对此，我们可从三个方面准确获知。其一是鲍照的《侍郎满辞阁》一文。是文有云："臣……本应守业，垦畛剿葕，牧鸡圈豕，以给征赋。而幼性猖狂，因顽慕勇；释担受书，废耕学文。画虎既败，学步无成。"④其中的"而幼性猖狂，因顽慕勇；释担受书，废耕学文"云云，虽然述写的是少年鲍照之所作所为，但却表明了其家庭乃是具有良好的文化修养与士族风范的，否则，鲍照就不可能因"幼性猖狂"而"释担受书，废耕学文"。其二为对沈约《宋书》的比照。据台湾学者苏瑞隆《鲍照诗文研究》⑤一书对沈约《宋书》的统计可知，《宋书》中有一个较为明显的特点，即多以"寒人"一词称呼出身卑微者(此为时人称呼之习俗)，如卷七十七之《颜师伯传》，卷九十三之《朱百年传》，卷九十四之《杨运长传》等，即皆为其例。而遍检鲍照诗文，却无鲍照自称"寒人"之例。这一事况所表明的是，鲍照并非出身寒门。其三即《岁寒堂古诗存》中的一段文字："鲍令晖……魏晋

---

① 丁福林：《鲍照年谱》，上海古籍出版社2004年版。

② 鲍照：《请假又启》，严可均《全上古三代秦汉三国六朝文·全宋文》卷四十七，中华书局1958年版。

③ 陶渊明：《杂诗十二首》其八，《陶渊明集》卷四，中华书局1979年版。

④ 鲍照：《侍朗满辞阁》，严可均《全上古三代秦汉三国六朝文·全宋文》卷四十六，中华书局1958年版。

⑤ 苏瑞隆：《鲍照诗文研究》第一章，中华书局2006年版。

若甄后、道蕴，诗笔傲岸，诚闺阁之秀。然或有慧语，或持才情。唯令晖数诗，不能不兼推学力。"①以"学力"二字推奖鲍令晖的诗歌，说明其家学渊源甚深，而此所反映的，则为鲍氏家庭是一个以儒学为传统的诗书世家。综此三者，可知鲍令晖兄妹，极有可能是出身于一个家道中落的仕宦之家。正因此，少年时期的鲍照乃能"废耕学文"，而鲍令晖则不仅"诚闺阁之秀"，且还因擅长"玉阶之赋"与"纨素之辞"，而成为了文学史上的一位著名女诗人。

鲍令晖是否因才华出众而如左思之妹左棻那样被选入宫，因资料所限，无以考知。但鲍令晖之才华在当时为朝廷特别是几位皇帝所知，则乃事实，上引《诗品》卷下之"照尝答孝武"与"齐武谓韩曰"云云，即为其例。宋孝武帝与齐武帝之知鲍令晖者，一在其前，一为其后，这一事实表明，鲍令晖的才名及其文学成就，无论是在其生前抑或身后，都是颇具影响的。否则，鲍照是不可能当着宋孝武帝之面，称"臣妹才自亚于左棻"的。

关于鲍令晖的生卒年，学界鲜有论及者。丁福林《鲍照年谱》虽多有所获，惜乎只系订了鲍令晖的卒年而无生年之载。丁《谱》于宋孝建三年(456年)内说："鲍照妹令晖卒。"并认为，鲍照是年"又因病及其妹令晖之卒而请续假百日，作《请假又启》一篇"。《鲍照年谱》的这一系年，与曹道衡《鲍照几篇诗文的写作时间》②一文的结论大致相同。曹文的系年，主要是依上引钟嵘《诗品》中的那段文字，而认为韩蔺英的文学活动始于宋孝武帝，其时鲍令晖尚健在人世，进而推断其卒于"鲍照任中书舍人之职时"，亦即宋孝建三年。然则考诸鲍照的《请假启》与《请假又启》二文，可知曹文与丁《谱》对鲍令晖卒年的系订，尚有可供商榷之处。按据《请假启》一文，知鲍照因其所居"上露下湿"之故，曾向朝廷"请假三十日"，而《请假又启》一文，则记载了鲍照因"臣母年

---

① 转引自丁福林：《鲍照年谱》，上海古籍出版社2004年版。
② 曹道衡：《鲍照几篇诗文的写作时间》，《文史》总第十六辑1982年版。

老，经离忧伤”而“申假百日”之事，鲍照的这两次请假，总共为一三〇天，若如二者之认为，均在孝建三年，似与当时的实际情况并不相符。其原因在于：《请假启》明言鲍照是次所请之假者，其时乃在“暑雨将降”之际，亦即是年的农历六月前后，而《请假又启》中的“掩泪春风”云云，则表明鲍照是次所请假的时令为春，且是文题中“请假又启”之“又”，又表明了鲍照是次的请假，乃是在第一次的请假之后，如此，则鲍照的这两次请假非在一年，也就甚明。即是说，鲍照第一次请假时，其妹鲍令晖尚健在，故鲍照于“请假启”中只字未及；而第二次请假时，因《请假又启》中有“天伦同气，实唯一妹，存没永诀，不获计见”云云，可知斯时鲍令晖已经辞世。此则表明，曹文等认为“鲍令晖之卒在前启所请之三十日假内”的说法，实际上是有欠考虑的。

或以为《请假启》中之“暑雨将降”四字，所表明的季节亦为“春”者，则更不的，因为一般而言，古人对春末夏初的三月与四月，都是不称其为“暑”的，即只有在农历五月、六月前后，才可以“暑”相称，如《诗经·小雅·四月》之“六月徂署”，即为其例。之所以如此，是因为据吕不韦等《吕氏春秋》卷五《仲夏纪第五》可知，“仲夏之月”，“小署至”也所致。高诱注“仲夏”曰：“夏之五月。”又《吕氏春秋》卷六《季夏纪第六》有云：“是月也，土润溽暑，大雨时行。”高诱注“季夏”云：“季之六月也。”①“季之六月”，既然是“大雨时行”，则“暑雨将降”者，正与之扣合。所以，“暑雨将降”实际上是说“六月雨将降”。鲍照为了防止“六月雨将降”，他又是在何时向朝廷请假的呢？如果为春二月或者三月，其显然是与《请假又启》中的“掩泪春风”相冲突的。退一步说，即使鲍照第一次请假为二月，第二次请假为同年的三月，但这两次请假时间如此相连，以常理揆之，鲍照是应在《请假又启》中对此有所说明或者向朝廷表示歉意的，然则其中无只字对此相及。这一事实所表明的

---

① 吕不韦等：《吕氏春秋》卷五《仲夏纪第五》、卷六《季夏纪第六》，《诸子集成》本，中华书局2002年影印版。

是，鲍照的第一次请假，是不可能在《请假又启》之当年的春二月的（因为在春三月则二者于时间相重复）。此为其一。其二，如果两《启》所请假的时间皆为“春”，且一为“请假三十日”，一为“申假百日”，这本身在时间上就是一种重复而难以让人理喻。更何况，在第一次请假的“三十日”中，持说者是明白地认为鲍令晖之卒乃在其间的，如此，则妹死请假“三十日”（尚含“暑雨将降”之预防）与“母年老”而“申假百日”之事由，就更是令人难以理喻了。其三，据对沈约《宋书》与杜祐《通典》有关请假制度的手工通检，并未发现其中有一人可在一年内于时间相接而请两次假且长达一百三十天之记载的。综此三者，可知这两篇请假《启》的写作时间，是非为一年的。又鲍照的这两篇《启》中，均有“伏愿天恩”、“伏愿天兹”之语词，以其中的“天”度之，知其两次请假时，皆在京师为官，即其均当在鲍照任中书舍人之时。考虞炎《鲍照集序》有云：“孝武初，除海虞令，迁太学博士，兼中书舍人，出为秣陵令。”①鲍照以“太学博士兼中书舍人”，《鲍照年谱》系于宋孝建三年至大明元年（是年正月改元）之间，良是。以此合勘鲍照二《启》，可知《请假启》乃写于孝建三年的六月，而《请假又启》则为大明元年春日之作。准此，鲍令晖之卒，就应在大明元年（457 年）的春天。

据《鲍照年谱》，大明元年鲍照四十二岁。若以兄妹二人之龄相差五岁计，即鲍令晖后鲍照五年生，则鲍令晖的生年当在宋武帝永初二年（421 年），至大明元年卒时，享年三十七岁。鲍令晖之生年与享年虽然不可确考，但大致应不出此年代范围，故暂作如是者系之。至于鲍令晖何时成婚，其夫家为谁，是否有子女等，则概不可求，只好付之阙如，以待淹贯者。

综以上考述可知，鲍令晖为南朝刘宋人，约生于公元 421 年，卒于公元 457 年，享年三十七岁。鲍令晖出身于一个具有良好的文化修养与

---

① 虞炎：《鲍照集序》，《鲍参军集注》（钱仲联增补集校），上海古籍出版社 1957 年版。

士族风范的家庭，因才华堪与西晋著名才女左棻媲美，而先后为宋孝武帝与齐武帝所称道，钟嵘则于《诗品》中将其与当时另一位女文学家韩蔺英并称，并对其诗歌以“断绝清巧，拟古尤胜”誉之。

二、鲍令晖的诗歌及其特点

清人吴兆宜《玉台新咏笺注》卷四注引《小名录》云：“鲍照字明远，妹字令晖，有才思，亚于明远，著《香茗赋集》行世。”①《香茗赋集》一书，是鲍令晖的辞赋集抑或诗文集，因其早已亡佚，乃不可考，但其中收录了鲍令晖的辞赋作品则可肯定，否则就不可能取名为《香茗赋集》了。鲍令晖的诗歌今存者，《玉台新咏》卷四、卷九、冯惟讷《古诗纪》卷五十四均著录为七首，逯钦立《先秦汉魏晋南北朝诗·宋诗》卷九，则又据《玉台新咏》、《诗纪》而录之，其依序为：《拟青青河畔草诗》、《拟客从远方来诗》、《代葛沙门妻郭小玉作诗》二首、《题书后寄行人诗》、《寄行人诗》、《古意赠今人诗》②。

就诗题而言，鲍令晖现存的这七首诗，有四首为“拟”、“代”之作，其显然是受了鲍照影响的结果，因为在鲍照现存的二百零六首诗(含残句)中，“拟”、“代”之作乃有五十余首之多。从整个南朝文学看，“拟”“代”之作在当时虽然已形成了一种风气，但鲍照兄妹的此类诗歌，却均是以特色独具而为时人与后人所称道的，如鲍照著名的《拟行路难》十八首，即为其典型的例子。鲍照《拟行路难》十八首所“拟”者，乃全为乐府诗，而鲍令晖的两首诗所“拟”者，则皆系为后人所称道的《古诗十九首》，而此，又可见出兄妹二人在“拟”“代”方面的区别。或以为鲍令晖所拟者为枚乘《杂诗》云云，实乃不的。请看下面的这首《拟青青河畔草诗》：

---

① 吴兆宜：《玉台新咏笺注》卷四，成都古籍书店 1980 影印版。

② 逯钦立：《先秦汉魏晋南北朝诗·宋诗》卷九，中华书局 1986 年版。

> 袅袅临窗竹，蔼蔼垂门桐。灼灼青轩女，泠泠高堂中。明志逸秋霜，玉颜掩春红。人生谁不别，恨君早从戎。鸣弦惭夜月，绀黛羞春风①。

《古诗十九首》中的《青青河畔草》，是一首用第三人称所写的思妇诗，且诗中的那位思妇，是“昔为倡家女，今为荡子妇”，其因“荡子行不归”，而产生了“空床独难守”的寂寞与孤独。而鲍令晖是诗，不仅改变了《青青河畔草》用第三人称进行描写的手法，而且诗中思妇所思念之良人，乃是一位从戎报国的征人。因良人从征久去未还，故思妇乃于“秋霜”时节，在家中“鸣弦惭夜月，绀黛羞春风”。如此，则鲍令晖的这首“拟”作较之原作而言，不仅作品的主题得以极大程度之升华，而且也比原作更富有现实性和社会性，因此也就更能引起读者的共鸣。再如《拟客从远方来诗》：

> 客从远方来，赠我漆鸣琴。木有相思文，弦有别离音。终身执此调，岁寒不改心。愿作阳春曲，宫商长相寻②。

此诗虽然是拟《古诗十九首》中的《客从远方来》而成，但其却以“思妇的口吻”，极为细腻地写出了作者对爱情的忠贞与执著。全诗八句，色彩明朗，风格质朴，于平淡的语词中饱含着无限的深情，韵味别具。如果结合鲍令晖的生平进行考察，这两首“拟”作中的思妇，也许就是鲍令晖本人，即鲍令晖的夫婿有可能是一位从戎在外的军人。

《代葛沙门妻郭小玉作诗》二首，从题材的角度言，也属于思妇诗的范畴，但诗中的那位思妇郭小玉，却是现实生活中的一位“真真实

---

① 鲍令晖:《拟青青河畔草诗》，逯钦立《先秦汉魏晋南北朝诗·宋诗》卷九，中华书局 1986 年版。

② 鲍令晖:《拟客从远方来诗》，逯钦立《先秦汉魏晋南北朝诗·宋诗》卷九，中华书局 1986 年版。

实”的少妇。作为组诗，这两首诗所写均为郭小玉对“遥役”（一作“徭役”）于“秦咸”的丈夫葛沙门的思念。而值得注意的是，鲍令晖的这两首“代”作，也是与《古诗十九首》颇具关联的。如第一首：

明月何皎皎，垂幌照罗茵。若共相思夜，知同忧怨晨。芳华岂矜貌，霜露不怜人。君非青云逝，飘迹事秦咸。妾持一生泪，经秋复度春①。

很明显，此诗乃是拟《古诗十九首》之《明月何皎皎》所致。而且，这首诗的主题也与《明月何皎皎》基本相似，其所不同者，只是此诗中所描写的一位思妇，乃为诗人现实生活中的一位女性友人。全诗十句，主要写郭小玉因睹月而思其夫，以致彻夜难眠，并通过一系列的动作描写，以及从室内到室外的地点变换之结构安排等，细腻而生动地刻画了郭小玉孤独悲苦的心理，与其坐卧不安的相思之苦。

除了四首“拟”“代”之作外，鲍令晖的两首乐府诗也是值得注意的。要论及鲍令晖的乐府诗，首先得对《古意赠今人诗》、《题书后寄行人诗》的真伪及其诗题略作考辨。《古意赠今人》一诗，欧阳询等《艺文类聚》卷四十二作《秋风曲》，郭茂倩《乐府诗集》卷六十作《秋风》，且作者均为宋迈远。按此诗最早为徐陵《玉台新咏》卷四所著录，编在鲍令晖“杂诗六首”之内。全诗凡十四句，而欧阳询等《艺文类聚》、郭茂倩《乐府诗集》所录则皆为前八句，即其均非全篇，可见其作者应以鲍令晖为是。又《艺文类聚》与《乐府诗集》皆将其编入“乐府”者，表明此诗确乃乐府之属，即其题应更正为《秋风曲》。《题书后寄行人》一诗，李昉等《文苑英华》卷二〇二将其编入“乐府”类，题作《自君之出矣》，郭茂倩《乐府诗集》卷六十九同，此则表明，《题书后寄行人诗》不仅也是

---

① 鲍令晖：《代葛沙门妻郭小玉作诗二首》其一，逯钦立《先秦汉魏晋南北朝诗·宋诗》卷九，中华书局1986年版。

一首乐府诗，而且其题应更作《自君之出矣》。由是而观，是知先后为《玉台新咏》、《古诗纪》、《先秦汉魏晋南北朝诗》所著录，以及为《鲍参军集注》作为附录的鲍令晖《古意赠今人》、《题书后寄行人》二诗，其题是应以《秋风曲》、《自君之出矣》为正的。

鲍令晖之善于创作乐府诗，也应与受乃兄鲍照的影响关系密切，这不仅是因为鲍照是刘宋时期最为著名的乐府诗人之一，而且还在于鲍照现存的八十一首乐府诗这一数量(此据《先秦汉魏晋南北朝诗》所著录鲍照乐府诗统计)，乃为整个南朝诗人之最。鲍照的乐府诗，从音乐或者说曲调的角度言，包含了当时甚为流行的相和歌曲、杂曲歌曲、舞曲歌曲、琴曲歌曲，以及杂歌谣曲等，形式既多样，内容亦丰富。鲍令晖现存的这两首乐府诗，一属"琴曲歌辞"(《秋风曲》)，一属"杂曲歌辞"(《自君之出矣》)，这两类歌辞，概而言之，均属于以表达诗人内心与忧思为主的篇章。如《自君之出矣》：

> 自君之出矣，临轩不解颜。砧杵夜不发，高门昼恒关。帐中流熠耀，庭前华紫兰。物枯识节异，鸿来知客寒。游用暮冬尽，除春待君还①。

就内容言，此诗仍然属于思妇诗的范畴。诗中"君"字的两次出现，以及其系之首尾者，充分反映了诗人对"君"因"物枯识节异"，而"临轩不解颜"所产生的无限思念之情。而《秋风曲》亦与此类似："寒乡无异服，衣毡代文练。日月望君归(欧阳询等《艺文类聚》作'月月望君归'，是)，年年不解綖。荆扬春早和，幽冀犹霜霰。北寒妾已知，南心君不见。谁为道辛苦，寄情双飞燕。形迫杼煎丝，颜落风吹电。容华一朝尽，唯余心不变。"全诗通过"荆扬春早和，幽冀犹霜霰。北寒妾已知，南心君不见"的两组对比，使诗人那因愁思缠绵，忧苦无告，望眼欲穿

① 李昉等：《文苑英华》卷二〇二，中华书局1966年影印版。

的痛苦心境，跃然纸上。

总体而言，鲍令晖现存的七首诗，虽然均为五言古体，但就其形式言，则大致可分为“拟”“代”之作与乐府诗两类。这两类诗的题材与内容，虽然均属于思妇诗的范畴，但其无论是对人物心理活动的刻画，抑或于外在物象的描写等，却都处理得十分到位。而语言的自然质朴，结构的井然有序，风格的清新流畅，以及多种表现手法的运用等，又为其增添了无限的美感，而使之更富于艺术的感染力。

但需指出的是，钟嵘在《诗品》中认为鲍令晖诗“唯百愿淫矣”云云，实乃不的之辞，原因是现存鲍令晖诗如上所述，乃与“淫”毫无关联。钟嵘于《诗品》中评论诗人及其诗作，虽然多所创获，但也不乏失评或可议之处者，如其认为鲍令晖诗“唯百愿淫矣”，即为典型的一例。

三、鲍令晖诗与左棻诗比较

上引钟嵘《诗品》记载鲍照曾对宋孝武帝说过：“臣妹才自亚于左棻，臣才不及太冲耳。”这一记载是否真实，另当别论，但其所表明的是，鲍令晖的才华在乃兄鲍照的心目中，是堪可与左思之妹左棻媲美的。左棻是文学史上继蔡琰之后的又一位著名女文学家，且其因才名之隆而被选入宫，成为晋武帝所宠爱的贵嫔，故后人又多称其为左贵嫔。尤袤《全唐诗话》卷一于“上官昭容”条云：“昭容两朝专美，一目万几，顾问不遗，应接如响，虽汉称班媛，晋誉左嫔，文章之道不殊，辅佐之功则异。”①尤袤在这段文字中，将上官婉儿与班婕妤、左棻相比，虽然意在赞赏上官婉儿的才华与文学业绩，其实也是对班婕妤、左棻二人文学成就的一种肯定。作为文学家，左棻现存作品有诗歌、辞赋、散文等，其中成就最高者为赋。左棻现存赋七篇，均为严可均《全上古三代秦汉三国六朝文·全晋文》卷十三所著录，其依序为：《离思赋》、《相

① 尤袤：《全唐诗话》，《历代诗话》本，中华书局 1981 年版。

风赋》、《孔雀赋》、《鹦鹉赋》、《白鸠赋》、《松柏赋》、《涪沤赋》①。据上引吴兆宜《玉台新咏笺注》注引《小名录》所载，鲍令晖有集名《香茗赋集》者，表明其生前亦曾创作过辞赋，乃殆无疑义。这就是说，鲍令晖与左棻一样，都是擅长于辞赋创作的，而此，当是宋孝武帝与齐武帝均赞赏鲍令晖才华的原因之所在。而齐武帝所说的“借使二媛生于上叶，则玉阶之赋，纨素之辞，未讵多也”云云，又可对此佐证。遗憾的是，鲍令晖《香茗赋集》今已不传，因之我们也就无可据之以与左棻的辞赋进行比较了。而鲍令晖的散文，亦可作如是观。

如上所言，鲍令晖现存的唯一的文学作品，就是由“拟”“代”之作与乐府两类所构成的七首五言诗，且其内容大多属于思妇诗的范畴。而左棻现存的诗歌，则只有两首，其一为《啄木鸟》，其二即《感离诗》。前者是一首用四言写成的寓言诗，清人冒春荣《葚原说诗》卷四将其与陶渊明《时运》、《荣木》诸诗并列，以作为有晋一代四言诗的代表。后者系一首标准的五言诗，主要是因左思的《悼离赠妹诗二首》而为，故又有将其称作《答兄感离诗》的。左棻的《感离诗》因作于宫中，在内容上又主要是述写的其对父、兄之思念，故而亦颇为感人。仅就这一方面言，左棻的这首《感离诗》，与上述鲍令晖的七首诗，乃是有着极大的相似性的，即二者都属于对他人的思念，也即都属于抒情诗的范畴。鲍令晖诗歌所抒情之对象，除两首“代”作外，其余均应以其夫君为主，故诗中所反映的，大多为诗人独处闺房的寂寞与愁苦，以及心系远在异乡他地良人的种种情感。左棻写《感离诗》时，其与父亲左熹(一作左雍，误)、兄长左思都在京师②，双方虽然近在咫尺，但高深威严的宫墙却使得父女、兄妹之间欲见无期，相思日苦，所以诗中所表达的，乃是作者对父兄的无限思念之情。存在于鲍令晖与左棻诗中的这两种情

---

① 严可均：《全上古三代秦汉三国六朝文 · 全晋文》卷十三，中华书局 1958 年影印版。

② 王辉斌：《左思左棻生平系年》，《太原师范学院学报》2007 年第 1 期。

感，因均发自诗人的内心，既真挚而又沉痛，故其皆具较高的审美价值。

而在艺术方面，鲍令晖诗与左棻诗，也有着极为明显的相同点，其中最具代表性者，便是二者都擅长于白描。如左棻《感离诗》："自我去膝下，倏忽逾再期。邈邈浸弥远，拜奉将何时。披省所赐告，寻玩悼离词。仿佛想容仪，唏嘘不自持。何时当奉面，娱目于诗书。何以诉辛苦，告情于文词。"①这首诗表现在艺术上最大的特点，就是用笔简练，语言质朴自然，并采用白描手法，使诗人的思亲念亲之情，如溪水般流淌于诗的字里行间。鲍令晖诗以白描见长者，《题诗后寄行人》(即《自君之出矣》)一诗乃为其最，此诗诚如曹道衡、沈玉成《南北朝文学史》所说："全诗纯用白描，清新流畅，而'物枯'两句，显示出有意识地追求精警，符合于钟嵘'崭绝清巧'的评论。"仅此即可见其一斑。

作为女性诗人，鲍令晖与左棻，从总的方面讲，她们都具有善于抒发情感，多运用白描手法进行创作等特点，从而构成了二人诗歌表现在艺术方面的最重要共性。而二人诗歌的不同点也是甚为明显的，如鲍令晖诗因有意地追求精警而使之"崭绝清巧"，左棻诗则因"高简有理致"而"类先秦语"②等，即为其例。总之，鲍令晖诗与左棻诗，因其既有着艺术上的共性而又各具个性风采，而成为了先唐诗国中的两颗璀璨明珠。

---

① 左棻：《感离诗》，逯钦立《先秦汉魏晋南北朝诗·晋诗》卷七，中华书局1958年版。

② 陈祚明：《采菽堂古诗选》卷十一，国家图书馆藏清乾隆十三年刻本。

第八章　谢朓诗歌探索

第一节　谢朓诗歌之系年考补

上海古籍出版社版曹融南《谢宣城集校注》，共收录谢朓诗整一百七十首，书末所附《谢朓事迹诗文系年》(以下简称"《系年》")，为读者提供了便利。本节拟就《系年》中未系年的部分诗作，及已系年却颇值商兑的部分篇什，择其具有代表性者，或系年或考辨，故总其名曰"考补"。

一、《侍宴华光殿曲水奉敕为皇太子作》、《三日侍华光殿曲水宴代人应诏》、《三日侍宴曲水代人应诏》

《系年》将此三首系于齐明帝建武四年(497 年)，但无任何依据，仅云："当作于是年禊日，后乃去南徐州。"并说："《齐传》于叙朓'出宣城太守'之后，记'以复选为中书郎'，乃在湘游返京之后，时在去冬或今春。"

按：是说乃误。考谢朓《忝役湘州与宣城吏民别》诗有云："汩徂奉南岳，兼秩典邦号。疲马方云驱，铅刀安可操。遗惠良寂寞，恩灵亦匪报。桂水日悠悠，结言幸相劳。"诗题中的"湘州"，即东晋永嘉八年分荆州所置之长沙郡，其治所在今湖南长沙市。而“忝役湘州”，则是指谢朓奉命由宣城太守转牧长沙郡，故诗题乃有“与宣城吏民别”云云。而“兼秩典邦号”又与“忝役湘州”正互为扣合。又，谢朓集中有《将游湘水寻句溪》一诗云：“方寻桂水源，谒帝苍山垂。……兴以暮秋月，清霜落素枝。”其中的“谒帝苍山垂”与上诗中的“汩徂奉南岳”，所指均为谢朓在转牧湘州长沙郡之际，曾奉命晋谒南岳，其时则在“清霜落素枝”的暮秋时期。藉此，知谢朓“忝役湘州”的确切时间，乃在建武三年的秋九月(其建武二年六月出任宣城太守)。谢朓何时由湘州还京师，史无明载，《系年》在毫无材料依据的情况下，认为“时在去冬或今春”，未可据信。检谢朓集中《酬德赋并序》有云：“以建武二年，予将南牧，见赠五言。予时病，既以不堪职，又不获复诗。四年，予忝役朱方，又致一首。近东遍寇乱，良无暇日，其复还京师。”其中的“朱方”，据乐史《太平寰宇记·润州》，知所指为刘宋所置之南徐州，亦即今江苏省镇江市①。此则表明，在建武四年“还京师”之前，谢朓乃在南徐州任上。又《思归赋并序》有云：“身□防方思□俄度万里，晚自□省，谅非一涂。”其赋则云：“纷吾生之游荡，弥一纪而历兹。自下车于江海，涉青春于是时。”其中的“下车于江海”，所指即为谢朓牧守南徐州事。而综其一生的经历合勘之，知“俄然万里”之指，乃谓谢朓建武二年夏自京师出为宣城太守，之后于建武三年秋九月由宣城“忝役湘州”，继而又由湘州转牧南徐州。谢朓至南徐州未久，适逢“迫东遍寇乱”而还京，“以选复为中书郎”，之后又“出为晋安王镇北咨议，南东海太守，行南徐州事”。如此，则可知建武四年的春天谢朓根本不在京师。

李延寿《南史》卷五《齐本纪下第五·废帝东昏侯》有云：“废帝东昏侯讳宝卷，字智藏，明帝第二子也。本名明贤，明帝辅政居改焉。建武元年，立为太子。”②考谢朓生平，其于永明九年随随王萧子隆赴荆州

① 乐史：《太平寰宇记·润州》，中华书局1990年版。

② 李延寿：《南史》卷五《齐本纪下第五·废帝东昏侯》，岳麓书社1998年版。

镇，永明十二年秋由荆州还京，至永明二年夏五月乃出为宣城太守。由是而观，可知建武元年、二年这两年的春天，谢朓均在京师建康，则上述三诗当写于此两年内。又《南史》卷五《齐本纪下第五 · 明帝纪》云："高宗明皇帝讳鸾……建武元年冬十月癸亥，皇帝即位，大赦，改元，文武赐位二等。……十一月戊子，立皇子宝卷为皇太子，赐天下为父后者爵一级。"藉此，则上述三诗的确切作年均在建武二年(495 年)之"禊日"者，即可遽断。

二、《酬王晋安》

此诗《系年》未系。《校注》于是诗题下引"《集》曰"云："'王晋安字德元。'王隐《晋书》曰：'晋安郡，太康三年置，即今之泉州也'。"又作补注云："《南史 · 王镇之传》：'(王)晏子德元，有意尚，位车骑长史。'"

按：《校注》引"《集》曰"及所作"补注"，皆认为是诗题中的"王晋安"为王德元者，大误。这是因为，据李延寿《南史》卷二十四《王镇之传》所附《王德元传》可知，王晏之子王德元根本不曾任晋安郡太守。所以，此诗题中的"王晋安"，不是曾任车骑长史的王德元，而是晋安王萧子懋。在现存的谢朓诗中，类似此之称谓即将晋安王称作"王晋安"者，还有《答王世子》等诗可以为证。是诗题中的"王世子"，并非是指谢朓有位友人姓"王"名"世子"者，而是指豫章王萧嶷世子萧子廉。按李延寿《南史》卷四十二《齐高帝诸帝 · 萧子廉传》有云："子廉，字景霭。初，嶷养鱼复侯子响为嗣子。(嶷后有子)子廉封永新侯。(永明六年)子响还本，子廉为世子。"由此可见，此等称谓，当为斯时朝臣之习称。又《南史》卷四十四《齐武帝诸子 · 晋安王萧子懋传》云："永明五年，为南兖州刺史、监五州军事。六年，徒监湘州刺史。八年，撰《春秋例苑》三十卷，奏之，武帝敕付秘阁。十一年，为都督、雍州刺史。"据此，知萧子懋永明六年至八年乃在湘州刺史任上。《酬王晋安》诗有云："梢梢枝早劲，涂涂露晚晞。南中荣橘柚，宁知鸿雁飞。"后两句，一用《楚辞·橘颂》故事，一采衡阳回雁峰之典实，而二者皆与萧子懋"徒监湘州刺史"扣合。所以，是诗的作年，若非在永明七年（489 年），就必为永明八年（490 年）。

三、《新亭渚别范零陵云》

此诗《系年》未系。

按：范云，萧子显《南史》卷五十七有传，云："范云字彦龙，南方舞阴人。……永明十年使魏，魏使李彪宣命，至云所，甚见称美。彪为设甘蔗、黄甘、粽，随尽复益。使还，再迁零陵内史。"又，逯钦立《先秦汉魏两晋南北朝诗·梁诗》卷二著录范云《之零陵郡次新亭》诗一首，云："江干远树浮，天末孤烟起。江天自如合，烟树还相似。沧流未可源，高帆去何已。"①合勘之，知范云出为零陵内史的时间，乃在齐武帝永明十年的夏秋之际。范云出京城后行至新亭（今江苏宁县南，即著名的劳劳亭），谢朓乃于斯地赋《新亭渚别范零陵云》一诗以为其饯行。藉此，知是诗的作年乃在永明十年（492 年）。

四、《和刘绘入瑟琶峡望积布矶》

《系年》将此诗系于建武三年（496 年），并云："诗有'移疾靓新篇'、'淹留绝岩畔'之句，或是时所作，姑系于此。"不确。

按：刘绘其人，萧子显《南齐书》卷四十八、李延寿《南史》卷三十九有传。李延寿《南史》本传云："绘字士章……后历位中书郎，掌诏诰。敕助国子祭酒何胤撰修礼仪。永明末，都下人士盛为文章谈义，皆

① 范云：《之零陵郡次新亭》，逯钦立《先秦汉魏两晋南北朝诗·梁诗》卷二，中华书局 1983 年版。

凑竟陵西邸，绘为后进领袖。……明帝即位，为太子中庶子。安陆王宝晊为湘州，以绘为冠军长史、长沙内史，行湘州事。……及梁武起兵，朝廷以绘为雍州刺史，因让不就。……转大司马中郎将，卒。”刘绘一生的宦历，大致如此，这一简略的宦历表明，“明帝即位”前的刘绘，主要在京师任职，其后则多出为地方职守。谢朓是诗有云：“昔余侍君子，历此游荆汉。”诗中的“君子”，指随王萧子隆。谢朓随随王“游荆汉”即赴荆州镇，事在永明九年春至永明十一年秋之间，而诗又用“历此”二字言之，则可知此诗作年是必在永明十一年秋之后的。以此勘之刘绘的生平，又可知刘绘《入琵琶峡望积布矶》与谢朓《和》诗的作年，均在刘绘随安陆王萧宝晊赴湘州镇“为长沙内史，行湘州事”之时，乃可论断。这是因为，据郦道元《水经注·江水注》①、李吉甫《元和郡县图志》卷二十七《广济县》②可知，琵琶峡与积布矶均位于今湖北武穴市之长江段内，刘绘既曾“入琵琶峡”而“望积布矶”，就表明他曾由京师逆长江西上一次。而在刘绘的宦历中，其一生中逆长江西上者，只有随萧宝晊赴湘州镇的那一次。李延寿《南史》卷五《齐本纪下第五·明帝纪》有云：“建武元年……十一月甲申……以安陆王缅第二子宝晊袭封安陆王。”又《南史》卷四十一《齐宗室·宝晊传》云：“永元元年，改封湘东王。”这两条材料表明，萧宝晊牧守湘州的时间，当在他“改封湘东王”的东昏侯永元元年。又刘绘诗有云：“江山信多美，此地最为神。以兹峰石丽，重在芳树春。”则诗当写于永元元年(499 年)的春天。而此，亦即谢朓《和》诗的确切作年。

五、《和沈祭酒行园》

此诗《系年》未系。

---

① 郦道元：《水经注》，王先谦合校本，巴蜀书社 1988 影印版。

② 李吉甫：《元和郡县图志》卷二十七，中华书局 1974 年版。

按：李延寿《南史》卷五十七《沈约传》有云："隆昌元年，除吏部郎，出为东阳太守，齐明帝即位，征为五兵尚书，迁国子祭酒。"齐明帝即位，据《南史》卷五《齐本纪下第五·明帝纪》之所载，知事在建武元年冬十月，则沈约由东阳太守还京师任国子祭酒的时间，最早当在建武二年。又据萧子显《南齐书》卷四十七《谢朓传》、李延寿《南史》卷十九《谢朓传》，知谢朓卒于东昏侯永元元年，二者互为参证，则谢朓《和》诗的作年，就只能是在建武二年至建武五年期间。又，在此四年期间，谢朓曾于建武二年夏出为宣城太守，翌年秋"忝役湘州"，直至建武四年才因"迫东遍寇乱"而由南徐州还京任中书郎。之后，又出为南东海郡太守"行南徐州事"，于建武五年夏四月末因"迁尚书吏部郎"而还京。综此，又知谢朓是诗的作年，是必在建武四年四月后的。沈约《行园》诗有云："寒瓜方卧垄，秋菰亦满陂。紫茄纷烂漫，绿芋郁参差。"时令在秋。谢朓《和》诗则云："霜畦纷绮错，秋町郁蒙茸。"二者甚为一致。据此，知是诗写于建武四年(497年)或五年(498年)秋，乃可肯定。

六、《和萧中庶直石头》

此诗系谢朓"和"太子中庶子萧衍《直石头》一诗而成。萧诗共二十二句，是一首对朝廷的歌颂之作。《系年》系于建武四年，并说："朓和诗当作于守宣归来复为中书郎之后，出守南东海之前，故有'泽渥资投分，逢迎典待诏。永沿邈含毫，专城空坐啸'之句。故系于此。"

按：谢朓出守南东海行南徐州事，事在建武四年夏，其前是否确在京师任中书郎，《系年》并无材料相证。固然，萧子显《南齐书》卷四十七《谢朓传》述载谢朓"出为宣城太守"后，乃有"以选复为中书郎"云云，但谢朓究竟何时"以选复为中书郎"，现存有关谢朓生平的材料对此并无明载，如《南史》卷十九《谢朓传》即属如此。《系年》认为"时在去冬或今春"之说，全系推测之辞，未可据信。所以，《系年》系是诗于建武四年者，乃不确。

按：考李延寿《南史》卷六《梁本纪上第六·武帝纪》有云："建武二年……寻为司州刺史。……为太子中庶子，领四厢直，出镇石头。齐明(帝)性猜忌，帝(萧衍)避时嫌，解遣部曲，常乘折角牛车。齐明每称帝清俭，勖励朝臣。"其中的"齐明性猜忌，帝避时嫌"九字颇可注意，它表明了萧衍在建武二年以太子中庶子衔"出镇石头"后，为避免齐明帝对其之猜忌，而处处谨慎行事。藉此，则可准确获知，萧衍在《直石头》一诗中为什么全篇皆为颂辞且自称"小臣"之真谛。换言之，萧衍在"出镇石头"后，于所写《直石头》一诗中，之所以对朝廷大加称颂而极力"责贬"自己者，主要是为了"避时嫌"即齐明帝对他的猜忌。大约正是因此诗的称颂与实际性的"解遣部曲"之作用所致，齐明帝才称萧衍"清俭"而"勖励朝臣"。如此，则萧衍《直石头》的作年即可肯定在建武二年。而谢朓既"和"萧衍是诗，则其《和萧中庶直石头》诗的作年亦在是年(495 年)，也就甚明。

七、《和王中丞闻琴》

是诗《系年》未系。

按：诗题中的"王中丞"其人，《校注》认为是曾为竟陵王萧子良在鸡笼山西邸接赏的王思远，良是。考李延寿《南史》卷二十四《王思远传》有云："齐建元初，历竟陵王司徒录事参军、太子中舍人。……诏举士，竟陵王子良荐思远及吴郡顾暠之、陈郡殷睿。时邵陵王子贞为吴郡，除思远为吴郡丞，以本官行郡事，论者以为得人。后拜御史中丞。……建武中，迁吏部郎。"又《南史》卷四《齐本纪上第四·武帝纪》云："(永明八年)夏四月戊辰朔，诏公卿以下各举所知。"合勘之，知竟陵王萧子良荐王思远为吴郡丞，乃在齐明帝永明八年夏四月。王思远何时由吴郡还京师任职御史中丞，《南史》本传无载，但以其因荐而出任吴郡丞之史事，参之谢朓生平，似其时当在永明九、十年间。因为此前，王思远即使已回京任职御史中丞，但谢朓斯时则乃随随王萧子隆在荆州，二人难以于建康唱和。待至永明十一年秋，谢朓还京“以本官兼尚书殿中郎”，二人才有机会互为唱和。谢朓《和》诗有云：“萧瑟满林听，轻鸣响涧音。”时令在秋。藉此，知谢朓是诗之作，当在永明十一年秋其还京之未久，要之，即在翌年即齐明帝建武元年秋。因为此后，谢朓乃以中书郎衔出为宣任太守了。而以谢朓之行踪言，则当以作于建武元年(494 年)为是。

八、《和江丞北戍琅琊城》

此诗《系年》未系。

按：诗题中的“江丞”其人，据《校注》同卷所附江孝嗣《北戍琅琊城》一诗，知其乃为江孝嗣。《校注》又于《北戍琅琊城》注引《太平寰宇记》云：“齐武帝永明六年移琅琊郡于白下，在江宁县北十八里。”白下在今江苏南京西北金川门一带。按琅琊本系东晋大兴三年侨置郡名，治所在今江苏句容县城，南朝刘宋时期改名为南琅琊郡(以区别于东晋复置于今山东临沂的琅琊郡)。今从江孝嗣《北戍琅琊郡》之“北”揣度之，知此诗的作年，当在永明六年齐武帝将琅琊郡治由句容迁置江宁之后。即其所“戍”者，治所在江宁的琅琊郡。是诗有云：“芳树似佳人，惆怅余何极。”谢朓《和》诗云：“春城丽白日，阿阁跨层楼。”时令均在春。检李延寿《南史》卷四《齐本纪上第四・武帝纪》有云：“(永明六年)九月壬寅，于琅琊城讲武，习水步军。”又于永明九年内云：“九月戊辰，幸琅琊城讲武，观者倾城，普颁酒肉。”这两条材料表明，齐武帝即位并将琅琊治迁移于江宁后，曾两次到斯地“讲武”。藉此，则江孝嗣北戍琅琊城并写是诗，当在永明七年的春天，而谢朓斯时亦正在京师，故有“春城丽白日”之《和》诗。所以，谢朓是诗的作年，当可肯定为永明七年(489 年)的春天。

九、《奉和随王殿下》十六首

《系年》将此组诗系于永明十一年。并说:“《奉和随王殿下》十六首,皆言荆州事,乃随藩时作。其十‘睿心重离坼’一首,所写亦与《笺》、《赋》近者,盖亦下都时作。”

按:《系年》认为此十六首诗“皆言荆州事”,即将其系于是年的随随王萧子隆赴荆州镇任期内,实乃不的。这是因为,这组诗在内容上涉及“荆州”者,实际上只有两首,即其三与其十。其三有云:“徒藉小山文,空揖章台赋。”其十有云:“还顾昭阳阙,超远章华台。置酒巫山日,为君停玉杯。”但这两首诗中的“章台”、“章华台”(二者实一)、“昭阳阙”(荆州)、“巫山”等,并非能表明谢朓写这组诗于荆州。其原因在于,这组诗所涉荆州之外的地名或与之相关的典故,较“荆州”为更多,如“平台”、“西园”、“伊络”、“淄”(其四),“伊商”、“东都”(其六)、“淄邺”(其七)、“桂台”(其九)等,难道我们能据之而认为这组诗的作地,分别在今河南商丘(“平台“)、洛阳(“伊洛”),以及陕西西安(“桂台”)吗?可见,这组诗中所言之“荆州事”,是不能用来作为其作地在荆州的证据的。至于《系年》以第十首中有“睿心重离拆”云云,而认为其与谢朓集中的《辞随王笺》、《临楚江赋》相“近者”,似亦可商榷。按谢朓集中的《笺》、《赋》二文,据萧子显《南齐书》卷四十七《谢朓传》中之“世祖敕朓可还都”可知,其作年确为永明十一年秋的离荆之际,但“睿心重离坼”一诗则不然,盖因诗中“四面寒飚举”所写时令为冬故也。而永明十二年冬,谢朓已在京师任新安王中军记室,若是诗确为朓写于是时,其作地也只能是建康而非荆州。

其实,这一组诗应为谢朓写于永明七年与八年这两年期间,作地则乃在京师建康。上引《南齐书》卷四十七《谢朓传》记载谢朓“解褐”未久，即“度随王东中郎府……随王镇西功曹，转文学”①，而谢朓集中又有《杜若赋》一篇，题下原注云：“奉随王教作，时年二十六于坐献。”又其《游后园赋》题下亦有类似注云：“奉随王教作”。另《临高台》一首题下有注云：“时为随王文学。”此二赋一诗所存在之“原注”表明，谢朓在永明九年春末随随王萧子隆赴荆州镇前，二人是颇具交谊的。随王萧子隆其人，李延寿《南史》卷四十四本传载其“性和美，有文才”，齐武帝因其“能属文”而称为“我家东阿”，并有“文集行于世”。《奉和随王殿下》其四云：“平台盛文雅，西园富群英。……顾已非丽则，恭惠奉仁明。”其中的“平台”两句，分别以梁孝王梁园招士，曹操率众在邺都西园聚会的史事，以称颂萧子隆在京师盛招文学之士的举措。而此，与萧子隆《山居序》之所写又正互为扣合。其有云：“西园多士，平台盛宴，邹马之客咸在，伐木之歌屡陈。是用追芳昔娱，神游千古，故亦一时之盛事。”又谢朓《拟宋玉风赋》有云：“邹马之宾咸至，申穆之醴已酬。朝役登楼之咏，夕引小山之讴。”所写与萧子隆《山居序》完全等同。此则可证，萧子隆的《山居序》，谢朓的《拟宋玉风赋》及“平台盛文雅”诗，皆同时之作。所以，《奉和随王殿下》十六首的正确作年与作地，应为永明七、八年(489 年、490 年)之京师建康。

附：谢朓诗疑伪录

一、《答张齐兴》

诗题中的“齐兴”，《校注》注云：“郡名，南齐置。”检核江西教育出版社 1986 年版复旦大学历史地理研究所编《中国历史地名辞典》之“齐兴郡”条，内载南齐永明年间置齐兴郡者凡三处。具体为：(1)南朝齐永明中置，治所在上蔡县(在今湖北钟祥县北)，北周废。(2)南朝齐永明三年(485 年)置，治所在今湖北黄冈县北，北周时废。(3)南齐永明七年(489 年)置，治所在郧乡(今湖北郧县)，后废。以此勘之《答张

---

① 萧子显：《南齐书》卷四十七《谢朓传》，中华书局 1983 年版。

齐兴》诗中的“荆山纵百里，汉广流无极”两句之所写，知是诗中的齐兴郡所指，当为始置于齐武帝永明七年治所在今湖北郧县的齐兴郡。这是因为，余二齐兴郡均与《答张齐兴》诗中的“荆山”、“汉广”无涉。如此，则可知谢朓是诗的作年，是必在永明七年或其后的。又是诗有云：“子肃两岐功，我滞三冬职。谁知京洛念，仿佛昆山侧。”其中的“我滞三冬职”一句，表明诗作者在写这诗时已外任三年，因而才于后两句诗中言及其欲回京师之心情，是与远在齐兴郡任太守的张某互为一致的。考谢朓生平，其自建元四年(482 年)十九岁褐豫章王太尉行参军后，虽曾有荆州、宣城、湘州、南徐州之外任，但任期时间最长者也只有两年左右，根本无“滞三冬”之谓(含三个冬天)。即是说，在谢朓一生的四次外任宦历中，没有一次的任期是属于“滞三冬”之列的。如此，则是诗的作者就当非为谢朓。此诗是否确非谢朓所作，因资料所限，以存疑待之可也。

二、《和伏武昌合登孙权故城》

《校注》录是诗于《文选》卷三十。《文选》李善注是诗之题，引徐勉《伏曼容墓志序》云：“曼容为大司马谘议参军，出为武昌太守。”①伏曼容，李延寿《南史》卷七十一有传，云：“伏曼容字公仪，平昌安丘人，晋著作郎滔之曾孙也。……梁台建，召拜司徒司马，出为临海太守。天监元年卒官，年八十二。”以梁武帝天监元年(502 年)上推“年八十二”，则伏曼容的生年乃在宋武帝永初二年(421 年)。《系年》系此诗于永明十年，时谢朓正随随王萧子隆赴荆州镇，故认为“知为居荆时作。”按永明十年(492 年)，谢朓二十九岁，伏曼容则为七十三岁，二人不仅年龄差距过大，难以成为忘年之交而“和”诗，而且伏曼容以如斯年岁牧守武昌，也与南齐的“诏规”相违。考《南史》卷五《齐本纪下第五 · 明帝》有云：“永明中，御史中丞沈深表：“百官年登七十者，皆令致仕，并穷困私门。(建武元年十一月)庚子，诏‘自缙绅年及，可一遵永明七年

① 萧统：《文选》卷三十李善注引，中华书局 1977 年影印版。

以前铨叙之科'。"这条材料表明，南齐一代，朝廷执行的是"年登七十皆令致仕"的官员退休制。既如此，伏曼容又何得以七十三岁的高龄仍牧守武昌呢？固然，《南史》伏曼容本传有伏曼容"天监元年卒于官，年八十二"之载，但此事之存在乃是在梁朝而非齐朝，因此，其并不能表明萧齐时代官员致仕在年龄上是可超过七十岁的。更何况，伏曼容以七十余岁的高龄任梁临海太守者，乃为梁武帝"召拜"的结果。由是而观，可知是诗若非谢集中的一首伪作，就表明诗题中的"伏武昌"其人，不是伏曼容而为他人。

第二节　谢脁与西邸文学集团

在谢脁的生平事迹与文学创作活动中，其曾于齐武帝永明年间（483—493年），与沈约、王融等人结为"竟陵八友"（又名"西邸八友"），并随竟陵王萧子良移居鸡笼山西邸参与各种文学活动。由于当时参加的文学家之众，而形成了为后人所称道的"西邸文学集团"。刚步入仕林未久的谢脁，在这一文学群团中不仅充当了重要的角色，而且在诗歌创作方面还呈现出了几个鲜明的特点。同时，他还以其不断的艺术实践，而成为"西邸"诸人中对"永明体"贡献最大的一位诗人。前人认为沈约的贡献大于谢脁的说法，其实是不符合历史的真实的。

一、关于"西邸文学集团"

西邸文学集团的组织者与开创者，是竟陵王萧子良，萧子显《南齐书》卷四十《萧子良传》记载了其与谢脁等人在京师建康鸡笼山西邸"游集"的盛况。其云："（永明）四年进号车骑将军。子良少有清尚，礼才好士，居不疑之地，倾意宾客，天下才学皆游集焉。善立胜事，夏月客至，为设瓜饮及甘果，著之文教。士子文章及朝贵辞翰，皆发教撰录。……五年，正位司徒，给班剑二十人，侍中如故。移居鸡笼山西邸，集学士抄《五经》、百家，依《皇览》例为《四部要略》千卷。招致名僧，讲语佛法，造经呗新声，道俗之盛，江左未有也①。”(李延寿《南史》卷四十四《萧子良传》所载同)又，姚思廉《梁书》卷一《武帝纪上》云：“竟陵王开西邸，招文学，高祖(即萧衍)与沈约、谢朓、王融、萧琛、范云、任昉、陆倕等并游焉，号曰八友②。”另《梁书》卷十三《沈约传》、李延寿《南史》卷四十八《陆厥传》等，亦有类似记载。除“竟陵八友”外，当时游集于萧子良鸡笼山西邸的文学家，姚思廉《梁书》卷四十九《庾于陵传》、《梁书》卷三十六《江革传》、萧子显《南齐书》卷十一《乐志》、《南齐书》卷五十二《陆厥传》，以及曹融南《谢宣城集校注》等可知，还有刘绘、江孝嗣、徐勉、柳恽、虞炎、虞羲、释宝月、萧文琰、丘令楷、江洪、江革、王思远、王僧孺、谢昊等人。其文士之多，在先唐文学集团中几无可比。

萧子良移居西邸，据萧子显《南齐书》卷四十《萧子良传》所载，虽然是在永明五年，但西邸文学集团的形成，实则应始于永明元年，因为萧子良被封为竟陵王乃在是年。而且，萧子良在未迁居西邸前，即与众多“西邸”文士关系密切。由永明元年至萧子良之卒的隆昌元年，其间正好十年，此即西邸文人群体的大致活动时间。在中国文学史上，自西汉初期的梁园文学集团始，文士雅集交游唱和便成为一种时尚。而诞生于齐武帝时期的西邸文学集团，则以活动众多，成就巨大，影响深远而著称。“西邸”的文学活动及其成就，大而言之，主要表现在以下几个方面：

(一)整理故旧，抄编群籍

这是属于学术范畴的一种文学活动，萧子显《南齐书》与李延史《南

① 萧子显：《南齐书》卷四十，中华书局1977年版。
② 姚思廉：《梁书》卷一《武帝纪上》，中华书局1976年版。

史》中的《萧子良传》均有记载，且文字全同："五年……集学士抄《五经》、百家、依《皇览》例为《四部要略》千卷。"千卷本《四部要略》的编抄，在当时可以称得上是一项前无古人的浩大文化工程。所谓"四部"，乃是据曹魏时期荀勖《新簿》而为。其具体所指为："一曰甲部，纪六艺及小说等书；二曰乙部，有古诸子家、近世子家、兵书、兵家、术数；三曰丙部，有史记、旧事、皇览簿、杂事；四曰丁部，有诗赋、图赞、《汲冢书》。"据《隋书·经籍志》总述的记载，刘宋时期，因"战争相寻，干戈是务"，不少典籍遗散流失，谢运灵任秘书监时，特编撰《四部目录》一部，"凡六万四千五百八十二卷"。萧齐永明年间，秘书丞王亮等人又合撰《四部书目》"一万八千一十卷"①。由萧子良组织并主持的《四部要略》的编抄工作，则是在谢灵运、王亮等人编制书目的基础上，"编为簿录"，即对当时秘阁尚存的群籍进行了全面的文本整理。遗憾的是，《四部要略》与《四部目录》、《四部书目》等均已亡佚。

(二)应教联唱，同题共咏

这是"西邸"最重要的文学活动之一。这一文学活动的特点是集体赋诗，互为传唱，极大地丰富了文学创作的多样性，使文学团体的文学特征得以充分反映。萧子显《南齐书》、李延寿《南史》等，对此多有记载。如《南齐书》卷十一《乐志》有云："《永平乐歌》(《乐府诗集》、《谢朓集》均作《永明乐》，是)者，竟陵王子良与诸文士造奏之。人为十曲。道人释宝月辞颇美，上常被之管弦，而不列于乐官也。"这是一次重要的集体创作活动，其创作所获之成果，据郭茂倩《乐府诗集》卷七十五《杂曲歌辞十五》的记载，现仅存者为谢朓、王融、沈约三人的作品，具体为：谢朓十首，王融十首，沈约一首，共二十一首。类似的创作，仅《谢宣城集校注》中就录载了多起唱和之作，如卷二之范云、谢朓、王融、刘绘《同沈右率诸公赋鼓吹曲》，卷四之沈约、虞炎、范云、王

---

① 魏徵等：《隋书·经籍志》，中华书局 1973 年版。

融、萧衍、刘绘诸人的《饯谢文学》与谢朓的《和别宛右率诸君》，卷五之王融、虞炎、柳恽、沈约《同咏坐上所见一物》等，即皆有助于我们窥其一斑。“西邸”的这类文学创作，远绍汉武帝时期的《柏梁诗》联句，近承王羲之等人的“兰亭唱和”，而又有所发展与变化，其中最明显者是“西邸”的联唱，大多具有音律谐畅、偶对适切等特点，而类乎近体。

(三)始用四声，以为新变

汉字四声在齐武帝永明年间的发现，是对中国传统音韵学的一大突破。据严羽《沧浪诗话·诗体》中“四声设于周颙，八病严于沈约”①的自注，可知汉字“四声”与“八病”的创制，均与“西邸”诗人相关。而谢朓、沈约等人又以之进行诗歌创作，因而便诞生了“永明体”。对此，《南史》卷四十八《陆厥传》有载：“(厥)时盛为文章，吴兴沈约、陈郡谢朓、琅琊王融以气类相毂，汝南周颙善识声韵。约等文皆用宫商，将平上去入四声，以此制制，有平头、上尾、蜂腰、鹤膝。五字之中，音韵悉异；两句之内，角徵不同，不可增减，世呼为‘永明体’。”②四声的发现与声律论的建立，以及因此而形成的“永明体”，在当时乃至后世，均可称得上是文学史上的大事。这一成就的取得，不仅是“西邸”诸人不断艺术实践的必然结果，而且也是这一诗人群体表现在审美追求方面的最佳反映。而据《文镜秘府论》所载沈约有关声律论的文字还可知，“西邸”诗人对于诗文声韵之美的追求，已经达到了相当的自觉的程度。

(四)聚集名僧，讲经说法

萧子良是南齐著名的崇佛人物。上引萧子显《南齐书》萧子良本传，称其曾在永明年间大集僧侣于京师，讲经说法，造经呗新声。而慧皎

① 严羽：《沧浪诗话》，《历代诗话》本，中华书局1981年版。
② 李延寿：《南史》卷四十八《陆厥传》，中华书局1975年版。

《高僧传》卷十一《释僧祐传》则载云："尤精律部，有迈先哲，齐竟陵文宣王每请讲律，听众常七八百人①。"同时，萧子良还常在西邸举办斋戒，尝设"六疾馆"以济民。当时著名僧人如慧次、慧基、玄畅、僧柔、法安、法度、宝志、法献、法护、法宠、智藏等，均与其交往殷密②。另据南宋僧人志磐《出三藏记集》卷十二，知萧子良曾撰著佛学著作十六帙，统称为《齐太宰竟陵文宣王法集》，共一百一十六卷③，今存者仅为一卷，载《广弘明集》卷二十七。萧子良所举行的这些崇佛活动，不仅"西邸"诸人均曾参加，而且对于"永明体"的创制与形成，也是颇具贡献的。胡国瑞《魏晋南北朝文学史》在论及此时曾说："齐武帝永明七年，竟陵王萧子良大集僧侣于京城，造经呗新声，实可为辨明'四声'的一大功力，而周颙、沈约也曾参加子良的考文审音工作，故'四声'之明确于此时及周、沈等人，是并非偶然的。"④所言甚是。由是而观，可知举行于"西邸"的各类崇佛活动，对于文学的发展特别是"永明体"这一新兴诗体的问世，乃是有着极为密切的关系的。

以上的情况表明，西邸文学集团的诗人们，各以其广博的学识与非凡的艺术才华，为南齐永明年间学术与文学的繁荣，乃是作出了重要贡献并取得了极为引人注目的历史性实绩的。而且，这一实绩对于齐、梁、陈三代乃至李唐初期的文学发展，也是起到了积极的推动作用的。

二、"西邸"时期的谢脁诗

谢脁加入西邸文学集团的时间，应当始自他的解褐之年。萧子显《南齐书》卷四十七《谢脁传》云："脁少好学，有美名，文章清丽。解褐

① 慧皎：《高僧传》卷十一，中华书局 1972 年版。
② 任继愈主编：《中国佛教史》第三卷，中国社会科学出版社 1988 年版。
③ 志磐：《出三藏记集》卷十二，中华书局 1987 年版。
④ 胡国瑞：《魏晋南北朝文学史》，上海文艺出版社 1980 年版。

豫章王太尉行参军。”据同书卷三《本纪第三·武帝纪》记载，豫章王萧嶷官太尉之职，事在建元四年(482年)三月，则谢朓之“解褐”为是年夏秋间，当可论断。建元四年，谢朓十九岁，翌年，即齐武帝永明元年，萧子良封为竟陵王，二人相识。之后，谢朓即与沈约等人结“竟陵八友”之游，并成为西邸文学集团中的重要成员。永明九年(491年)春，谢朓随随王萧子隆赴荆州镇，与西邸文学集团作别。临别时，沈约、虞炎、范云、王融、萧琛、刘绘等西邸成员各赋一首《饯谢文学》诗以替谢朓饯行，谢朓则写了《别沈右率诸君》一诗以致谢。这样看来，可知谢朓在西邸文学集团中的时间，前后应有整八年之久。

西邸文学集团在当时是一个典型的京城派文学群体。作为这一文学集团中之一员的谢朓，在八年的时间中，不仅参加了属于“集团”范畴包括崇佛在内的各种活动，创作了大量的诗赋作品，而且重要的是还为“永明体”的形成，做出了超越时人的巨大贡献。据不完全统计，谢朓在西邸文学集团的八年内，共创作诗歌有近五十首之多，赋则为五篇。在这五十首左右的诗歌中，值得特别称道的是其凸显出了两个比较明显的特点：其一为“以山水作都邑诗”①，其二即“已有全篇似唐人者”②。这两个方面的特点，虽然贯穿于谢朓毕生的诗歌创作之中，但却发轫于这一时期。

先看第一个特点。众所周知，谢朓是先唐文学史上继谢灵运之后的又一位著名山水诗人。但谢朓的山水诗与谢灵运的同类之作相比，却有着诸多的不同，如“以山水作都邑诗”即为其一。在中国文学史上，最早以都邑为创作对象的文人作品，当首推东汉初期杜笃的《论都赋》。该赋假主客问答的形式，将长安与洛阳这两座都城进行了反复对比，认为汉光武帝欲定都洛阳乃权宜之计，唯长安才是“帝王之渊囿，守国之利器”。此赋开东汉京都赋之先声。其后，班固《两都赋》、张衡《二京

① 钟惺、谭元春：《古诗归》，《诗归》本，湖北人民出版社1988年版。
② 严羽：《沧浪诗话》，《历代诗话》本，中华书局1981年版。

赋》，以及左思《三都赋》等的问世，形成了中国赋史上著名的京都赋派。而在诗人的诗作中，最早涉笔这一题材者，乃首推曹植《赠丁仪、王粲》、左思《咏史》等诗，至鲍照《还都至三山望石头城》等作的问世，则标志着都邑诗这一山水诗的新品类已基本确立。受上述诗赋之作的影响，谢朓则于山水诗的创作中，有意识地选取当时的京城建康为描写的对象，从而创作出了一系列被明代竟陵派文学家钟惺大加称道的“山水都邑诗”。如《暂使下都夜发新林至京邑赠西府同僚》、《晚登三山还望京邑》、《直中书省》、《观朝雨》等，即均为谢朓集中山水都邑诗的代表作。

谢朓在两邸文学集团时期创作的山水都邑诗，主要有《和江丞北戍琅玡城》、《入朝曲》等。前诗有云：“春城丽白日，阿阁跨层楼。沧江忽渺渺，驱马复悠悠。”琅玡城在今江苏南京西北金川门外，齐武帝于永明元年将琅玡郡的治所由句容迁置于此，并于当年的九月在此亲自讲武与教习水步军(李延寿《南史》卷四《齐本纪上第四 · 齐武帝纪》)。诗题中的“江丞”即江孝嗣，其“北戍琅玡城”即在斯时。翌年春日，江孝嗣写《北戍琅玡城》一诗，谢朓读后便以“和”的形式写了《和江丞北戍琅玡城》诗。这是先唐文学史上最著名的都邑诗之一。诗人以白描的手法，将春阳照射下的琅玡城进行了极简练的勾勒，这里层楼高耸，宫闾朴地，清江白练，悠悠东流。《入朝曲》是《鼓吹曲》组诗中的第四首，写于谢朓欲离“西邸”而随萧子隆赴荆州镇之际。全诗为：

江南佳丽地，金陵帝王州。逶迤带绿水，迢递起朱楼。飞甍夹驰道，垂杨荫御沟。凝笳翼高盖，叠鼓送华辀。南献云台表，功君良可收①。

---

① 谢朓：《入朝曲》，曹融南《谢宣城集校注》卷二，上海古籍出版社 1990 年版。

此诗开首从金陵的地理形势与历史沿革写起，以统摄全篇。接下来六句，写诗人远眺近观之所见：江水如带，蜿蜒曲折，朱楼遍地，随地势而起伏；街衢两边的高甍凌空欲飞，垂杨结荫遮覆着皇宫里的御沟；城内城外，笳声徐缓，鼓点繁急，充满了达官显宦冶游的热闹气氛。最后两句，写京都的繁华壮观激发着人们建功立业的豪情。全诗工于发端，描写细致，造语精丽，意境高雅，具有很高的审美价值。谢朓的这类都邑诗，不仅扩大了山水诗的表现领域，丰富了山水诗的题材与内容，而且也反映了诗人表现在山水诗方面的新的审美追求。由于受谢朓的影响，与之同时的沈约、王融、范云等诗人，也都介入到都邑诗的创作行列，而使齐梁诗坛上出现了一股新的创作潮流。

再看第二个特点。南宋著名的诗评家严羽，在其所著《沧浪诗话·诗评》中这样写道："谢朓之诗，已有全篇似唐人者，当观其集方知之。"谢朓诗在什么方面"已有全篇似唐人者"呢？严羽在《沧海诗话》中并没有说明。为弄清楚其之所指，我们不妨借助曹融南《谢宣城集校注·集说》①中的有关评论，以进行具体讨论。方伯海评《入朝曲》云："清丽工整，渐开五七言近体。"(121页)沈確士评《玉阶怨》云："竟是唐人绝句，在唐人中为最上者。"(189页)孙月峰评《同谢谘议咏铜爵台》云："婉似初唐风调。"(196页)陈胤倩评《之宣城郡出新林浦向板桥》云："'天际'二句(指"天际识归小舟，云中辨江树"两句——笔者注)，竟堕唐音。"(221页)又陈胤倩评《宣城郡内登望》云："'寒蝉城'二句(指"寒城一以眺，平楚正苍然"两句——笔者注)，渐近唐人。"(227页)何义门评《游敬亭山》云："'兹山'领起，直入有势，以'即此陵丹梯'叫转，警绝。前四句的总写，一半写景，一半写情。唐人律诗作法，俱是此种。"(242页)孙月峰评《游东田》诗云："浅显工缛，是初唐源本。"(261页)孙月峰又评《郡内高斋闲坐每件事吕法曹》诗云："尽情

---

① 曹融南：《谢宣城集校注》，上海古籍出版社1990年版。

妙，然风格之渐入唐。”(283页)上述诸例之评朓诗，或着眼于“清整工丽”，或立足于“浅显工缛”，或以“唐人律诗作法”为审视点，所涉皆属艺术的范畴。此则表明，严羽称谢朓诗“已有全篇似唐人者”，主要是就其艺术(含词藻、声律、音韵、体式等)而言。这实际上是对谢朓诗艺术成就的高度肯定。谢朓创作于“西邸”时期且具“已有全篇似唐人者”之诗歌，如《新亭渚别范零陵云》、《奉和随王殿下》、《入朝曲》、《和江丞北戍琅玡城》、《奉和竟陵王同沈右率过刘先生墓》等，即皆为其代表。这些诗作，或章法宏放，纵荡汪洋；或造语精丽，艳韵英秀；或属对工整，音韵谐和；或兴象苍浑，气调警拔，直开唐诗妙境与近体之先声，给初、盛唐诗坛以明显影响。

除了上述诗作与特点外，谢朓在“西邸”时期还创作了一些短小精悍、清秀隽永的“绝句体”乐府小诗。如《永明乐》十首即为其一。这组诗是专门用来配“永明乐”而演唱的歌诗。如第三首云：“朱台郁相望，青槐纷驰道。秋云湛甘露，春风散芝草。”亭台楼阁，星罗棋布，绿柳青槐，列于道旁，秋云飘来甘露纷降，春风吹拂着灵芝仙草，一派国泰民安、风调雨顺的景象。再如第四首：“彩凤鸣朝阳，玄鹤舞清商。瑞此永明曲，千载今为皇。”彩凤长鸣，旭日东升，云、玄鹤起舞，清商鸣奏，上下千年，何如今日之辉煌！这十首诗重在歌颂帝京建康的富丽气象，所以写得音韵铿锵，词采华丽。而《玉阶怨》等小诗，却又别具韵味。即如《玉阶怨》一诗，写一位宫女因得不到君主的爱幸，而日复一日地在夜深人静之时机械地缝制着罗衣。诗人在这首小诗中所着力揭示的，是宫女一往情深地渴慕君王爱幸而不得的幽怨心理。全诗意致凄凉，而又含蓄蕴藉，显示出一种妩媚风流的韵致。其他如《王孙游》等，也大多如此。谢朓集中的这类乐府小诗，一般而言，主要为他写于“西邸”时期。从总体上看，这类小诗无论是同咏酬唱，抑或接句联吟，以及自制新题等，均具有感情真挚、意境优美、语言情新、风流蕴藉等特点，而独树一帜于六朝的文人乐府之中。

三、谢朓的"永明体"贡献

对于谢朓在"西邸"时期与"永明体"即新体诗的关系，以及其对新体诗的贡献诸问题，在已行世的几种有代表性的《中国文学史》中，只有游国恩等《中国文学史》在其章节的标题中，明确以"谢朓与新体诗"标目。而如袁行霈主编《中国文学史》，则以"永明体的兴起"与"谢朓的诗歌"分而言之，因为其节目所标乃为"沈约、谢朓与永明体"。袁编《中国文学史》的这种安排，显然是受了萧子显《南齐书》卷五十二《陆厥传》影响的结果。因为据上引《南齐书》之是《传》可知，其在列举永明体诗人之名时，乃是先沈约次谢朓，再次为王融与周颙的。而与之相佐者，则是钟嵘《诗品序》的记载："王元长(融)创其首，谢朓、沈约扬其波，三贤或贵公子孙，幼有文辨。于是士流景慕，务为精密，襞积细微，专相陵架。"持与钟嵘《诗品序》相同观点者，为李延寿《南史》卷五十《庾肩吾传》。其云："齐永明中，王融、谢朓、沈约文章始用四声，以为新变，至是转拘声韵，弥为丽靡，复逾往时。"那么，究竟谁才是在永明体形成时"创其首"的诗人呢？或者换而言之，对永明体之形成贡献最大的诗人，究竟是沈约还是王融抑或谢朓呢？这是一个值得重视的文学史问题。

据对现有材料考察可知，在沈约、谢朓与王融三人中，只有记载沈约与声律论的相关材料存在。现存沈约与声律论相关的材料，主要为沈约《宋书》卷六十七《谢灵运传》、李延寿《南史》卷四十八《陆厥传《南史》卷五十七《沈约传》。而其中，《南史》卷四十八《陆厥传》录载陆厥与"沈约论声律书"，以及沈约"答陆厥书"二文，又最为重要，因为其真实记载了沈约与陆厥对声律论的切磋与讨论，认为运用四声平仄进行诗歌创作，可以获得"一简之内，音韵尽殊，两句之中，轻重悉异"的音乐效果。但尽管沈约在当时与陆厥等人对声律论进行了讨论，并创制出了所谓的"八病"，然而永明体的产生与问世，关键在于诗人们以之所进行的艺术实践。而《南齐书》卷五十二《陆厥传》记载“约等文皆用宫商，以平上去入为四声，以此制韵”云云，所指即此。这就是说，对声律论的提出与“约等文皆用宫商”实际上是两个概念，前者是属于语言学理论范畴的，后者则为艺术实践的范畴。而永明体在当时之所以能够产生，关键就在于后者。如此就涉及沈约、谢朓、王融三人对永明体的艺术实践诸问题了。按沈约、谢朓、王融三人的作品集，现所存最早者均为明人辑本，其集名分明为《沈隐侯集》、《谢宣城集》、《王宁朔集》。但这三种明人辑刻本所收三人诗歌的数量，均较逯钦立《先秦汉魏晋南北朝诗》中之《沈约诗集》、《王融诗集》与曹融南《谢宣城集校注》①为少。为对三人的永明体作品进行一番具体的认识，因此，下面特以逯钦立本与曹融南校注本为据，对其各自的五言诗(五言联句未计入)，作如下的具体统计：(1)沈约总数为一五四首，其中四句式二十八首，六句式十九首，八句式五十一首，十句式十五首，十二句及以上者四十一首。(2)谢朓总数为一四二首，其中四句式十六首，六句句式〇首，八句式四十九首，十句二十七首，十二句及以上四十二首。(3)王融总数八十六首，四句式三十首，六句式一首，八句式三十一首，十句式十首，十二句及以上者十四首。

在上述三人六种句式的五言诗中，四句式属“齐梁绝句”，六句式与十二句及以上式均为五言古体，可以不论。八句式与十句式，一与五律相近，一具五排的雏形，故其大多为文学史家认定为“新体诗”。以此计之，三人永明体之作的具体数量分别为：沈约六十八首，谢朓七十六首，王融四十一首。这一数据表明，立足于对永明体的艺术实践与探索的角度言，谢朓是三人中次数最多、贡献最大的一位。若着眼于沈约年长谢朓二十余岁、谢朓在永明九年春即离开“西邸”以论，则谢朓显为三人中之杰出者。

在谢朓现存的永明体诗作中，有许多已经达到了相当的“声律论”

---

① 逯钦立：《先秦汉魏晋南北朝诗》，中华书局1983年版。

艺术高度，如写于“西邸”时期的《奉和随王殿下》十六首，即为其代表。这组诗为标准的五言八句式，全由四联构成，各联之间除了未能粘着之外，余则几乎可以合格的五律目之。如第十四首：“分悲玉瑟断，别绪金樽倾。风入芳帷散，缸华兰殿明。想折中园草，共知千里情。行云故乡色，赠此一离声。”这首诗前四句为一个“平仄段”，后四句为又一个“平仄段”，全诗在平仄上虽不协调，但每四句的平仄则与律诗完全相合(唯第七句的“乡”应仄而平)。再看第十五首：“年体豫已涤，夜艾赏方融。新萍时合水，弱草未胜风。闺幽瑟易响，台迥月难中。春物广余照，兰萱佩未穷。”这首诗只有三、四两句的平仄需调整外，余则皆对仗工整，与律诗全合。再如其《入朝曲》(全诗引见上)，全诗除开首两句犯了所谓“平头”的声病外，其余亦对仗甚为工整。

沈约虽然是“八病”说的首创者，但检核其诗(主要指其集中的五十一首八言句式)，几乎都与其理论倡导不相符。如其名作《别范安成》：“生平少年日，分手易前期。及尔同衰暮，非复别离时。勿言一樽酒，明日难重持。梦中不识路，何以慰相思。”此诗在声律方面虽无大的问题，但属对则极为不工。其他如《登北固楼》、《怀旧诗》九首等，或有“平头”“上尾”之犯，或以“平平仄平仄”替代“平平平仄仄”，等等，均存在着一定程度上的理论倡导与创作实践不相符合的情况。

总体而言，永明体的产生与形成，虽然是永明时期西邸文学集团诗人们共同努力的结果，但其也与竟陵王萧子良在永明七年大集僧侣于京师，“讲论佛法，造经呗新声”关系密切，而其中贡献最大的诗人，则是非谢朓莫属的。

第三节　谢朓山水诗的意象美

谢朓是先唐时期继谢灵运、鲍照之后最优秀的一位山水诗人。谢朓的山水诗，从总的方面讲，既继承了谢灵运山水诗清新明丽、笔致细密、刻画微眇的特点，又有别于谢灵运山水诗对自然景物所进行的客观描写，而是在对山水的描写中渗透了作者自己的情感，从而使其笔下的自然山水具有情景交融、声色大开等特点。即是说，谢朓山水诗中的一切优美画面、一切景物描写，都程度不同地担负着衬托或激发作者主观感情的作用。在对自然山水的描写中，作者主观情感的介入并与之融为一体的举措，不仅扩大了山水诗的表现领域，而且是山水诗走向成熟的一个重要标志。仅就这一方面言，谢朓的山水诗可以说是开了唐代山水诗之先河的，意义深远。

从诗歌审美的角度言，谢朓山水诗更是先唐时期的一束奇葩。谢朓的山水诗，无论是就其景物的描写抑或意境的创造等方面以论，都是有其独特的审美价值的。比如意象，即是其中最具代表性的一个方面。读谢朓的山水诗，给人最为直接而又深刻的印象，就是作者善于运用他那明快、清新的笔致，在诗中创造出许许多多具有鲜明个性特征的意象，如都邑城阙、长江大河、湖光山色，黄昏落日，四时景物，等等，真可谓是五光十色，令人目不暇接。而这一极富创造力的文学成就，乃是谢朓之前之后的南朝山水诗人们均无法比拟的。而此，即为谢朓山水诗表现在艺术方面的一大贡献。

一、都邑城阙之豪壮美意象

“意象”作为一个美学概念，最早始见于刘勰《文心雕龙·神思第二十六》：“然后使玄解之宰，寻声律而定墨；独照之匠，窥意象而运斤。此盖驭文之首术，谋篇之大端。”①其后，托名王昌龄的《诗格》，以及胡应麟《诗薮》、沈德潜《唐诗别裁》等，都相继对“意象”进行了程度不同的表述与阐发。从诗歌美学的角度讲，所谓“意象”，实际上指的就

① 刘勰：《文心雕龙·神思第七》，《四库全书》本，上海古籍出版社 1987 年影印版。

是诗人主观情感与客观世界中某种物象进行契合后，通过语言描述而产生出的一种艺术形象。意象于诗歌类作品中，既有助于诗人对情感的抒发，又能为意境的创造起到很好的烘托作用，正因此，诗人们大多乐意于“窥意象而运斤”，使之成为“驭文之首术，谋篇之大端”。而谢朓的山水诗，则可称得上是表现在这方面的一批精品之作。即其对意象的创造，在先唐诗人中，乃无可与之并论。

与谢灵运山水诗相比较，谢朓山水诗在题材方面的最大不同，诚如竟陵派文学家钟惺在对《晚登三山还望京邑》一诗的笺释之所言，乃是“以山水作都邑诗”①，即将都邑风光纳入了山水诗的审美范畴。相对于整个南朝诗坛而言，都邑诗的问世，不仅开拓了山水诗的描写对象，丰富了山水诗的题材领域，而且推动了山水诗的向前发展，因之具有十分重要的文学史意义。谢朓集中的“都邑诗”，主要是指那些以京师皇城宫阙为描写对象的山水诗，如被钟惺在《唐诗归》中所极力称道的《晚登三山还望京邑》一诗，即为其代表作。为便于把握，兹据曹南融《谢宣城集校注》卷三，录其全诗如次：

> 灞涘望长安，河阳视京县。白日丽飞甍，参差皆可见。余霞散成绮，澄江静如练。喧鸟覆春洲，杂英满芳甸。去矣方滞淫，怀哉罢欢宴。佳期怅何许，泪下如流霰。有情知望乡，谁能鬒不变②。

诗中“白日丽飞甍”以下六句，将坐落于长江边上暮春时节的帝都金陵，写得既气势雄浑，壮丽无比，又境界开阔，清新明丽。金陵(建康)是南朝名都，山萦水绕，宫室巍峨，雄伟壮观，气概非凡。诗人置身三山远眺所见，并非仅为屋宇接迭，层楼高耸的整座京城，而是云天、大

---

① 钟惺、谭元春：《古诗归》卷十三，《诗归》本，湖北人民出版社 1985 年版。

② 谢朓：《晚登三山还望京邑》，《先秦汉魏晋南北朝诗·齐诗》卷三，中华书局 1983 年版。

江、郊甸、水洲、飞鸟、杂花，等等，也一一尽收眼底。诗人笔下所描绘的，实际上是一帧江南都会暮春时节的巨幅画卷。在这幅画卷中，壮丽辉煌的宫室，澄静如练的长江，成群飞翔的喧鸟，开满郊甸的鲜花，以及如满天绮罗的余霞，交相辉映，色彩明丽，景象辽阔，给人以视觉上的强烈审美感受。而此，于谢灵运、鲍照等南朝诗人的山水诗而言，显然是难以相比的。

再如《鼓吹曲》十首中的《入朝曲》(其四)一诗，也是谢朓集中结合山水写都邑诗的典范之作。在此诗中，作者于审美空间的把握极具特点，而成为从时空角度追求辽阔绵远的审美空间的一则佳例。正因此，诗人乃藉之以写出了“金陵帝王州”这片“江南佳丽地”的壮美风貌。全诗的写景为：

江南佳丽地，金陵帝王州。逶迤带渌水，迢递起朱楼。飞甍夹驰道，垂杨荫御沟。凝笳翼高盖，叠鼓送华辀①。

就写景的视角而言，此诗与上诗有一个共同点，即二者所写之景，均为作者驻足高地俯瞰时的产物。在这首诗中，诗人于俯视金陵全城时，不仅看到了“逶迤带渌水，迢递起朱楼。飞甍夹驰道，垂杨荫御沟”的壮美景物，而且还听到了“凝笳翼高盖，迭鼓送华辀”的优美声乐，景与乐的互为交织，其所传达给读者的审美信息，是“金陵”作为“帝王州”的那种浓郁而强烈的京都气象。

除了上举二诗外，谢朓集中的这类山水诗之作，还有《将发石头上烽火楼》、《赠西府同僚》、《直中书省》、《始出尚书省》等。这些诗作，皆因从不同的角度不同的侧面对“都邑城阙”这一特殊景观进行了或细密或洒脱之描绘，而能给人以豪壮之美的审美享受。

---

① 谢朓：《鼓吹曲》十首其四，曹融南《谢宣城集校注》卷二，上海古籍出版社1991年版。

以都邑为描写的对象，盛行于东汉之际的“京都赋”乃其始，而于魏晋及其后，则有曹植、左思、鲍照等人的诗歌先后为之，如曹植《赠丁仪王粲》、左思《咏史》、鲍照《还都至三山还望石头城》等诗，就都曾注意到了对京师壮丽景色的描绘。曹植《赠丁仪王粲》有云：“壮哉帝王居，佳丽殊百城。员阙出浮云，承露概泰清。”①左思《咏史诗》八首其五云：“皓天舒白日，灵景耀神州。列宅紫宫里，飞宇若云浮。”②鲍照《还都至三山还望石头城》云：“晨光披水族，晓气歇林阿。两江皎平迥，三山郁骈罗。南帆望越峤，北榜指齐河。”③这三首诗虽然均程度不同地结合了山水以写都邑，但从总的方面讲，其写景不仅较为平实凝滞，而且缺乏清新之趣，因而都是难以被称之为都邑诗中的优秀之作的。而谢朓诗则不然。谢朓的“以山水作都邑诗”，既借鉴了东汉以来京都赋的一些表现技法，又汲取了谢灵运山水诗的诸多艺术养分，同时还介入了其或淡或浓的感情因素，因而在先唐文学史上乃取得了空前之成就，如上所举诸诗，即皆为其此类作品中的佳构，且影响深远。

谢朓集中的这些都邑类山水诗，从诗歌美学的角度言，除了具有气势雄浑壮阔、风格高华流美等审美特点外，还应特别指出的是，其它还别具特色地建立起了一个都邑“子意象群”。所谓子意象群，就是指谢朓于其都邑诗中所选用的一个个特色鲜明的具体意象，如“朱楼”、“飞甍”、“御沟”、“芳甸”、“高盖”、“华辀”、“叠鼓”等。这些均属于个案范畴的具体意象，在诗人匠心独运的排列组合下，它们既相互交织、又相互作用，不仅构成了一个特色鲜明的“京都意象群”，而且于“都邑城阙”这一能代表诗人主体精神与性格特征的“大意象”的创造，也起到了很好的烘托作用。谢朓之所以在这类诗中，着力营造出了一个与“都

---

① 曹植：《赠丁仪王粲》，黄节《曹子建诗注》，人民文学出版社 1957 年版。

② 左思：《咏史诗八首》其五，逯钦立《先秦汉魏晋南北朝诗·晋诗》卷七，中华书局 1983 年版。

③ 鲍照：《还都至三山还望石头城》，逯钦立《先秦汉魏晋南北朝诗·齐诗》卷四，中华书局 1983 年版。

邑城阙”关系密切的“京都意象群”，即选取了一些具有典型意义的物象或名物，去不遗余力地对具有强烈“帝王州”气象的金陵进行描摹与述写，关键就在于其对“白日丽飞甍”的京都有着一种难以割舍的感情。这种感情，其实就是终年“盘踞”在作者心灵深处的“恋阙情结”。在具有极强仕进之心的谢朓看来，作为“帝王州”的金陵，一切都是那么壮丽无比，一切都是那么令人向往，所以，他才以“山水结合都邑”的创作方法，于其山水诗中创造出了一个具有鲜明个性特征的“都邑城阙”意象。袁行霈《中国诗歌艺术研究》一书在论及意象群时曾经这样说过："诗的意象带有强烈的个性特点，最能见出诗人的风格。诗人有没有独特的风格，在很大程度上取决于是否建立了他个人的意象群。"①仅从这一角度言，谢朓山水诗中因“都邑城阙”这一意象而建立的“京都意象群”，乃是最能见出作者都邑诗或者说都邑山水诗的“独特的风格”的。

与“城阙都邑”意象类似者，即谢朓山水诗中具有豪壮之美的意象，还有浩瀚的江河、绵亘的群山等，且其亦各具特点。如《新亭渚别范零陵云》有云："洞庭张乐地，潇湘帝子游。云去苍梧野，水还江汉流。"又《游敬亭山》有云："兹山亘百里，合沓与云齐。……上干蔽白日，下属带回溪。"又《暂使下都夜发新林至京邑赠西府同僚》有云："大江流日夜，客心悲未央。"又《和萧中庶直石头》有云："九河亘积岨，三嵕郁旁眺。皇州总地德，回江款岩徼。"这些诗中的“江汉”、“兹山”、“大江”、“九河”等意象，以及作者藉之以进行的场景之描写，无论是从艺术的角度抑或审美的角度论，都是具有雄浑阔大之特点的，因而其所呈现给读者的审美感受，亦是一种豪壮之美。

二、黄昏落日之哀丽美意象

如果着眼于审美时间的维度，将谢朓与谢灵运的山水诗略作比较，

① 袁行霈：《中国诗歌艺术研究》，北京大学出版社 1987 年版。

我们就不难发现，谢灵运的山水诗多以“清晨”开笔，而谢朓的山水诗则较注重对“黄昏”进行描述。先唐时期的这两位山水诗大家，一个着意于一日之始，一个则留心于一日之末，其表现在审美时间上的这一差异，是很值得人们去认真思考的。谢灵运集中的山水诗，如《夜发石关亭》、《七里濑》、《游岭门山》、《石室山》、《游赤石进帆海》、《石壁精舍还湖中作》、《于南山往北山经湖中瞻眺》、《从斤竹涧越岭溪行》、《登石门最高顶》、《石门岩上宿》、《初发石首城》，等等，都有一个共同点，即其皆是纪作者于“平明”、“微曦”或“清晨”出游，然后乃是对沿途所见进行描写（有些诗虽然采用的是倒叙手法，但其纪游的脉络却是很清楚的，谢集中此类山水诗很多，恕不例举），因之，诗人笔下的自然山水景物，大多是充满了朝气的，既清新而又温馨，而能使读者从中获得审美享受上的愉悦感。而且，“清晨”旭日东升，霞光四射，大自然溢彩流光，一派勃勃生机。正因此，诗人乃有“清晖能娱人，游子憺忘归”①之谓，这两句诗是作者以自身的审美感受，写出了清晨旭日初升时的那种令人难以忘怀的欣慰与惬意。由是而观，可知谢灵运于“清晨”或者“清晖”，乃是心有所系而情有所钟的。而此，自然是与诗人“肆意山水，遍历诸县，动逾旬朔，民间听讼，不复关怀”②的雅兴与嗜好，乃是不无关系的。

谢朓的山水诗，则更多的是对黄昏落日、夕阳西下之景观进行关注与眷顾，并于述写中有意识地投入了作者的主观情感与审美感受。大约在谢朓看来，日常生活中一天的黄昏时段，是既具温柔静谧、美丽愉悦之特点，又容易引动人的情思之感发的，所以，他才创作了数以十计的有关这方面的诗作，并使“黄昏落日”成为了他山水诗中的又一重要意象。前人写黄昏，《诗经》中的《王风·君子于役》当乃肇其始，是诗凡两章，其首章为：“君子于役，不知其期，曷至哉？鸡栖于埘，日之夕

① 谢灵运：李运富编注本《石壁精舍还湖中作》，《谢灵运集·诗一》，岳麓书社 1999 年版。

② 沈约：《宋书》卷六十七《谢灵运传》，岳麓书社 1998 年版。

矣，牛羊下来。君子于役，如之何勿思?”夕阳西下，思妇因见鸡归窝、牛羊入圈，而企盼远在外地服役的丈夫能尽早回来，其怀远之旨甚明。其后，王粲《登楼赋》与鲍照《日落望江赠荀丞》，可称之为这方面的代表作。王粲《登楼赋》因夕阳西下而伤怀，故其笔下的“黄昏落日”意象，给人以一种黯然神伤的凄婉感受。而鲍照《日落望江赠荀丞》一诗，写作者因黄昏的到来而眺望大江，从而引发了对友人的思念之情，至使伤怀之感充塞胸臆。诗中有云：“旅人乏愉乐，薄暮增思深。日落岭云归，延颈望江阴。”①曰“思深”、曰“延颈”，诗人因“落日望江”而对友人所产生的深情之思与殷密之念，乃跃然于纸上。

尽管王粲与鲍照已先谢朓进行了“落日伤怀”的写作，但其于“黄昏落日”这一意象的创造，却既不鲜明也少有特色，即其作品中黄昏落日的审美意识尚处于初始阶段。而谢朓的山水诗，则可以说是从根本上改变了这一状况。上所举《晚登三山还望京邑》一诗，即可视为这方面的代表作。诗人由于是“晚登三山”而“还望京邑”的，故其所望之“飞甍”、“澄江”、“春洲”、“芳甸”、“杂英”，乃至“喧鸟”等，都沐浴在夕阳映照下的余晖之中。黄昏时段中的落日，既是辉煌的，又是明丽的，所以唐代诗人李商隐乃有“夕阳无限好”之赞誉。而在此诗中，谢朓即抓住了“夕阳无限好”这一美好的时刻，以着力表现“金陵帝王州”这一让人留恋的“佳丽地”风貌。其中，“余霞散成绮，澄江静如练”两句之描写，不仅生动形象，而且还很好地传递出了落霞之际黄昏的愉悦与静谧。而这种静谧，作者又是通过对景物动静相宜的描写手段来加以完成的。面对着如此富丽堂皇、繁荣兴盛而又清新明丽的帝都风貌，作者却要“南登灞陵岸”，以至于“佳期怅何许，泪下如流霰”！在这里，视觉上的美好享受，却给作者带来了感觉上的无限忧伤。正因此，诗人乃曾直接以“落日怅望”四字为题(即《落日怅望》一诗)，将“落日伤怀”

① 鲍照:《日落望江赠荀丞》，逯钦立《先秦汉魏晋南北朝诗·宋诗》卷八，中华书局 1983 年版。

这一属于黄昏意象的主题，作了更进一步之发挥。是诗云：

昧旦多纷喧，日晏未遑舍。落日余清阴，高枕东窗下。寒槐渐如束，秋菊行当把。借问此何时，凉风怀朔马。已伤暮归客，复思离居者。情嗜幸非多，案牍偏为寡。既乏琅邪政，方憩洛阳社①。

从“寒槐渐如束，秋菊行当把”两句之述写可知，作者于诗中所充分展现的，乃是秋高气爽时节之落日意象。是时，诗人虽然“高枕东窗下”，但当他一旦看到在夕阳映照中的“寒槐”、“秋菊”等景物时，即勾起了对友人的思念：“已伤暮归客，复思离居者。”前人所谓“黄昏望断”，所谓“举目增思”云云，皆乃此之谓也。至此，诗人的“落日怅望”才得以凸显，而其情感的忧伤，思绪的黯然，乃至心灵的哭泣，即皆寓其中。类此者，谢脁集中还有《落日同何仪曹煦》、《冬日晚郡事隙》、《临高台》、《望三湖》、《和何议曹郊游》二首其二、《离夜》、《江上曲》等诗。大致而言，这些诗中的“落日伤怀”，不仅具有鲜明、强烈等特点，而且其审美的意境与感情的氛围，也是恰到好处地得以表现的。

谢脁山水诗中的这种具有明显感伤审美特征的“黄昏落日”意象，对于后世诗人特别是唐、宋时期的诗人而言，乃是极具影响的。以唐代诗人为例，如人们所熟悉的崔颢《黄鹤楼》、李商隐《乐游原》、韩偓《夕阳》等，就都是这方面的代表作。韩偓《夕阳》云：“花前洒泪临寒食，醉里回头问夕阳。不管相思人老尽，朝朝容易下西墙。”②诗中所写，是指作者由夕阳的“下西墙”，而联想到“相思人老尽”，以至于不禁感慨生哀，黯然神伤。而尤值得注意的是，曾一度高唱“夕阳无限好，只是近黄昏”的李商隐，其集中的“黄昏诗”或者说“夕阳诗”，乃有数十首之多，如《西溪》、《菊》、《槿花》二首其二、《楚泽》、《听鼓》、《漫成》

---

① 谢脁：《落日怅望》，曹融南《谢宣城集校注》卷三，上海古籍出版社 1991 年版。

② 韩偓：《夕阳》，彭定求等《全唐诗》卷六八三，中华书局 1962 年版。

三首其三、《无题》四首其三、《次陕州先寄源从事》等，即皆属此类。在这些“黄昏诗”中，既有对大自然一草一木都染上了夕阳余晖的述写，（“四海秋风阔，千山暮景迟”），也有作者怀着满腹心事对夕阳的询问（“回头问夕阳，残照更空虚”），更有诗人满目所见只有夕阳的哀叹(不惊春物少，只觉夕阳多)，等等，真可谓应有尽有。而诗人的种种思绪，种种惆怅，种种感伤，即皆因这夕阳的存在于诗中，而得以充分之抒发与表达。而从渊源的角度讲，其乃是与谢朓山水诗中的“黄昏落日”意象不无关系的。虽然，李商隐集中的这些“夕阳诗”，绝大部分并非为山水诗之属，但若仅着眼于“黄昏落日”意象与伤感情怀以言，则李商隐“夕阳诗”的美学意蕴，乃是较谢朓山水诗要更深一层的。这说明，由谢朓在其山水诗中开拓与发展的“黄昏落日”意象，在唐代诗人那里已是得到了更进一步的开拓与发展的！而此，则是有助于我们管窥诗歌发展史的轨迹之一斑的。

三、四时景物之秀逸美意象

“日华川上动，风光草际浮。桃李成蹊径，桑榆荫道周。”这是谢朓《和徐都曹出新亭渚》一诗中的四句景物描写。在这四句诗中，作者为我们描绘出了一幅大自然的春景图：在春光荡漾下的和风草色，桃李桑榆，光色交映，旖旎而又秀美。又《和何议曹郊游二首》其一：“朝光映红萼，微风吹好音。江垂得清赏，山际果幽寻。”其中的“朝光”两句，采用流水对法，将春日的郊外之景，写得既明丽清新，又情趣盎然，给人以视觉与听觉上的双重感受。这两首诗中的景物描写，都具有生动形象、明丽清亮、活力四射，千古如新的特点，充分反映了作者善于敏锐地发现与捕捉大自然千姿百态之能事，以及对其进行细微而又精致描绘的艺术技巧。其中，“日华”、“风光”、“草际”、“桃李”、“桑榆”、“朝光”、“红萼”等春景意象之运用，又恰到好处地将大自然在春天的种种情态，进行了简洁的勾勒与具体的展现。又如《直中书省》有云：

“玲珑结绮钱，深沈映朱纲。红药当阶翻，苍苔依砌上。”其中“红药苍苔”两句，因作者观察的细微与刻画的精妙，而成为千古名句，以致为历代诗人所争相歌咏。如唐代诗人白居易，即以之将其扩展为一首长达三十二句的五言排律，并将诗题径作《草词毕，遇芍药初开，因咏小谢“红药当阶翻”诗，以为一句未尽其状，偶成十六韵》①，其之“二度创作”的举措，乃是有助于我们窥其大概的。

类似的例子，谢朓集中还有《送江兵曹檀主簿朱孝廉还上国》、《游东田》、《春思》、《咏风》、《登山曲》等，即皆属以春景意象写自然山水的佳构。如《送江兵曹檀主簿朱孝廉还上国》之“香风蕊上发，好鸟叶间鸣”，《游东田》之“远树暖阡阡，生烟纷漠漠。鱼戏新荷动，鸟散余花落”等，便均乃写春景的名句。以《游东田》之四句论，前二句所写，远树葱郁，浓阴苍翠，生烟袅袅，淡然野色，与陶渊明“暧暧远人村，依依墟里烟”意致近似。后十字则以“鱼”、“鸟”为描写的重点，上句写鱼游动于荷池之中，泛起澄波绿漪；下句写鸟飞离于花枝上，摇得落英纷飞。四句诗犹似四幅水墨画，既生动传神，又境趣天成，给人以秀逸之美的美感享受。所以，钟惺评此四句说：“出口如不欲重，唯恐伤之。”又说：“‘落’字‘散’字，说得花鸟相关有情。”②所言甚是。

以上的例说表明，谢朓在其山水诗中对春景意象之安排，可以说是他匠心独运的最佳反映。而其于夏景、秋景、冬景之意象的安排，亦皆属如此。夏景如“望山白云里，望水平原外。夏木转成帷，秋荷渐如盖”(《后斋回望》)，又“白云丘陵远，山川时未因”(《送远曲》)，又“火景方中南伪序，靡草云黄含桃实”(《乐歌》)，又“红莲摇弱荇，丹藤绕新竹”(《出下馆》)；秋景如“辟馆临秋风，敞窗望寒旭。风碎池中荷，霜剪江南菉”(《治宅》)，又“凉蒹乘暮晰，秋华临夜空。叶低知露密，崖断识云重”(《移病还园示亲属》)，又“轻苹上靡靡，杂石下离

① 白居易：《白居易集》卷十九，中华书局1979年版。

② 钟惺、谭元春：《古诗归》卷十三，《诗归》本，湖北人民出版社1985年版。

离。寒草分花映，戏鲔乘空移。兴以暮秋月，清霜落素枝”（《将游湘水寻句溪》）；冬景如“风草不留霜，冰池共如月”（《冬绪羁怀示萧咨议虞田曹刘江二常侍》），又“飒飒满地荷，修修荫窗竹。……苍翠望寒山，峥嵘瞰平陆”（《冬日晚郡事隙》），又“余雪映青山，寒雾开白日。暧暧江村见，离离海树出”（《高斋视事》），等等。这些诗中的“白云”、“夏木”、“秋荷”、“靡草”、“含桃”（即樱桃）、“红莲”、“丹藤”（以上夏景）、“秋风”、“寒旭”、“轻苹”、“杂石”、“戏鲔”、“清霜”（以上秋景）、“冰池”、“寒山”、“余雪”（以上冬景）等大自然的“山水草木，美景胜态，一经诗人彩笔点染，无不生气盎然地呈现在读者面前，令人神往”。①

而尤值注意的是，谢朓在对大自然的四时景物进行描写时，大多散发着作者自己无限的情思于其中，从而使这些景物产生出一种情绪化的审美效果。即是说，作者对于春夏秋冬一年四季中大自然景物的撷取，并不是作简单的、平面的选择，而是在以其情感进行精心捕捉，用心灵进行审美的律化，这其实是一种人与自然的契合。如《直中书省》之“红药当阶翻，苍苔依砌上”，《暂使下都夜发新林至京邑赠西府同僚》之“大江流日夜，客心悲未央”，《新治北窗和何从事》之“池北树如浮，竹外山犹影”，《游东田》之“鱼戏新荷动，鸟散余花落”等句之描写，即皆具有这样的特点。在此，以“红药苍苔”两句为例略作剖析，我们即可管窥其一斑。这两句之所写，从总体上讲，所关乎的是一个“风”字，即“红药”的“当阶翻”，乃系风吹的结果所致，而“翻”字则具有强烈的动态感，故作者藉之以写出了“红药当阶”的一片动态。红药与苍苔，同样是生长于“中书省”院内的两种植物，但当“风”到来之时，苍苔却并不为其所动，而是在“依砌上”，一个“依”字，活脱脱地勾画出了“苍苔”临风而岿然不动的大无畏精神。一“翻”一“依”，一动一静，“红药”与“苍苔”的价值所取与生命所在，已是昭然若揭。由是而观，可知

① 曹南融：《谢宣城集校注·前言》，上海古籍出版社1991年版。

作者对于"苍苔"这一春景意象的选择与描写，均是倾注了一种特殊的情感的。

而此，即是导致谢朓山水诗意象美的真谛之所在！

第九章　先唐文史札记(附篇)

第一节　莫愁本事说略

歌女莫愁，是中国古典文学作品中备受人们喜爱的一个艺术形象。但历来却很少有人对莫愁作为历史人物的生平事迹进行探考，以致她究竟是什么时代的人，籍贯何处，有过怎样的生活经历，历史人物莫愁与乐府诗中之莫愁是否为一人，等等，到现在仍众说不一。有鉴于此，本文特以“本事”为切入点，对莫愁其人其事作一具体考察。

现存最早记载莫愁女之事迹者，乃为宋人郭茂倩《乐府诗集》，该书卷四十八《清商曲辞》内录载《莫愁乐》三首，其中两首为古辞，作者无名氏；另一首署名唐张祜。无名氏二首其一有云：

莫愁在何处？莫愁石城西。艇子打两桨，催送莫愁来①。

考刘昫等《旧唐书》卷二十九《音乐志二》有云：“《莫愁乐》，出于《石城乐》。石城有女子名莫愁，善歌谣。”②唐人吴兢《乐府古题要解》

① 郭茂倩：《乐府诗集》卷四十八，中华书局1979年版。
② 刘昫等：《旧唐书》卷二十九《音乐志二》，中华书局1975年版。

卷上亦有同样记载：

> 莫愁。右出于《石城乐》。石城有女子名莫愁，善歌谣，故《石城乐》和中复有《莫愁》声。其辞曰：'莫愁在何处，莫愁石城西。艇子打两桨，催送莫愁来。'古歌亦有莫愁，洛阳女，与此不同。①

合勘此两条材料可知：(1)莫愁为石城人；(2)《莫愁乐》源出《石城乐》。

关于石城，历史上共有三处：其一为宣城郡石城，在今安徽省贵池县境内；其二为金陵石城，即今江苏省南京市；其三为竟陵郡石城，即今湖北省钟祥市②。此三处石城中，金陵石城与竟陵石城，均与莫愁有关。

先看金陵石城。李吉甫《元和郡县图志》卷二十五有云："石头城，在县(指唐江南道上元县——笔者注)西四里。即楚之金陵也，吴改为石头城，建安十六年，吴大帝修筑，以贮财宝军器，有戍，《吴都赋》云：'戍车盈石城'是也。诸葛亮云'钟山龙盘，石城虎踞'，言其形之险固也。"③这个石城，与莫愁女关联颇深。南宋词人周密有《杏花天·赋莫愁》词一首，其下阕云："人去后，垂杨自碧。歌舞梦，欲寻无迹。愁随两桨江南北，日暮石城风急。"另一词人周邦彦《西河·金陵怀古》有云："断崖树，犹倒倚，莫愁艇子曾系。"胡云翼《宋词选》注云："古乐府《莫愁乐》：'莫愁在何处？莫愁石城西。艇子打两桨，催送莫愁来。'今南京水西门外有莫愁湖。"④

再看竟陵石城。李吉甫《元和郡县图志》卷二十一云："(长寿)县

---

① 吴兢：《乐府古题要解》，《历代诗话续编》本，中华书局1983年版。

② 以上所述三处石城，分别参见《中国历史地名辞典》，江西教育出版社1988年版。

③ 李吉甫：《元和郡县图志》卷二十五，中华书局1983年版。

④ 胡云翼：《宋词选》，上海古籍出版社1978年版。

城，本古之石城，背山临汉水，吴于此置牙门戍城，羊祜镇荆州，亦置戍焉。”郦道元《水经注》卷二十八云：“沔水又南经石城西”。王先谦《合校水经注》于同卷有注云：“城因山为固，晋太傅羊祜镇荆州立，晋惠帝元康九年分江夏西部置竟陵郡，治此’。”①此石城亦与莫愁关系密切，中唐诗人郑谷《石城》诗云：“石城昔为莫愁乡，莫愁魂散石城荒。……烟浓草远望不见，千古汉江闲夕阳。”②又，另一诗人胡曾《石城怀古》亦云：

古郢云开白雪楼，江汉环绕石城流。何人知道廖天月，曾向朱门送莫愁。③

此诗中之白雪楼，为“古郢”石城著名胜迹，白居易有《登郢州白雪楼》诗可证。

以上所述表明，两个石城均与莫愁相关。那么，这两个莫愁是否为一人还是两人，或者竟陵石城之莫愁曾到过金陵石城，反之亦然。其实，莫愁只有一个，即石城莫愁，因其曾一度到过金陵，故又有“金陵莫愁”或“金陵石城莫愁”之称。下列诸材料，即有助于此之认识。

郭茂倩《乐府诗集》卷四十七于《石城乐》题解引《旧唐书·音乐志》云：“《石城乐》者，宋臧质所作也。石城在竟陵。质尝为竟陵郡，于城上眺瞩，见群少年歌谣通畅，因作此曲。”《旧唐书·音乐志》之此载，据考察，知乃源于吴兢《乐府古题要解》卷上，其于《石城乐》作“要解”云：“宋臧质所作也。石城在竟陵，质为竟陵守。”据沈约《宋书》卷七十四《臧质传》记载，臧质为竟陵守，事在宋元嘉六年(429)前后④。由此可知，《莫愁乐》与《石城乐》，均属于竟陵石城之地方乐调。竟陵石城

① 王先谦：《合校水经注》卷二十八，巴蜀书社1985年影印版。

② 郑谷：《石城》，黄明等《郑谷诗集笺注》卷三，上海古籍出版社1991年版。

③ 胡曾：《石城怀古》，彭定求等《全唐诗》，中华书局1960年版。

④ 沈约：《宋书》卷七十四，中华书局1977年版。

既有《莫愁乐》曲调，则此曲调为莫愁而歌所致，当乃无疑。如此，则《莫愁乐》古辞所描写之“莫愁”，当为本地人，即今湖北省钟祥市人，也就甚为清楚。

然而值得注意的是，南宋洪迈在读了周邦彦《石河·金陵怀古》后，于所著《容斋随笔》中提出了怀疑，认为：“(周词)岂非误指石头城为石城乎?”①其实，洪迈的怀疑是错误的。这是因为，古辞《莫愁乐》二首其二，表明石城的这位莫愁，是确曾到过金陵石城的。其云：

闻欢下扬州，相送楚山头。探后抱腰看，江水断不流②。

这首《莫愁乐》开首之“闻欢下扬州”，已表明了石城莫愁确曾到过“扬州”。按金陵为邑，乃始置于楚威王。其后，秦称秣陵，吴为建业，晋改作建康。李吉甫《元和郡县图志》卷二十五有云：“吴长沙桓王孙策定江东，置扬州于此。”另据范晔《后汉书》卷九十《志第十九》至《志第二十三》可知，汉改天下为十三州(含“司隶”)，秣陵(即金陵)即为扬州丹阳郡所辖，所以，“闻欢下扬州”，实则为“闻欢下金陵”。

综上所述，可知莫愁乃竟陵石城人，善歌，曾南下游金陵，故后人有所谓“金陵莫愁”之说。但问题并非如此简单，因为梁武帝《河中水之歌》一诗，则认为莫愁乃今河南洛阳人。诗云：

河中之水向东流，洛阳女儿名莫愁。莫愁十三能织绮，十四采桑南陌头。十五嫁为卢家妇，十六生儿字阿侯。卢家兰室桂为梁，中有郁金苏合香。头上金钗十二行，足下丝履五文章。珊瑚挂镜烂生光，平头奴子擎履箱。人生富贵何所望，恨不早嫁东家王③。

---

① 洪迈：《容斋随笔》，上海古籍出版社1978年版。
② 郭茂倩：《乐府诗集》卷四十八，中华书局1979年版。
③ 沈德潜：《古诗源》卷十二，中华书局1963年版。

此诗可谓是替莫愁女写的一篇传记。诗中“洛阳莫愁”之说，至使《乐府解题》、新版《辞源》等书都据而认为历史上有两个莫愁，即洛阳莫愁与石城莫愁。但也有将洛阳莫愁与金陵莫愁合二为一的，如新近出版的《中国名胜词典》，在介绍南京莫愁湖时就说：“有洛阳少女莫愁远嫁江东卢家，住在此湖滨，因此叫莫愁湖。”①洛阳是否有莫愁呢？她与竟陵石城之莫愁是否为一人呢？实在值得探讨。

在《河中水之歌》一诗中，“十五嫁为卢家妇”乃为关键之句。但可肯定的是，竟陵石城莫愁其人，是不曾远嫁为“卢家”之妇的。对此，成书于明代嘉靖的《志胜》一书曾有如是之记载：“古乐府之莫愁，石城人，家住汉水之西，善歌唱，进入王府，今有莫愁村，在承天府（明嘉靖年间署，治所在今钟祥市北——笔者注）。为卢家妇，事无考。”②

对于莫愁“嫁为卢家妇”之说，清代诗人刘泽宏在《石城怀古》诗中也持怀疑态度：“石城西畔莫愁湖，谁道当年女姓卢？”此诗为民国二十六年版《钟祥县志》所载，诗中的“莫愁湖”，所指即今钟祥市城区之北湖。《县志》又云：“莫愁村在汉西二里，古汉水经城址，其西为村，即莫愁所居地。城北有湖与村毗连，称莫愁湖。”由此看来，“十五嫁为卢家妇”之说之不可相信，乃殆无疑义。但《志胜》所载莫愁曾“进入王府”，应该说是一件真实的史实，因为它与前所引胡曾《石城怀古》中的“曾向朱门送莫愁”正相吻合。但这里的“王府”、“朱门”具体何指呢？按《钟祥县志》引《郢志》有云：“莫愁善歌舞，后入楚王宫中。”该书并载：莫愁的进“朱门”为歌姬，是宋玉奉命召入兰台行宫的。后来，莫愁几度想离开楚宫，均为楚王所不允，含愤投湖而死。故当时有民谣《莫愁曲》这样赞美莫愁：“家家迎莫愁，人人说莫愁。莫愁歌一字，恰恰印心头。……十万作缠头，莫愁不肯留。”据此可知梁武帝《河中水之

① 《中国名胜辞典》，上海辞书出版社1986年版。

② 转引自《钟祥县志》，民国二十六年石印本。

歌》认为“十五嫁为卢家妇”者，乃纯属子虚乌有，即是说，历史上根本没有“洛阳莫愁”其人。至于近几年问世的电影剧本《莫愁女》，将莫愁作为道地的洛阳人，那就更不值得一谈了，因为历史上压根儿就没有“洛阳莫愁”其人。

那么，梁武帝诗中所写“洛阳莫愁”又当作何解释？窃意以为，既为乐府，当从乐府自身之表现手法中去寻求。众所周知，模拟古辞，倚其声以为诗，是乐府诗人们惯用的一种表现手法。如《乐府诗集》著录《陌上桑》古辞一首，以记述罗敷之本事为始终，而后人拟之者就有十余首之多，若将《艳歌行》、《罗敷行》、《采桑》、《日出东南隅行》中与罗敷有关的篇什计算其内，共计是四十多首。在这四十多首诗中，所写罗敷本事或“与前说不同”，或“始同而末异”，但主题大多一致。《河中水之歌》之表现手法、创作寓意，正可与《陌上桑》同观。梁武帝其人，据李延寿《南史》卷六十《徐勉传》所载，知其曾“自择后宫《吴声》、《西曲》女妓各一部”。① 可见其十分精通乐府的制曲与配诗。因之，其写《河中水之歌》，当完全是从宫廷艺术的角度出发，模拟《莫愁乐》而欲创作出一个类似于罗敷的艺术形象所使然。换言之，古辞《莫愁乐》与《石城乐》中的莫愁，为历史人物莫愁，而梁武帝《河中水之歌》中的莫愁，则为虚构的艺术典型，这就是二者的区别所在。

于是，我们可以得出这样一个结论：历代歌咏与描写莫愁女的文学作品，大多是以历史人物莫愁女为原型进行创作的，而其中最早者当首推刘宋时期的乐府民歌《莫愁乐》。此后，无论是在民间的传说中，还是在诗客的吟咏中，其本事均不断地得到加工整理，内容也逐渐充实丰富，情节亦更加完整动人。一千多年来，莫愁女的形象，与《陌上桑》中的罗敷、《孔雀东南飞》中的兰芝、《木兰辞》中的木兰等女性一样，将永远铭记在人们的心里。

---

① 李延寿：《南史》卷六十，中华书局 1975 年版。

第二节 昭君故里新考

王昭君是我国历史上一位著名的巾帼人物，其故里自班固在《汉书》卷九十四下《匈奴传》中载为“南郡秭归”后，一直被人们沿袭至今。如祝穆《方舆胜览·归州》云：“归州东北四十里有昭君村。”①又《大清一统志·归州》有云：“昭君村在归州东北四十里。”②这里的“归州”，即班固在《汉书》中所说的“南郡秭归”。如《旧唐书》卷三十九《地理志二·秭归》有云：“秭归，汉县，属南郡。魏改为临江郡，吴、晋为建平郡。隋属巴东郡。(唐)武德二年，置归州。”③“南郡秭归”之说，即因此而始。其后，王象之《舆地纪胜》、王存等《元丰九域志》，亦均主此说。

但至赵宋时，又有人将昭君故里具体到归州的兴山县。如范成大《范石湖集》云：“昭君台在兴山，乡人怜昭君，筑台望之。”④这里的“兴山”，即今湖北省宜昌市所辖之兴山县。其建置时间，《太平寰宇记》有载。该书卷一四八云：“兴山县，本归秭归县地，三国时其地属吴，至景帝永安三年，分秭归县之北界立为兴山县，属建平郡，隋废之，唐武德初又置。”⑤《旧唐书》卷三十九《地理志二》云：“武德二年，割夔州之秭归、巴东二县，分置归州。三年分秭归县之北界立为兴山县，治白帝城。”是书同卷又于“兴山县”内云：“旧治高阳城，贞观十七年，移治太清镇，天授二年，移治古夔子国。”这三起材料告知我们：

---

① 祝穆：《方舆胜览》，上海古籍出版社1991年影印版。

② 穆彰阿等：《大清一统志·归州》，《四库全书》本，上海古籍出版社1987年影印版。

③ 刘昫等：《旧唐书》卷三十九《地理志二》，中华书局1977年版。

④ 范成大：《范石湖集》，中华书局上海编辑所1962年版。

⑤ 乐史等：《太平寰宇记》卷一四八，中华书局1992年版。

兴山县始置于吴，隋废，唐初又置，其县治先后设在高阳城、白帝城、太清镇，以及古夔子国。这就是说，至少在今重庆市奉节县以东的地方，唐时曾一度为兴山的辖地，否则，武德三年所分秭归置之兴山县，其治所是不会设在白帝城的。

兴山境内有一条溪水流入长江，《水经注》卷三十四称之为“乡口溪”①，后人多作“香溪”。陆游《入蜀记》云：“去江岸五里许，隔一溪，所谓香溪也。源出昭君村。”②此则表明，昭君的故里即“昭君村”，乃在香溪的上游。

基于以上的一些情况，后人便多将香溪、兴山、秭归、昭君村四者紧紧连在一起，继而谈香溪，论兴山，说秭归，必涉及昭君故里而言之，因此，在上述这些地方，不仅杜撰出很多有关昭君的种种传说，而且还认为，昭君故里在今湖北省兴山县，乃是凿然有据，无可否置的。所以，二十世纪五十年代以来所出版的几乎是所有的工具书、普及读物，以及有关高校教材，在介绍昭君故里时，无不本之上述诸说，似乎昭君故里在汉之“秭归”与今之兴山，已成为学术界的定论。

其实，此说乃是大可怀疑的。经过考察，我们认为，昭君的故里并非在今湖北兴山，而是在夔州巫山，即今重庆市的巫山县。对此，有下列材料可证：

其一，《太平寰宇记》卷一四八云：“王昭君宅……村连巫峡，是此地。”巫峡为长江三峡之一，全长四十四公里，乃巫山十二峰的所在地。

其二，《全唐诗》卷二五八著录蒋冽的一首纪游诗，诗题作《巫山之阳香溪之阴明妃神女旧迹存焉》。从此诗题可知：“明妃旧迹”不仅在长江边上与“神女”相连，而且在巫山与香溪之间，若顺江而下，则先昭君旧迹，后神女旧迹。蒋冽为中唐人，距陆游写《入蜀记》凡数百年，则陆游所谓“香溪源出昭君村”乃为误可知。又晚唐诗人崔涂，曾流落

---

① 郦道元：《水经注》卷三十四，商务印书馆1958年影印版。

② 陆游：《入蜀记》，《四库全书》本，上海古籍出版社1987年影印版。

巴蜀，《全唐诗》卷六七九著录其《过昭君故宅》一诗，有云："骨竟埋青冢，魂应怨画人。不堪逢旧宅，寥落对江滨。"①昭君"旧宅"是"寥落对江滨"，与蒋冽的"香溪之阴明妃神女旧迹存焉"正相吻合，此则可证昭君故里不在"归州东北四十里"处。

其三，司马光有《和介甫明妃曲》诗一首，虽不是专门讨论昭君故里的篇章，但其所言则颇能说明问题："自嗟不如住巫山，布袖蒿长簪嫁乡县。"明代诗人黄幼藻《题明妃出塞图》与司马光所云亦同："早知身被丹青误，但嫁巫山百姓家。"或以为这两处"巫山"，皆指今整个巫山山脉而言，而非确指今重庆市之巫山县，因为从方位上考察，兴山县是也可称之为巫山的。然则此说实不的。白居易有《过昭君村》一诗，其结尾为：

> 不取往者戒，但贻来者冤。至今村女面，烧灼成瘢痕。②

阮阅《诗话总龟》云："余考《唐逸士传》云'昭君村至今生女必灸其面'。白乐天诗：至今村女面，烧灼成瘢痕'。乃知'灸面'之事，乐天已先道之也。"③对于昭君村女"灸面"事，宋王十朋在知夔州时所写《昭君村》诗，亦有同样记载：

> 十二巫峰下，明妃生处村。至今粗丑女，灼面亦成痕④。

王十朋并于其下注云："按图经，昭君村在归州兴山县，而巫山亦有之，在十二峰之南神女庙下，未知孰是？杜少陵诗云：'若道巫山女粗丑，何得此有昭君村？'刘梦得《竹枝词》云：'昭君村中多女伴，永安宫

---

① 崔涂：《过昭君故宅》，彭定求等《全唐诗》卷六七九，中华书局 1963 年版。
② 白居易：《过昭君村》，《白居易集》卷十一，中华书局 1979 年版。
③ 阮阅：《诗话总龟》，人民文学出版社 1987 年版。
④ 王十朋：《梅溪集》，《四库全书》本，上海古籍出版社 1987 年影印版。

外踏青回’。则在巫山者是。”

王十朋认为，“灸面”之昭君村不在“归州东北四十里处”，正与上引蒋冽、崔涂的诗之所述一致；其云在巫山“十二峰之南神女庙下”，亦与司马光、黄幼藻所说合拍。杜甫与刘梦得，一个早于白居易，一个与其同时，且二人均在夔州生活许久，所言应为可信。特别是刘梦得的“永安宫外踏青回”一句，证之前所引《旧唐书·地理志》记述唐武德三年兴山县曾治白帝城这一史实，便知昭君村不在归州秭归即今之湖北兴山，乃殆无疑义。此外，杜集中除了王十朋所引的那首《负薪行》外，另还有两首涉及昭君村的诗，亦云其在巫山。其一为《咏怀古迹》五首其三：“群山万壑赴荆门，生长明妃尚有村”；其二为《大历三年春白帝城放船出瞿塘峡》：“神女峰娟妙，昭君村有无。”如果说第一首所指在方位上还比较模糊，那么，第二首将“神女峰”与“昭君村”对举，其意就十分明显了。神女峰乃巫山十二峰之一，在今巫山县东，其南有神女庙。范成大《吴船录》卷下有云：“下巫山峡三十五里，至神女庙，庙前滩尤汹怒。”①陆游《入蜀记》云：“过巫山凝真观，谒妙用真人祠，真人即世谓巫山神女也。祠正对巫山，峰峦上霄汉，山脚直插江中……然十二峰者，不可悉见。所见八九峰，惟神女峰最称纤丽奇峭，宜为仙真所托。”

以上的考述表明，昭君村是确在巫山江边的，所以，无论是溯江而上者，还是放舟东下者，凡途经三峡者，均能于舟中隐约见之。但值得注意的是，白居易《过昭君村》于是诗题下有一条自注：“村在归州东北四十里。”经比较，知这条注与穆彰阿等《大清一统志》所云字句完全相同，因此，若非《大清一统志》本之白居易是诗自注，便是后人据《大清一统志》所妄加。今以是注勘之诗中“不返巴东魂”五字，知以后者为是。

按“巴东”其地，据前引《旧唐书》卷三十九《地理志二》，知其“本

---

① 范成大：《吴船录》卷下，《四库全书》本，上海古籍出版社1987年影印版。

汉县地”，隋大业中以信州置巴东郡，唐将其分置归、夔二州，“天宝元年，改(归州)为巴东郡。乾元元年，复为归州。”白居易诗写于元和十年(详见王拾遗《白居易生活系年》)，其巴东似指归州而言，但若根据唐人喜欢以旧地名入诗这一角度进行考察，则其巴东所指当为隋之巴东郡。而王汝弼《白居易选集·过昭君村》于此诗处，正是以“古巴东郡”相注者，即可为证①。另外，白居易此行还写了一首《入峡次巴东》诗，其中“巴东”，亦与“不返巴东魂”之“巴东”为同一地。诗有云：“不知远郡何时到？犹喜全家此去同。万里王程三峡处，百年生计一舟中。”从这四句诗可知，白居易此行不仅是携家同往，而且还是按照“王程”在赶路，他本人是不大可能于途中专程到“归州东北四十里”处去寻访昭君村的。更何况其诗题为《过昭君村》，一个“过”字，表明了昭君村确在长江边，即王十朋所云巫山“十二峰之南神女峰庙下”。而是处江水状况，《水经注》载之为“滩尤汹怒”，正与白居易写于此行的《初入峡有感》中的“未夜黑岩昏，无风白浪起”相合。更值得注意的是，据前引《旧唐书》卷三十九《地理志二》可知，唐之归州仅指“隋巴东郡之秭归县”，而夔州所领七县，皆属“隋巴东郡”。白居易在上述三诗中，均不提归州秭归而云“巴东”，则此“巴东”不指归州极明。

此外，我们还可从明人曹学佺《蜀中名胜记》之所载以佐证之。是书卷二十二于巫山县内引邓谏从《题巫山瞻体亭》诗云：

> 孔泉文物起骚经，国色明妃守孤尚。②

诗将“孔泉”与“明妃”连在一起，很明显，二者乃在一处，即其地为诗题中的“巫山”。按“孔泉”即孔子泉。郦道元《水经注》卷三十四有记载，云：“(巫)溪水道源梁州晋兴郡之宣汉县东。入南经建平郡泰昌县

---

① 王汝弼：《白居易选集》，上海古籍出版社1980年版。

② 曹学佺：《蜀中名胜记》卷二十二，重庆出版社1984年版。

南，又经北井县西。溪水又南屈经巫县东。县之东北三百步，有圣泉，谓之‘孔子泉’①。其中所言“巫县”，即巫山县。《旧唐书》卷三十九《地理志二》云：“巫山县，本汉巫县地。隋加‘山’字，以巫山峡为名。旧治巫子城。”是地有孔子泉，王十朋知夔州时，还曾进行过实地考察，其《梅溪集》有云：“县东半里，有孔子泉。其旁民居，童子亦能书。”并赋诗云：“巫山亦有泉，可饮仍可祈。泉旁人几家，聪慧多奇儿。”

综以上考察，我们可以确知，昭君故里乃在巫山而不是秭归或者兴山。班固修撰《汉书》时，并不曾南下考察，且其所云乃述说之辞，不可遽信。而后之撰著地理志书者，又大多据《汉书》信之不诬，以致以讹传讹，无人考订。其实，昭君故里之不在归州，就连撰写《归州志》的方志家们也持有同感，其在该书“山川”卷中有云：“州东北四十里，盖有昭君村云”。一个“盖”字与“云”字，表明了其对此之记载既是沿袭前说，又是对前说甚表怀疑的。

第三节 楹联起源初探

一部详尽而完备的中国文学史之构成，除了应包括已为人们所熟知的神话、散文、寓言、诗歌、曲赋、小说、戏剧等文学品类外，还有一门在世界文艺百花园中只有中华民族独有的传统艺术，也应该引起文学史家们的重视，这就是源远流长、风韵高雅、言简意深、妙趣横生的楹联。可是，在已行世的多家文学史中，却均无楹联的一席之地，这不能不说是一个很大的遗憾。正是由于楹联这一特殊文学品类没有引起学界的注意，所以在楹联这一领域中，存在着很多学术性的问题也一直未能得到解决，比如对楹联起源的探讨即为其例。有鉴于此，这里特就此提出一些粗浅的看法，与同仁时贤共勉。

---

① 郦道元：《水经注》卷三十四，商务印书馆1958年影印版。

楹联是对联的正名，其俗称对子、门贴，也有称之为楹帖的。楹指宫殿屋宇的柱，《春秋左传正义》卷十《庄公二十三年》有云："秋，丹桓公楹。"杜预注云："楹，柱也。"①联则为上下对称的语。《辞源》之"联"有云："旧俗除夕以红纸书吉语为联。"将这种用红纸所书的"吉语"贴在或直接用刀具嵌刻在柱上，或者刻之木板以挂在柱上的，便是楹联。然而，最初的楹联，不是贴在或刻在柱上的，而是题在门上的。谭嗣同《石菊影庐笔识》云："考宋刘孝绰罢官不出门，自题其门：'闭门罢庆吊，高卧谢公卿'。其三妹令娴续曰：'落花扫仍合，从兰摘复生'。此虽似诗，而语皆骈丽，又题于门，自为联语之权舆矣"。这则材料，不仅是古人将楹联题于门上的确证，而且为目前联学家们所发现之楹联最早者，因为其较脱脱等《宋史》卷四七九《西蜀孟氏》、张唐英《蜀梼杌》卷下所记五代时蜀主孟昶题之桃符词，要早出四百多年。

但刘孝绰的"自题其门"，并非楹联的起源。楹联的起源，应与其他文学形式一样，可追溯到先秦的无名氏文学之中。我们这样说，是因为楹联这种特殊的文学形式，在它本身史的国度里，与诗歌有着直接的衣带关系，或者可以说它是因诗歌的产生而出现的。但楹联又毕竟不同于诗歌，它最根本的一点，就是要上下联对偶整齐精工。至于双方都讲究声律，那倒是梁代沈约将四声运用到诗歌以后的事，这就是说，在沈约以前，无论是诗歌还是楹联，都是无所谓平仄的。我们若从这一角度去追溯楹联的渊源，就可一直追到《易经》、《诗经》乃至《尚书》中去，因为在这几部中国最早的典籍里，都有着一定程度的对偶句子存在。如《尚书》中就有"不匿厥指，王用丕钦；罔有逸言，民用丕变"，《易经》里就有"同声相应，同气相求"等，这些虽属宽对，但它们毕竟是属于对偶句的范畴的。至于《诗经》，其中的对偶句就更多了，如为世人所熟悉的"昔我往矣，杨柳依依；今我来兮，雨雪霏霏"，"青青子衿，悠

① 杜预等：《春秋左传正义》卷十，《十三经注疏》本，上海古籍出版社1997年影印版。

悠我心”，“淇则有岸，隰则有泮”，“山有扶苏，隰有荷花”等，即皆为其例。作为诗歌，这些对偶句确实比《尚书》、《易经》中的对偶句要工整许多。而《诗经》中有些含有对偶句式之作，大多源出民间，如“青青子衿，悠悠我心”出自《郑风·子衿》，“山有扶苏，隰有荷花”出自《郑风·山有扶苏》，“淇则有岸，隰则有泮”为《卫风·氓》中的两句，即皆为其例。这一实况表明，古代的那些佚名作者们，不仅无声无息地造就了中国民间文学的伟业，同时也开启了楹联昌盛于其后之先河。

但是，据《尚书·尧典第一》“诗言志，歌永言，声依永，律和声”之所载。可知诗歌的诞生，与上古先民用来抒发自己的感慨大相关联，而楹联的出现，则应与民俗关系密切。从现所存见的资料考察可知，楹联的最初出现，当是华夏民族古代风情的一种陪衬物，如宗懔《荆楚岁时记》即有新年期间“造桃板著户”①以驱邪的记载。上古先民们的这种“驱邪”，用今天人们的认识眼光审视，其显然属于一种迷信活动，但它在当时却十分普遍，且无论是城市和农村，都拥有很大的市场。驱邪为什么非得用“桃板”呢？对此，魏人成公绥《椒花铭》已有所答：“桃者，五行之精，厌伏邪气，制百鬼也”。② 这种以“桃者”所制成的“桃板”，据《荆楚岁时记》所载，其最初是“帖画鸡户上”，即用帖描一只鸡贴在上面，后来便改“虎画于门”。而据已失传的《括地图》之记载，“虎画于门”又改为二神人，“一名郁，一名垒，并执苇索以祠不祥之鬼，得则杀之”。③ 对于此俗，东汉应劭《风俗通义》也有记载：“黄帝书称上古之时，兄弟二人曰荼与郁，住度朔山上桃树下，简百鬼，鬼妄搰

---

① 宗懔：《荆楚岁时记》，《四库全书》本，上海古籍出版社 1987 年影印版。

② 成公绥：《椒花铭》，严可均《全上古三代秦汉三国六朝文》之《全晋文》卷五十九，中华书局 1958 年影印版。

③ 《括地图》，原书已失传，清人辑本有黄爽《河图括地象》附《括地图》，王谟《括地图》一卷，王仁俊《括地图》一卷等。此处所引，系《汉学堂丛书》本《括地图》。

人，援以苇索，执以食虎。"①二书所载，神的名字虽有出入，但均为"二神人"则是一致的。后来又有人将"郁""垒"合为一神，如张衡的《东京赋》即为其例，云："度朔作梗，守以郁垒，神荼副焉"②。对此，蔡邕《独断》也有记载："神荼与郁垒居其门，阅领百鬼"。③ 从这些材料可知，以"桃板"志喜止恶，远在黄帝时期的上古就开始了。此外，佚名氏《山海经》、刘安《淮南子》，以及司马彪《续汉书·礼义志》等，对此也都有记载。

"桃板"又称"桃符"、"仙木"。对此，范晔《后汉书》卷九十《志第五·桃印》有专载："长六寸，方三寸，五色书文如法，以施门户，止恶气。"④这段文字十分重要，它不仅记录了"桃符"的具体规格，而且还告诉我们，至少在范晔 生活的晋代及其前，"桃符"上已有"五色书文"。这个用"五色"所"书"之"文"，应当说是迄今为止所发现的一种最古老的楹联，也可以说是今天楹联的雏形。由鸡到虎到神，再改为"文"，这标志着楹联在古代是以不同的形式在不断地发展变化的。但这里也有一个问题须加讨论：既然"五色书文"的"文"属于楹联的一种最古老的形式，其后之"法"又当作何解释呢？对于这个"法"，应是如周处《风土记》中所载巫师捉鬼所用之"符"。这一句的意思应为：用五种颜色写成的"文"，跟巫师的驱鬼符相似。如果这种解释不误，则古代"楹联"的书写，是有如图案一般的，这正与当时文字的形体互为关联。

古人将这种图案似的"楹联"书写在桃符上，然后用它"施门户，止恶气"，其用意是以图在新的一年里百事如意。而其在长期的发展与演

---

① 应劭《风俗通义》三十卷，已佚，严可均《全上古三代秦汉三国六朝文》之《全后汉文》辑存六卷(卷三十六——卷四十一)，此据《全后汉文》引。

② 严可均：《全上古三代秦汉三国六朝文·全后汉文》卷五十三，中华书局1958年影印版。

③ 蔡邕：《独断》二卷，《四库全书》本，上海古籍出版社1987年影印版。

④ 范晔：《后汉书》卷九十《志第五·桃印》，岳麓书社1994年版。

变过程中，便形成了一种讲究平仄韵律的“对子”，也即今天人们所说的春联。清人富察敦《燕京岁时记》对此讲得极为明白：“春联者，即桃符也。”但春联一词的起源，以前的研究者大多认为出自明朝开国之时，如姚之骃《元明事类钞》、翟灏《通俗篇》、陈士瞻《簪云楼杂说》、潘荣陛《帝京岁时记》、陆启泓《北京岁华记》、朱彝尊《日下旧闻》等，即大多作如是认为。其中，陈士瞻说当可为这一类著述者之代表：“明太祖都金陵，除夕忽传旨公卿士庶家，门上需加春联一幅。”其实，春联一词的出现，也并非始于明初，但这却已不是本文所涉及的范围了，故就此收笔，待日后再与大家一起切磋。

第四节 王粲所登楼辨

王粲《登楼赋》为汉魏抒情小赋的代表作。关于斯楼楼址的所在地，《文选》李善注引盛弘之《荆州记》认为在当阳，《文选》刘良注认为在江陵。后世注家，或从当阳说，或主江陵说，令人莫衷一是。二十世纪八十年代初期，俞绍初《王粲集·王粲年谱》中则据郦道元《水经注》卷三十二《沮水》、《漳水》引《荆州图副》的记载，又提出了麦城新说①。为使是说能够成立，作者还于《文学遗产》上发表了《〈登楼赋〉楼址辨正》②一文，该文除对当阳说与江陵说进行了令人信服的否定外，还对麦城说作了更进一步的申辩。于是，麦城说逐为诸多《中国古代文学作品选》之类的选本所采用，如朱东润主编《中国历代文学作品选》1999年再版本即为其一。

事实上，麦城说也是大有问题的。这主要表现在以下几个方面：

其一，被《水经注》卷三十二《沮水》等所引之《荆州图副》的记载，

---

① 王粲：《王粲集》，中华书局1980年版。

② 俞绍初：《登楼赋楼址辨正》，《文学遗产》1983年第3期。

是否可靠，俞文没有进行任何材料上的检验，即该书所记载的依据为何，俞文没有进行考查。

其二，据中华书局本《王粲集》表明，王粲一生足迹未曾至麦城，《王粲年谱》虽然于建安十三年内有“随曹操军往江陵”云云，其实也只是一种推测，而无任何材料可作依据。更何况，此种推测，乃与《登楼赋》开首之“聊暇日以消忧”云云，大违其背。这是因为，王粲随曹操军往江陵，即使是事实，当时也是没有“暇日”可供其登楼“以消忧”的。更何况，王粲“随曹操军往江陵”说乃属错误，对此，本书第三章第一节已有较详细之考辨，可参看，此不具述。

其三，据顾祖禹《读史方舆纪要》卷七十七①，麦城虽在沮、漳二水之间，但斯地不仅无“曲沮”可“依”，而且根本不存在着所谓的“长洲”景观。

综以上三者，可知麦城说虽新，其实是不可成立的。那么，王粲当年所登之楼又究竟在何处呢？要准确弄清楚这一问题，我以为应着眼于两个方面进行考察，其一是将王粲生平与刘表其人其事结合起来进行审视，其二即对《登楼赋》所载斯楼之地理概况进行切合史实的探求。

首先对前者进行考察。按刘表其人，范晔《后汉书》、陈寿《三国志》均有传载其生平。据范晔《后汉书》卷七十四《刘表传》所载，刘表为山阳高平(今山东邹县)人，于汉献帝刘协初平元年(190年)任荆州刺史。刘表上任之初，曾做了两件在当时颇具影响的大事，一为平定“江南宗贼”，一为将荆州的治所由汉寿(今湖南常德)迁至襄阳。刘表移迁荆州治所于襄阳，范晔《后汉书》、司马光《资治通鉴》均有记载。如《后汉书》卷七十四《刘表传》有云：“初平元年……诏书以表为荆州刺史。……江南悉平。诸守令闻表威名，多解印绶去。表遂理兵襄阳，以观时变。”②而司马光《资治通鉴》卷五十九的记载则更为具体：“表……

① 顾祖禹：《读史方舆纪要》卷七十七，中华书局1955年版。

② 范晔：《后汉书》卷七十四，中华书局1979年版。

乃使(蒯)越诱宗贼帅，至者五十五人，皆斩之，而取其众。遂徙治襄阳。"①荆州此前的治所在汉寿，范晔《后汉书》卷九十《志第二十二·荆州》内有载，兹不具引。

据陈寿《三国志》卷二十一《魏书二十一·王粲传》，王粲亦山阳高平人，即其与刘表同乡②。另据《三国志》卷六《魏书六·刘表传》裴松之注引谢承《汉书》的记载，刘表少时曾"受学于同郡王畅"，而《三国志》卷二十一《魏书二十一·王粲传》则明载王畅乃王粲的祖父。合勘二者，知王、刘二家乃通家之谊，则《王粲传》载王粲"年十七……乃之荆州依刘表"云云，当与此关系密切。但尽管如此，刘表却"以粲貌寝而体弱通侻，不甚重也"，因而导致了王粲在荆州的"漫逾纪"之长时期郁郁不得志。而斯时，刘表既已"徙治襄阳"，则王粲"乃之荆州依刘表"的地点，在襄阳即绝无可疑。对此，下列材料又可佐证之。王粲《赠士孙文始》诗云："我暨我友，自彼京师。……迁于荆楚，在漳之湄。"所谓"在漳之湄"，即在漳水边，盖因漳水于襄阳城乃甚近故。又《太平御览》卷一八〇引《襄沔记》云："繁钦宅、王粲宅并在襄阳，井台犹存。"③《文选》卷五十六李善注引盛弘之《荆州记》云："襄阳城……西北八里方山……山下有王仲宣宅。"④

以上诸材料表明，王粲"之荆州依刘表"的地点既在襄阳，则其于"暇日"所登之楼为襄阳城楼，即可肯定。为证实是说之不误，下面再从《登楼赋》中记载王粲所登楼的地理方位进行考察。其有云："挟清漳之通浦，倚曲沮之长洲。"又有云："北弥陶牧，西接昭丘。"这四句是考察王粲所登楼为何地之楼的关键性句子，如果弄清楚了其之所指，则王粲所登之楼即可明确获知。

先看"挟清漳之通浦"。此句的"挟清漳"，是指王粲站在城楼上，

---

① 司马光等：《资治通鉴》卷五十九，上海古籍出版社1987年影印版。

② 陈寿：《三国志》卷二十一，岳麓出版社1990年版。

③ 李昉：《太平御览》卷一八〇，中华书局1960年影印版。

④ 萧统：《文选》卷五十六李善注引盛弘之《荆州记》，中华书局1977年影印版。

可以看到挟带着清澄流水的漳水向远方流去；而“曲沮之长洲”，则谓王粲所登城楼，位于因江水弯曲而形成的一块“长洲”之旁。考王象之《舆地纪胜》卷六十四有云：“漳水，出临沮。”①此乃据郦道元《水经注》卷三十二《漳水》而为：“漳水出临沮县东荆山东。”②临沮为西汉始置县，治所在今湖北远安县西北。其实，郦道元《水经注》的这一记载乃为错误，原因是漳水实乃源出今湖北省襄阳市所辖之南漳县，对此，不仅穆彰阿等《大清一统志》卷三五二“荆门州・山川”有载③，而且新版《辞源》还有专门的笺释：“春秋战国时楚有漳水。源出湖北南漳县西南之蓬莱洞。”④南漳古今均毗连襄阳，站在襄阳城楼上漳水依稀可见，故王粲乃有“挟清漳之通浦”的描写。此等写法，后人多效仿之，如初唐诗人王勃《滕王阁序》中的“望长安于日下，指吴会于云间”云云，即为其例。

再看“倚曲沮之长洲”。郦道元《水经注》卷二十七《沔水》云：“沔水一名沮水。……以其初出沮洳然，故曰沮水也。”⑤按所谓“沔水”，即流经今湖北襄阳境内的汉水，其于襄阳城东鹿门山下与唐白河相汇，形成了著名的鱼梁洲水道景观，故《水经注》卷二十八乃有云：“襄阳城东有东白沙、白沙，北有三洲，东北有宛口，即通渠道淯水所入也。沔水中有鱼梁洲。”此则表明，“倚曲沮之长洲”的“长洲”，所指为鱼梁洲乃可肯定。而古今襄阳城，均北枕汉水的地理概况，又正与“倚曲沮”之地形相符，若换作麦城，何来“曲沮”与“长洲”？

次看“北弥陶牧”。对于此“陶牧”，旧注均据盛弘之《荆州记》的记载，认为所指乃地处“江陵西”之“范蠡家”，实误。请看王先谦《合校水

---

① 王象之：《舆地纪胜》卷六十四，中华书局 1992 年版。

② 郦道元：《水经注》卷三十二，商务印书馆 1958 年影印版。

③ 穆彰阿等：《大清一统志》卷三五二，《四库全书》本，上海古籍出版社 1987 年影印版。

④ 编辑部等编：《辞源》，商务印书馆 1979 年版。

⑤ 郦道元：《水经注》卷二十七，商务印书馆 1958 年影印版。

经注》卷三十二引王隐《晋书地道记》之所载："陶朱冢在华容县，树碑云二年立。"又引朱谋讳《水经注·夏水笺》云："沈氏曰仲宣《登楼赋》已有'北弥陶牧'之文，末注云'陶乡名牧，郊外地'，则非指蠡冢。"①这是"陶牧"不指"范蠡冢"的最有力证据。但其中"陶乡名牧，郊外地"七字是颇可注意的。按范蠡乃今河南南阳淅川人，该地早在南朝前即建有范蠡祠，故《水经注》卷三十一《淯水》乃于"聚在淯阳之东北考古推地则近矣"后有注云："城侧有范蠡祠。蠡，宛人，祠即故宅也。"其中所云之"宛"，即今河南南阳，位于襄阳北，在襄阳城极目远望，可看到其"郊外地"，故王粲在《登楼赋》中乃有"北弥陶牧"之谓。

最后看"西接昭丘"。对于此"昭丘"，注家大多据《文选》李善注引《荆州图记》"当阳东南七十里楚昭王墓"之载，而认为其所指乃为楚昭王墓。另，辑本盛弘之《荆州记》亦有类似记载："当阳城东南七十里有楚昭王墓，故称昭丘。周敬王三十一年，楚昭王救陈，卒于城父，葬于此。"按城父在今河南宝丰县东，据《左传·昭公十九年》所载，知系楚"大子建居"处。楚昭王既卒于今河南宝丰县境内，其又为何会被埋葬在"当阳东南七十里"处呢？对此，无论是《荆州图记》的作者抑或撰写《荆州记》的盛弘之本人，都没有作只字之交待，因此，楚昭王墓在当阳之说，显然是令人难以相信的。考《全唐文》卷五五七韩愈《记宜城驿》一文，云："此驿置在古宜城内，驿东南有井，传为昭王井……井东北数十步有楚昭王庙……庙后小城，盖王居也。"②又《全唐诗》卷二四三著录韩愈《题楚昭王庙》一诗，云："丘坟满目衣冠尽，城阙连云草树荒。犹有国人怀旧德，一间茅屋祭昭王。"③由韩愈的这一文一诗可知，楚昭王墓应在今湖北襄阳所辖之宜城市境，也就是唐人所说的"大

---

① 王先谦：《合校水经注》卷三十二，巴蜀书社 1985 年影印版。

② 韩愈：《记宜城驿》，董浩等《全唐文》卷五五七一文，中华书局 1982 年影印版。

③ 韩愈：《题楚昭王庙》，彭定求等《全唐诗》卷二四三，中华书局 1979 年版。

堤”处，而非是在当阳。然则古今宜城均在襄阳城之南，所以置身襄阳城眺望坐落在宜城境内的楚昭王墓，只能是“南接昭丘”而不是“西接昭丘”。这样看来，可知所谓“西接昭丘”之“昭丘”，显然是另有所指，而不能以楚昭王墓目之。

按曾慥《类说》卷二引《襄阳耆旧记》有云：“齐建元中，盗发楚王冢，获玉镜玉屐，又得古书青丝简编。① 有研究者考证，曾慥《类说》卷二引《襄阳耆旧记》之所引此条，乃“当自鲍至《南雍州记》”而为②。又是条《南齐书》卷二十一《文惠太子传》亦有载，云：“时襄阳有盗发古冢者，相传是楚王冢，大获其宝物。”③这两条材料表明，襄阳境内是确有一座“楚王冢”存在的。又，《水经注》卷二十八《沔水注》有云：“昔周昭王南征，船人胶舟以进之，昭王渡沔中流而没，死于是水。”周昭王既“死于是(汉)水”，而古今宜城皆毗连汉水，则周昭王溺于汉水者，当可论断。对此，成书于乾隆二十一年的陈锷《襄阳府志》载之更详：“考周昭王南征而不复。史载王巡狩返，济汉，汉人以胶舟载之，至中流胶液，王及祭公皆溺死。夫昭王崩于汉水而葬于汉滨。”④这两条材料所记载的，亦是周昭王之“丘”在襄阳境内。以《水经注》卷二十八《沔水注》、陈锷《襄阳府志》之所载，合勘鲍至《南雍州记》、《南齐书》卷二十一《文惠太子传》之所载，则《登楼赋》中的所谓“西接昭丘”之所指，为“葬于汉滨之西的周昭王墓者”，即可肯定。

以上考述表明，王粲《登楼赋》楼址的确切所在地，是应以襄阳城楼为是的。而《元一统志》卷五五六“襄州”内有“王粲楼在襄阳西城”之记载，又正好与此结论不谋而合。由是而观，可知撰著《元一统志》之作者，也是认为王粲当年所登之楼，非为《水经注》引《荆州图副》所载之麦城的。所以，麦城之说之注，与江陵和当阳之说之注，皆可休矣。

---

① 曾慥：《类说》卷二，《四库全书》本，上海古籍出版社 1987 年影印版。
② 参见黄惠贤：《校补襄阳耆旧记》附录一，中州古籍出版社 1987 年版。
③ 萧子显：《南齐书》卷二十一《文惠太子传》，中华书局 1980 年版。
④ 陈锷：《襄阳府志》，清乾隆刻本。

本书主要引用书目

一、先唐书目

《吕氏春秋》	吕不韦等(秦)	《诸子集成》本
《礼记正义》	郑玄等注(汉)	《十三经注疏》本
《楚辞章句》	王逸编注(汉)	《四库全书》本
《蔡中郎集》	蔡　邕(汉)	《四库全书》本
《独断》	蔡　邕(汉)	《四库全书》本
《王粲集》	王　粲(魏)	中华书局 1980 年版
《荆楚岁时记》	宗　懔(晋)	《四库全书》本
《陶渊明集》	陶渊明(晋)	中华书局 1979 年版
《三国志》	陈　寿(晋)	中华书局 1959 年版
《后汉纪》	袁　宏(晋)	《四库全书》本
《尔雅注疏》	郭璞等(晋)	《十三经注疏》本
《世说新语》	刘义庆(刘宋)	文学古籍刊行社 1956 年版
《后汉书》	范　晔(刘宋)	中华书局 1963 年版
《续齐谐记》	吴　均(梁)	《四库全书》本
《诗品》	钟　嵘(梁)	《历代诗话》本
《文选》	萧　统(梁)	中华书局 1979 年影印本
《高僧传》	慧　皎(梁)	中华书局 1992 年版

《弘明集》	僧　祐(梁)	中华书局 1990 年版
《出三藏记集》	僧　祐(梁)	中华书局 1988 年版
《南齐书》	萧子显(梁)	中华书局 1980 年版
《宋书》	沈　约(梁)	中华书局 1977 年版
《玉台新咏》	徐　陵(陈)	《四部丛刊》本
《水经注》	郦道元(北魏)	《四库全书》本

二、唐宋书目

《初学记》	徐　坚(唐)	中华书局 1963 年影印本
《艺文类聚》	欧阳询等(唐)	上海古籍出版社 1965 年影印本
《广弘明集》	道　宣(唐)	《四部丛刊》本
《南史》	李延寿(唐)	中华书局 1975 年版
《梁书》	姚思廉(唐)	中华书局 1976 年版
《晋书》	房玄龄等(唐)	中华书局 1974 年版
《隋书》	魏徵等(唐)	中华书局 1973 年版
《元和郡县图志》	李吉甫(唐)	中华书局 1983 年版
《乐府古题要解》	吴　兢(唐)	《历代诗话续编》本
《通典》	杜　祐(唐)	中华书局 1988 年版
《白居易》	白居易(唐)	中华书局 1979 年版
《元和姓纂》	林　宝(唐)	中华书局 1994 年版
《古文苑》	无名氏(唐)	《四部丛刊》本
《文镜秘府论》	遍照金刚(唐)	人民文学出版社 1975 年版
《旧唐书》	刘昫等(五代)	中华书局 1975 年版
《仇池笔记》	苏　轼(宋)	华东师大出版社 1983 年版
《梅溪集》	王十朋(宋)	《四库全书》本
《乐府诗集》	郭茂倩(宋)	中华书局 1979 年版
《陶渊明年谱》	王质等(宋)	中华书局 1986 年版

《文苑英华》	李昉等(宋)	中华书局 1966 年影印本
《太平广记》	李昉等(宋)	中华书局 1961 年版
《太平御览》	李昉等(宋)	中华书局 1960 年影印本
《太平寰宇记》	乐史等(宋)	中华书局 1992 年版
《资治通鉴》	司马光等(宋)	上海古籍出版社 1987 年影印本
《沧浪诗话》	严　羽(宋)	《历代诗话》本
《全唐诗话》	尤　袤(宋)	《历代诗话》本
《蔡夫宽诗话》	蔡居厚(宋)	《宋诗话全编》本
《容斋随笔》	洪　迈(宋)	上海古籍出版社 1978 年影印本
《楚辞集注》	朱　熹(宋)	上海古籍出版社 1979 年影印本
《方胜舆览》	祝　穆(宋)	上海古籍出版社 1991 年影印本
《范石湖集》	范成大(宋)	中华书局 1962 年版
《入蜀记》	陆　游(宋)	《四库全书》本
《吴船录》	范成大(宋)	《四库全书》本
《诗话总龟》	阮　阅(宋)	人民文学出版社 1987 年版
《舆地纪胜》	王象之(宋)	中华书局 1992 年版
《莲社高贤传》	无名氏(宋)	《汉魏丛书》本
《庐山记》	陈舜俞(宋)	《四库全书》本
《类说》	曾　慥(宋)	《四库全书》本

三、明清书目

《蜀中名胜记》	曹学佺(明)	重庆出版社 1984 年版
《诗归》	钟惺等(明)	湖北人民出版社 1988 年版
《诗归》	钟惺等(明)	明万历刻本
《广文选》	刘　节(明)	《四库全书》本
《古诗纪》	冯惟讷(明)	《四库全书》本
《诗薮》	胡应麟(明)	上海古籍出版社 1979 年版

《列子注》	张　湛(清)	《诸子集成》本
《老子本义》	魏　源(清)	《诸子集成》本
《古诗源》	沈德潜(清)	中华书局1963年版
《金石萃编》	王　昶(清)	中国书店1985年影印本
《尚书古文疏证》	阎若璩(清)	《十三经清人注疏》本
《全上古三代秦汉六朝文》	严可均(清)	中华书局1958年影印本
《全汉三国晋南北朝诗》	丁保福(清)	中华书局1959年版
《李太白全集》	王琦注(清)	中华书局1977年版
《四库全书提要》	永瑢等(清)	中华书局1965年影印本
《合校水经注》	王先谦(清)	巴蜀书社1985年影印本
《后汉书集解》	王先谦(清)	中华书局1964年版
《后汉书辨疑》	钱大昭(清)	《丛书集成初编》本
《后汉书补注》	惠　栋(清)	商务印书馆1936年版
《后汉书补注续》	侯　康(清)	商务印书馆1937年版
《补后汉书艺文志》	顾怀三(清)	《金陵丛书》本
《三国志旁证》	梁章钜(清)	商务印书馆1937年版
《九家旧晋书辑本》	汤　球(清)	中州古籍出版社1991年版
《全唐诗》	彭定求等(清)	中华书局1960年版
《括地图》	王谟辑(清)	《汉学堂丛书》本
《读史方舆纪要》	顾祖禹(清)	中华书局1955年版
《诗比兴笺》	陈　沆(清)	上海古籍出版社1981年版
《采菽堂古诗选》	陈祚明(清)	乾隆十三年刻本
《岘佣说诗》	施补华(清)	《清诗话》本
《葚原说诗》	冒春荣(清)	《清诗话续编》本
《襄阳府志》	陈　锷(清)	乾隆二十五年刻本
《大清一统志》	穆彰阿 等(清)	《四库全书》本
《钟祥县志》	熊道琛(清)	民国二十六年石印本
《昭昧詹言》	方东树(清)	人民文学出版社1984年版

《玉台新咏笺注》	吴兆宜(清)	成都古籍书店1980年影印本
《隋书经籍志考证》	姚振宗(清)	中华书局1986年版
《古诗赏析》	张玉谷(清)	乾隆初刻本

四、近当代书目

《楚辞讲义》	廖　平	四川存古书局1922年版
《五变记》	廖　平	四川存古书局1922年版
《楚辞新论》	谢无量	商务印书馆1922年版
《中国俗文学史》	郑振铎	商务印书馆1938年版
《楚辞作于汉代考》	何天行	中华书局1948年版
《屈原研究》	郭沫若	新文艺出版社1950年版
《楚辞论文集》	游国恩	上海文艺出版社1955年版
《汉魏南北朝墓志集释》	赵万里	科学出版社1956年版
《曹子建诗注》	黄　节	人民文学出版社1957年版
《鲍参军集注》	钱仲联等	上海古籍出版社1957年版
《楚辞研究论文集》	编辑部编	作家出版社1957年版
《先秦汉魏晋南北朝诗》	逯钦立主编	中华书局1958年版
《两周文史论丛》	岑仲勉	商务印书馆1958年版
《胡笳十八拍讨论集》	编辑部编	中华书局1959年版
《中国文学史》	文研所	人民文学出版社1962年版
《陶渊明研究资料汇编》	北大等编	中华书局1962年版
《中国通史简编》	范文澜	人民出版社1965年版
《山水与古典》	林文月	台湾纯文学出版社1979年版
《陶渊明集》	逯钦立校注	中华书局1979年版
《诗人屈原及其作品研究》	林　庚	上海古籍出版社1980年版
《魏晋南北朝文学史》	胡国瑞	上海文艺出版社1980年版
《先秦文学论集》	胡念贻	中国社会科学出版社1981年版

《文心雕龙译注》	陆侃如、牟世金	齐鲁书社 1982 年版
《汉魏两晋南北朝佛教》	汤用彤	中华书局 1982 年版
《汤用彤学术论文集》	汤用彤	中华书局 1983 年版
《楚辞学论文集》	姜亮夫	上海古籍出版社 1984 年版
《屈赋新探》	汤炳正	齐鲁书社 1984 年版
《汉魏六朝文学论集》	逯钦立	陕西人民出版社 1984 年版
《中古文学系年》	陆侃如	人民文学出版社 1985 年版
《中国佛教史》	任继愈主编	中国社会科学出版社 1985 年版
《中国山水诗研究》	王国瓔	台湾经联出版公司 1986 年版
《庄子集注》	沙少海	贵州人民出版社 1987 年版
《校补襄阳耆旧记》	黄惠贤	中州古籍出版社 1987 年版
《朱自清文集》	朱自清	江苏教育出版社 1988 年版
《建安七子综论》	韩格平	东北师范大学出版社 1988 年版
《佛教与中国文化》	孙昌武	上海人民出版社 1988 年版
《谢宣城集校注》	曹融南	上海古籍出版社 1991 年版
《南北朝文学史》	曹道衡、沈玉成	人民文学出版社 1991 年版
《郑谷诗集笺注》	黄明等	上海古籍出版社 1991 年版
《屈原赋研究》	金开诚	江苏古籍出版社 1992 年版
《游国恩学术论文集》	游国恩	中华书局 1992 年版
《建安诗论》	郑　文	甘肃民族出版社 1994 年版
《中国妇女文学》	谢无量	中州古籍出版社 1996 年版
《乐府诗述论》	王运熙	上海古籍出版社 1996 年版
《魏晋文学史》	徐公持	人民文学出版社 1999 年版
《左思左棻研究》	徐传武	中国文联出版社 1999 年版
《谢灵运集》	李运富注	岳麓书社 1999 年版
《中国文学史》	袁行霈	高等教育出版社 1999 年版
《唐钞文选集注汇存》	周勋初(辑)	上海古籍出版社 2000 年版
《魏晋南北朝文学史研究》	吴　云	北京出版社 2001 年版

《禅宗思想渊源》	吴言生	中华书局 2001 年版
《鲍照年谱》	丁福林	上海古籍出版社 2004 年版
《建安七子研究》	王鹏廷	北京大学出版社 2004 年版
《谢朓诗》	魏耕源	中国社会科学出版社 2004 年版
《唐代诗人探赜》	王辉斌	贵州人民出版社 2005 年版
《鲍照诗文研究》	苏瑞隆	中华书局 2006 年版
《唐代歌行论》	薛天纬	人民文学出版社 2006 年版

附录

道是无情却有情

——我与古代文学研究三十年

一

二十九年前的1978年夏天，“文革”结束后的第一次研究生入学考试，正在全国各地顺利进行。是时，我与后来一直任教于华中师范大学的马承五教授，正坐在同一考场里，进行着既兴奋而又紧张的考试，巧的是，我们二人报考的不仅都是武汉大学的中国古代文学专业，而且连唐宋文学的研究方向也相同。而此前，我因受郭沫若《李白与杜甫》一书的影响，已曾在李白之诗的海洋里遨游了好几个年头。

李白虽然被后来的研究者们称之为“西域胡人”，但我从小就与这位“胡人”结下了不解之缘。其中的原因，主要来自两个方面。一是在我家乡不远处的汤池温泉，竖有一块明代万历年间的石碑(“文革”时被毁)，上面刻着李白著名的《安州应城玉女汤作》一诗，我自幼知道李白及其诗者，即因为此碑而始。二是我的幼时之家，不仅系出塾师，而且缘结黄浦，故所藏“正书”(相对于“闲书”而言)甚多，如其中就有一套石印本《李太白文集》，此书虽然在“破四旧”的烈火中被化为灰烬，但我却因之而背会了其中的全部乐府诗。

正是因为我从小就极有李白缘，所以当 1971 年郭沫若《李白与杜甫》甫一面世时，我即排队去买了一本，并于熟读之余，尝试着将潜藏于心中的李白乐府诗进行逐一翻译与评说。而当我在 1977 年 11 月又买到了中华书局的排印本《李太白全集》(是年 9 月出版)后，我就决定正式将李白作为研究对象，并计划着从两个方面入手，其一是将已经翻译与评说的李白乐府诗，尽快进行整理与重新抄写，并取名为《李白乐府译评》；其二是以“李白交游传略”为题，对李白集中近四百名左右的交游人物作逐一考察。后者在撰写的过程中，曾先后得到了西北大学安旗教授与郑州大学耿元瑞教授的悉心指导，且两位先生都曾对其中的部分稿件进行过认真审读，并提出了诸多修改意见。其中，安旗先生又惠我尤多。同时，我又将所撰写的关于李白与孟浩然方面的论文，分别寄给中国社科院文学所余冠英先生(时任所长)与北京大学陈贻焮先生以求教。余先生一方面将我的“李白”论文托请乔象钟先生进行修改(余先生在给我的回信中言其“不研究李白”，所以乃将稿子转交给了乔先生)，一方面将我推荐给时任河北大学古籍整理所所长的詹锳先生；而陈贻焮先生则将我的“孟浩然”论文，直接推荐给《文学遗产》并被作为备用稿。大约半个月后，乔象钟先生又就我的论文另纸写了满满四页的回信，并谦言仅供我参考。就这样，我在上述诸位学界前辈的热诚帮助与大力扶持下，即开始了“真真正正”(郭沫若语)的李白研究。然而遗憾的是，其中的耿元瑞、余冠英、陈贻焮、詹锳四位先生，如今却均已作古，所以每当我脑海里印现出他们的音容笑貌时，即不胜唏嘘。而乔象钟先生我至今都不认识，故特借本文以向先生表示诚挚的敬意与感谢，并祝先生晚年康泰！

1984 年 10 月，“文革”结束后的“全国首次李白研究学术讨论会暨李白研究会成立大会”在四川江油召开，我应大会组委会的邀请，有幸参加了这次盛会，并在大会上宣读了我所提交的《李白〈蜀道难〉探索》的论文，该文因得到了与会专家如裴斐先生等人的好评，而被收入大会论文集《李白研究论丛》公开出版。在江油参加李白研究的学术讨论会，是我有生以来的第一次，所以这次会议对于我来说，其所标志的，乃是我学术之旅的正式始程。同时，这次会议也使我有幸结识了李白研究界的不少朋友。还应提及的是，在此次会议期间，安旗先生曾将我的《李白交游传略》(约六十万字)向大会进行了介绍，这使得与会者对我及我的李白研究有了更进一步之了解。而我也趁此机会，于其间将此书稿交给了时任巴蜀书社社长的邓楠先生，且该社的一位我至今都不知其姓名的编辑也给予了好评(其在给我的信中未署姓名)，但这一书稿却最终未能出版。此前，我曾就《李白乐府译评》(约十八万字)之出版事宜，与湖北人民出版社进行过具体联系，但其最后也是以不果而告终。

两部共约八十万字的“少作”之未能出版，这对于当时的我来说，觉得特别有负于安旗先生等前辈师长对我的教诲与期望，因此，我便决定改变方式，即将《李白交游传略》中的有关内容(不局限于李白)以论文的形式发表。而令我意想不到的是，这一决定竟然使得我的研究成果产生了立竿见影的效果，即我的论文很快就在全国各种杂志上陆续刊出，其中如《四川师范大学学报》、《天府新论》、《贵州文史丛刊》、《绵阳师专学报》、《豫章学刊》、《成都大学学报》等刊物，在当时就都曾发表过我的论文。而且，被当时人们称之为“国家重点刊物”的《中国古代、近代文学研究》，也曾多次全文转载我所发表的论文。于是，我从这些已发表的论文中，看到了从事古代文学研究的希望与曙光，而我继续进行研究的决心，也因此而更加坚定。

二

湖北人民出版社在当时尽管没能出版我的《李白乐府译评》，但后来却连续为我出版了两本书，其一是《唐代诗人咏湖北》，其二是《李白史迹考索》。《唐代诗人咏湖北》一书，既是该社毛丹先生向我约稿的产物，同时也是我研究古代文学以来所出版的第一本书。该书共“选取了四十五位诗人的一百一十首代表作”，而使之成为了一本别开生面的唐诗选本，以供读者对一千多年以前湖北地区的政治经济、山川胜迹、风土人情等方面有所了解，因此本书“基本上呈现出了唐代湖北的庐山真面目”。该书共由“原文”、“作者简介”、“注释”、“简说”四部分组成，并以《历史地了解荆楚大地》一文作为《前言》，对唐代湖北的基本概况与本书的选诗标准等进行了简要介绍。该书出版后，不仅为湖北人民出版社列为“建社三十五周年重点书目”对外宣传与介绍，而且还被推荐参加了在香港举办的第二届国际书展。

《李白史迹考索》是我的第一本李白研究专著。这本书之所以能够顺利出版，首先应归功于我将《李白交游传略》中的部分内容改为论文发表，因为全书所收十七篇论文，有五分之四属于已发表者，另有三篇附录文章亦然。本书所着眼的“李白史迹”，主要表现在两个方面，其一是李白的交游，其二为李白的行踪。属于李白交游方面的论文，主要有《李白与元丹丘交游详考》、《李白与孟浩然交游考辨》、《李白与王昌龄交游考索》、《李杜初识时地探索》、《张旭卒年与李白交游考》等，这些论文，均首次较为详尽地对李白与孟浩然、王昌龄、杜甫等唐代诗人的交游概况进行了勾勒，并订正了有关这方面的一些错误说法与认识。同时，这些论文的发表与结集，也为我后来专题研究孟浩然、杜甫等唐代诗人埋下了伏笔。属于李白行踪方面的论文，则有《李白蜀中行踪杂考》、《李白初游安陆时间考》、《李白东涉溟海未至剡中考辨》、《李白初游太原时间考辨》、《李白诗中的“龙山”考》等。这些论文最大的特点，是着眼于“年谱”的角度，对李白的行踪进行了具体考察，因而其具有比年谱更为系统的学术特点。此书出版于 1988 年，其实乃为我自 1977 年以来研究李白的一份心血结晶。然而需加说明的是，此书中的绝大部分论文，我后来在将其进行不同程度之修改后，乃分别编入了《李白求是录》、《孟浩然研究》、《杜甫研究丛稿》等书中。我之所以这样做，主要是出于两个方面的原因，一是其中有些论文乃确有修改(主要指补充证据，调整结构与论点等)之必要；二是此书出版后乃以“教参”的名义基本上全部发给了学生，因之学术界知者乃甚微。所以，此书于今天的我来说，实际上只是一种名存而已。

在出版《唐代诗人咏湖北》(1987年)与《李白史迹考索》(1988年)的前后，从古代文学研究的角度讲，我还做了几件与之关系密切的工作，这里一并将其述录之。

其一是在贵州人民出版社出版了《唐人生卒年录》(1989年)一书。以我当时研究李白十多年(1977—1988年)的经验来说，我认为“作家研究年谱为先，作品研究编年为先”者，乃古代文学研究的不二法门，所以我对李白乃至孟浩然等人的研究，大多是紧紧围绕着“年谱”在考察其生平，而以上所述《李白史迹考索》中的内容，又极清楚地证实了这一点。同时，我又因受陈垣《释氏疑年录》等书的影响，并结合我所研究的实况，深感生年、卒年、享年这一人物生平“三要素”在诗人研究中的重要性，因而即利用我所掌握的这方面资料，撰著了《唐人生卒年录》一书。该书共由“实录”、“汇录”、“考录”、“简录”四种形式构成，共收唐代各类人物千余条，在目录中按笔画顺序进行排列，并详列各词条(指人物的生年、卒年、享年)所征引材料的卷数与篇名，极便于读者检核与作进一步研究之用。

其二是编撰了首部《孟浩然年谱》(1987—1988年)。截止于二十世纪八十年代初期，孟浩然是唐代著名诗人中唯一既无年谱又无作品校注本的一位诗人，有鉴于此，我即用半年左右的时间，撰著了约十万字的《孟浩然年谱》(初稿)，并将其在《荆门大学学报》分期刊出。此外，我还在此期间发表了《孟浩然集中之卢明府考》、《孟浩然入京新考》、《孟浩然入京与下江东问题辨说》三文。这些文章发表后，即在学术界产生了较大影响，如前者的结论乃为中国社科院重点项目《唐代文学史》所引用，后者(指《新考》一文)则不仅为《中国古代、近代文学研究》全文转载，其结论还曾为《唐代文学研究年鉴》所转摘与介绍。《孟浩然年谱》在当时虽然具有填补空白的学术特点，但其中也有一些需加重新考虑与修改的地方，由于某些方面的原因，我曾几次想将其进行修改后正式出版，然而却一直未能如愿。但尽管如此，《孟浩然年谱》与《孟浩然入京新考》等文在此期间的发表，乃基本上反映了我于第一阶段对孟浩然研究的大致概况。

其三是参加了两种教材的编写。这两种教材，一为《大学语文》，一为《中国古代文学》。《大学语文》(1987年)由上海工业大学出版社出版，我任副主编。《中国古代文学》(1988年)》由上中下三册组成，共一百一十万字，乃全国首部分体文学史与作品选配套的高校教材。此教材的编写，由我在全国发起、组织与主持相关会议，并任副主编，由延边大学出版社1988年出版，该社于1994年又出版了修订本，其总字数增加为一百四十万。

其四是撰写了《河岳英灵集校注》(十八万字)书稿。《河岳英灵集》为"十种唐人选唐诗"之一种，我因研究李白时经常与之打交道，因此在1988年我索性将其进行了全面整理。整理主要分两部分进行，一是编年，二是校注，并请北京大学陈贻焮先生题写了书名，但因某种原因，其至今亦仍未能出版。

其五是完成了《唐代方言汇释》(约四十万字)的初稿。我在撰写《李白交游传略》的期间，因资料需要的缘故，曾对《全唐诗》、《全唐文》这两部大型唐人总集进行了通读，前者的通读完成于1978年至1982年，后者的通读完成于1984年至1988年，二者的时间为整八年。在通读的过程中，我曾有意识地做了几大类笔记，如方言、俚语即为其中之一，后来我将其汇为一集，并取名为《唐代方言汇释》。1989年11月，湖北省语言学会第六届年会在当时的孝感师专召开，我就《唐代方言汇释》的资料收集与撰写进行了大会发言，并获得了与会代表特别是武汉大学古籍整理所所长宗福邦先生等人的肯定与好评。但由于某种原因，此书至今也未能出版。

以上所述表明，在1977年至1989年的十二年时间内，我除出版与发表了上述之《唐代诗人咏湖北》、《李白史迹考索》、《唐人生卒年录》、《孟浩然年谱》等著作和论文外，还有《李白乐府译评》、《李白交游传略》等四部共约一百三十六万字的书稿未能出版。众所周知，中国自古是一个以成败论英雄的国度，未能出版的书稿自然只能目之为一堆废纸，所以其价值是不会为任何人所认可的，而我也并不希望获得任何人的认可，今之所以将其旧事重提并记录于此者，聊作纪念而已。

三

从 1990 年到 1998 年的九年间，可视为我研究古代文学的第三个阶段。在这一时期内，我研究古代文学的形式，主要由原来的撰写书稿一变而为专门的论文发表。据统计，我在这九年中，共发表了一百一十多篇论文。这些论文的载体大致可分为四类，即：一是专业刊物，如《文学遗产》、《杜甫研究学刊》等；二是高校学报，如《四川大学学报》、《西南师范大学学报》、《首都师范大学学报》等；三是社科刊物，如《社会科学研究》、《中州学刊》、《天府新论》等；四是学会会刊，如《唐代文学研究》、《中国李白研究》、《杜甫研究论集》等。在研究对象上，这些论文分别了涉及了古代文学领域中的四大专题。

其一是唐代诗人研究。这是我在这一时期研究的主体部分，也是我三十年如一日所研究的重点之一。我在这一时期的唐代诗人研究，主要是因上述李白研究与孟浩然研究而逐步扩展的结果，具体则涉及了陈子昂、王之涣、崔国辅、高适、杜甫、皎然、李商隐等二十多位诗人。其中，对于“诗圣”杜甫的研究，有必要在此一提。大致说来，导致我研究杜甫的原因，主要表现在三个方面，一是杜甫与李白交往关系密切；二是受冯至《杜甫传》的影响；三是与濮禾章先生相关。我与濮禾章先生结识，是在 1988 年于四川射洪参加“全国首次陈子昂学术研讨会”期间，濮先生当时是《杜甫研究学刊》的主编，因我们在会间交谈甚洽，所以其即向我约稿，希望我能于近期写几篇关于杜甫研究的论文寄给他。于是，我在两个月之后，即给其连续寄去了《杜甫卒年新考》等多篇稿子，濮先生不仅将其全部发表，而且还于1989年的《杜甫研究学刊》上发表了两篇，这种情况自然是引发了我对杜甫研究的兴趣。我研究古代文学虽已整三十年，但于一年之内在一种刊物上连发两篇论文者，此则为唯一的一例（我所在学校的学报除外），所以，我对濮禾章先生及《杜甫研究学刊》的全体同仁，既非常感谢，又永铭心中。此外，我在这一时期所发表的关于唐代诗人（唐诗）的论文，还曾为《中国古代、近代文学文学研究》于一期（1995年第八期）中全文转载了三篇，且据友人相告，此种转载情况，在当时的全国古代文学研究界乃无先例，即《中国古代、近代文学研究》于一期内全文转载一位作者的三篇论文者，我乃开其先河。情况真实与否，我没进行过核查，但这一转载情况对于我的学术生涯而言，其显然是属于一种“破天荒”的收获的，故特此略作提及。

其二是对《全唐文》作者小传的校考。前面说过，我在通读《全唐诗》与《全唐文》时，曾有意识地做了几大类笔记，而对其中全部作者小传（三千多人）的校考，即属于此类笔记之成果。我的这一校考，共对一千三百多人的作者小传进行了辨订与正补，总字数计约六十万。1990年5月，我应邀参加了国家古籍整理“八五”规划《新编全唐五代文》的研撰工作并任编委，当时颇希望能将“校考”作为该项目的副产品，并以《新编全唐五代文》“附录”的形式出版一册单集，但未果。于是，我便把其中约十多万字的校考文字，以《全唐文作者小传校考》之一、之二的形式，先后在《唐代文学研究》等刊物上发表。2005年春，我又将这些已发表了的“校考”文章略作整理，并以“外一种”的形式，将其与《唐代诗人探赜》合为一集，由贵州人民出版社于当年十二月出版。

其三是陶渊明研究。对唐代诗人以外的诗人进行研究，陶渊明是我所研究的第一人。我研究陶渊明，主要是以中华书局版《陶渊明集》为依据，对陶渊明的生平如生年、享年，以及其宦历中的有关问题，进行了重新考察。

其四是小说研究与小说批评研究。我的小说研究，始于我1989年

5 月底在海南海口开会时买到的一套香港广益堂版《金瓶梅》。对于小说特别是明清章回体小说，我自幼就情有独钟，并从一位亲戚家里前前后后“弄”来了数百种书之多，其中也不乏精品，如毛宗岗父子所批评的《三国演义》石印本等，但可惜的是，这些“闲书”与我家里所藏的“正书”，均于 1971 年 4 月 18 日为当时的“革命小将”所焚烧。而此，也是我后来之所以特别喜爱郭沫若《李白与杜甫》一书的原因之所在(因为当时只有此书可读)。或者换而言之，致使我走上李白研究乃至古代文学研究之路的因由，实乃得益于当时红卫兵“破四旧”的那场大火，否则，今天的我，就极有可能是一位作家而不是一位学者了(“文革”期间我曾写过电影剧本与长篇小说，前者现为一位家乡的中学教师所收藏)。有了这套《金瓶梅》后，也就有了我研究《金瓶梅》的第一篇论文，这就是《〈金瓶梅〉研究四说》，该文在当年的《荆门大学学报》发表后，即被《中国古代、近代文学研究》1990 年第 6 期全文转载。其后，我又发表了《袁氏兄弟与〈金瓶梅〉抄本新考》、《〈金瓶梅作者为李开先考〉质疑》等文，且其亦皆为《中国古代、近代文学研究》全文转载。由对《金瓶梅》研究的旗开得胜，使我想到了对“四大奇书”的全面介入，因而又首次对《西游记》进行了研究，并于《宁夏大学学报》1993 年第 4 期上发表了《〈西游记〉祖本新探》一文，讵料此文也被《中国古代、近代文学研究》全文转载。就这样，我由《金瓶梅》而《西游记》，再由《三国演义》而《水浒传》，以及明清小说批评家对这四部小说的批评，均对之进行了不同程度之研究。

我在这一时期，还发表了一篇值得特别一提的长篇论文。如上所言，郭沫若的《李白与杜甫》，是影响我步入古代文学研究特别是李白研究的一部关键性著作，为了表示对其之纪念，我于 1990 年 6 月，在《文学遗产》上发表了《学术中的误区与误区中的学术——重评郭沫若〈李白与杜甫〉》一文。此文长达一万三千余字，分“关于李白”、“关于杜甫”、“结语”三个部分，首次对全书的学术价值与存在的问题，进行了实事求是之全面评价。文章发表后，其“重评”内容不仅得到了学界的首肯，而且社会反响也很好，如江苏某高校中文系，就曾将此文指定为该系学生的必读参考资料，并且复印后让学生人手一份。而据友人相告，自从我的这篇文章刊出以后，学术界对《李白与杜甫》予以“猛打”的现象，即因之而终止。

除了以论文的形式进行古代文学的研究外，我还在这一时期内，进行了一些其他形式与内容方面的研究，具体地说，就是参加了几种大型著述的研撰。如其中之一者，就是前面所提到的由陕西师范大学霍松林先生任总编的《新编全唐五代文》，这是一项被列入国家“八五规划”的重点古籍整理项目，我负责了初唐与盛唐共二十卷的撰写任务。除此之外，另还有两项，一为《李白大辞典》(1992 年参与，1994 年出版)，一为《增订注释全宋词》(1993 年参与，1997 年出版)。前者是应郁贤皓主编的邀请而参加，后者则是因原湖北大学王兆鹏教授专门致书的结果使然。对于后者，我的具体任务是对南宋末期五十一位词人的三百八十一首词进行注释，并对五十一位词人重新撰写作者小传。据我所知，这三百八十一首词从来无人予以注释，所以我当时面对的完全是一片词文学的处女地，但我最终仍以约二十万字的篇幅将其全部完成。我参与此书的研撰，虽然系首次对词学研究的介入，但其却为我后来对唐宋词进行专门性的研究，奠定了坚实的基础。这一事实再次证明，凡付出者，是必定会有所收获的。

而就在参加《增订注释全宋词》工作的 1993 年，我对古代文学的研究除了唐代文学外，如上所言，还先后发表了关于陶渊明研究与《金瓶梅》、《西游记》等明清小说研究的论文，而此前我还发表过有关屈原研究的论文，因此综而观之，可知我当时所涉及的研究对象，实际上是在对古代文学研究“打通关”。于是，我即根据这一既成的事实，作出了一个前无古人的大胆决定，这就是在古代文学研究方面进行名符其实之“打通关”，并使之与我原来的“点”并驾而行。对于这两个大的方面之研究，我曾将其称之为“T 型”计划。这一计划在 1993 年的制定，使得我对古代文学的研究，首次有了一个明确的目标，即主要是朝“点”与

“面”两条线上发展。所谓“点”，指的就是唐代文学研究中的诗人系列，而“面”，即是对上下两千年的古代文学进行研究上的“打通关”。但这种“打通关”，又并非如文学史之类的纯叙述性文字编写，而是属于一种专题性较强的纵向研究。所以自此之后，我的古代文学研究，即乃按照着这一“T型”计划，在向前慢慢推进。

四

从1999年到2006年，是我为实施“T型”计划的重要研究期。为了顺利地完成这一计划，我又一改此前以论文发表为主的研究形式，即将出版专著作为这一时期的研究重点。于是，我在1999年夏天，着眼于“点”的角度，制订了“唐代诗人研究四部曲”的研究方案(含撰写与出版两个方面)，并于当年十月在襄樊学院召开的“中国杜甫研究会第三届年会暨杜甫研究国际学术讨论会”上，推出了“四部曲”的第一部“曲”(称其为第一部“曲”者，主要是从出版时间的角度言，下同)《杜甫研究丛稿》(十九万字)。第二年四月，我又在江西人民出版社姚继舜博士的支持下，出版了被我称之为第二部“曲”的《李白求是录》(三十万字)。这两本书的出版，使得我的“四部曲”计划至此已完成了一半。值得一提的是，这两部共约五十万字的著作，在研究的对象上，乃是具有很强的互补性的，即其中有些论文的内容，是既可归类于李白研究，又与杜甫研究密切关联的，而二者究竟如何区别，则是我至今都很难予以划分的。如《李杜交游时地探索》、《李白、杜甫与孔巢父交游考》、《李白与杜甫》(译文)等，即皆为其例。而此，也是我的李白研究和杜甫研究，与他人不相同的一个最为鲜明的特点。

在“唐代诗人研究四部曲”的曙光初现之际，我又于2000年的初冬前后，对“打通关”计划制订了更为具体的方案，这就是将古代文学划分为先唐、唐宋、元明清三个大的阶段，且每一阶段都要求有属于我自己的研究成果。围绕着这一具体计划，我于2001年2月即出版了属于明清文学范畴的《四大奇书研究》(二十二万字)。该书主要由四编构成，即：“《金瓶梅》抉微”、“《西游记》探幽”、“《三国》《水浒》发凡”、“四大奇书与小说批评”。书末是“附录”，附有《四大奇书年表》等。

表面上看起来，我虽然是将“点”与“面”在同时推进，实则“点”乃为其首要，对此，我于2002年1月所出版的《孟浩然研究》(二十六万字)一书，即可为证。《孟浩然研究》既是我第二阶段研究孟浩然的一份重要成果，又为“唐代诗人研究四部曲”中的第三部“曲”，其之出版，表示我的“诗人系列”，已将孟浩然、李白、杜甫三位盛唐诗人进行了具体研究。按原来的计划，第四部“曲”为王维研究，但考虑到王维与孟浩然都属于“盛唐山水田园诗派”的范畴，于是即舍而弃之，并于2005年由贵州人民出版社出版了《唐代诗人探赜》(四十万字)一书。将此书作为第四部“曲”者，主要是考虑到了两个方面的因素：其一是在诗人对象方面，此书乃是由陈子昂、崔国辅、王维、陆羽、白居易、李商隐、杜牧等构成，其与前三“曲”中的孟浩然、李白、杜甫互为融合，标志着我对唐代诗人的研究，乃是由初唐而晚唐的，即我对有唐一代的重要诗人，都进行了程度不同之涉猎。其二是此书的“唐代诗人探赜”，可作为我对有唐一代诗人之研究，并与“打通关”中的其他阶段的研究互为衔接。所以，《唐代诗人探赜》一书的出版，在我的“T型”计划中，实乃具有桥梁与纽带之作用。同时我在此期间，还于北京的群言出版社出版了一本可与“四部曲”互为配套的《唐代诗人婚姻研究》(十九万字)。正因此，《唐代诗人探赜》一书的责任编辑，即乃将我附于该书后面的《我与唐代诗人研究四部曲——〈唐代诗人探赜〉后记》一文之题，在没有经过我的同意下，擅自改成了《我与唐代诗人研究五部曲——〈唐代诗人探赜〉后记》，现特借此机会对其予以更正并恢复之。

“唐代诗人研究四部曲”从计划到撰写到出版，曾先后得到了陕西师范大学霍松林、中华书局傅璇琮、南京大学程千帆三位先生的大力支持，三位先生并分别为《杜甫研究丛稿》(霍松林)、《孟浩然研究》(傅璇琮)、《唐代诗人考索》(程千帆)题写了书名。但需说明的是，其中的原计划之《唐代诗人考索》，后来因内容上的变动等原因，而由出版社将其改名为《唐代诗人探赜》，如此一来，则程千帆先生生前为之题写的书名也就只能割爱了，这是我极不愿意看到但又不能不为的一件事，在此，我特借撰写此文之机，以向程千帆先生表示歉意，并愿先生于九泉之下，对我的这种不得已的举措予以谅解。同时，我还借此机会，对霍松林、傅璇琮两位先生表示再次感谢。

我在完成了“唐代诗人研究四部曲”的研撰与出版之后，接着便投入到了《唐宋词史论稿》一书的紧张写作之中。此书的写作正式动笔于2004年8月，杀青于2005年10月，前后时间一年左右。《唐宋词史论稿》共三十四万字，整十章，于2006年4月由吉林文史出版社出版。此书的出版，与《唐代诗人探赜》互为配套，意味着我“打通关”中的“唐宋文学”阶段已全部完成。于是，我又抓紧时机，对“打通关”计划中的最后(指出版)一书也是最开始(指内容)的一书进行了撰写，这就是已摆在读者诸君面前的《先唐诗人考论》。此书的研究对象，上至屈原，下及谢朓，共对其间如蔡邕父女、左思兄妹、鲍照兄妹等整二十位诗人进行了不同程度之考论。至此书之出版，我的“T型”计划已得以全部完成。

五

在三十年的古代文学研究中，大而言之，我主要是在“破”与“立”两个方面进行运作的，其中的“破”，又涉及了多个方面的具体方式，如商榷即为其一。商榷虽然可使所研究问题更加清楚明白，但商榷过多则非我所愿，所以我于商榷所采取的态度，大多是于“再而三”乃止，即就相关问题所讨论的论文最多只发表三篇。就我三十年的研究经历而言，主要进行了三次大的商榷，现将其记录如次，聊以自勉。

其一是对李白诗中"龙山"的商榷。李白集中有一首《九日龙山饮》的小诗，对于其中的"龙山"，历代的研究者都认为其即今安徽当涂之龙山，并大有使之成为"定论"之势。1985 年 8 月，我应《天府新论》编辑部的稿约，为其撰写了两篇关于李白研究的论文，其中一篇即为《李白诗中之"龙山"考》，并发表于该刊 1986 年第 1 期。我的这篇文章主要认为，李白《九日龙山饮》诗中的"龙山"，其所指不是今安徽当涂之龙山，而是今湖北江陵之龙山，李白是诗写于其长流夜郎途经荆州之时。此文发表未久，即引起了不少学界同仁与友人的商榷，如《李白研究动态》总第 7 期中，就刊发了张才良《桓温游龙山与李白龙山饮——兼评〈李白诗中之"龙山"考〉》、杭宏秋《李白〈饮〉诗中"龙山"属地考——兼与王辉斌同志商榷》二文，而《天府新论》1988 年第 2 期还发表了张才良《九日何处龙山饮——与王辉斌商榷》一文。从总的方面讲，这三篇文章的结论，主要是维持传统的"当涂龙山"说，并认为该诗为李白晚年寓居当涂时所写。针对张才良等三文，我即在《李白研究动态》1988 年第 3 期上，发表了《再谈李白〈九日龙山饮〉——兼答张才良、杭宏秋二同志》一文，以进行答辨。此文主要从"'事遂寝'究为何指"、"'孟嘉落帽'确在江陵龙山"、"《九日龙山饮》的作年"三个方面，对张、杭之文所依证据进行了遂条驳辨，以确证李白诗中的龙山在今湖北江陵。此文发表后，张、杭诸文的作者没有进行再商榷，我以为事情就此结束了。岂料在十年后的 1997 年 9 月，由安徽文艺出版社出版的《李白与马鞍山》一书中，载有郁贤皓《〈李白诗文遗迹释考〉序》、李子龙〈当代李白研究文选〉题记》二文，就拙文中的"江陵龙山"说进行了再次商榷，认为我所提出的"江陵龙山"乃为错误。于是，我又在《中国李白研究》2000 集中发表了《三谈李白〈九日龙山饮〉》一文，以就郁、李二文进行了再商榷。最后，这场长达十余年之久的"龙山"之争，即以拙文所持说的"江陵龙山"为正确而宣告结束。

其二是对《西游记》"祖本"的商榷。1993 年 12 月，我就《西游记》祖本问题的研究，在《宁夏大学学报》的当年第 4 期上，发表了《〈西游记〉祖本新探》一文。文章的核心结论认为，曾被汪象旭极力称道的大略堂本《西游释厄传》，即为百回本《西游记》的祖本。文章发表后，即为《中国古代、近代文学研究》1994 年第 3 期全文转载。然而，《宁夏大学学报》1995 年第 2 期却刊发了吴圣昔《〈证道书〉白文是〈西游记〉祖本吗》一文，以对拙文所提出的“《西游释厄传》”说进行商榷。针对吴文的商榷，我于《宁夏大学学报》1996 年第 1 期上，又发表了《再论〈西游记〉祖本为〈西游释厄传〉——对吴圣昔〈商榷〉一文的质疑》一文，从“《西游释厄传》梓行于万历间是确凿的历史事实”、“吴文的〈商榷〉歪曲了〈新探〉的结论”、“吴文在朱本上所存在的若干问题”、“关于汪象旭‘制造’大略堂本、干支纪年、‘是书’为俗本三个问题”四个方面，对吴文的商榷进行了全面驳论，并特地指出，吴文认为拙文所持《西游记》祖本为“《证道书》白文”的说法，完全是对拙文结论的一种肆意歪曲。此文发表后，吴文作者又在《宁夏大学学报》1996 年第 3 期发表了《评〈再论西游记祖本为西游释厄传〉》一文，以对拙文进行再次商榷，而我也于《宁夏大学学报》1997 年第 1 期上再次发表了《关于〈西游记〉祖本再探讨——吴圣昔〈评〉文驳论》一文，对吴圣昔《评》文进行再次质疑与再次商榷。我的这篇文章，主要从“曲解诡辩的‘转移论题’说”、“究竟是谁没弄清楚‘历史纪行书’的卷数”、“吴文‘妙语’点评”、“吴文的遗憾举隅”四个方面，第二次对吴圣昔的商榷之文进行了全面辩驳。至此，我关于《西游记》祖本的研究与商榷已属于“事不过三”之限度了，因此考虑到如果再这样争论下去，也不会有什么结果，所以就决定“罢而不战”了。但吴圣昔此后则又发表了两篇文章与我商榷，其一即《〈西游释厄传〉综考辩证录——兼谈王辉斌的“西游释厄传”》(《宁夏大学学报》1997 年第 1 期)，其二为《“祖本”探讨的演变与错位》(《中华文化论丛》2003 年第 3 期)。对于吴圣昔的这两篇文章，我眼下并不打算撰文商榷，而是待其“停歇”之后即不再进行商榷以后，我拟对其全部文章(或更多)作一总的商评与辩驳。

其三是对王维“生平”研究的商榷。2006 年的《南京师大文学院学报》第 1 期与《东南大学学报》第 2 期上，分别刊发了陈铁民《考证古代作家生平事迹易犯的几种错误》与《也谈王维与唐人之‘亦官亦隐’》二文，以针对拙作《王维早期行事探究》(《王维研究》第三辑)、《王维开元行踪求是》(《山西大学学报》2003 年第 4 期)、《关于王维的隐居问题》(《周口师范学院学报》2003 年第 6 期)、《王维‘亦官亦隐’说质疑》(《唐都学刊》2004 年第 1 期)四文，进行了“方法”与结论上的全面商榷。陈文发表的当时，我因正在进行《先唐诗人考论》有关章节的写作，所以就没有理会。2006 年 10 月，待《先唐诗人考论》基本完稿后，我即分别撰写了《王维生平事迹再考辨》、《再谈王维的‘亦官亦隐’》、《王维生平与唐代制度考论》等文，分别从“方法”、文献学等角度，就陈文之商榷进行了全面质疑与驳辨。这些文章，均将于 2007 年 6 月以前分别在《南京师大文学院学报》、《贵州教育学院学报》等刊物上发表。究竟是谁犯了“考证古代作家生平事迹”的“几种错误”，待拙文发表后，相信届时学术界是自会有公论的。但值得一提的是，由于陈文的商榷之故，而引起了我对王维进行专项研究的极大兴趣，若借用苏轼《江城子》(密州出猎)的词句来形容，就是“老夫聊发王维狂”！所以我在春节前后即正式作出决定，将 2007 年定为“王维研究年”，拟对王维的生平、作品系年、作品真伪等内容进行一次全面的研究，并计划于 2008 年出版一本三十万字左右的《王维研究探论》(暂名)。对于这一计划，我曾先后在“湖北省古代文学研究会第五次年会”(黄石，2006 年 12 月 16—18 日)、“杜甫研究第十四次年会”(桂林，2007 年 4 月 20—24 日)上作大会发言时，已曾大略言之，此不具述。

此外，就我浏览之所及，《杜甫研究学刊》上曾发表了吴明贤教授、孙微博士与我就杜甫研究中某一问题进行商榷的两篇文章，吴文的商榷只是该文中的极小部分，而孙微博士则属后生晚辈，所以我对其均不打算撰文与之商榷。今之所以提及者，旨在说明各界朋友们对我研究成果的关注而已。

六

回首我三十年所走过的古代文学研究之路，真可谓是荆棘与芳草同生，风雨与艳阳并存。其中，特别是那些学界前辈对我之研究所给予的各方面支持与扶助，更是令我感佩万分。这些学界前辈除了上面所言及者外，另外还有武汉大学的胡国瑞先生、复旦大学的王运熙先生、中央民族大学的裴斐先生三人，其中的胡国瑞先生与裴斐先生虽然均已作古多年，但死者与生者于我来说，都是终生不敢忘怀的。而且，胡国瑞先生曾与我专电相约，当其至荆门(胡先生时为我奉校方之命聘请为荆门大学客座教授)后，即与我一道徒步去考察古当阳遗址(在今湖北荆门掇刀南五公里处)与王粲当年所登之楼址的，但我们相约之未久，胡先生即与世长辞。人生之不如愿者，竟然如斯，所以每当我想到此事时，总不免以感慨系之。

在历史的长河中，三十年弹指一挥间，但其于一个人的学术之旅而言，却并不算短暂，而是颇有点如屈原之所言“路漫漫其修远”的。在这三十年中，我自从与古代文学的研究结缘之后，便再也不曾有过其他的想法，乃是年愈一年面壁书斋，与苦乐相伴，直至于今日。曾有“浪子词人”之称的柳永在其《凤栖梧》一词中曾如是写道：“衣带渐宽终不悔，为伊消得人憔悴。”而我于古代文学的研究，又何尝不是如此呢？正因为我对古代文学的研究是全身心的投入，并且坚定而又执着，所以，我才能顺利地完成我的“T型”计划。据友人说，类似我的这种“T型”计划，在当代的中国古代文学研究界尚无先例，即我是这方面的开先河者，是否如此，我不得而知。我的“T型”计划中已出版之著作为：《孟浩然研究》、《李白史迹考索》、《李白求是录》、《杜甫研究丛稿》、《唐人生卒年录》、《唐代诗人咏湖北》、《唐代诗人婚姻研究》、《先唐诗人考论》、《唐代诗人探赜》、《唐宋词史论稿》、《四大奇书研究》。

而未出版的著作，则有《诸葛亮评传》、《李白乐府译评》、《李白交游传略》、《河岳英灵集校注》、《唐代方言汇释》、《全唐文作者小传校考》（大部分）六种，另有合著与参撰著作《增订注释全宋词》、《历代襄阳名诗人论稿》、《中国古代文学》等。除这些著作外，我还在全国各种学术刊物上发表了二百五十多篇论文，并多为国内一些重要刊物所转载。从总体上讲，这些著作（含未出版者）与论文所涉及的研究方法，虽然是宏、微互关，但属于微观范畴者则占多数，正因此，故有学界朋友送给了我"湖北考证第一人"的雅号。此外，朋友们还曾于其文章（主要是书评）或书信中，送给了我另外一些雅号，如"学林快枪"、"荆楚才子"、"实力派学者"，等等。这些雅号无论是褒是贬，于我而言，其所反映的都是对我研究成果的一种关注。而作为一名学者，其著作自然是关注的人愈多愈好，我是如此，其他人也不例外，因为迄今为止，我还没有发现有人不喜欢别人对其著作进行关注的。

总的来说，在人生的旅途中，我已用整三十年的时间对古代文学进行了研究，且其间从未停止过。而这三十年，正是我生命中的精华，但尽管如此，我今后还将沿着这一路途继续走下去，直至于迎接另一个三十年的到来！

竟陵居士

二〇〇七年六月十五日于襄阳古隆中求是斋

咬定青山不放松

——我与文学史研究打通关

随着时间的流逝而成为历史的 1993 年，对于我的学术历程来说，可称得上是一个有着特殊纪念意义的年份，这是因为，我的“文学史研究打通关”计划，就是决定于这一年的。这是一个前人与今人都不曾设想过的计划，故伴随着这一计划而带来的，实际上就是一种非常规的大胆尝试。长期以来，中国人在做学问方面，特别是对文史哲的研究，几乎都是围绕着“通一经”在转圈子，而少有在“破万卷”上下功夫的，即使是那些具有现代学科意义的“博士”或其论文，也无不如此。针对这种产生于“通一经”现象下的“博士”，曾获哥伦比亚大学博士学位、并任教于台湾政治大学的唐翼明教授，在其所著《宁作我》一书中，即将其称之为“窄士”。以此类推，那些“博导”，也就自然成为了“窄导”。不仅如此，唐翼明教授在《宁作我》一书中，还以钱钟书小说《灵感》讽刺一位支那学者一生只研究人的一只“左眼”为例，对所谓的“通一经”说进行了无情批评。对于唐翼明教授的这种“通一经”认识，我是深表首肯与赞同的。

虽然，做学问讲究的是“专”，但在以竹书、竹简为文本读物的汉代，主张“通一经”是极可理解的，但在科学技术高度发达、各种文献资料已几乎全部“光盘化”与“网络化”、电脑写作已进入“寻常百姓家”的今天，对“通一经”这一因汉人而流传下来的“古训”，显然就值得反思了。正因此，我即于 1993 年提出了将“文学史研究打通关”的设想。

所谓“打通关”研究，并非是指如文学史之类著作的纯叙述性文字编写，而是属于一种朝代相接、专题性较强的纵向研究，即以每一个朝代或者几个相近朝代的文学为单元，串珠似的将文学史上的这些“单元文学”进行逐一研究，且必须要有成果问世。所以，自此之后，我之于古代文学的研究，主要是在“点”与“面”两条线上运行，即一是继续以唐代文学研究为重点；一是为实施“文学史研究打通关”而努力。对于这种让“两条线”同时运行的研究，我在写于2007年的《道是无情却有情——我与古代文学研究三十年》(见《先唐诗人考论》附录四)一文中，曾将其称之为“T型”计划，而这一计划，即构成了我学术研究中的“专”与“博”(指对唐代文学的研究为“专”，对“文学史打通关”的研究为“博”)。由1993年到2012年，其间整二十个春秋，表明我对“T型”计划的研究，已经历了整二十年之久，从其间已获得的种种成果(指各类著述)来看，我的“文学史研究打通关”之计划，已是完成得相当出色的(以下的述说，将对这二十年的唐代文学研究从略)。而据我之孤陋寡闻，以如此形式(指既重点研究唐代文学，又将“文学史研究”打通关)研究古代文学者，目前在大陆与台港澳学术界，似乎尚无第二人，因之，我也就理所当然地成为了当代中国将文学研究打通关的第一人。

一

我之所以在1993年作出了将“文学史研究打通关”的决定，是因为在这一年及其前，我所研究的古代文学，已由作为重点的唐代文学，向上下两个方面的领域在延伸，并取得了一定的研究实绩。截止于1993年，我除出版了《唐代诗人咏湖北》(1986年)、《李白史迹考索》(1988年)、《唐人生卒年录》(1989年)、《中国古代文学》(上中下三册，任副主编)等著作外，还在《文学遗产》、《天府新论》、《贵州文史丛刊》、《中州学刊》、《中国李白研究》、《李白研究论丛》、《杜甫研究学刊》、

《陈子昂研究论集》、《唐代文学研究》、《唐代文学研究年鉴》、《宁夏大学学报》、《四川师范大学学报》、《湖南师范大学学报》、《西南民族学院学报》等刊物上，发表了一百一十多篇论文。这些论文所涵括的研究对象，除唐代文学外(其中的李白研究、杜甫研究、孟浩然研究为其重点)，向上延伸，分别涉及了陶渊明研究、屈原研究等；向下拓展，则对属于“四大奇书”范畴的《金瓶梅》、《西游记》、《三国演义》、《水浒传》四部长篇小说，也进行了不同程度之探索，且其成果还产生了相当大的影响。比如，发表于《荆门大学学报》的《〈金瓶梅〉研究四说》(1989 年第 4 期)、《〈金瓶梅作者为李开先考〉质疑》(1991 年第 1 期)二文，发表于《西南民族学院学报》的《袁氏兄弟与〈金瓶梅〉抄本新考》(1992 年第 4 期)一文，发表于《宁夏大学学报》的《〈西游记〉祖本新探》(1993 年第 4 期)一文等，就都曾为中国人民大学书报资料中心《中国古代、近代文学研究》所全文转载。特别是《〈金瓶梅〉研究四说》一文的全文转载，在当时是令我十分欣慰的，原因是此文为我研究“四大奇书”的第一文，而第一篇论文就被全文转载的事实，则意味着我的“向下拓展”首战告捷。正因此，我对“四大奇书”的研究，即因此而兴趣大增。

而就在这一年，我还应邀参加了由朱德才教授主编的《增订注释全宋词》的“增订注释”工作，所负责研撰的具体任务，则是对南宋“杨泽民至吴申”五十一位词人共三百八十一首词的注释，并对五十一位词人重新撰写作者小传，(《全宋词》中已有的进行增补，没有的进行补写)。就我当时之孤陋寡闻，杨泽民等五十一位词人的三百八十一首词，历来无人注释，因之，我的近二十万字的注释(含对相关小传的撰写)即填补了这一空白。此则表明，我 1993 年对古代文学研究的“向下拓展”，还首次进入了“词的世界”。

由于“文学史研究打通关”计划的制定，而使得我对古代文学的研究，在自 1993 年以来的二十年中，即呈现出了一种“由点及面，上下贯通，互为补充与发明”的新格局。从研究经历的角度言，这二十年又大致可分为三个时期，即初始期(1993—1998 年)、完成期(1999—2007

年)、丰富期(2008—2012 年)，而每一个时期，都是各有收获与特点的，现在回想起来，是颇有点如艺术家陶醉于其得意作品中的那种意趣的。

初始期的五年时间，为我实施“打通关研究”的一大转关，因为在这五年中，我的研究主要集中于两个方面，一是对被我称之为重点的唐代文学，一为“向下延伸”中的“四大奇书”。对于前者，我仍以发表单篇论文为主，据统计，这五年共发表论文五十八篇，平均每年十篇有余。这些“研唐”论文的载体，大致可分为两类，一为社科性与专业性学刊，如《社会科学研究》、《天府新论》、《中国李白研究》、《杜甫研究学刊》、《唐代文学研究年鉴》等；一为高校学报，如《四川大学学报》、《吉首大学学报》、《齐鲁学刊》、《西南师范大学学报》、《首都师范大学学报》、《山东师范大学学报》、《广西师范大学学报》等。在所发表的五十八篇论文中，也不乏为《中国古代、近代文学研究》全文转载者，如《孟浩然生平研究综述》(《四川大学学报》1995 年第 1 期)、《诗序合一：唐诗创作的新潮流》(《西南师范大学学报》1995 年第 2 期)、《李白在四川研究综述》(《社会科学研究》1995 年第 2 期)、《杜甫出生地考实》(《首都师范大学学报》1998 年第 4 期)等文，即皆为其例。而且，为朋友们所谈论的“单刊转载率第一人”的佳话，即因前三篇文章均为《中国古代、近代文学研究》1995 年第 8 期全文转载而始然。2011 年 8 月，在首都师范大学参加“乐府诗会议”期间，当我与《中国古代、近代文学研究》主编李炳海教授的弟子宋小克博士谈及此事时，其竟然认为这是不可思议的，现在回想起来，实在是只能以一笑而了之。

这一时期的“打通关研究”，根据 1993 年及其前的研究实况，我选择了以“四大奇书”为突破口的研究策略，即优先在“向下拓展”方面发展。正因此，《〈西游记〉题旨探秘》、《百回本〈西游记〉“典实”考述》、《张评本〈金瓶梅〉成书年代辨说》、《冯梦龙非〈金瓶梅〉作者辨说》、《再论〈西游记〉祖本为〈西游释厄传〉——对吴圣昔〈商榷〉一文的质疑》、《毛批本〈三国演义〉中的几个问题》、《关于〈西游记〉祖本的再探讨——对吴圣昔〈评〉文驳论》、《明末清初小说批评的特色与成就》等文，即皆发表于这一时期。其中，关于《西游记》祖本的“再论”与“再讨论”，是因此前发表于《宁夏大学学报》1993 年第 4 期《〈金瓶梅〉祖本新探》一文而为，由于我在这篇文章中首次提出了《西游释厄传》为《西游记》祖本的新说，故该文未久即为《中国古代、近代文学研究》1994 年第 3 期全文转载。“再论”与“再讨论”二文，则是针对吴圣昔同志对我所提出的“《西游释厄传》说”之质疑进行的驳辨。当时的情况是，我与吴圣昔就《西游记》的祖本问题在《宁夏大学学报》上各发表了三篇文章以进行讨论，由于我所遵循的是“事不过三”的原则，因之在“再论”与“再讨论”之后，我即因此而罢。但吴圣昔却不然，其于后来又连续发表了三文，以对拙说进行所谓的再“辨说”，但其结论与方法却全部为错误。对于吴圣昔的这三篇文章，我近日(指 2012 年 4 月中下旬)已连续撰写了三文以对其进行回应，三文将陆续在相关刊物上发表。在《道是无情却有情——我与古代文学研究三十年》一文中，我曾这样写道：“对于吴圣昔的这两篇文章，我眼下并不打算撰文商榷，而是待其‘停歇’之后，即不再进行商榷以后，我拟对其全部文章(或更多)作一总的商评与辩驳。”五年前我对待吴圣昔此二文的态度，今亦一仍其旧。也就是说，待我一旦有了较为充分的时间之后，我会很好地“回应”吴圣昔的这两篇(或更多)文章的。我在五年前是这样说的，五年后的今天我则也是这样作的。

为了更好地实施“T 型计划”中的“文学史研究打通关”，我在这一时期，除发表了上述两个方面约七十篇数量的论文外，还制定出了一项“读书工程”，即用十至十五年的时间，读完十部大书：《诸子集成》、《十三经注疏》、《先秦汉魏晋南北朝诗》、《全上古三代秦汉三国六朝文》、《宋诗钞》、《全宋词》、《资治通鉴》、《元诗选》、《国朝诗集》、《中国古典戏曲论著集成》。这十部大书对于我的“文学史研究打通关”来说，无疑是十分重要的，但要将“文学史打通关”的研究顺利完成，仅仅靠这十部大书又是远远不够的，因此，我在读这十部大书的同时，因研究之所需，还有选择性地读了《四库全书》中的大量总集、别集，以及《四库全书总目》中关于“总集”与“别集”的全部“提要”。后来的事实证明，我的这一“读书计划”，对于完成“文学史打通关”的研究而言，乃是大有助益的。

二

由于初始阶段进展得较为顺利，故而在进入完成期之际，有关“文学史研究打通关”的成果，即由论文而一变为著作，便先后相继在江西人民出版社等出版社出版。综而言之，在这一时期的九年(1999—2007年)中，我除出版了属于唐代文学研究成果的《杜甫研究丛稿》、《李白求是录》、《孟浩然研究》、《唐代诗人婚姻研究》、《唐代诗人探赜》等著作外，于“打通关”方面，则首次推出了三种著作，即《四大奇书研究》(2001年)、《唐宋词史论稿》(2006年)、《先唐诗人考论》(2007年)。这三种著作，在研究对象上，一为长篇小说，一为词体艺术，一为诗人诗作，三种文体，三大领域，不仅意味着我的“打通关”在这三个方面均已取得了一定的成就，更重要的是其于“文学史研究”打通关的时间跨度，乃由屈原的生活时代而至文龙批评《金瓶梅》的清德宗光绪初年，其间二千余年，为我首次所跨越。这种跨越，对我个人来说，其实就是一种自我超越，因为在我看来，只有勇于自我超越者，才有可能对“通一经”的狭小格局予以突破，才能不拘一域地在学术研究中自由驰骋。而我在这一时期的“文学史研究打通关”，就基本上是如此。

在上述三种著作中，最先出版的是《四大奇书研究》一书。仅由此书的出版时间看，即可知我在这一时期的“打通关研究”，是与初始期之“向下延伸”一脉相承的，也就是对《金瓶梅》等几部长篇小说的继续研究。由对唐代文学的研究转而向对《金瓶梅》等小说领域的延伸与扩展，并将之成为我“打通关”的第一个重点研究对象，表明了我当时对章回体长篇小说的研究是颇为自信的，这当然与我在初始期的“初战告捷”关系密切。此外，还有一个重要的原因，就是我从小是在“读小说”的文化中长大的，对此，我在《旧事重提：我的小说情结——〈四大奇书研究〉代自序》中已曾言及。我开始与小说打交道，是在我读小学三、四年级之时，最先是“小人书”，后来逐渐变成“大部头”，并由《西游记》、《三国演义》、《天雨花》等“古代篇”，替代《高玉宝》、《红旗谱》等“现代篇”，且一发而不可收拾。如此这般，待至1969年底，我所读过的“古代篇”，竟然有数百种之多。古人有“饱读诗书”之说，但我饱读的却是被称之为“闲书”的小说，其虽然与功名无望，但于“四大奇书”的研究，却是颇具助益的。

如上所述，我对“四大奇书”的研究，始于1989年秋，发表的第一篇论文为《〈金瓶梅〉研究四说》，至十年后的1999年秋，共发表了整二十篇文章，因此，有朋友建议，希望我能将其结集出版，由于当时我也有此想法，并决定将其修改润色，以进行大体上的文字统一与引文方面的原材料核对。由于其内容全部是对“四大奇书”的研究，因而就迳以《四大奇书研究》为书名。但未久，修改工作却因事而停了下来，且一停就是半年，直到2000年5月上旬才又开始修改，两个月后，修改工作全部完成。又半年之后，我所期待已久的《四大奇书研究》一书，终于由中国文联出版社于2001年2月出版。从1989年9月到2001年2月，其间凡十二个年头，这就是我研究“四大奇书”的大致时间。一般说来，文学史家大多认为“四大奇书”是明代的四部长篇小说，但从演变发展的历史言，其所涉及的朝代，实际上是由元末至清中期的。这就是说，我在这一时期的“文学史打通关”研究，因为《四大奇书研究》一书的出版，而使得“打通关”的时间下限，延伸到了清乾隆时期。虽然，《四大奇书研究》不能称之为明清文学的研究成果，但其于清代文学研究却是略有所涉的。

五年后的2006年，我出版了《唐宋词史论稿》一书。此书的出版，使得“打通关”研究在“向下拓展”的过程中，其年代的衔接性更加紧凑了，即在由唐而清的约一千三百年的文学史上，我的“打通关”只有辽、金、元文学不曾涉及了。从文体学属性的角度讲，词与诗虽然皆可称之为诗，但二者毕竟是存在着许多方面之不同的，正因此，有朋友在《宋代文学研究年鉴》(2006—2007辑)上撰文评论《唐宋词史论稿》一书时，称我由唐代文学的研究一下了跳到对唐宋词的研究，所反映的是我学术上的一次“自我超越”。但就我个人看来，真正的自我超越，应是前此所出版的《四大奇书研究》，因为小说与诗歌既非为同一“家庭”的成员，也没有什么文学方面的血缘关系。要而言之，由唐代文学而“四大奇书”，再由“四大奇书”而唐宋词，这一跳跃式的研究历程，对于我来说，实际上都是属于一种“自我超越”的。虽然如此，但我于唐宋词的研究，却又是与唐代文学颇具关联的，如《唐宋词史论稿》第二章之《是耶非耶：李白词辨伪》(第一章为《导论》)，即为其例。对李白其人其诗的研究，既是我“T型计划”中关于唐代文学研究的一个重点，又为我“唐代诗人四部曲”中的第二部“曲”(后来虽然有“唐代诗人五部曲”之称，但李白研究则仍为其中的第二部“曲”)，所以，我对唐宋词的研究，“李白词”理所当然地就成为了我的首选。但我研究“李白词”，却并不是沿着前人“百代词曲之祖”的思路在行进，而是着眼于“破”的角度，对现存的各种“李白词”进行了逐一考察，以证实其均非为李白词，即李白是诗人而不是词人。

在《唐宋词史论稿》一书中，有许多章节的内容，曾为我以单篇论文的形式，分别发表于《贵州社会科学》、《甘肃社会科学》、《山东师范大学学报》、《江西财经大学学报》、《江汉大学学报》等刊物，且反响甚好。而这些单篇论文的最初形式，却是我给学生讲授“唐宋词”或“唐诗宋词”的讲义，后来经过修改整理，而使之成为了一篇篇论文，再后来则由论文而成为了一本关于研究唐宋词史的专书。其中，对“唐诗宋词”的讲授尤为重要，因为这是导致我直接或间接将唐诗融入宋词研究中的一个理想契机。而有了这一契机，研究内容也就因此而富于变化，如此，就使得我的唐宋词研究，与唐诗研究之间产生了一种“剪不断、理还乱”的关系。而事实上，在宋词中也是存在着大量的“唐诗”(如唐人、唐诗的典故与唐诗句等)的，之所以如此，是因为宋代词人“宗唐与变唐”的结果所致，对此，拙著《宋金元诗通论》已有详论，兹不赘。

正因为我对唐宋词的研究，与研究唐宋文学的关系密切，所以，在一部《唐宋词史论稿》中，涉及唐人唐诗者乃甚多。全书十章，除去第一章《导论》与第二、第三章对唐词的研究外，其余六章的宋词研究(第十章为“分派研究述评”)，与唐人唐诗相涉及者，几乎每章都存在，所不同者，只是量的多少。如第九章第二节，在论述“晋宋人物白石词”时，即将姜夔与李白进行了比较，认为二人都具有无比热爱大自然的特性，但二人对于大自然的接纳，却一为豪客式(李白)，一为雅士式(姜夔)，乃大不相同。正是“因此之故，二人与山水相关的诗歌或词作，在表现方法、审美趣味、艺术精神等方面，以及其所体现出的文化人格，也就自然各有所别”。这种情况的研究，即构成了对我宋词研究的一个特点。如果将我对唐词与宋词的研究合而观之，则“破”与“立”的互为统一，以及藉此所提出的许多为前人与时人所不曾言及的新说，即成为了《唐宋词史论稿》一书的最大特点。换言之，我对唐宋词史的研撰，不是对其之成就与发展概况作平面之描述，而是首次对存在于其中的种种问题，以“破”与“立”为审视点，进行了力主“求是”的考察与辨析，以意在还原唐宋词史的本来面目。

在初步完成了“打通关”的“向下拓展”之后，我便将研究的对象进行了调整，使之由唐代文学“向上延伸”，也即开始对先唐文学进行研究。最初的设想，是以诗人为研究对象，出版一本由先秦而杨隋的诗人研究专著，以与属于唐代文学范畴的《唐代诗人探赜》在年代上相衔接，并将其名之为《先唐诗人考论》。2007 年七月，《先唐诗人考论》由吉林文史出版社出版。全书共九章，依序分别对屈原、蔡邕、蔡琰、曹操、曹丕、曹植、建安七子、左思兄妹、陶渊明、谢灵运、鲍照、鲍令晖、谢朓等二十位诗人进行了不同程度之研究。其中，既有对诗人生平作具体考察的，如第二章第一节《蔡邕蔡琰的生平年表》，第三章第一节《建安七子之生平考辨》，第四章第一节《左思左棻之生平系年》，第五章第一节《陶渊明的生年与享年》，以及第九章第一节《莫愁本事说略》等；也有属于对文学现象、作品范畴的考辨与论析的，如第二章第三节《蔡琰诗歌的真伪问题》，第三章第二节《建安七子之作品辨伪》、第三节《曹氏父子的乐府情结》，第四章第三节《左棻的文学成就综论》，第六章第四节《玄学与谢灵运山水诗》，第八章第二节《谢朓与西邸文学集团》、第三节《谢朓山水诗的意象美》等。这两类研究形式与研究对象的互为关联，即成就了一部近四十万字的《先唐诗人考论》。而正是因为有了这本《先唐诗人考论》的出版，才使得我的"文学史打通关研究"计划在提出了十五年之后的 2007 年，得以基本完成。

三

经过十五年的努力，我的"打通关"计划虽然于 2007 年已基本完成，但却并不理想，原因是《先唐诗人考论》、《唐宋词史论稿》、《四大奇书研究》这三种著作，作为我向上下两翼延伸的成果，其相对于被我称为重点的唐代文学研究而言，显然是有点单薄的(截至 2007 年，已出版《杜甫研究丛稿》十余种)。为了能最大程度地改变这种现实，夯实与丰富"打通关研究"的成果，我在 2007 年 7 月出版了《先唐诗人考论》之后，即作出了如下两个方面的决定：一是尽可能地减少对唐代文学研究的时间比例，即要有意识地压缩对唐代文学的研究；二是在"向上延伸"与"向下拓展"两个方面的研究中，以"向下拓展"为重点，并力求获得某些方面的突破。而此，也是我将 2008—2012 年称为"丰富期"的原因之所在。在这一时期，我虽然出版了《王维新考论》、《孟浩然大辞典》(主编)、《唐代文学探论》、《孟浩然研究论丛》(主编)、《杜甫研究新探》、《李白研究新探》(以出版时间为序)六种"研唐"著作，但其中只有《王维新考论》可称之为一种新的著作，因为《唐代文学探论》、《杜甫研究新探》、《李白研究新探》三书，皆属于对旧有论文的汇编与修定，而《孟浩然大辞典》、《孟浩然研究论丛》二书，则纯属为一种"主编"成果。所以，我在丰富期的研究，由于是为了夯实与丰富上下两翼之成果，因而也确实是在尽量对唐代文学研究压缩的。正因此，我研究了三十多年之久唐代文学，将极有可能会因为此"劫"而停顿，甚至是与之告别。此虽为后话，但根据目前的实况来看，则还是可以预见的。

从已出版了的成果看，我在丰富期的五年中，对"决定"的第二个方面，乃是完成得相当不错的。这五年所获得的"打通关"成果，除在《民族文学研究》、《江淮论坛》、《中华文学论坛》、《北方民族大学学报》、《长江学术》、《宁夏大学学报》等刊物上发表了三十多篇论文外，还先后出版了三种共约一百三十万字的专著，即《唐后乐府诗史》(2010年)、《宋金元诗通论》(2011年)、《商周逸诗辑考》(2012年)。其中，《唐后乐府诗史》、《商周逸诗辑考》二书，均属于对文学史空白填补的著作。

《唐后乐府诗史》是我在这一时期"打通关"的第一份成果。在此之前，我所研撰的是《宋金元诗通论》。当时，即2007年7月之后，我一方面在进行《王维新考论》稿件的修订工作，一方面则在做研撰《宋金元诗通论》的材料准备，当后者的准备工作基本就绪后，便开始了对《宋金元诗通论》的撰写。在写作的过程中，由于《宋金元诗通论》中有《乐府论》一章的缘故，而使得我对唐以后的乐府诗产生了极大的兴趣，并在研读宋、金、元三朝乐府诗的同时，对明、清两朝的乐府诗也略有涉猎，于是，我便决定停止对"通论"的撰写，集中精力以对宋、辽、金、元、明、清六朝的乐府诗进行专门研究。就这样，本应该先完成、先出版的《宋金元诗通论》，由于我的这一"冷落"，反而让《唐后乐府诗史》抢先了一步。《唐后乐府诗史》既是专门研究唐后九百五十年乐府诗的第一部著作，也是迄今为止唯一的一部这方面内容的专著，故其出版后，不仅获得了学界的好评，而且也引起了乐府诗研究者的重视，如在2011年8月召开于首都师范大学的"第三届乐府歌诗国际学术研讨会"

上，就有学者以专题论文的形式对其进行了称道与首肯。而在会议期间，有不少研究者向我讨要与询问如何购买《唐后乐府诗史》的事实，又表明了我对唐后乐府诗研究的率先而为，已引起了部分研究者对唐后乐府诗研究的关注，即他们日后也有可能参与到对唐后乐府诗研究的行列，若果尔，则这一局面的到来正是我所期待的。

在《唐后乐府诗史》出版未久，曾经一度“靠边站”的《宋金元诗通论》，又被提到了研撰，因之，几个月之后，也由黄山书社出版，其时则为2011年4月。这两种著作的先后出版，在时间上虽然只有近半年之隔，但在研究对象、所获结论等方面却有着许多互补性，根据这一实况，我即将二书称之为“打通关”的姊妹篇。《宋金元诗通论》虽然是以诗歌为“通论”的对象的，实则是紧承《唐宋词史论稿》一书而为，这是因为，从“大诗歌”的角度言，词也就是诗(尽管李清照曾说“词别是一家”)，而乐府诗就更是如此，所以，《唐宋词史论稿》中的“宋词”，《宋金元诗通论》中的“宋诗”，《唐后乐府诗史》中的“宋乐府”，即构成了我研究宋代文学的三大品类。而从接受史与流变史的角度言，宋诗与唐诗固然关系密切，但其对金、元诗坛也是产生了相当大的影响的，且三者之间文化交流也颇为频繁，因之，我即在对宋诗研究的基础上，将其向下拓展，而使得宋、金、元四〇八年的诗歌成为了我所研究的一个“文学单元”。将这三个朝代的诗歌作为一个文学单元进行“通论”者，据我之孤陋寡闻，在当代中国的古代文学研究界，似无第二人，由是而观，可知我的“宋金元诗歌通论”，实际上是一种对旧有研究格局的突破。正因此，《宋金元诗通论》既具专题研究之特点，又兼断代文学史之优长，二者的互为关联，即构成了本书的与众不同。

在完成了《唐后乐府诗史》与《宋金元诗通论》的撰写之后，我便再次将“打通关”的研究对象“向上延伸”，并以商周诗为重点向前推进，于是，也就有了《商周逸诗辑考》一书的出版。这既是我研究商周诗歌的第一部著作，也是我的第一份辑佚学成果。导致我将商周逸诗作为研究对象的原因，虽然与“打通关”的“向上延伸”关系密切，但实得于力我在上述初始阶段所制定的“读书工程”。就我数十年的读书经历而言，大凡是在计划之中的读书时期，是必有所获的。比如，在 1978—1988 年期间，我主要读了《全唐诗》与《全唐文》两部大书，所作近百万字的笔记，即被初步整理成了两种书稿，其一为《唐代方言汇释》，其二为《全唐文作者小传校考》。1990 年 5 月，我应陕西师范大学霍松林先生邀请参加《新编全唐五代文》编委会时，即与《全唐文作者小传校考》的书稿有关。记得会议期间，霍松林先生曾邀请了五位“实力派”中年学者到其书房座谈，并送给每人一本由其题签的《唐音阁吟稿》以为纪念。被邀请的五人是：韩理洲（西北大学）、余恕诚（安徽师范大学）、林继中（漳州师范学院）、杨军（苏州铁道师范学院）、王辉斌（荆门大学）。发生在二十余年前的这桩往事，如今回忆起来，实有如在昨日一般）。我的另一个读书时期，是在 1993—2007 年的十五年间。最初，我读的是《诸子集成》，并一边读一边做笔记，一年后，我所记录的“逸诗”，竟然已有数十篇之多，由此，使我想到了《史记·孔子世家》中的“古者诗三千余篇”之载，以及陆游《会稽行》中的“古诗三千篇”之句，于是，一个辑佚《诗经》逸诗的计划，即由此而产生。此后，经过十五年断断续续的努力，一部四十万字的《商周逸诗辑考》，便由黄山书社于 2012 年正式出版。就这样，我“打通关”的年代上限，即被我的“读书笔记”推进到了殷商时期。

四

由殷商至清末，其间凡三千余年，这就是我的“文学史研究打通关”的时间年限。在这三千余年间，文学发展的规律，文体演变的过程，数以千计的作家，汗牛充栋的作品，各种各样的文学现象等，纷纭而繁复。而我的“打通关”研究，如上所述，所选择的研究对象，主要为具有悠久历史的诗歌，其间虽然也时有变化，如词，如小说，如乐府诗，但从总的方面讲，诗歌则始终是我所研究的主要对象。如果从我正式研究李白的 1977 年算起，至 2012 年止，我已与诗歌研究打了三十五年的交道。在这三十五年中，无论是对唐代文学的研究而言，抑或是文学史的“打通关”以论，我都是尽到了最大的努力的，获得了最丰硕的成果的，而其中的甘苦，则又是非亲历者所不能知晓与品味的。

从初始期到完成期，再由完成期到丰富期，为了践言“文学史打通关研究”，我竟然与其相伴了整二十个春秋之久。在这二十年中，我或遨游书海，或面壁冥思，付出的代价虽然很大，但获得的成就也自是不凡，这从已出版的《商周逸诗辑考》、《先唐诗人考论》、《唐宋词史论稿》、《宋金元诗通论》、《四大奇书研究》、《唐后乐府诗史》六种著作中，即可准确获知。若将正在研撰的《中国乐府诗批评史》一并算上，则我的这一“打通关”成就，实在是有点令人陶醉的，因为截止于目前，我还没有听说过有这样的专门研究与这样的专门研究著作。仅就已出版的六种著作而言，其时间的跨度之长，所涉及的作家作品之众，若非读“五车书”而又“破万卷”者，是绝然难以撰著的。即使如我的“唐代诗人研究系列”，也无不如此。在《宁作我》一书中，唐翼明教授曾将“通一经”与“破万卷”进行了比较，认为前者可称为学者，后者则为一种大学问家的境界，但我在决心将“文学史研究打通关”与制定“T 型计划”时，既不曾读过唐明翼教授的《宁作我》，更不曾想到要当大学问家，而只是出于对古代文学研究的一种痴迷与执著，仅此而已。

（原载黄山书社二〇一二年《王辉斌学记》之《甲编：治学自述录》）

初版本后记

2007年，是我研究古代文学三十年的纪念年，为此，我特将《先唐诗人考论》一书的出版，作为自我纪念的一份礼物。同时，为了纪念这三十年的缘故，我还编写了《王辉斌学术论文索引》、《王辉斌学术著作简介》、《道是无情却有情——我与古代文学研究三十年》三文，作为附录，以附于此书之末，意在对我这三十年所走过的古代文学研究之路，进行一番自我回顾。其结果表明，自1977年以来，我每年都是在脚踏实地之研究与认真之写作的。

我研究古代文学虽然已有整三十年，且得到了诸多学界前辈的悉心扶助与支持，但我却从不曾请其为我的任何书写序，如若有书评文章，我则大多愿意将其收集后附于另一本书之末，以便读者参考。我所附于各书之末的书评，就其作者而言，大致可分为三种类型：一是有的书评为我托请友人所写，一是有的书评作者与我是友人但我却并未相托，一是有的书评作者我直到今天都不认识。就我个人的认识言，书评与序是有较大之区别的，即写书评必须通读全书，而写序则不然，时下有许多序与书在内容上互不沾边的实况，即足以说明这一点。更有甚者，则是序者并非其所序书之领域(内容)的研究者，故其于书之内容评价虽高，但却错误连篇。所以，从总的方面讲，我喜欢书评而不看好序。

最后所要言及的是，本书在写作与出版的过程中，曾得了不少学界友人的支持与帮助，其或寄赠己作以供参考，或为之提供与复印有关资料，或积极推荐书稿以利出版，等等，在此特一并表示感谢。此外，本书作为我校“学术著作出版基金”的资助项目，得到了该“基金”的出版资助，亦在此表示感谢。

王辉斌

二〇〇七年五月十二日于古隆中求是斋

修订本后记

这篇后记，撰写于本书清样二校后，其时为我多病降临之未久。而要谈及此次之多病，则还得从十多天前的五月二十一日说起。是日中午时分，我在广西民族大学开完一个学术会议后，便搭乘南宁至天津的SC4933航班到达武汉，之后是从机场乘地铁到汉口火车站，然后坐动车回襄阳。待到襄阳东站时，已是晚上八点半了。这时，老天忽然狂风骤起，大雨倾盆，气温一下子降到了十度以下，我好不容易拦了一辆出租车，待到学校大门口时，保安却不让进，于是，我只好在风雨中拖着行李箱往家走。就这样，感冒便在当晚与我结下了不解之缘。但这感冒也挺有意思：一边让我满头大汗，一边又让我全身发冷；继而则是咳嗽大作，鼻尖红肿，且在吞服了"白加黑"、"新康泰克"、"咳特宁"等药后，还引发了更要命的牙痛。因之，牙痛、感冒、咳嗽、发热、发冷等，即在我身上交织，轮番叫阵，以至于让我在家里呆了十多天之久。

虽然如此，但我却利用感冒、牙痛等病的恩赐，于"静养"中校对了两种书稿的清样，其一为《唐宋词史论稿》，其二即《先唐诗人考论》。这两种书均为十余年前的旧作，此次是对其修订本清样的校对。通过校对，使我更进一步认识到了这两种书的价值所在，这就是"问题意识"始终在其中占据着重要位置。有人在论及"问题意识"时，认为其乃学术之灵魂，是研究者学术目光深邃与否的试金石；更有人认为，"问题意识"是引发科学研究的驱动力，科学研究因"问题意识"而产生，并解决所存在的问题，如此等等。对于"问题意识"，我在《唐代诗文论集·

自序》中曾如是写道："以我数十年的研究经历与经验言，古代文学研究的最高境界，应该是问题意识与创新意识的高度统一。之所以会有如此认识，是因为我历来认为，这两个'意识'是检验一份成果、一本著作是否具有学术价值的最有效手段。而对于一个研究者来说，其是否博览群书而又细读文本，是否具有洞幽烛微的学术眼光，是否具有敏锐的思辨能力，是否具有超前的学术悟性，以及其学术潜质与学术功底如何，等等，深谙此道的读者，是均可从其著作中的两个'意识'之有无得以管窥的。"这既是我对"问题意识"的认识，也是我对"创新意识"的认识。而《唐宋词史论稿》与《先唐诗人考论》修订本的问世，则更加坚定了我对这两个"意识"的如此认识。

《先唐诗人考论》的初版本问世后，有研究者撰文认为，其实实在在地解决了存在于"先唐诗人"研究中的数以十计的大大小小的问题。初版本是如此，修订本则更是如此，因为修订本在这方面所下的功夫更深，解决的大大小小的问题也更多。换句话说，修订本《先唐诗人考论》既更具"问题意识"，也更具文献学特点。这就是我对修订本《先唐诗人考论》的自我评价。其是耶非耶，尚望大方之家以教正之。

竟陵居士王辉斌

二〇一八年六月五日于诸病将谢之际